郝經集編年校箋

下册

郝　經　著

張進德　田同旭　編年校箋

人民文學出版社

郝經集編年校箋卷二十一

祭文

祭淮瀆文

【編年】作於元世祖中統元年（宋理宗景定元年，一二六〇）八月，郝經出使南宋途中。

【年譜】元世祖中統元年，『六月，至宿州，移文於宋，以請接納。七月，進至五河口，宋遣朱實臣、秦之才來接伴。八月，宋復遣潘拱伯來館伴，請登舟而南。公將入宋境，遣使上封事行次昭信』。『作《居庸關銘》、《讀書堂記》、《祭淮瀆文》、《禡牙文》』等。

見文：『維中統元年夏四月，天子遣臣經奉書使宋，告登寶位，布弭兵息民意。秋八月二十四日，啓行渡淮，謹以清酌之奠，致告於淮瀆之神。』

維中統元年夏四月，天子遣臣經奉書使宋，告登寶位，布弭兵息民意。秋八月二十四日，啓行渡淮，謹以清酌之奠，致告於淮瀆之神：

皇綱不弘，壞運締兇。海嶽氣分，迭爲長雄。千里長淮，寔爲兵衝。屍斷其流，幾不能東。蜚血淪天，崩濤漲紅。征夫力殫，居民室空。殆三十年，莫知其終。皇帝踐祚，乃眷南顧。釁各有端，吾可重怒。事當一新，豈論細故。一視同仁，以廓天步。乃命臣經，仗節啓行。輸平繼好，明允篤誠〔一〕。武用不殺，德惟好生。南北東西，皆底於平。河海江淮，有波不興。魚龍戰罷，天地澄清。舟子掛席，置醑於罡。四宇熙熙，雲旗風馬。維神有相，安流順下。保合太和，共成新化。尚饗。

【校記】

〔一〕明，正德本同，四庫本作『光』。誠，底本、四庫本作『行』，據正德本改。

【編年】作於元世祖中統元年（宋理宗景定元年，一二六〇）四月，郝經出使南宋啓行之時。

【年譜】元世祖中統元年，『作《居庸關銘》、《讀書堂記》、《祭淮瀆文》、《禡牙文》』等。

禡牙文

見文：『維年月日，具位，將南轅啓行，謹以清酌庶羞之奠，昭告於牙旗之神。』

維年月日，具位，將南轅啓行，謹以清酌庶羞之奠，昭告於牙旗之神：

維我國家，威定萬國。前矛所指，莫不頓折。際天之覆，海外有截。逖爾荊楚，邈爾吳越。江淮一流，而乃限絕。譬彼金甌，粵東南缺。經備戎行，受天之鉞。謂余爪士，薄言往伐。載飭王度，載申師律。蒐乘補卒，敦陳固列。茲爾桓桓，茲爾烈烈。建而旆之，王靈赫赫。蚩尤竟天，太白掃月。以纓扱矢，釃酒釁血。毋作神羞，駐看鯨捷。尚饗。

祭遺山先生文

【編年】作於蒙古憲宗七年（宋理宗寶祐五年，一二五七）四月，郝經時在保定。

【年譜】蒙古憲宗七年，『四月，作《北風亭記》、《送張漢臣序》、《祭遺山先生文》、《墓銘》、《房山先生墓銘》』等。

見文：『維年月日，陵川郝經謹以清酌之奠，致祭於遺山先生之靈。』

參見卷三五《遺山先生墓銘》。

維年月日，陵川郝經謹以清酌之奠，致祭於遺山先生之靈：

嗚呼！氣數之窮〔一〕，靡物不壞，或者不淪胥，乃造物者之所在。造物之所在，宜莫不生，而奪于成，是理其可明邪？

嗚呼！先生萃靈蜚英，羈丱宦學，嶽嶽稜稜，碩士鴻儒，莫不震驚，以爲間世生。閑閑初見公文，曰『是間世生者』。渡南河而爲名公，入京師而爲名卿。張洞庭之天音，引岐山之鳳鳴。方雷厲以風飛，掞鴻章而振纓。挫萬象於筆端，倒河漢而一傾。攄塵言與滯思，瀹錮濁以爲清。闢斯文之洪源，俾灝汗而淵澄。而乃汴蔡淪亡，蜚血凌城，氣數俱盡，萬化崩騰。

時惟先生，獨矯首而行。挽崦嵫之日，嘒欲曙之星〔二〕。收有金百年之元氣，著衣冠一代之典刑。辭林義藪，文模道程。獨步於河朔者幾三十年，豈非造物者之所在，而斯文殆將興邪？去魯西來，聿峻有聲。天奎不芒，遂入杳冥。筆未獲麟，年未中壽，而奪去之遽，彼造物者，果可明耶？

嗚呼！先生雅言之高古，雜言之豪宕，足以繼坡谷；古文之有體，金石之有例，足以肩蔡党；樂章之雄麗，情致之幽婉，足以追稼軒。其籠罩宇宙之氣，撼搖天地之筆，囚鎖造化之才，穴洞古今之學，則又不可勝言。人得其偏，先生得其全。天不假之年，嗚呼哀哉！先生雖死，文或不死，是謂亡而不死。先生雖可哀，吾徒無所仰，尤爲可哀也。嗚呼哀哉！尚饗。

【校記】

〔一〕窮，底本、四庫本作『靈』，據正德本改。

〔二〕嘒，底本、正德本作『慧』，據四庫本改。

祭魏先生文

【編年】作於蒙古憲宗元年（辛亥年）正月，郝經寓居保定，讀書鐵佛寺，設館賈輔、張柔二府期間。

【年譜】蒙古憲宗元年，『正月，有《祭徵君魏先生文》、《送道士申正之序》』等。見文：『歲舍辛亥正月壬戌朔，越三日甲子，陵川郝經謹以清酌之奠，致祭於故徵君魏先生之靈。』

【箋證】魏先生：魏璠。詳參卷十三《哭魏先生》箋證。

歲舍辛亥正月壬戌朔，越三日甲子，陵川郝經謹以清酌之奠，致祭於故徵君魏先生之靈：

嗚呼！世變風靡，滚滚湍若。既莫之遏，亦莫之淪。懷山襄陵，稽天滅壑。眞宰睍而不視，元氣湮而索寞。榱崩而孰與之支，瘫潰而孰與之藥。根拔而孰與之植，蔓滋而孰與之削。是以渾訌厖昧〔一〕，板板蕩蕩，道益喪而俗益薄。鹵莽焰熾，士夫氣鑠，莫不卷舌於咽，頓脰於轂。既刓方以爲圓，又琢雕以爲樸。則吾誰與歸？而於焉是學？幸一二遺老，挺特而不屻，山立而不却。維持護藉，天旋而斗斡〔二〕。俾夕日與曙星，不遂至乎墜落。

嗚呼！今先生復逝矣，天不欲斯民之有活乎？何於遺老之遽奪？何爲吾道之虐也？

嗚呼！先生學正而博，義理昭著，襟宇清廓，守不可移，嶷如山嶽。有經世之志，有佐王之器，有已亂之才，有致平之略。果鋭剛明，百鍊之精，肯造次而輕脱。卷而藏之，束而縛，泥而滑之，櫝而鑰。嘗一試乎天興之末，王孫宗蹙，悍臣驕跋。坐視國斃，卜所於託。磨牙垂涎，瞰鼎窺洛。先生慨然，請符曲躍。責以臣義，申以王約。萬人震懾，一軍駭愕。客氣俱盡，心死神怍。

由是而觀，則先生之志，與先生之養，亦孔之灼。幅巾歸來，聲震河朔。朝廷載徵，安車繹絡。方敬之如蓍龜，委之以心膂。迓續斯民之命，砭礴斯民之瘼。躋斯民於仁壽，挈斯民於遂樂。皇風扇而皞皞，吾道裕而綽綽。企仰延佇，甚於饑渴。忽萬里之悲風，遽沉淪於冥漠。秘於重泉，斯民其無望；瘞於九京，吾道其弗爝。世變愈下，志氣愈弱。吞聲爲辭，雪泣於酌。嗚呼哀哉！尚饗。

【校記】

〔一〕厖，底本、四庫本作『龎』，據正德本改。

〔二〕斡，底本、四庫本作『幹』，據正德本改。

祭趙敬叔文

【編年】不詳。應作於郝經寓居保定，讀書鐵佛寺，設館賈輔、張柔二府期間。見文：『年月日，陵川郝經謹以清酌之奠，致祭於永平趙先生之靈。』

【箋證】趙敬叔：金哀宗朝禮部尚書趙思文（一一七五—一二三二）之子，永平（今屬河北）人。金元好問《中州集·趙禮部思文》：趙思文有『三子敬叔、介叔、才叔，今居鄉里』。其三子名贊、克剛、克基，見蘇天爵《元朝名臣事略》卷六《萬戶張忠武王》。據祭文，趙敬叔曾入仕爲官，因遭誣陷，憤悒而死。與郝經同時代耶律鑄有《送趙敬叔》詩：『去年見君瀚海東，蒼松鬱鬱山重重。今日送君之鎮陽，寒煙漠漠天蒼蒼。休嘆蕭蕭行路難，兩袖春風衣錦還。二年兩度客天涯，離合都無咫尺間。一樽白酒羡君侯，入手功名正黑頭。今年蝗旱民切痛，賦稅須知有輕重。一生富貴將幾何，西風吹破邯鄲夢。自愧趨鳳池，空有别離詩。紅塵無處避，擾擾心如醉。何時高隱舊林泉，臥看人間等兒戲。』

年月日，陵川郝經謹以清酌之奠，致祭於永平趙先生之靈：

嗚呼！天不勝人，人不蹈道，禍亂寧有至極邪？莫不惡直醜正，翔僞飛佞，而福淫佑邪，紛紛而蝟起，糾糾而棊布，轟闔駭散，風霆雨雹，百千情狀，可一端而槩邪？而其中人以毒，斃人以禍，固仁人君子之所不能免。其肆行吞噬，耽耽逐逐，有如垂涎傅翼之虎，而吮血磨牙者，猶可逭也。其禍人而人弗覺，毒人而人弗悟，卒之乎顛蹈壞亂，如含沙之蜮，隱草之蛇，其能免邪？

嗚呼！小人之乘時如是之烈，爲君子者宜乎出處之節也。宜出而處，辱其自取；宜處而出，自取其辱。

嗚呼！處而不能存，出而不能遂，爲時所制，而小人所戾，憤悒而終者，先生也。哀哀先生，止於是邪？云誰之咎，其亦命邪？士夫奪氣，狡孽增華。有室其苴，有子其麻。葬於九京，去日益賒。善人亡矣，小人之幸，君子之嗟。時則弗偶，而德音不瑕，其又何以加。嗚呼哀哉！尚饗。

祭順天賈侯文

【**編年**】作於蒙古憲宗五年（乙卯年）正月，郝經寓居保定，讀書鐵佛寺，設館賈輔、張柔二府期間。

【**年譜**】蒙古憲宗四年（甲寅年），『十月，左副元帥賈輔卒，公爲文祭之，並銘《神道碑》』。見文：『歲舍乙卯正月十一日，門下士郝經等，謹以清酌庶饈之奠，致祭於故左副元帥賈公之靈。』

【箋證】賈侯：即賈輔，參卷八《西郎吟》。卷三五《左副元帥祁陽賈侯神道碑銘并序》：『歲甲寅，諸侯會於朔廷，上必欲相侯，而侯得疾不起，內醫、中使問視相望。冬十月戊戌，薨於會，享年六十有三。……乙卯春正月庚辰，葬於祁之東原先塋。』

歲舍乙卯正月十一日，門下士郝經等，謹以清酌庶饈之奠，致祭於故左副元帥賈公之靈：

嗚呼！石隕有徵，山崩有徵。人之云亡，社稷隕靈。緊公堂堂，氣阜而京。殆三十年，嶷爲國程。當金紐之中絕，皆狡狡以蝟興。公於草茅，摯如孤鷹。紫濤怒掀，偃如雄鯨。瑰岸，突兀骯髒。闢掌中之天地，陣胸中之甲兵。南直滹沱，北薄幽陵。魚龍鬬分，河海澄清。先後張公，建邦成城。束裂帛之旗，臥斬木之干。銷沮耰之刃，結納茅之産。糞葦瓦礫，屠夷棘荊。鋒鏑之餘，遂底於平。民物日夥，帑庾日盈。截然燕趙之交，與天下爭衡〔一〕。鄭有人焉，雪山孰敢輕。端序則見，如孽而萌〔二〕。有撥亂之略，有致治之術，有不可奪之節，與不可蔽之明。未竟其用，未成其行。未充其器業，未終其勳名。而天奪之遽，薨於朔庭。淚平氷天，莫不震驚；牛童馬走，涕泗從横。蓋不爲公惜，爲天下惜；不爲公悲，爲天下悲；不爲小人之不幸，爲君子之不幸。如是則公雖死而不死，雖不生而亘千古而生也。五馬南來，萬里悲鳴。不平之志，越柩有聲。蒲水湯湯，西郎青青。玉氣萬丈，埋於杳冥。樹之墓檟，必材而榮。挽萬牛以回首，終扶危而柱傾。嗚呼哀哉！尚饗。

【校記】

〔一〕衡，四庫本同，正德本作『衝』。

〔二〕萌，四庫本同，正德本作『崩』。

祭蕭孟圭文

【編年】不詳。應作於郝經寓居保定，讀書鐵佛寺，設館賈輔、張柔二府期間。見文：『年月日，陵川郝經謹以清酌之奠，致祭於故蕭使君之靈。』

【箋證】蕭孟圭：疑指蕭顒。卷十三郝經有詩《哭蕭侯孟圭》。卷三三郝經《唐帝廟碑》：『永平，故中山屬縣，金源氏升爲州，曰完。今隸順天道。歲甲辰，監州事蕭侯顒，以堯城之廟久廢，乃令進士董仲方規故基，復爲立廟。』卷三三郝經《羑里周文王廟碑》：『於是屬諸相臺總管蕭侯，使新其廟，以朂斯民善善惡惡之心。』據《祭蕭孟圭文》文意：『東丹之裔』，『共子新城』，知蕭孟圭爲契丹後裔，原籍遼東，流寓新城（今屬河北）。曾與郝經共事張柔，隨張柔官相臺（今河南安陽）、譙都（今安徽亳州）總管。因受人誣陷，鬱憤而死。

年月日，陵川郝經謹以清酌之奠，致祭於故蕭使君之靈：

嗟嗟乎君，秀拔乎羣。東丹之裔，嶷若青雲。魁梧昂藏，鬛修而神。翩翩揚揚，信陵春申。

粹然天和，四時之春。琮璜陷涅而不滓，玉樹臨風而不塵。胷中汪洋，涇渭自分。芬如蘭薰，純如飲醇。故莫不以鉅人長者推聞。其爲人愛而慕，敬而親。至止肅肅，而來止欣欣。射穿札而孔武，書斷編而甚文。交天下之豪右，友天下之縉紳。敬賢下士，倒廩傾囷。瑰材偉器，爲時俯馴。故一命而將千軍，而襟度未展，志略未信。振落殆忽，憤不顧身。豈人衆勝天，天奪棄人邪？

嗚呼！共子新城，莫敖荒谷。一則事父，一則自速。君何爲哉，而與若爲屬。窮當益堅，老當益壯。百折不挫，志士所尚。君何爲哉，自糞華以喪。恥欲弗弔，恨欲勿哭。泣涕無從，湧胷溢目。始欲責天，謂不可測。天豈棄人，而反自責。始欲尤人，人惡自賊。盡其在我，而反自克。有聲徹天，有淚達泉。天邪人邪，竟莫能言。

嗚呼哀哉！尚饗。

祭成玉文

【編年】作於元世祖至元三年（宋度宗咸淳二年，一二六六）三月，郝經出使南宋，被拘禁於眞州期間。

【年譜】元世祖至元三年：『春，三節人有因鬥毆相殺死者。賊登門索公於室，公乘黑出，蔽樹而匿，賊乃抽戈，公遂踰牆，賴伴使來救，得免。國信使行府提控都管成玉死焉，公爲文以祭。』『三月，作《祭成玉文》、《原古録序》。』

見文：『中統七年三月二十一日，國信大使遣人代奠於故國信使、行府提控都管成玉之尸。』按，中統爲元世祖年號，始於一二六〇年農曆五月，止於一二六四年農曆七月。後改元至元。然郝經拘禁眞州，卻不知改元，仍以中統紀年。

中統七年三月二十一日，國信大使遣人代奠於故國信使、行府提控都管成玉之尸：

嗚呼哀哉！初奉恩詔，事皆汝聞。爛額焦頭，奔走救焚。陛辭而南，惟吾與汝。横身爲國，去兵報主。孰謂姦臣，並公謀私。根柢蟠結，二竪夾持。闒茸汚穢，脂左糞右。愬犬堯〔一〕，濟惡營臭。

汝如一鶚，軒然當關。羣梟噎喑，盛暑而寒。汝嘗言吾，此輩宜備。吾不汝然，竟墮賊計。日入歷作，聲洶氣麤。階下尸殘，石之紛如。賊遂登門，索吾於室。乘黑吾出，蔽樹而匿。賊乃抽戈，吾遽踰墻。不知數仞，形勢倉皇。伴使來救，汝死吾脱。血背塞吭〔二〕，吾恥偷活。大事負任，義不苟死。吾存爾存，是以在此。

古來義士，多死逆徒。汝得其死，後事在吾。一日還反，弭楫淮濆。而父而昆，而子而孫。吾必提攜，以叫帝閽。討賊贈官，賁汝寃魂。汝則不死，仍大而門。

嗚呼哀哉！尚饗。

【校記】

〔一〕犬，底本、四庫本作『大』，據正德本改。

〔二〕吭，底本、四庫本作『坑』，據正德本改。

箴

志箴

【編年】不詳。應作於郝經寓居保定，讀書鐵佛寺，設館賈輔、張柔二府期間。時郝經正當年輕，讀書期間，漸有濟世之志，遂以箴言以勉。以下關於箴言諸篇，應當皆作於這一時期。

【箋證】元苟宗道《故翰林侍讀學士國信使郝公行狀》記郝經在保定讀書立志，詳本書附錄。

不學無用學，不讀非聖書。不爲憂患移，不爲利欲拘。不務邊幅事，不作章句儒。達必先天下之憂，窮必全一己之愚。賢則顔孟，聖則周孔。臣則伊呂，君則唐虞。斃而後已，誰毁誰譽。詎如韋如脂，趑趄囁嚅，爲碌碌之徒歟。

家人箴

【編年】不詳。應作於郝經寓居保定，讀書鐵佛寺，設館賈輔、張柔二府期間。

參見前文《志箴》編年。

有父母以同其體，有兄弟以同其氣，有妻子以同其室，有臣妾以同其治。父母無非是，兄弟惟友悌，夫婦則待以敬而禮以閑，臣妾則接以和而莊以涖。必兢兢而處以誠，親親而持以義。此焉無虞而天下治，此焉有虞是面墻而立。可悖而忍，殘而忮，以賊天倫；淫而侈，私而蔽，以喪家極？二南之原於《詩》，冠昏之本於《禮》。釐二女於《書》，首乾坤於《易》。由是而言，家其可斁。

師箴

【編年】不詳。應作於郝經寓居保定，讀書鐵佛寺，設館賈輔、張柔二府期間。

參見前文《志箴》編年。

責善在己，我心卽師。責善在人，善人是師。覺有先後，年有長幼。智有大小，德有諒厚〔一〕。成己成物，用作新於舊。其流之清，其源必澄。其本之茂，其末必榮。故蒙者求聖，而闇者求明。彼靈不冥，實右我後生。如聽如瀆，如反如復。授者不明，而學者不篤，師道淪以没。師也是司，敢告其僕。

【校記】

〔一〕諒，正德本同，四庫本作「涼」。

友箴

【編年】不詳。應作於郝經寓居保定，讀書鐵佛寺，設館賈輔、張柔二府期間。參見前文《志箴》編年。

入門而父兄，出門而朋友。獲於上、說於親者無不在，輔其仁、成其德者無不有。棄挾論世，必召厥眞。去益卽損，必貽其咎。無比周以相阿，無面諛以背詬。無舍義而卽利，無重新而輕舊。無輕怒以相絶，無私惠以相佑。有胥忤者勿較，有忠告者必受。無以昵而相狎，是構離而結鬬。無徇己而絶人，是起穢以自臭。友兮友兮，以有德兮，以有志兮。無志而無德，又奚友之爲。

思箴

【編年】不詳。應作於郝經寓居保定，讀書鐵佛寺，設館賈輔、張柔二府期間。

參見前文《志箴》編年。

粤惟心官，必思而得。既爲心用，又爲心迹。發我天機，生殺語默。勞焉則耗，佚焉則溺。放焉則侈，昧焉則窒。惟睿惟敬，乃正而實。勿竊我以私，勿殉我以必。勿愚我以固，勿顛我以逆。於焉是去，聖神斯立。心也是司，操之其勿失。

正心四箴 並引

【編年】不詳。應作於郝經寓居保定，讀書鐵佛寺，設館賈輔、張柔二府期間。

參見前文《志箴》編年。

傳曰：『心有所恐懼，則不得其正；有所憂患，則不得其正；有所忿懥，則不得其正；有所好樂，則不得其正。』四者皆本心之固有，得其理則雖有而無，非其理則不得其正，心亦因之以亡。故申而爲《正心四箴》，以自警云。

恐懼箴

直大而方，本然之勇。莫我敢遏，何懼何恐。偽妄自私，内曲而老。股栗聲嘶，氣竭身倒。

憂患箴

知命樂天，憂患外來。在我者盡，无妄之災。憂從己召，患亦自取。畏壓巖墻，夫孰援汝。

忿懥箴

見理不明，咸其自恕。隕身及親，忿然不顧。自反而縮，横逆我加。修己以道，戮人以瑕。

好樂箴

善善惡惡，乃其良好。宜惡而好，好樂非道。禮義悦心，芻豢悦口。簞食瓢飲，樂哉孰有。

立箴

【編年】不詳。應作於郝經寓居保定，讀書鐵佛寺，設館賈輔、張柔二府期間。

參見前文《志箴》編年。

維天行健，萬化斯立。君子體之，自强不息。下學上達，與天爲一。彼昏不知，惑以溺志。從其所欲，蔽於血氣。怠弛放誕，猖狂恣肆。自賊自戕，自暴自棄。自絕於天，卒僨而斃。何不反己，何不自思。以敬爲本，以謙爲基。慮患也深，操心也危。所立卓爾，嶷嶷岐岐。可以盡性，可以知天。立事立功，立德立言。不朽不撓，於千萬年。凡百君子，其惟勉旃。

自恕箴

【編年】不詳。應作於郝經寓居保定，讀書鐵佛寺，設館賈輔、張柔二府期間。參見前文《志箴》編年。

自治不嚴而去惡不勇者，自恕之心害之也。恕以及人，則待人以寬，其可也；恕以自及，則處己以寬，不可也。『己所不欲，勿施於人』，絜矩之道也。『己欲立而立人，己欲達而達人』，强恕而行也。責己重以周，待人輕以約〔一〕，則己可克而仁可爲也。以責人之心責己，以愛己之心愛人，則盡道盡仁也。責人必以顔閔而不貸，恕己自爲桀跖而不疑，則長惡不悛，從自反也，寡助之至，親戚畔之矣。

【校記】

〔一〕待，四庫本同，正德本作『侍』。

銘

樗菴銘

【編年】不詳。應作於郝經寓居保定，讀書鐵佛寺，設館賈輔、張柔二府期間。

參見前文《志箴》編年。

梓孰與材，樗孰與惡。惡乃得全，材乃自斵。蓋全者天，而斵者人。我初無心，惡用斧斤。故惟散人，乃知散木。有不散存，散乃自足。莫惹蔦蘿，莫纏葛藤。曠蕩一天，逍遥此生。

容齋銘

【編年】不詳。應作於郝經寓居保定，讀書鐵佛寺，設館賈輔、張柔二府期間。

參見前文《志箴》編年。

【箋證】郭之才：生平不詳。

郭君之才，容銘其齋，以銘爲請。銘曰：

偃偃以弗顧，藐藐以弗矚〔一〕，是之謂忽。落陷穽而不爲之引，溺淵水而不爲之拯，是之謂忍。當於義而弗爲，事俯仰以徇時，是之謂隨。惟茲三者，人欲之私，凡百君子，察而去之。剷闕塞以爲通，撤藩籬而大同。東西其横，南北其從。浮雲在空，馬牛其風。彼横逆而至，於我何加焉。反之於吾躬，弗示人以不弘。汪汪洋洋，百谷之王。俱收竝蓄，鼉鼉蛟龍，而是非邪正不亂乎其中。如明鏡，如止水。爾不吾欺，吾不爾從，是之謂容，乃天理之至公。凡百君子，維始維終。

【校記】

〔一〕藐藐，四庫本同，正德本作『貌貌』。

曲肱亭銘 有序

【編年】作於蒙古憲宗三年（宋理宗寶祐元年，一二五三），郝經遊學燕京期間。

【年譜】蒙古憲宗三年，『夏，公入於燕，由萬寧故宫登瓊花島，慨然有懷，乃作賦焉』。

見文：『今年春始得入燕，祥止先生已僊去，其子惇甫明敏純粹，質而不華，謙而有守，與物無競。於别墅築亭曰曲肱，將以全天下之至樂，踵聖賢之高躅。故爲引其端而繫之銘。』

參見卷九《入燕行》編年。

【箋證】靖肅徵士魏先生：魏璠。世祖居潛邸，聞其名，徵至和州，訪以當世之務。卒，賜謚靖肅。詳參卷十三《哭魏先生》箋證，又卷二十一有《祭魏先生文》。王祥止：生平不詳。惇甫：參卷二十五《時中齋記》箋證。

昔濂溪先生嘗使二程尋孔顔樂處，與所樂者何事。蓋孔顔之樂，不在夫蔬食水飲、陋巷簞瓢也。安時處順，盡其在我。毋意毋必，與物俱化。窮達得喪，壽夭貴賤。非我性分，澹然相忘。而其樂有不可量者，所謂天下之至樂也。

往歲靖肅徵士魏君過保下，以祥止王氏父子語余，而余未之見也。今年春始得入燕，祥止先生已僊去，其子惇甫明敏純粹，質而不華，謙而有守，與物無競。於别墅築亭曰曲肱，將以全天下之至樂，踵聖賢之高躅。故爲引其端而繫之銘。曰：

孰不爲處，處欲其中。孰不爲樂，樂欲無窮。彼不義之富貴，詭名與倖功。嶷嶷自憙，狡狡自雄。玉觀金宫，胡爲乎其中？一時之樂，侈然自肆。覆巢之禍，旋踵而至。則其樂也，豈能無窮？伊亭中之高人，方擇勝而棲神。與時屈伸，與道爲鄰。知時之不可以苟合，乃逍遙乎此身。高臥曲肱，不浼世塵。徜徉從容，室不求通。從爾卿相，盡爾王公。不爲伏鳳，不爲臥龍。本無心於求世，又何意於非熊。惟軒中之明月，與席上之清風，倏然而往，倏然而來，曾不知其幾何，過耳目如矇聾。肘則生柳，首則飛蓬。其神也矯矯，其樂也融融。飲水而眠，日自生東。乾坤一亭，樂在其中。命邪天邪，竟莫能窮。

日觀銘

【編年】作於蒙古憲宗五年（乙卯年，宋理宗寶祐三年，一二五五）九月，郝經遊歷山東期間。

【年譜】蒙古憲宗五年，『秋，東行，由趙魏以適魯。八月，入於東原。九月，濟汶自鹿門入於曲阜，藩帥交辟，皆不就。世祖時在潛邸徵召賢士，諸公累薦。九月，遣使召公』。見文：『歲乙卯秋九月癸丑，自奉符登嶽，拜謁絕頂神祠，遂登日觀。』

惟帝出震，故東方首庶物，在南北西之右。而其嶽鎮號爲天帝之孫，羣靈之府，故泰山視衡、華、恒爲獨尊。自嶽麓而上，越黃峴，入天門，登太平頂，又極東南矗出而危峙者〔一〕，曰日觀，視泰山爲獨高。故東土爲四方之冠，泰山爲四嶽之冠，而日觀則又冠夫泰山者也。以其隨高尊峻，下視日出，故以爲名焉。

歲乙卯秋九月癸丑，自奉符登嶽，拜謁絕頂神祠，遂登日觀。光怪自觀北谷底環屬而上，九采聯締，入於天心，不啻數萬仞，百千萬層，日入始滅。翌日復瞰觀旭日，神光瑰景，洞灼精魄，異遇靈界，皆所未覩，則又日觀之傑觀也。觀之巔有危石，四削突起，勒銘其上，傳示不朽。銘曰：

巖巖岱宗，作鎮大東。峙列三州，旋拱三峯。扼海拒河，綰結蒼龍。業業日觀，岱宗獨冠。八巒九夷，平視天半。石脚隱日，昏曉割判。我來一登，神光揭摛。金環碧繩，連虹屬蜺。亘地經天，植起不移。雄雞忽驚，日出峯底。火山盪搖，紅海沸起。俯瞰愕睨，身在天裏。蓬萊方壺，金闕銀臺。赤城光明，照耀洞開。鰲頭突兀，飛仙飛來。回視秦漢，磨崖鐫石。玉檢金泥，夸示罔極。侈心崔嵬，青苔滿壁。我來大書，增麈其間。記異揭靈，揮斥神姦。庶答昭休，壯觀名山。

【校記】

〔一〕轟，底本、四庫本作『轟』，據正德本改。

居庸關銘

【編年】作於元世祖中統元年（宋理宗景定元年，一二六〇），郝經北行開平，受命出使南宋，南行途經燕京之時。

【年譜】元世祖中統元年，『作《居庸關銘》、《讀書堂記》、《祭淮瀆文》、《禡牙文》』等。

參附錄五苟宗道《故翰林侍讀學士國信使郝公行狀》。

見文：『中統元年，皇帝即位於開平，則駐蹕之南門。又將定都於燕都，則京師之北門。而屯壁之荒圮，恐啓狡焉。故作銘，畀燕京道宣慰府，使勒石關上，且表請置兵，以爲設險守國之戒云。』

參見卷九《入燕行》編年。

朔易斡會斗極〔一〕，揭控地勢，隘天隱日。玄冬之氣，黄鍾之律，凝結形見，聚而不散，常爲氷雪，故號陰區。瞰臨懸絶，以建瓴之勢，居高走下，每制諸夏死命。故自三代、秦、漢至於今，號稱彊悍之國。晉幽并代之北，山嶺隔閡，連高夾深，呀口傴脊，數千里巖壑重複，扼制出入。是天所以限南北，界内外，固中原之圉，壯天地之勢者也。

自秦隴亂，大河東抵太和、紫荊，繞出盧龍之塞，列關數十，而居庸關在幽州之北，最爲深阻，號天下四塞之一。大山中斷，兩巖峽束。石路盤腸，縈帶隙罅。南曰南口，北曰北口。滴瀝濺漫，常爲氷霰。滑溼濡灑，側輪跐足，殆六十里石穴。及出北口，則左轉上谷之右，並長嶺而西，陰湮枯沙，遺鏃朽骨，悽風慘日，自爲一天。中原能守，則爲陽國北門；中原失守，則爲陰國南門。故自漢唐遼金以來，常宿重兵，以謹管鑰。

中統元年，皇帝卽位於開平，則駐蹕之南門。又將定都於燕都，則京師之北門。而屯壁之荒圮，恐啓狡焉。故作銘，畀燕京道宣慰府，使勒石關上，且表請置兵，以爲設險守國之戒云。銘曰：

國宅天都，高寒之區，居庸其樞兮。遼右古北，陰幽沙磧，控帶阨狐兮。山連嶺重，鍵閉深雄，巍巍帝居兮。伊昔掣鎖，金源敗破，遂爲坦途兮。幽谷一夫〔二〕，百萬爲魚，竟執哥舒兮。思啓封疆，備不可忘，禍生不虞兮。寇不可玩，機不可緩，實惟永圖兮〔三〕。天險地險，莫如人險，兵刃相須兮〔四〕。刻銘巖嵎，用告僕夫，當戒覆車兮。

【校記】

〔一〕斡，底本、四庫本作『幹』，據正德本改。

〔二〕幽，底本、四庫本作『函』，據正德本改。

〔三〕實，四庫本同，正德本作『寔』。

〔四〕刃，四庫本同，正德本作『力』。

面銘〔一〕

【編年】不詳。應作於郝經寓居保定，讀書鐵佛寺，設館賈輔、張柔二府期間。參見前文《志箴》編年。

大本達德，合坤配乾。小智自私，面墻蔽前。明通公普，誠一静專。恭己南面〔二〕，所以事天。

【校記】

〔一〕面，四庫本同，正德本作『西』。

〔二〕南面，四庫本同，正德本作『正南』。

背銘

不獲其身，與天爲一。惟欲之從，物皆我隔。勿欺勿蔽，勿引勿絶。室中造車，天下合轍。

【編年】不詳。應作於郝經寓居保定，讀書鐵佛寺，設館賈輔、張柔二府期間。參見前文《志箴》編年。

左銘

【編年】不詳。應作於郝經寓居保定，讀書鐵佛寺，設館賈輔、張柔二府期間。

參見前文《志箴》編年。

所惡於左，無以交右。汝則弗欲，人奚汝受。反身致曲，曲能有全。絜矩之道，自人而天。

右銘

【編年】不詳。應作於郝經寓居保定，讀書鐵佛寺，設館賈輔、張柔二府期間。參見前文《志箴》編年。

所惡於右，無以交左。惟意惟必，道惡惡可〔一〕。己所不欲，勿施於人。克己之要，宜書諸紳。

【校記】

〔一〕惡，正德本同，四庫本作「乎」。

竹瓦枕銘

【編年】不詳。應作於郝經寓居保定，讀書鐵佛寺，設館賈輔、張柔二府期間。參見前文《志箴》編年。

冰深玉肥，雷聾石裂。架空傾雨，迎刃破月。斵爲高枕，清風散髮。安眠滅念，萬古一節。

郝經集編年校箋卷二十二

贊

先天圖贊 并引

【編年】應作於元世祖至元五年（宋度宗咸淳四年，一二六八），郝經出使南宋，被拘禁於眞州期間。

見文：『經潛心玩味，踰二十年。近以久在舍館，益得致志，故爲之説，而意味無窮，復拜手而爲之贊。』

【箋證】郝經另作有卷十六《太極圖説》、《先天圖説》、《一貫圖説》文。《一貫圖》作成於至元五年，郝經時在眞州。《太極圖説》與《先天圖説》二文，皆解説北宋周敦頤《太極圖》與邵雍《先天圖》，而《一貫圖》爲郝經自繪，卷十五郝經有詩《戊午歲作一貫圖戊辰冬十月晦始成》：『十載方成《一貫圖》，恍然才見未生初。仲尼沒後遺言絕，且讀遺書莫著書。』故而《年譜》對《一貫圖》有明確記載。《年譜》：記郝經於蒙古憲宗八年始作《一貫圖》：『作《一貫圖》、《漢義士田疇碑》、《殷烈祖廟碑》、《順天孔子新廟碑》。』至元五年作成：『正月，成《周易外傳》八十卷、《太極演》二十卷，皆爲序。十月晦，《一貫圖》成，有《圖說》。』

《先天圖說》與《一貫圖說》、《太極圖說》屬同類之作，應是同時期作品。

參見卷十六《先天圖說》編年。

宓犧氏按圖畫卦，以造書契，而爲民用，初不以爲《易》也。歷黄帝、堯、舜氏而王法大備，畫卦之説默而不傳。夏殷之世，乃有《連山》、《歸藏》以爲卜筮，亦不知其爲《易》也。及紂囚文王於羑里，始以宓犧氏之卦，重而制名，而謂之《易》。武王有天下，代殷爲周，於是謂之《周易》。而《河圖》之文，畫卦之理，重卦之義，變卦之由，其所以然而莫非自然者，則亦未之言也。

至仲尼氏贊《易》道，於《易》有太極，則言《河圖》之本然；於天地定位，則言畫卦之本然；於帝出乎震，則言變卦之本然；於有天地然後有萬物，則言重卦之本然。制作犧文之後，超出犧文之前，於是宓犧、文王爲後天，仲尼爲先天矣。由仲尼氏以來，學者求《易》於《繇》、《彖》、《文》、《象》、《辭》、《説》之間，不復探原窮本，以造夫宓犧氏。至康節先生，因仲尼氏之言，推本《河圖》之文，究竟宓犧之畫，錯綜文王之重，以復八卦之序，爲圓方一圖，以明仲尼氏之所以先天者，曰《先天圖》。不用辭説，再造一《易》，而居宓犧之前，《河圖》之上矣。

經潛心玩味，踰二十年。近以久在舍館，益得致志，故爲之説〔一〕，而意味無窮，復拜手而爲之贊。曰：

大物全體，渾淪厥初。天地萬物，本然一圖。匝密充周，自爲規模。停穩妥帖，極盡無餘。兩兩生生，並爲根株。當爲書契，歷數有在。匹馬隻輪，上天之載。觀象起本，不假神怪。太極兩儀，更相禪代。因而爲數，倍而爲卦。奇則有耦，理不獨生。一則有二，鬼神以行。影不離形，響卽應聲。不作不爲，自然而成。無慮無營，本眞則誠。死生兩原，穿徹一竅。動端有幾，月窟騰曜。變乃不測，天門龍跳。神定無方，在物則妙。君看元陽，可以盡道。乾兑離震，巽坎艮坤。天地列位，日月闢門。雷風噫氣，山川出雲。變動錯蹂，萬物糾紛。數爲之位，道爲之君。重以合兩，錯綜旋轉。意言象數，由此以見。卦交以背，畫交以變。應違則惡，理契則善。本自震出，孰使乾戰。自犧而文，體用具完。仲尼探賾，扣其兩端。不復爲圖，衹以文觀。梁折山摧，喪其本原。刻舟求劍，聽日擊盤〔二〕。惟無名公，創圖弗説。獨造犧皇，撑霆裂月。鞭出龍馬，再爲區别。奇耦重復，先天一訣。顛倒羑里，翻覆乾坤。分陰分陽，接續韋編。自震右轉，由巽左旋。一本乎中，皆先乎天。不假刓削，自然而圓。不離陰陽，皆本兩畫。坎伏於蒙，離轉爲革。陰陽之精，互藏其宅。復長剝消，姤遇夬決。陰陽相根，盛衰以别。分陰分陽，用柔爲剛。倒乾爲坤，旋長爲藏。天地反覆，不失其常。八卦相錯，煥乎其章。不假裁截，自然而方。自下而上，不紊其序。由左而右，不失其故。縱入横出，緯錯棊布。神樞鬼紐，消息散聚。地中有天，闔闢一戶。自奇合耦，以方契圓。再造一《易》，自爲二篇。祇是《河圖》，更無一言。道以象示，神以方傳。退藏於密，直在畫前。内聖外王，雜而不越。範圍化幾，經界心法。層層相呀，宛宛互發。一本萬殊，四面八達。都無轍迹，但見黑白。造天人際，復地天通。渾沌破碎，太虚玲瓏。却從有限，推出無窮。惟有數畫，纔留幾重。天地萬物，盡在其中。東堂西樓，毁爲一閣。醉裏跳丸，笑傲安樂。忽把地維，掛向大角。共山雲沉，洛陽花落。吁嗟先生，萬古絶學。

【校記】

〔一〕爲，底本、正德本作『謂』，據四庫本改。

〔二〕日，底本、正德本作『目』，據四庫本改。

大禹泣囚圖贊

【編年】不詳待考。應作於郝經寓居保定，讀書鐵佛寺，設館賈輔、張柔二府期間。

地平天成，萬古一治。人脱於魚，鼓舞聖世。稷務播種，契施禮義。伯夷降典，咎繇作士。刑猶弗措，豈禹之志。號泣旻天，反躬責己。雖得其情，哀而弗喜。彼伊辟王，敢擾天紀。血汙皇極，手刃赤子。顧瞻茲圖，寧無愧耻。

元遺山眞贊

【編年】作於蒙古憲宗七年（宋理宗寶祐五年，一二五七）四月，郝經時在保定。

【年譜】蒙古憲宗七年，『四月，作《北風亭記》、《送張漢臣序》、《祭遺山先生文》、《墓銘》、《房山先生墓銘》』等。

參見卷三五《遺山先生墓銘》編年。

其才清以新，其氣夷以春，其中和以仁，其志忠以勤。不啻蔡辛，與坡谷爲鄰。歌謡慷慨，喜氣津津。唾玉噴珠，看花飲醇。而乃爇香讀《易》，坐席凝塵。假邪？眞邪？嗚呼！復幾千年，更有茲人也邪？

王良臣眞贊

【編年】作於蒙古憲宗三年（宋理宗寶祐元年，一二五三）夏，郝經遊學燕京期間。

【箋證】王良臣：　字彦才，號恒齋，商水（今河南周口市商水縣）人。詳參卷二五《恒齋記》（作於憲宗三年夏）箋證。

巖如喬松，矯如晴虹。視其眉宇，見其心胷。秋隼欲擊，頓超絛籠。每遇風飈，顧瞻長空。安得玉麈，助其談鋒。倒海傾江，續地天通。闢衆枉而歸直，彼僞辯則皆窮。今乃扣之不應，相視而笑，而欲愚我以形氣，蔽我以盲聾邪？快呼美酒，握手相從。外形骸與世累，徑一飲而千鍾。

説

文説送孟駕之

【編年】不詳待考。應作於郝經寓居保定，讀書鐵佛寺，設館賈輔、張柔二府期間。

【箋證】孟駕之（一二〇四—一二六七）：名攀鱗，字駕之，雲內（今山西大同）人。據《元史·孟攀鱗傳》，攀鱗幼時號爲奇童，金哀宗正大七年擢進士第，仕至朝散大夫招討使。金亡，居平陽，定宗元年爲陝西帥府詳議官，遂家長安。元世祖中统三年，授翰林待制同修國史。至元初條陳七十事，世祖悉嘉納之。因病請西歸，世祖令就議陝西五路四川行中書省事而卒。謚文定。交遊廣泛，與耶律楚材、王鶚、李俊民、王惲、楊弘道、魏初皆有王璐。金陳庚《送孟駕之赴闕》：『文史相從二十年，歲寒心事久彌堅。向來才力驚遊刃，此去功名穩著鞭。淺綠每依沙漠草，横青遙指拂爐煙。應將萬字匡時策，挽取恩波下九天。』

或者嘗曰：『彼作文不工，彼工於作文』，愚竊聽而惑之。

蓋文可順而不可作也，天地有眞實正大之理，變而順，有通明純粹不已之文，是其所以爲之，非矯揉造鑿而然也。唯其變，是以有文；唯其順，是以不已，皆自然也。故陰陽得以文乎天，剛柔得以文乎地，仁義得以文乎人，羽毛、鱗介、苞葉、根荄得以文乎物。清濁高下得以文乎聲，升降舒綴得以文乎節，麗縟華采得以文乎色。禮樂射御書數得以文乎藝，德刑、殿最、號律得以文乎政，城聚、都鄙、廬井得以文乎居，華蟲、藻火、山龍、黼黻得以文乎服。易其無有，利其興革，化而新之，至至終終，爲神道之極致，亦得其本然之理而已，焉有作爲之贅哉！

大庭氏而上，文有理而無名；大庭氏而下，文有名而無書；陶唐氏而下，文有書而無法；仲尼氏而下，文有法而無作。仲尼之門，游夏以文學稱，未聞其執筆命題而作文也。物感於我，我應之以理而辭之耳，豈校其辭之工拙哉。是以六經之文，經天地，貫萬世，與博厚高明並而不朽也。

仲尼氏没，本散而末分，源遠而流别。文晦於理而文於辭，作之者工於辭而悖於理。故莊列以之文虚無，儀秦以之文狙詐，申韓以之文慘黷，屈宋以之文怨懟，卒致呂政焚書之厄。

西漢古學、文學之分，其蔽則極於江左，冗矯之談，浮屠之法，《玉樹後庭》之曲。而苻秦、元魏、高齊而下，血漂禹跡，寄斯文於霆擊之餘，風燼之外，邈乎葬於九原也。厥後有唐杜氏文乎詩，而風雅復萌；韓氏文乎儒，而六經方爝。又屬以晚唐弊俗〔一〕，五季繁運。而有宋氏興，歐蘇周邵程張之徒，始文乎理而復乎本，猶不能比隆三五，去殺勝殘，致頌聲興禮樂者，百千祀之蔽，不可一日而擴也。幸其用力之勤〔二〕，俾斯文不遂滅，而吾民不爲狐蟲非類爾。

由是而言，天地萬物之文未之或變，而人文如是之窮，作之者不工歟？工矣。然而如是者何？《易》曰：『物相雜，故曰文。文不當，故吉凶生焉。』文何嘗不當，作爲者之過也。不作不爲，萬理皆備，推而順之，文在其中矣。故文作於人而窮於人，人亦作於文而窮於文。嗚呼！文窮人邪？人窮文邪？

【校記】

〔一〕弊，四庫本同，正德本作『蔽』。

〔二〕勤，四庫本同，正德本作『勒』。

養説

【編年】不詳待考。應作於郝經寓居保定，讀書鐵佛寺，設館賈輔、張柔二府期間。

人皆可以爲大也，唯其忽之而自暴，委之而自棄，狹之而自小也，是以固滯戕賊，窘束流溺，卒不能以之大。

夫人之性，天之理也。其氣，則一元之氣也。其形，則五行二氣萃其精而結之者也。其心，則官天地，府萬物，一智周知，泛應無量，如是之大也。有其大，必養之以充其大。不能養之，何以充之。故古之大聖大賢，莫不有以養之者。『遵養時晦，時純熙矣』，此武王之所以養其武也；『公孫碩膚，赤舄几几』，此周公之所以養其聖也；『三省其身，犯而不校』，此顔曾之所以養其賢也；『至大至剛，養而無害，浩然塞於天地間』，此孟子之所以養其氣也。由此觀之，聖之所以爲聖，賢之所以爲賢，大之所以爲大，皆養之使然也。

嗟夫！吾衆人者，去古之大聖大賢也遠矣。古之大聖大賢，皆知所以養之者，吾衆人者，乃不知所以養之，卒爲小人而不能大也，卒爲下愚而不能聖賢也，昭昭矣。

嘗觀夫蹄涔之水至小也，有魚焉而至微也，知所以養之，瀦溺沉滯，會雨集而達於溝洫；循就因仍，自溝洫而達於川澤；圉圉拘拘，自川澤而達於江河；軒昂踴躍，自江河而達於海。由寸而尺，由尺而丈，以至於爲鯨爲鯤，拉扶桑，翳暘谷，激水三千里，其大不知其幾千里；至於爲神鰲，負九地而橫騖，冠三山而却走，如是之大也。何者？養之使然也。苟不知其所以養，倔强於蹄涔，跳踉於泥沙，忘其河海淵藪之大。使薪翁笱婦動其食指而墮其機構〔一〕，雖遇子産之愛，寧免烹乎？

豈惟魚哉，凡物皆然。故孟子曰：『苟得其養，無物不長。苟失其養，無物不消。』物之至微而賤者，猶必得其養而後大也，矧人之至貴至靈乎，而可無養也。故必明義理以養其性，寡嗜欲以養其心，禦奔蕩以養其情，致中和以養其氣，節飲食以養其體，盡孝友以養其本，執堅剛以養其節，擴正大以養其度，撤壅蔽以養其智，别邪正以養其習，慎細微以養其行。

欲其養也，必先有容也；欲其容也，必先有勇也；欲其有勇也，必先有敬也。蓋敬則心不散，而齊莊中正，足以有執，則勇可致也。勇則私不犯，而發强剛毅，足以有爲，則容可能也。容則物無不受，而寬裕溫和〔二〕，足以有養矣。如是則雖小而可以大，雖愚而可以智，雖凡夫而可以至於聖。而昧者不知也，乃輕佻以侮之，不忍以傾之，忿激以擲之，撑裂分披以壞之，淫佚以沈之。天地付吾者大，而吾自小，可乎哉？

嗚呼！是特不養自小之而已矣，猶無足深憾也。如蔽匿以養其姦，文飾以養其過，巖深以養其惡，掩覆以養其機，樸野以養其詐，高抗以養其傲，締搆以養其黨，縱肆以養其淫，執錮以養其偏，絞切以養其毒。以是而養之，小而喪身，大而敗國，又大而亂天下，不若不養之爲愈也。故養一也，有可者，有不可者。可者養之，不可者去之，不可不慎也。

【校記】

〔一〕機，底本、正德本闕，據四庫本補。

〔二〕和，底本、四庫本作『柔』，據正德本改。

讓説

【編年】不詳待考。應作於郝經寓居保定，讀書鐵佛寺，設館賈輔、張柔二府期間。

性純乎義理，無非善也；而人之多欲，役於血氣，遂至於不善。蓋血氣勝則義理亡，義理亡則嗜欲張；嗜欲張則爭奪起，非篡弑鬬狠不能厭也，性於是乎惡矣。聖人有憂之，乃尊卑之而制夫禮，等殺之而明其分。懼其欲勝而不能自克，至於廢禮亂分，削繩墨而自肆也。乃强勉而致夫讓，使謙抑遜退，沮縮椎魯，以鑠其剛鋭陵犯果猛之氣，卑以自牧，柎去角牙，虛而不有，推而弗受。彼軒軒堂堂，蜚怒騰勇，如飄風暴雨，蕩忽而至。吾則逡巡而退，拱揖而避之耳。彼之血氣肆，而吾之義理存。本然之分，彰彰而著，所獲多矣。

至矣哉！讓之於人，扶持成就者甚大，而樹立宏廓者甚遠也。故堯舜以天下讓，而天下爲公矣；夷齊以國讓，而天下友悌矣；稷契以官讓，而朝廷和睦矣。子臧守節，而季札不受，挺特於末流叔世，覬覦僭亂之風少變矣。由此觀之，天下國家猶且讓，矧其下乎。

維此義不行，嗜欲張，而血氣勝，義理亡，至有父子稱兵，推刃同氣，如魯桓、衛出、楚商臣、宋元凶劭者〔一〕，始而不讓，一至於是，誠可畏也。雖然，是特不讓，篡弒奪攘而已矣，是其跡不可揜，人得以凶惡逆類而目之矣。讓者如彼，而不讓者如此，昭昭然白黑分矣，猶無足深憾也。

世有讓非所讓而反以取敗者，有以讓而濟其姦者。紫之奪朱，莠之亂苗，賊德之甚者也。燕噲欲以舜子之，漢哀欲以禹董賢，唐中宗欲以天下與韋玄貞〔二〕，皆致大亂，幾絶其祀，是讓非所讓也。新莽構僞以欺天下，欲重己勢而彰己善，例加恩秩，已則遜避，當塗盜漢，戕滅劉宗，賊弑母后，既取之矣。而始命其子禪讓，司馬懿欲傾魏，溢曹爽之勢，而稱疾不出。王安石初入仕，每遷一小官，輒累表辭讓，至知制誥，則不復辭官。是皆以讓而濟其姦者也，是皆非讓也。

中義理而無私，推其有而不居者，讓也；近人情而不欺者，讓也；非所有而不敢妄有，固執而卻之者，讓也。故讓也者，禮之本義之方，克己之要，求仁之術也。非以爲逆，亦非以取敗，又非所以濟姦。君子不可不辨，亦不可不慎，又不可不力行。

【校記】

〔一〕劭，四庫本同，正德本作『卲』。

〔二〕貞，底本、正德本作『楨』，據四庫本改。

郝經集編年校箋卷二十三

書

請舅氏許道士出圜堵書

【編年】作於蒙古太宗十年（宋理宗嘉熙二年，一二三八）七月，郝經寓居保定，讀書鐵佛寺，設館賈輔、張柔二府期間。

見文：『舅氏許德懷，壬辰（一二三二）之亂棄家爲道士，於長垣坐死圜者七年矣。其子國昌齎是書隔墻投之，舅氏遂排墻以出，從之歸，父子如初。』

七月二十有五日，外孫郝經謹拜書舅氏巾几走：

天兵南下，晉臂不舉。用蕩析我母家，諸父諸兄，是用不集，保命於四國，訖今四十餘年，泯泯也。上天降衷，俾我舅氏之子居於祁陽，越十祀，始獲拜聚，抃踊曲百，何樂如之。雖然於經也，復有甚不樂者焉。舅氏之子嘗隕涕而謂經曰：『我姑在此，我父在彼，焉得一會面，以道前日之事耶？』經再拜而問之故，曰：『我父以不羈之姿，肆志於輕世，窘於天步之艱，迫於勢利之厄，於是放心遺形，吸孤風，抱明月，耿耿自若，而逃山林，放滄海耳。妻孥親友，一遺於世，我是用不獲爲子者三十年，子曷爲我致之。』

經曰：噫！有是哉！斯蓋過於用智致遠而泥者也。然至誠貫天地，可以動日星，開金石，況於人乎！經敢不罄悃赤，飭鄙隘，以盡親親之義乎！其是是也，其非是也，可則行，否則輟，實在舅氏之所圖耳，經於何有！

夫道至易而求之者以難，至邇而求之者以邈，至同而求之者以異。故雖越藩墻，穿穴隙，窮高極遠，卒溺於異端，而終無所獲矣。寂然不動，物潛於極；感而遂通，極蘊於物。本其理以動者天也，成其形而靜者地也。純於天地之間者爲人，雜於天地之間者爲物。隱極之先，見極之後，合天地之幾，通人物之理，消長盈虚，變化云爲，純純而不已者爲道，若是其甚易邇而同也〔一〕。

故人稟天地之精，備萬物之理。其性則精實至善而主靜，其中則有仁義禮智之四端。神舍於體用之間，幾潛於動靜之始。思慮未發而天已知，言行未終而人已見。充之則卽孝悌可以盡性命，卽脩身可以治天下。謹於存養之漸，慎於操舍之微。由之而行不以行〔二〕，亦以見其易。反諸吾身而不有闕，亦以見其邇；參諸天地，質諸鬼神而不違，亦以見其同。是故堯舜禹湯文武周孔，所守一道，未嘗以爲難遠而不同也。

彼或紐於血氣，蔽於物欲，故有輕世之心。甘志而溺物，助長而揠苗，游思横起，不知精明之所舍，馳突搏躍，以喪其良心，昧其明德，内焉而無主，足爲物誘而致疑。故疑於難者曰：『天地萬物，君臣父子，重爲我累。曷若吾默於虚静，而有所知覺；閟於空明，而皆使寂滅，以爲極樂乎？是以達上而遺下，得内而忘外，間斷僻陋，無所連屬。及欲革其蔽，則立僞教以利死生，設因緣以引物，卻殺身以濟衆，而不知聖人明德新民之教。此西方見性之説，大覺之教所由起，愈易而愈難也。』

疑於遠者曰：『血肉相患，機穽相覆，勢利相逐。曷若吾挈先天之器，以遺於時，絶蹤遐游，杳然爲期。謂吾本無，曷滯於斯，使之如槁木；吾心本虚，曷用於斯，使之如死灰。是以絶物棄世，悖天生物之仁；無父無君，悖人處世之義。蔽其用於一身之小，溺其志於虚空之大。既未能退藏於密，而又不能齊戒與民同患。此老莊之徒，語命談天，揭辭矯辯，不知聖人欲無言之理，强作形骸，虚怪恍惚，幽深玄妙之説所由作，愈近而愈遠也。』

疑於異者曰：『人心如面，妍醜不同。曷若驅之以律，而一之以刑，卽無異矣。是以絶天倫，敗骨肉，同胞之民，以膏鈇鉞〔三〕，未達聖人端拱之化，雍雍顒顒，仁壽隮民。而剽慘之刑，刻薄之法所由興，愈同而愈異也。』

故申商之法行於秦而秦滅，老莊之教盛於晉而晉衰，西方之教興於梁而梁亡。故疑吾道之難者卒入於佛，疑吾道之遠者卒入於老，疑吾道之異者卒入於申韓。使肆人欲滅天理，諸夏衰而夷狄橫，先聖人之正道，王者之大經，曠百祀而不收，吾民無辜，使之服左衽而言朱離。由是而言，佛老、申韓之爲害，若是其昭晰也，然而遂行於世，倡揭號呼，鼓震而風蕩，莫之敢何者，何也？高明之士用智之過，溺而不返也。周道衰，孔子没，三代之俗日削月朘，佛老乘隙而入，申韓繼踵而作。申韓之害也外，是以止於滅秦而已；佛老之害也内，故能爲千萬世之惑。愈高明之士，愈在其中。人性善佛卽說善，人性靜佛卽說靜；人心虛老卽說虛，人欲大莊卽說大。其似是而非，非聰明睿知豪傑之士，其孰能辨之哉？

昔龍門未闢，呂梁未鑿，河溢孟門之上。伯鯀障之，愈障之而愈深，愈防之而愈大。禹疏通之，使由地中行，九州以牧，四方以平。蓋鯀拂其性而用智之過也，禹能順其性以道之爾。夫高明者，處心遠大，欲直趣高明之域，曾不知在躬之德。神鬼人天，高明之道盡矣。乃矯矯倀倀，疊出私智。見吾聖人之書，聞吾聖人之教，若聆風吮壤，然則反以爲迂，而皤然他求矣。一旦見二氏之書乃如此，是以耳目忽廢，天之與我者，萬物之備我者，皆亡也。雖翳於草莽，而卒無悔焉爾。嗚呼！好高明而非其道，則入於狂肆矣；好齊速而非其道，則局於血氣矣；好孤絕而非其道，則入於譎誕矣。欲無心者愈有心，欲無爲者愈有爲，則用智之過也，顧不大歟？雖然，苟知其非，反身而觀，平氣而待，察天理，辨人欲，視可否，使舊染之汙脱然而盡，向之良心可以興，向之明德可以明矣。

孔子曰：『顏氏之子，其殆庶乎！知不善而未之復行也。』《易》曰：『不遠復，無祇悔。』《詩》曰：『遡洄從之，道阻且長。遡游從之，宛在水中央。』

今舅氏誠能卽不肖經之語，辨異端之害，求大禹之智，顏子之行，《詩》、《易》之文，庶垂裕親舊，緝熙宗祀，使天下知許氏之有人矣。不然，煢煢之身，陷於不義，使孝子不得盡事親之禮，以忍人之心自爲計，不亦過乎？一旦宛然而長歸，譴者誰歟？慕者誰歟？其爲天下之棄人也必矣。雖然，高明之人，豈亦至於此乎？經不佞，輒以鄙辭相瀆，獲罪多矣。經載拜。

舅氏許德懷，壬辰之亂，棄家爲道士，於長垣坐死圜者七年矣。其子國昌齎是書隔墻投之，舅氏遂排墻以出，從之歸，父子如初。

【校記】

〔一〕邇，四庫本同，正德本作『爾』。

〔二〕不以行，正德本同，四庫本作『無不利』。

〔三〕鈇，四庫本同，正德本作『鉄』。

答友人論文法書

【編年】不詳待考。應作於郝經寓居保定，讀書鐵佛寺，設館賈輔、張柔二府期間。

經曰〔一〕：書來惠問作文法度利病〔二〕，何吾子過於巽下，以能問不能，猶以工師審繩墨於匠人也，何倒置若是之甚哉！然切磋之義不可廢，非吾子之言，何以發經之蒙〔三〕，覆動某之狂言哉！

二帝三王無文人。仲尼之門，雖曰文學，亦無後世篇、題、辭、章之文，故先秦不論文。騷人作而辭賦盛，故西漢始論文，時則有揚雄之書〔四〕；東漢復論文，時則有蔡邕之書。建安以來，詩文益盛，語三國則有魏文帝、陳思王之論，語晉宋則有陸機、沈約之作。折衷南北七代，則有文中子之説。至李唐，則韓柳氏爲規矩大匠，如韓之《答李翊》、《上于襄陽》、《答尉遲生》、《與馮宿》，柳之《與楊京兆》、《答韋中立》、《報陳秀才》、《答韋珩》、《復杜溫夫》及《與友人》等作；加之以李翺之《答王載言》、《寄從弟正辭》，皇甫湜之《答李生》、《復答李生》；下逮歐王蘇黄之論議，則窮原極委，無所不至其極，無法復可説，百世有餘師矣。經何人也，而敢復論文章之法乎？

顧有一焉不敢告也，爲文則固自有法，故先儒謂作文，體制立而後文勢成〔五〕。雖然，理者法之源，法者理之具；理致夫道，法工夫技。明理法之本也。吾子所謂法度、利病，近世以文爲技，與求夫法資於人而作之者也，非古之以理爲文，自爲之意也。古之爲文也，理明義熟，辭以達志爾。若源泉奮地而出，悠然而行，奔注曲折，自成態度，匯於江而注之海，不期於工而自工，無意於法而皆自爲法。故古之爲文，法在文成之後，辭由理出，文自辭生，法以文著，相因而成也，非與求法而作之也。後世之爲文也則不然，先求法度，然後措辭以求理。若抱杼軸，求人之絲枲而織之，經營比次，絡繹接續，以求端緒。未措一辭，鈐制夭閼於胷中，惟恐其不工而無法。故後之爲文，法在文成之前，以理從辭，以辭從文，以文從法，一資於人而無我，是以愈工而愈不工，愈有法而愈無法，秖爲近世之文，弗逮乎古矣〔六〕。

夫理，文之本也；法，文之末也。有理則有法矣，未有無理而有法者也。六經理之極，文之至，法之備也。故《易》有陰陽奇耦之理〔七〕，然後有卦畫爻象之法；《書》有道德仁義之理，而後有典謨訓誥之法；《詩》有性情教化之理，而後有風賦比興之法；《春秋》有是非邪正之理，而後有褒貶筆削之法；《禮》有卑高上下之理，然後有隆殺度數之法；《樂》有清濁盛衰之理，而後有律吕舒綴之法。始皆法在文中，文在理中，聖人制作裁成，然後爲大法，使天下萬世知理之所在而用之也。自孔孟氏没，理寖廢，文寖彰，法寖多。於是左氏釋經而有傳注之法，莊荀著書而有辨論之法，屈宋尚辭而有騷賦之法，馬遷作史而有序事之法，自賈誼、董仲舒、劉向、揚雄、班固，至韓、柳、歐、蘇氏，作爲文章而有文章之法，皆以理爲辭，而文法自具，篇篇有法，句句有法，字字有法，所以爲百世之師也。

故今之爲文者，不必求人之法以爲法，明夫理而已矣。精窮天下之理，而造化在我。以是理爲是辭，作是文成是法，皆自我作。志帥行權，多多益善。標識根據，不偏不倚，中天下準四海以爲正；輝光照耀，炳烈粲發，引日星麗霄漢以爲明；造微入妙，探賾索隱，極九地築底裏以爲深；包括綿長，籠罩遐外，塵天地芥太極以爲大；龍驤虎步，瞰眺八極，祭風雲厲威震以爲雄〔八〕。躋攀倚拔，窮原無上，棄形器脱凡邇以爲高；莽蒼闊越，混涵太樸，鬱鴻荒全渾沌以爲古。震雷霆，開昏塞，節八音，鳴萬籟，有始有卒，如律如吕以爲聲。通一元，貫四時，塞天地，鼓萬物，噴薄動盪，生成化育以爲氣。挈矩布筭，撙節量度，徑圍天地，位置六合，規萬世以爲格。巍岸磊落，欲顛欲立，墮疊太華，推移日觀，屹萬仞以爲形〔九〕。敷布振迅，欲斂欲溢，排闢孟門，疏鑿灩澦，決萬里以爲勢。

爲門爲庭，爲堂爲殿，爲樓爲閣，以爲間架。爲甲爲乙，爲首爲尾，爲腹爲背，以爲鋪敘。爲閉爲錮，爲構爲締，爲聯爲屬，爲橐爲籥，以爲關鍵。爲囷爲廩，爲庾爲倉，爲筐爲篚，爲裹爲囊，以爲含蓄。爲坐爲作，爲進爲退，爲折爲還，爲舒爲疾，以爲步驟。爲莊爲嶽〔一〇〕，爲逵爲軌，爲途爲路，爲縱爲横，以爲馳騁。爲經爲緯，爲端爲緒，爲錯爲綜，爲織爲紝，以爲機杼。

鍊金鎔錫以爲精，礱石磨玉以爲潔，去陳剥爛以爲新，苴漏塞罅以爲密，昭布森列以爲博，旁摎遠蹈以爲邃〔一一〕，依違諱避以爲婉，紆餘曲折以爲態，容與平坦以爲易，遏塞險澀以爲難，澄湛静敞以爲清，激揚蹈厲以爲節，優游不迫以爲暇，頓放妥帖以爲安，建置强崛以爲固，鼎峙山立以爲重，持綱挈要以爲簡，填委充塞以爲富，穿徹沈著以爲快，警策峻緊以爲偉，恣睢徜徉以爲肆，齊莊謹肅以爲嚴，翦截裁制以爲整，超卓頓挫以爲壯，擁衛倚疊以爲厚，脱暢便利以爲通，一唱三歎以爲感，剴切訐忤以爲激，咀嚼雋永以爲味，深長奧衍以爲趣，音節中適以爲和，抑揚起伏以爲變，瑰詭譎怪以爲奇，雕鎪無跡以爲巧。

成就而無作爲，順理而不生事以爲化。耳目口鼻四體衣冠具，不瘖不痺，活而不死以爲備。不知其所以然而然，莫非自然以爲神。則法亦不可勝用，我亦古之作者，亦可爲百世師矣。豈規規孑孑，求人之法而後爲之乎！

故先秦之文，則稱《左氏》、《國語》、《戰國策》、《莊》、《荀》、屈、宋；二漢之文，則稱賈誼、董仲舒、司馬遷、劉向、揚雄、班固、蔡邕，唐之文，則稱韓、柳，宋之文則稱歐、蘇。中間千有餘年，不啻數千百人，皆弗稱也。騷賦之法則本屈宋，作史之法則本馬遷，著述之法則本班揚，金石之法則本蔡邕，古文之法則本韓柳，論議之法則本歐蘇。中間千有餘年，不啻數千百文，皆弗法也，何者？

能自得理而立法耳，故能名家而爲人之法。苟志於人之法而爲之，何以能名家乎？故三國、六朝無名家，以先秦、二漢爲法，而不敢自爲也；五季及今無名家，以唐、宋爲法，而不敢自爲也。韓文公每語人，以力去陳言當自作，但識字言從字順，識職而已，不當蹈襲故爛，謂宏詞詞賦爲俳優，皆此意也。然則前人不足法歟？文有大法，無定法。觀前人之法而自爲之，而自立其法。彼爲綺我爲錦，彼爲樹我爲觀，彼爲舟我爲車，則其法不死，文自新而法無窮矣。

近世以來，紛紛焉求人之法以爲法，玩物喪志，闚竊模寫之不暇，一失步驟，則以爲狂爲惑，於是不敢自作。不復見古之文，不復有六經之純粹至善，孔、孟之明白正大，左氏之麗縟，莊周之邁往，屈、宋之幽婉。無復賈、馬、班、揚、韓、柳、歐、蘇之雄奇、高古、清新、典雅、精潔、恣肆、豪宕之作，總爲循規蹈矩決科之程文，卑弱日下，又甚齊、梁、五季之際矣。

嗚呼！文固有法，不必志于法。法當立諸己，不當尼諸人。不欲爲作者則已，欲爲作者、名家，而如古之人，舍是將安之乎？是經之志也，故敢以爲復，然未知其是且非也，吾子幸復惠教焉。某再拜。

【校記】

〔一〕曰，正德本同，四庫本作『白』。

〔二〕書，底本、正德本作『急』，據四庫本改。

〔三〕發，四庫本同，正德本作『廢』。

〔四〕揚，四庫本同，正德本作『楊』。下同。

〔五〕立，底本、正德本作『之』，據四庫本改。成，底本、正德本闕，據四庫本補。

〔六〕矣，四庫本同，正德本作『失』。

〔七〕陰陽，正德本同，四庫本作『陽陰』。

〔八〕祭，正德本同，四庫本作『登』。

〔九〕仞，四庫本同，正德本作『刃』。

〔一〇〕嶽，底本作『獄』，據正德本、四庫本改。

〔一一〕蹈，正德本同，四庫本作『紹』。

與北平王子正先生論道學書

【編年】作於蒙古憲宗三年（宋理宗寶祐元年，一二五三），郝經遊學燕京期間。

【年譜】蒙古憲宗三年『夏，公入於燕，由萬寧故宮登瓊花島，慨然有懷，乃作賦焉』。見文：『今其書自江漢至中國，學者往往以道學自名，異日禍天下，必有甚於宋氏者。』

【箋證】王子正：初名元亮，後改名元粹，世稱王粹，詳卷十三《哀王子正》箋證。

經曰〔一〕：昨承先生惠顧，謂經之質可問津伊洛，以闡明道學。經自惟揣涼昧，不足以辱惠教，又不足負任，且復有惑而未自信者，焉敢復諸下執事？

嘗聞過庭之訓，自六世祖某從明道程先生學，一再傳至曾叔大父東軒老，又一再傳及某。其學自《易》、《詩》、《春秋》、《禮》、《樂》之經，男女、夫婦、父子、君臣之倫，大而天地，細而蟲魚，邇而心性，遠而事業，無非道也，然未嘗以道學爲名焉爾。夫聖人，道之至也。自宓犧、神農、黄帝，至於堯、舜氏，道之全體著見，以爲斯人用，天下莫不學之，道學之名無有也。增修制作，自禹、湯、文、武、周公至仲尼氏，郁郁乎文，洋洋乎盛，道之大用極盡無餘，載在方策，以爲後世用，天下莫不學之，道學之名無有也。仲尼之門，自顔、曾、子思至孟軻氏，心傳口授，無非聖人之道；相與講明問答，無非聖人之學，道學之名亦未有也。逮夫戰國之末，處士横議，各自名家，曰儒、曰道、曰墨、曰刑名、曰縱横，道之全體始壞，大用始分，學者莫知適從。吾聖人之學，始自爲儒家，卒致焚戮之禍。由漢以來，六家、九流、三教、諸子百氏，蝟然雜出，喪心惑世，毒天下，禍生人，至於今而不已。儒之名一立，天下之亂不可勝窮矣，矧今復立道學之名哉！

夫道之大，兼天下之名而不自以爲名。一物一事，自有一道，自爲一名。分而言之，皆事物之名也；合而言之，皆道之名也。故《易》爲乾、坤等六十四卦，各自以爲名；太極天地爲人與萬物，各自以爲名；命、性、心爲三綱五常，百行萬事，各自以爲名，無非道也。於是曰《易》道、神道、天道、地道、人道，皆以道爲名，而道之名自若也。道祇一理爾，以其莫不由之以行，故名之曰道，豈可特以爲學，而自爲一家哉？秦、漢而下，以吾士夫爲儒家，故方術之士以黄帝、老子爲道家，以虚無爲本，大害夫道，又豈可復以儒家又特謂之道學哉？

始宋濂溪周先生，深於《易》學，謹於操履，志夫三代之際，作《圖》著書，以述仲尼、孟軻之志。繼以明道、伊川二程先生，横渠張先生，傳繼授受，其學遂盛。而康節邵先生，推衍象數，明伏犧先天之本末，始有道學之名也。及其徒欲神其説，分宗別派，謂之伊川之學、康節之學、伊洛之學，引而自高，揭然以道學爲名，謂一世之人皆不知道，又謂漢、唐諸儒皆不知道，直以爲仲尼、孟軻復出。論説蜂起，黨與交攻，投竄貶斥，竟成宣、政之亂。秦、韓當國，遂謂之僞學，又謂之姦學，衣冠之禍，古所未有，皆標置立名之激之也。周、邵、程、張之學，固幾夫聖而造夫道矣，然皆出於大聖大賢孔、孟之書，未有過夫堯、舜、禹、湯、文、武、周、孔之所傳者，獨謂之道學。則堯、舜、禹、湯、文、武、周、孔之學，不謂之道學，皆非邪？孟、荀、揚、王、韓、歐、蘇、司馬之學〔二〕，不謂之道學，又皆非邪？故儒家之名立，其禍學者猶未甚；道學之名立，禍天下後世深矣。豈伊洛諸先生之罪哉？僞妄小人私立名字之罪也。其學始盛，禍宋氏者百有餘年。今其書自江漢至中國，學者往往以道學自名，異日禍天下，必有甚於宋氏者。

【校記】

〔一〕曰，正德本同，四庫本作『白』。

〔二〕揚，四庫本同，正德本作『楊』。

移諸生論書法書

【編年】不詳待考。應作於郝經寓居保定，讀書鐵佛寺，設館賈輔、張柔二府期間。

【年譜】蒙古太宗皇后乃馬眞氏二年（宋理宗淳祐三年，一二四三）『公讀書於鐵佛寺。冬，順天左副元帥賈輔辟公教授諸子，始去寺堂，館於萬卷樓之中和堂，如是者七年』。蒙古憲宗二年（宋理宗淳祐十二年，一二五二）『蒙古萬戶蔡國張柔聞公名，禮請館於帥府，授諸子學。張復有書萬卷，付公管鑰，恣其搜覽，乃大足平生之願，卒成偉世之器。後張、賈子孫多爲將相名臣，以顯於世』。

【箋證】參附錄五苟宗道《故翰林侍讀學士國信使郝公行狀》。

夫書，一技耳，古者與射、御並。故三代、先秦不計夫工拙，而不以爲學，是以無書法之説焉。自包犧氏畫八卦造書契，皇頡製字，取天地法象之端，人物器皿之狀，鳥獸草木之文，日月星辰之章，煙雲雨露之態而爲之，初無工拙之意於其間也。世變日下，漸趨簡易，故變古文爲篆，又變大篆爲小篆，又變小篆爲隸、爲楷、爲八分、爲行、爲草、爲眞行、爲行草、爲章草、爲正草。廢刀用筆，廢竹用帛，廢帛用紙，皆與世變而下也。道不足則技，始以書爲工，始寓性情襟度風格其中，而見其爲人，專門名家，始有書學矣。

故古之篆法之存者，惟見秦丞相斯。斯，刻薄寡恩人也，故其書如屈鐵琢玉，瘦勁無情，其法精盡，後世不可及。漢之隸法，蔡中郎不可得而見矣，存者惟魏太傅繇。繇，沈鷙威重人也，故其書勁利方重，如畫劍累鼎，斬絶深險，又變而爲楷，後世亦不可及。楷草之法，晉人所尚，然至右軍將軍羲之，則造其極。羲之正直有識鑒，風度高遠，觀其遺殷浩及道子諸人書，不附桓溫，自放山水間，與物無競，江左高人勝士鮮能及之。故其書法韻勝遒婉，出奇入神，不失其正，高風絶迹，邈不可及，爲古今第一。其後顔魯公以忠義大節，極古今之正，援篆入楷。蘇東坡以雄文大筆，極古今之變，以楷用隸。於是書法備極，無餘蘊矣。

蓋皆以人品爲本，其書法卽其心法也。故柳公權謂心正則筆正，雖一時諷諫，亦書法之本也。苟其人品凡下，頗僻側媚，縱其書工，其中心蘊蓄者亦不能揜，有諸内者必形諸外也。若二王、顔、坡之忠正高古，縱其書不工，亦無凡下之筆矣，況於工乎！先叔祖謂二王書之經也，顔坡書之傳也，其餘則諸子百家耳。故今之爲書也，必先熟讀六經，知道之所在，尚友論世，學古之人，其問學，其志節，其行義，其功烈，有諸其中矣，而後爲秦篆、漢隸，玩味大篆及古文，以求皇頡本意。立筆創法，脱去凡俗。然後熟臨二王正書，熟則筆意自肆，變態自出，可臨眞行。又熟則漸放筆，可臨行草。收其放筆，以草爲楷，以求正筆，可臨章草。超凡入聖，盡棄畦町，飛動鼓舞，不知其所以然，然後臨其正草。如是者有年，始可於顔求其正筆，於坡求其奇筆，以正爲奇，以奇爲正，出入二王之間，復漢隸、秦篆、皇頡之初，書法始備矣。

然猶學之於人，非自得之於己也。必觀夫天地法象之端，人物器皿之狀，鳥獸草木之文，日月星辰之章，煙雲雨露之態，求制作之所以然，則知書法之自然猶得之於外，非自得之於内也。必精窮天下之理，鍛天下之事〔一〕，紛拂天下之變，客氣妄慮，撲滅消弛，澹然無欲，翛然無爲，心手相忘，縱意所如，不知書之爲我，我之爲書，悠然而化，然後技入於道〔二〕。

凡有所書，神妙不測，盡爲自然造化，不復有筆墨，神在意存而已。則自高古閒暇，恣睢徜徉。直而不倨，曲而不屈。剛而不亢，柔而不惡。端莊而不滯，妥娜而不欹〔三〕。易而不俗，難而不生。輕而不浮，重而不濁。拙而不惡，巧而不煩。揮灑而不狂，頓擲而不妄。夭矯而不怪，窅眇而不僻。質樸而不野，簡約而不闕，增羨而不多。舒而不緩，疾而不速。沈著痛快，圓熟混成。萬象生筆端，一畫立太極。太虛之雲也，大江之波也，悠悠然而來，浩浩然而逝，邈然無我於其間，然後爲得已。雖云一技，而可以名家也。

諸君欲爲之者，試以吾言求之。經再拜。

【校記】

〔一〕天，正德本同，四庫本作『大』。

〔二〕後，底本、正德本作『從』，據四庫本改。

〔三〕欷，四庫本同，正德本作『歎』。

答高雄飛書

【編年】作於蒙古太宗皇后乃馬眞氏四年（宋理宗淳祐五年，一二四五）二月，郝經寓居保定，讀書鐵佛寺，設館賈輔、張柔二府期間。

【年譜】乃馬眞氏四年，『二月，有《答高雄飛書》。八月，作《醉經記》』。見文：『生今二十有三年矣。』『二月五日陵川郝經載拜』。

【箋證】郝經二十三歲，爲蒙古太宗皇后乃馬眞氏四年。高雄飛（一二〇九—一二七四）：高鳴字雄飛，岢嵐（一說太原，今屬山西）人，號河東先生。汴京淪陷後，寓居真定。蒙古諸王旭烈兀將征西域，召之，陳西征二十餘策，薦爲彰德路總管。政暇親講經義，郡邑知有經學。世祖中統年間爲翰林學士兼太常少卿，至元五年爲侍御史，九年遷吏部尚書，卒封魏國公。金元好問《送高雄飛序》：『漕司從事河東高鳴雄飛，被賢王之教，當乘傳北上……僉謂高子春秋鼎盛，卓然以問學爲業，真積力久，故胷中之言，多六經百氏，《史》、《漢》、陳、范之書，司馬氏、范氏《通鑑》、《唐鑑》之學，六朝唐以來之篇什，馳騁上下，累百數萬言，往往見於成誦文章翰墨，宜在茂異之科。古所謂立談可以致雙璧，一日可以至九遷者，在此行矣。』清黄虞稷《千頃堂書目·元》：『高鳴《河東文集》五十卷。』《元史》卷一百六十有傳。

經拜手復書雄飛兄執鞭走：

前辱書示，諄諄灌灌，諭以作文意。其開示閫奥，充斥原委，淵如淮，矯如嶽，昭以粹，如日星，誠文人之大匠也，顧經何以當之？

然以文自名，非素志也。生今二十有三年矣，方其髫齔白騃也〔一〕，適天步之艱，遭萬死之阨，累係俘虜，梗踣南北，烏知有誦書作文之事哉！知有汲薪負擔耳。厥後，時奉杖屨於家君，且聞搢紳先生之論文談道，於是昧於一學。既而悔之曰：『士生千古之下，而處斯世，遇斯時，豈宜區區於文字之間而已耶！』

於是求夫有用之學，天地之所以覆載，聖賢之所以用心，與吾身之所當爲者而學之，亦庶至其萬一也，於世俗之不免者，故一言半字，時時而出之，豈敢以文自名哉！又豈以所棄者而復爲所事哉！然吾兄不以樸樕之才，反覆勤厚，千里致誠，甚於面命，銘佩之意，永永不朽。然未知他日之趨拜下風，其許摳衣奉扃之一問乎？二月五日陵川郝經載拜。

【校記】

〔一〕也，四庫本同，正德本作『矣』。

郝經集編年校箋卷二十四

書

與漢上趙先生論性書

【編年】作於蒙古定宗三年（宋理宗淳祐八年，一二四八），郝經遊學燕京期間。

【年譜】蒙古定宗三年：『《與漢上趙先生論性書》、《送鄉先生宋君還燕序》，爲楊春卿作《庸齋記》，《喬千戶行狀》、《題芙蓉盆》。』

見文：『經自十有六始知爲學，今復十有餘年矣。』

【箋證】漢上趙先生：即趙復。詳卷八《聽角行》箋證。

參見卷三十《送漢上趙先生序》。

經頓首再拜啓：　日幸一拜，得聞高誼，望江漢之鶩瀾，漸伊洛之餘波。晉之鄙人，庶幾終用楚材，以爲堂構，造大成之室，求仲尼之意。然羽毛齒角，其肯傾困倒廩而遂畀之乎？垂橐而入，必稛載而後歸爾。

靖康之亂，吾道遂南矣。自伊洛入於江漢，自江漢入於閩越，百有餘年之間，蟬聯荊楚，蔓衍巴蜀，蘯湧旁魄，彌亘嶺海，如冬之日至南而極，極則復北矣，蓋天之道也。於是近歲以來，吳楚、巴蜀之儒與其書浸淫而北，至於秦雍，復入於伊洛，泛入三晉、齊魯，遂至燕雲、遼海之間。而先生巍然以師道自處，學者雲從景附。又爲《伊洛發揮》一書，布散天下，使孔孟不傳之緒，家至日見。則道之復北，雖存乎運數，其倡明指示，心傳口授，則自先生始。嗚呼！先生之有功於吾道，德於北方學者，抑何厚耶！而經牽制於時，不能奉杖屨備弟子之列，抑又何不幸耶！不能親炙而以書，先生其忍棄之哉！

經自十有六始知爲學，今復十有餘年矣。世之科舉文章，記問之學，强勉爲之，弗好也；非六經孔孟之書，弗讀也；富貴利達，紛華之事，弗志也。獨於性分之内，求之甚力，體察之甚熟，究竟之甚專。第恨諸儒之説，相與雜亂，使自信之弗篤也，敢以爲質乎！

夫道之在人謂之性，所謂仁義中正而主靜焉者也。統而言之，則太極之全體也。分而言之，則命陰而性陽也，命靜而性動也，天命而人性也，人性而物理也。合而言之，祇一道焉爾，又何有論説之多乎哉？道之在人一而靜，純粹至善，充實之理而已，又焉有異端之多乎哉？

《書》曰：『惟皇上帝，降衷下民，若有恒性。』《詩》曰：『天生烝民，有物有則。民之秉彝，好是懿德。』則性之善，《詩》、《書》已言之矣。孔子曰：『元者，善之長』，『大哉乾元，萬物資始。』又曰：『一陰一陽之謂道，繼之者善也，成之者性也』，『成性存存，道義之門。』則性之善，孔子備言之矣。於是孟子道性，斷然以爲善而不惑，而以已天下萬世之惑也。荀卿，大儒也，學孔子者也，而謂之惡。揚子雲，大儒也〔一〕，學孔孟者也，而謂之善惡混。始惑於情，而以氣質之稟受者爲言，於是大起天下後世之惑，至於今而不已也。至今先儒謂性非學者所急，又謂顔狀未離於嬰孩，高談已及於性命，於是不言性。縱或言之，不過夫性習之説，不辨夫理性與夫氣質之别，遂謂揚子雲之善惡混爲最得。又謂論性之差自孟子始，孟子不當定名爲善。復談空説無，入于老佛氏，皆自以爲是而不知其非，又在荀揚之下矣〔二〕。

是以人之有性，不能自知自盡而至於命，其説不可復聞矣。自漢至唐，八九百年，得大儒韓子，始以仁義爲性，復乎孔子、孟子之言，其《原性》一篇，高出荀揚之上。至其徒李翺爲《復性書》，反復於《中庸》、《大學》之間，以復乎曾子、子思之言。恨不得親炙之而問其所以然，質心之所素定者。自唐至宋，復四五百年，得大儒周子、邵子、程子、張子、朱子之書，明六經孔孟之旨，接續不傳之妙，論道論理，論才論氣，論質論情，又備於韓子之書，皆先儒所未道者，又恨不得親炙之而問其所以然，質心之所素定者。由宋迄今，朔南分裂復一百餘年矣。先生及朱子之門而得其傳，裒然傳道於北方之人，則亦韓子、周子之徒也，又不得親炙之而問其所以然，質心之所素定者。

性理，問學之本也，敢以書爲請。不大鄙外，以爲可教，則幸教焉；指其要歸焉，則幸甚矣。經雖不佞，亦敢爲北方學者之倡，使吾道復明于中國，兼晉楚之富，必不乾没先生之材矣。經再拜。

【校記】

〔一〕大，四庫本同，正德本作『太』。

〔二〕揚，四庫本同，正德本作『楊』。下同。

上紫陽先生論學書

【編年】作於蒙古定宗后海迷失氏二年（宋理宗淳祐十年，一二五〇）十二月，郝經寓居保定，讀書鐵佛寺，設館賈輔、張柔二府期間。

【年譜】蒙古定宗后海迷失氏二年：『十月，會杜叔通於保下，爲作《天地括囊圖説序》。十二月，《上紫陽先生論學書》、《送柴梓材序》。』

見文：『經生今二十有八年矣。』『十二月五日，陵川郝經齋沐拜書大使先生。』

【箋證】紫陽先生：指元人楊奂（一一八六—一二五五），又名知章，字煥然，乾州奉天（今陝西乾縣）人，因稱關西先生，自署奉天老民。金末舉進士不中，乃作萬言策，指陳時病。抵陝西鄠縣柳塘，教授鄉里，創紫陽閣，稱紫陽先生。後入汴京，爲太學生，與趙秉文、李純甫、元好問等交。金亡，流寓山東冠縣，依附趙天錫。戊戌科試，中東平道進士第一。從監試官北上，中書耶律楚材薦之，授河南路徵收課税所長官兼廉訪使。元世祖在潛邸，驛召參議京兆宣撫司事。累上書請歸，居家讀書著述，築堂曰『歸來』。謚文憲。元好問爲作《神道碑》，趙復、姚燧爲其文集作序。著有《還山集》、《正統書》、《韓子辨》、《天興近鑒》等，《元史》卷一五三有傳。

十二月五日，陵川郝經齋沐拜書大使先生〔二〕：

經生今二十有八年矣，自十有六，始知問學。世有科舉之學，學之無自而入焉，蠟乎其無味也；有文章之學，學之無自而入焉，蠟乎其無味也。退而歎曰：『利禄其心，組繡其辭，質日斲，僞日翔，何區區爾也？而狃於俗，陷於世，有不能已焉者。』如是者有年，始取六經而讀之，雖亦無自而入，而知聖之學，道之用，二帝三王致治之具，在而不亡也，眞有用之學也。學之今十年矣，背馳而左事，形示氣露，已聚誚而羣議矣，是以箝口重足而不敢言動焉。

日舍館一拜，幸先生不以鄙騃，置之隅坐，霽以懌色，煦以春言，鼠腹而既果然矣。再日而再侍，示之以明白純粹之書，揭囊倒篋，啓之以開廓正大之論。正襟而讀之，默默而思之，乃知吾道之果不亡，學之果有用，斯民其有望矣。愚之素所蓄而不敢發，可熟數之於前矣。夫道貴乎用，非用無以見道也。天地之覆載，日月之照臨，皆有用也。

六經之垂訓，聖人之立教，亦皆有用也。故曰：『顯諸仁，藏諸用，盛德大業至矣。』士結髮立志，誦書學道，卒之乎無用，可乎哉？幼而學，長而立也。邇焉而一身，小焉而一家，大焉而一國，又大焉而天下，必有所用也。鳥獸魚鼈，屑屑之物也，猶皆有用也。蜂蠆虺虺，毒世之物也，猶皆有用也。靈而爲人，學而爲士，夫乃反無用，可乎哉？世有人焉之，無伏臘之不辨，魯魚亥豕之不分，乃辨天下之大事，立天下之大節，濟天下之大難，享天下之大富貴，聲色不動而有餘裕焉。

吾誦書學道之士，試之一職，則顛蹶而不支；委之一事，則屻撓而不立。汲汲遑遑，終其身不能免于凍餒，而趨利附勢，殞義喪節，何也？事無用之學也。蓋自佛老盛而道之用雜，文章工而道之用晦，科舉立而士無自得之學，道入於無用。惟其無自得也，故内輕而外重。外重矣，曄乎其曜矣，侈於物而衒於人矣，文章之所以工也。文章工矣，功利急矣，義理晦矣，道之所以入於無用也。嗟乎！不耕鑿不蠶繅而衣食者，謂之游食之民；不道德不仁義而文章者，謂之逐末之士。

甚哉，天下之襲訛踵陋而莫之知也！大聖大賢不作，而逐末之紛紛也。天下已亂，生民已弊，無有爲拯而藥之者之士也，方相軋以辭章，相高以韻語，相誇以藻麗，不知何以堯舜其君民也，道其不行矣夫？伏觀先生《韓子辨》、《正統例》、《還山敎學志》，洋洋灝灝，若括元氣而翕闢之，其事，其辭，其理，皆有用者也，非世之逐末之文也。天其或者悔禍，而自先生發源歟？不窒塞，不夭閼，而遂承其流，推而放之四海，則道之用可白，而至治可期也，不見誚於江左諸公矣。

經也小子，敢激其流而揚其波乎？經載拜。

【校記】

〔一〕齋，四庫本同，正德本作『齊』。

與撖彥舉論詩書

【編年】不詳待考。

【箋證】撖彥舉：又作闞彥舉。卽闞舉。詳卷十五《同闞彥舉南湖晚步四首》箋證。

經白：昨得足下詩一卷，瑰麗奇偉，固非時輩所及。然工於句字而乏風格，故有可論者。詩，文之至精者也，所以歌詠性情，以爲風雅。故攄寫襟素，託物寓懷，有言外之意，意外之味，味外之韻。凡喜怒哀樂，藴而不盡發，託於江花野草、風雲月露之中，莫非仁義禮智、喜怒哀樂之理，依違而不正言，恣睢而不迫切。若初無於己，而讀之者感歎激發，始知己之有罪焉。故三代之際，於以察安危，觀治亂，知人情之好惡，風俗之美惡，以爲王政之本焉。觀聖人之所刪定，至於今而不亡。《詩》之所以爲《詩》，所以歌詠性情者，祇見《三百篇》爾。

秦漢之際，騷賦始盛，大抵怨讟、煩寃、從諛、侈靡之文，性情之作衰矣。至蘇李贈答，下逮建安，後世之詩始立根柢，簡靜高古，不事夫辭，猶有三代之遺風。至潘陸顔謝，則始事夫辭，以及齊梁，辭遂盛矣。至李杜氏，兼魏晉以追風雅，尚辭以詠性情，則後世詩之至也，然而高古不逮夫蘇李之初矣。至蘇黄氏，而詩益工，其風雅又不逮夫李杜矣。蓋後世辭勝，儘有作爲之工，而無復性情，不知風雅有沈鬱頓挫之體，有清新警策之神；有振撼縱恣之力，有噴薄雄猛之氣；有高壯廣厚之格，有叶比調適之律；有雕鎪織組之才，有縱入橫出之變；有幽麗靜深之姿，有紆餘曲折之態；有悲憂愉佚之情，有微婉鬱抑之思；有駭愕觸忤之奇，有鼓舞豪宕之節。若夫言外之意，意外之味，味外之韻，知之者鮮，又孰能爲之哉？先爲辭藻，茅塞思竇，擾其興致，自趨塵近，不能高古，習以成俗，昧夫風雅之原矣。

嗚呼！自李杜蘇黄，已不能越蘇李追三代，矧其下乎！於是近世又儘爲辭勝之詩，莫不惜李賀之奇，喜盧仝之怪，賞杜牧之警，趨元稹之艷。又下焉，則爲溫庭筠、李義山、許渾、王建，謂之晚唐，轟轟隱隱，啅噪喧聒，八句一絶，競自爲奇。推一字之妙，擅一聯之工。嘔啞嚼拉於齒牙之間者〔二〕，祇是天地風雷，日月星斗，龍虎鸞凰，金玉珠翠，鶯燕花竹，六合四海，牛鬼虵神，劒戟綺繡，醉酒高歌，美人壯士等。磨切錙銖，偶韻較律，鬬飣排比而以爲工，驚嚇喝喊而以爲豪。莫不病風喪心，不復知有李杜蘇黄矣，又焉知三代、蘇李性情風雅之作哉！

足下之作，不爲不工，不爲不奇，殆亦未免近世辭人之詩。願熟讀《三百篇》及漢魏諸人，唐宋以來祇讀李杜蘇黄，盡去近世辭章。數年之後，高詠吟臺之上，則必非復吳下阿蒙矣。經再拜。

【校記】

〔一〕啞，四庫本同，正德本作『嘔』。

答馮文伯書

【編年】不詳待考。疑作於蒙古太宗皇后乃馬眞氏三年（宋理宗淳祐四年，一二四四）十二月，郝經寓居保定，讀書鐵佛寺，設館賈輔、張柔二府期間。

見文：『十二月十五日，陵川郝經謹載拜，復書於文伯幕府執事。』『經自十有六束髮學道，非先秦之書弗讀也，非聖人之言弗好也。……以是而行之，殆六七年。』

【箋證】保定爲蒙古漢軍萬户張柔幕府，馮文伯時任『幕府執事』，相邀郝經。而郝經在乃馬眞氏三年，已先受聘賈輔，在萬卷樓教授賈府諸子，故謝絶馮文伯之邀。

十二月十五日，陵川郝經謹載拜，復書於文伯幕府執事：

往歲車乘過保，氣皁色瑩，心咸意孚，有古所謂氣焉相許，不待言而喻者。近復領書，所以賁續於塵槁者甚厚，諄諄灌灌，所以劇厲於茅塞者甚切而明也。抑其所謂俟時而動，不至猖蹶。於愚志固然，而閉滯辟左，有猶未達焉者。其以經爲有意於冒進耶？抑又動作云爲不時乎中，形似乎妄，吾子得以窺之也？

經之問學疏，蹈道淺，失慮左見，理未熟而齒穉，動不時乎中，則有之矣。其貪冒妄進，枉尋直尺，昧於一行，倖於詭獲，蓋亦有之矣。而反求之身，殆未之見也。

孰不爲動，顧其幾何如也。君子見幾而作，不俟終日。有可乘之幾而不動，後時之悔無及也。未見其幾而妄爲之動，惡足以爲有志之士乎哉？君子誦書學道，砥節礪行，其脩己切，其植身正，固期有用，而不與草木腐埃塵飛，安忍視天民之斃而莫之救也？學而有用，亦不脅肩諂笑于未同，以求試乎用，不以天民爲己任而自私也。夫有有用之學，必有可乘之幾而後動。進退雍容，必有可觀；巍巍堂堂，必有可立。其致君，其裕民，其行己，其化今，其傳後，必有建諸天地而不悖，質諸鬼神而不疑，百世以俟聖人而不惑者。故伊尹耕於有莘之野，湯三聘焉而後起；孔明抱膝長吟，時人莫測，昭烈三往焉而後應，彼非敢以布衣偃然而傲萬乘也，俟幾與時耳。湯仁而漢義，是可爲之時也；夏暴而魏篡，是可乘之幾也。於是奮然而起，卒之乎有殷配天，庸蜀繼漢，閎肆尊顯，莫之與京。吾子所厭聞而飫道，經亦所竊受教於君子者也。經不佞，雖不敢望其輝光，而亦不至顛沛妄冒，周章失措，養之久而傾之亟，遂以失己，而辱吾徒，壅吾道，虧喪聲實，委斯文於地也。

經自十有六束髮學道，非先秦之書弗讀也，非聖人之言弗好也。嘗自誦曰：『不學無用學，不讀非聖書，不務邊幅事，不作章句儒。』以是而行之，殆六七年。六經既治，思有以奮然而復古也。於是作古文，不爲流俗所爲。

蓋自孔子没，異端作，楊墨行，而聖人之道衰；二漢亡，佛老盛，而聖人之道絶；文章工，語言麗，俗學騖，而六經之義晦。故忘其菲陋，斷然欲有以樹立。揭世左馳而不顧，僨仆百折而不衄。塞吾道之衝，盤桓而不進，飢寒迫於身而不恤。合則進，否則止。苟遂不合，則將委世長往，抱明月以孤騫，吸清風而高蹈，續聖賢之墜緒，傳之無窮，亦不至於失己而委斯文於地也。

奈之何家君戴白而無菽水之奉，爲子之職分未盡也。二弟幼孱，婚取未畢，爲兄之義未盡也。爲人子而事父未能，爲人兄而撫幼未能，惡在其爲道也。是以低眉俛首，爲人講讀，餬其口於四方，以養老，以畜幼，以俟時之幾，而不以爲愧恥，其自視猶愈於抱關擊柝者也。雖然，不爲威惕，不爲利疚，不犯非禮，不爲不義，以業自食，亦不至於失己而委斯文於地也。

士信於知己，非高明而敢爲瞽言若是哉！惟高明亮恕焉。經載拜。

上趙經略書

【編年】作於蒙古憲宗五年（宋理宗寶祐三年，一二五五），時郝經遊歷河南。

【年譜】蒙古憲宗四年，『蒙古忽必烈以姚樞爲京兆勸農使，廉希憲爲宣撫使，張柔移鎮亳州城而戍之。春，公客於杞』。

見文：『經自前歲八月到杞，杞屬部內，尤密邇京邑。』『經自十有六始知問學，今幾二十年矣。』『往歲天子踐祚，廓清宇內。』『而又大弟開府，都督諸軍，天下翕然望治。』

【箋證】郝經於蒙古憲宗四年春『客於杞』。文曰『經自前歲八月到杞』，即一年之前『公客於杞』，猶言『公客於杞』的一年之後，時爲蒙古憲宗五年，郝經三十三歲。『幾二十年』，猶言將近二十年，非整二十年，此取概數。趙經略：指元世祖朝名臣趙璧（一二二〇—一二七六），字寶臣，大同府懷仁（今山西懷仁）人。元太宗時被藩王忽必烈召至蒙古，奉命徵聘舊金名士姚樞、王鶚等至藩邸。憲宗時受命『總六部於燕』，任主管漢地財賦的燕京大斷事官行署（燕京行尚書省）必闍赤。憲宗二年與朝貴莽噶拉、漢人世侯史天澤經略河南，轉爲忽必烈湯沐邑懷孟路（治今河南沁陽）總管。後從忽必烈攻宋，任爲江淮荊湖經略使。元世祖卽位，趙璧授燕京路宣慰使，旋拜燕京行中書省平章政事。益都李璮叛，忽必烈調軍往討，命趙璧任行山東等路中書省事，入中書省任樞密副使。奉詔馳驛襄樊前線，任同行漢軍都元帥府事。不久改授中書左丞，行東京等路中書省事，聚兵高麗。事平還國，遷中書右丞，復拜中書省平章政事，卒。元張之翰有《大元故榮禄大夫中書平章政事趙公神道碑銘》，《元史》卷一五九有傳。

月日，陵川郝經謹齋沐再拜，獻書於大行臺經畧相公閤下：

經自前歲八月到杞，杞屬部内，尤密邇京邑。擬額地一拜，而布衣疏遠，天淵懸而海山隔，進而止者屢矣。於是默默以思，以爲士雖貧賤，而傳言之禮不可廢。昔韓文公，大儒也，三上書宰相以自論薦，非戚戚貧賤而汲汲富貴，躁舉妄進，自輕而失己也。士束髮學道，期於有用，豈坐視天民腐同草木，噤不一鳴，瘞九原而已乎？故范仲淹有三年之喪，而言事不已。或誚之曰：『此豈言事時耶？』仲淹曰：『士豈以一身之戚，而忘天下之憂？』其意以爲天與己者大，己不敢私而小之也，一身之戚小，而天下之憂大也。嫠憂宗周而不恤其緯，矧於士乎哉！

經自十有六始知問學，今幾二十年矣。失道左見，與時背馳，亦自知其無用也。身之弗脩，學之弗成，親之弗能養，家之弗能庇，天下於我何有？雖然，遂欲自棄，亦自不忍。明天子賢王公在上，區區之言，可遂已矣。今又以事將北轅，去執事日益遠。胷中之藴蓄者日益甚，不辟僭越，捃摭芻蕘，驤首振袂，瞻望清光，積年耿耿，可熟數之前乎？

夫見天下之幾者，能應天下之時。撫幾應時而不失焉者，能成天下之事業。見其幾失其時，事業弗立也。遇其時失其幾，事業弗立也。有其幾有其時非其人，事業弗立也。故豪傑龐艾，而無幾與時，雖瓌奇抱異，瑰奇偉岸，欲不待文王而興；而知不可爲，卽退而窮處，與物無競，亦不强爲，以速自斃。姦宄驁孽，有幾有時，不乘之以正，應之以道，侈然自肆，卒錯天下於禍亂。骫骳熟爛，龍斷詭獲，見其幾愉愉而弗乘，遇其時苟且而弗應，解弛舒緩，不能固結人心，痿痺國體，銷鑠國勢，卒之乎天下寖以滅亡。幾乎，時乎，其惟人乎！

幾與時未嘗無由。漢唐以來，千有餘歲，有百年而一來者，有五六十年而一來者，有三四年而一來者，有繼日賡月叢會而疊來者，惟人也不可知。故有百年之治，而復有百年之亂；有五六十年之治，復有五六十年之亂。亂方弭而復興，治方成而遽壞，卒不善治，生民不免於塗炭，有志之士所以痛哭而流涕也。

國家光有天下四十餘年矣，奮起北土，奄有燕雲，據建瓴之勢，以强馭弱，遂有河朔。比之湯亳、周豐，高帝之漢中，光武之河内，不旣大矣乎？致治之幾一來而弗乘也。并西夏，克遼東，服齊魯，定關中。瞰陝窺洛，張爲龍形，蟠亘萬里。析天下之脊，扼天下之吭而撫其背。稍霽威息民，足以善治也，致治之幾再來而弗乘也。繼而蹂荆襄，覆汴蔡，滅金逼宋，有天下十之八。降壽春，破襄陽，舉漢中，入成都，俘西域。形勢旣定，混一有期。棄襟帶而弗固，得要害而弗守，舍二帝三王之墟而觀兵海外，其小天下以爲不足治也歟？旣往之幾不可追已，幾之來無窮，因勢成幾。如水之有源，遇風而爲波也。逝者如斯，而未嘗往也；後來者如先，而未嘗絕也。如或見之，又可失之乎？

往歲天子踐祚，廓清宇内，更革弊政，振舉綱維，修明統紀，收僞符命，汰濫郵傳，責己肆赦，與天下更始。舉燕雲之南，畀之執事，湔濯舊汙，解釋紛糾，藥其瘡痍，新其耳目，不期月而報政，致治之幾復來。而又大弟開府，都督諸軍，天下翕然望治。巖穴幽隱，莫不彈冠振纓，引領拭目，將以窺太平之盛也。徵車絡繹，登崇俊良，冠蓋弓旌，相望於道，則朝廷有意於斯民至厚也，可謂能乘致治之幾而應致治之時矣。惜乎願治之速，進人未盡其選，而挾術射利誤蒼生之姦，假王之命，成其詐謀。天誘其衷，隨舉輒敗。不念朝廷用人愛民之意，欲欺天下而卒自欺。跋胡疐尾，頓躓狼籍，宜矣。

雖然，致治之幾猶在也，有如執事之雄剛正大，挺不世之資，任天下之重，斡斗極之運會，開吾道之榛塞，特立獨行，不流不倚，挽回元氣，春我諸華，立志而行之以終，用人而加之以審，收攬俊乂，進用老成，張本汴洛，爲天下倡，至治有期矣。天下之士，没蒿萊局塾隘有年矣，苟遇明時，孰不欲刮磨振厲以自効，矧於執事嶷然而爲之倡乎？旭日始旦，群陰自伏，震雷一驚，勾萌盡達〔一〕。嗚呼！瞻烏爰止，於誰之屋，捨執事其將安歸？撫幾應時，執事之事也。談王道，議國政，士夫之職也，是以敢爲是言而不忌也。異日執事成天下之事業，生民樂生，雍雍皞皞，經又何敢言哉？鼓舞康衢，謳吟聖世，守太行之敝廬，足所願矣。

謦言滋蔓，瀆浼高明，惶懼！惶懼！經再拜。

【校記】

〔一〕勾，四庫本同，正德本作『鈎』。

爲家君請命書

【編年】作於蒙古憲宗六年（丙辰年，宋理宗寶祐四年，一二五六）五月，郝經應皇弟忽必烈之召，北行開平期間。

【年譜】蒙古憲宗五年，『世祖時在潛邸徵召賢士，諸公累薦。九月，遣使召公，不起。十一月，召使復至……始應召而北。』蒙古憲宗六年，『春正月，公見皇太弟於沙陀，問以帝王當行之事』。『公遂還燕，議歸鄉拜謁松楸，未果。公父靜直先生夏得風痹疾，公爲書請命。春，公自沙陀爲大父晉卿作墓銘，爲郭仲偉作《横翠樓記》。五月，有《爲靜直先生請命書》。』

【箋證】郝經父郝思温（一一六七—一二三四），詳卷三十六《先父行狀》。見文：『維丙辰夏五月辛卯朔，二十一日辛亥，不孝男經等頓首拜手言。』

維丙辰夏五月辛卯朔，二十一日辛亥，不孝男經等頓首拜手言：

惟天降監，篤棐於有忱，肆經敢誕籲於天。時臺郝宗，殷庶胤罔顯。惟曾伯王父及余王父浚源於兹文，而大余宗。本支肆羨，亦罔顯於世。天步惟艱，厄於南河，折於析崩，又剡於兇殘，幾具盡厥類，大割余宗。惟遺余孱父，俾纘厥緒。是天大造，不敢不敬，是亦天大賚，不敢不應。若斷蓄孽，覬于春有夏，以考天惠，肆逮余冲愚，以永以遂。而天弗弔，集疢厥躬，恫鰥於厥中，乃在牀笫，如楚如刈，弗克興以痦，至於彌留。若天斷厥命，不宜俾遺以育，俾墜厥宗，具盡於南河。旣遺以育，是天弗斷命，乃有大造於余宗。若稽考，則亦宜引年，俾考終命。

惟天有明命，非台敢私於親。越惟余父，自時厥立，適大艱於身，乃奉王父，涉於北河。於厥喪，復奉於宗塋。突於戎兵，逸於寇場，罔敢逭死於佚，以考其子義。旣金墜厥命，俘於南河，梗踣於邁，饑饉喪亂，跋涉流亡。撫余及弟妹，艱鬬百至，以盡其父義。四十有五年，而無一日之燕。惟天降監，越經之年有斷，以引父命，畀余以終養。余聞曰：『始於憂勤，終於佚樂。』若弗引，是憂勤以殄。獨於余父，敢罄究私昧，以迓續父命，惟天畀矜閔，用宏生生。

補遺

與介佐 時使宋拘於眞州

【編年】作於元世祖中統元年（宋理宗景定元年，一二六〇）秋，郝經出使南宋，被拘禁於眞州期間。

【年譜】中統元年，『九月，至眞州，時賈似道方以鄂功自頌，恐姦謀呈露，館公於忠勇軍營，規模布置已成囚所，驛吏棘垣鑰戶，晝夜防守。十月，李庭芝致書於公，云：「信使以美意而來，松壽乃懷姦以逞，以此而和，殆類款我。」仍械李壇敗將以爲口實。公答書以「邊將違詔啟釁，何與使人事」，仍上表宋主，有云：「願附魯連之義，排難解紛。誰知唐儉之徒，款兵誤國！」又移文制司請入見，不報。請歸國，亦不報。復牒宋三省致書賈似道，上書宋主，凡數十萬言，皆不報。伴使止云：「朝廷已有定議。」顧窮極變詐，欲以撼公。介佐或不能堪。公語之曰：「一入宋境，死生進退聽其在彼。屈身辱命，我終不能。汝等不幸，宜忍死以待。揆之天時人事，宋祚殆不遠矣。」衆感其言，皆自振勵。』

《元史·郝經傳》：郝經使宋被拘眞州，『經乃上表宋主曰：「願附魯連之義，排難解紛；豈知唐儉之徒，欵兵誤國。」又數上書宋主及宰執，極陳戰和利害，且請入見及歸國，皆不報。驛吏棘垣鑰戶，晝夜守邏，欲以動經，經不屈。經待下素嚴，又久羈困，下多怨者。經諭曰：「嚮受命不進，我之罪也。一入宋境，死生進退，聽其在彼，我終不能屈身辱命。汝等不幸，宜忍以待之。我觀宋祚，將不久矣。」居七年，從者怒鬭，死者數人。經獨與六人處別館。』

【箋證】《與介佐》正德本、四庫本、道光本皆闕，錄自李修生《全元文》第四冊。李案：『明天啓刊本明楊愼《古今翰苑瓊琚》卷六。』

將命至此，死生進退，聽其在彼。守節不屈，盡其在我，豈能不忠不義以辱中州士大夫乎！但揆之天時人事，宋祚殆不遠矣。

郝經集編年校箋卷二十五

記

萬卷樓記

【編年】作於蒙古太宗皇后乃馬眞氏三年（甲辰年，宋理宗淳祐四年，一二四四）春三月，郝經寓居保定，讀書鐵佛寺，設館賈輔、張柔二府期間。

【年譜】蒙古太宗皇后乃馬眞氏三年，『公館於賈府。正月，子阿寶生，卽采雲。作《唐宋近體詩選序》、《萬卷樓記》、《再送劉道濟序》』。

見文：『樓成於丙申（一二三六）之秋，經之處侯之門，則癸卯（一二四三）之冬。文成之日，則甲辰之春也。三月二十日，門下士陵川郝經謹記。』

【箋證】萬卷樓：元代祁州行元帥府事賈輔藏書樓，故址在今河北保定蓮花池內。賈輔，參見卷一《渾沌硯賦》、卷八《西郎吟》箋證。

萬卷樓，順天賈侯藏書之所也。曰『萬卷』，殆不啻萬焉。不啻萬而曰萬者，舉成數也。金源氏末，天造草昧，豪傑閧起，於是擁兵者萬焉，建侯者萬焉；甲者、戈者、騎者、徒者各萬焉；鳩民者、保家者、聚而爲盜賊者又各萬焉；積粟帛金具子女以爲己有者，斷阡陌，占屋宅，跨連州郡以爲己業者又各萬焉。侯則獨不然，息民保境，禮賢聚書，勸學事師而已。於是取衆人之所棄以爲己有，河朔之書盡往歸之，故侯之萬者獨書焉。河南亡，衆人之所取者，如金帛、子女復各萬，侯之書又得萬焉。淮南亡，衆人之所取者如初，亦復各萬，侯之書又得萬焉。故南北之書，皆入侯府，不啻數萬卷焉。始貯於室，室則盈，貯於堂，堂則溢，乃作樓藏之。

樓既成，盡以卷帙置其上，而爲之第，别而爲九。六經則居上上，尊經也；傳注則居上中，後傳也；諸子則居上下，經之餘也。歷代史居中上，亞六經也；雜傳記居中中，次史也；諸儒史論居中下，史之餘也。先正文集及諸著述居下上，經、史之餘也；百家衆流、陰陽圖籍、山經地志、方伎術數則居下中，皆書之支流餘裔也；其法書名畫則居下下，藝成而下也。櫛比鱗次，高切星漢，人之文與天文際。私家之藏，幾踰祕監，故賈侯之書甲天下。方干戈壞亂，經籍委地，侯獨力爲捆拾，吾道賴以不亡，雖孔氏之壁，河間之府，不是過也。彼富貴者之樓，管絃樽俎，肴核几席，登覽燕集之具充焉。侯之樓，則古聖今賢，大經格言，脩身治世之典積焉。時順天之治嘗最諸道，推爲鉅公偉人，而又樂賢下士，切切於收覽遺書爲志，故天下之人益以此賢侯。

侯旣貯書於樓，謂其將佐曰：『昔蔡中郎書籍畀之王粲，而粲卒名世。今吾之書若是，不有所畀，適足以爲蠹魚之食，不免墮檐之譏矣。吾聞郝氏子經嗜書力學，吾將畀之，鞅掌之隙，亦得竊聽焉。』

時經寓居鐵佛寺之南堂，坐徹明者五年矣。以書幣邀致其府，於樓之側築堂曰『中和』。盡以樓之書見付，使肆其觀覽。侯則時令講解一編。輒曰：『吾之書有歸矣，吾不爲書肆矣。向吾之書貯於樓中，今則貯子之腹中。向者大聖人之道布於方策，今則布諸子之心矣。子其摛光揭耀，俾吾之書用于世，以濟斯民，則子之腹乃萬世之府也。不然，則亦蠹魚之穴，墮檐之樓爾。子其勉之！』

經再拜，謝其不克負荷，每爲流涕感刻曰：『經舉家之盎缶不能購一經，故每區區晨夜，叩人之門，藉書以爲學。今侯以數十年之勤，數萬卷之多，盡以見畀，雖侯之盛意，豈非天邪？如怠忽自棄，以多書而不能如無書之初心，業不能勤，而卒無有成，則非負侯，是負天也，復何以立於世哉！』故書侯聚書起樓及畀經爲學之義以爲記，以明侯之德，且以自警，庶幾終不負侯云。

樓成於丙申之秋，經之處侯之門，則癸卯之冬。文成之日，則甲辰之春也。三月二十日，門下士陵川郝經謹記。

趙簡子廟記

【編年】不詳待考。應作於郝經寓居保定，讀書鐵佛寺，設館賈輔、張柔二府期間見文：『滿城故隸易州，金源氏以保州爲燕都畿內節鎮，升爲順天軍，故復爲順天屬邑。縣北有古城，故縣也。城之東闉獨高，其上有廟，廟有像。其下大聚落曰城東，居民以廟爲簡子廟，亦不知簡子爲何神。』『居民父老，請書之壁，以告後之人，使知神之爲晉大夫趙簡子也，故書。』

【箋證】趙簡子：即趙鞅（？—前四七五），後名志父，謚號簡。晉國卿大夫，六卿之一，趙氏大宗宗主，傑出的政治家、軍事家。《大清一統志》卷十一《保定府·古蹟》：『趙簡子廟，在滿城縣北眺山下，晉永康元年立。舊傳簡子築北平城以拒燕，故祀之。』

滿城故隸易州，金源氏以保州爲燕都畿內節鎮，升爲順天軍，故復爲順天屬邑。縣北有古城，故縣也。城之東闉獨高，其上有廟，廟有像。其下大聚落曰城東，居民以廟爲簡子廟，亦不知簡子爲何神。歲時祈賽，雩告雨澤，昭靈響答。以古廟圮侈，易而新之，請某辨其故而揭神之名。

按易州，古燕南之境也；古保州，趙之北境也。當七國時，趙爲長城以限燕，在易水之南。今自遂城、安肅，亘出雄、鄚之間，長城猶呀侈緜絡。而滿城在西山之阿，長城之内，則爲趙地無疑，而簡子則晉趙鞅也。保州西北十里許曰廉梁，有趙將廉頗廟，去滿城三十里而近，俱爲趙臣，廟於趙邊，爲有徵矣。然而賢若文子、雄若武靈王而不祀，千六七百年獨簡子世祀於趙人，何哉？蓋趙鞅首并邯鄲，逐范、中行氏，遂成三晉，則開國之主也。故趙人特祀於邊，以旌其功，居民因之，遂爲世祀。

至宋有國，趙之自出，而宣祖則保州人，其上世陵寢皆在州城之東，其族緒則布於涿易之間。及與契丹疆白溝，而保州宿重兵，楊延朗諸將控扼西山，而滿城爲襟喉，且鷄距、一畝二泉，泛爲溏濼，以限突騎，又爲宋之重邊要害。

簡子之廟，必崇爲明祀，載祀典矣，故至於今而不廢也。夫用物精多則魂魄强，積千年之誠敬於其故土，則其神必靈，宜乎呵禁一方，沛澤而禦厲。况其常爲覇國之政，以爲諸侯盟主，長吳伐齊，誅君側之惡乎？其世祀也宜哉！居民父老，請書之壁，以告後之人，使知神之爲晉大夫趙簡子也，故書。年月日，陵川郝經記。

醉經記

【編年】作於蒙古太宗皇后乃馬眞氏四年（乙巳年，宋理宗淳祐五年，一二四五）八月，郝經寓居保定，讀書鐵佛寺，設館賈輔、張柔二府期間。

【年譜】蒙古太宗皇后乃馬眞氏四年，『二月，有《答高雄飛書》。八月，作《醉經記》』。見文：『故取《文中子》「心若醉六經」之言，作《醉經記》，庶使自暴自棄者聞吾風聲，收其放心，全其良心，亦有志乎堯舜其君民也。乙巳秋八月記。』

譎誑，詭幻，邪辟，醉乎異端而不自知者也；快殘，賊忍，殺戮，醉夫凶冥而不自知者也；役趨走，飾壬佞，醉夫勢利而不自知者也；汩聲色，溺朝市，醉乎物欲而不自知者也。噫！人知夫酒之醉人也，又惡知其醉於此者哉？蓋義理之不明，性之不率，而淪於嗜慾，有所不知也。

人以血氣而生，豈無嗜慾？特所嗜者之有差耳，是以蔽於是而不知也。欲知嗜慾之差，免夫四者之患，必先明義理以率性。欲明義理以率性，莫先乎經。經也者，聖人之所盡心，醇乎義理而爲言者也。知義理之所醇，嗜而醉之，夫豈有差哉！人受天地之中，得至善之性，其心之所同然者義理也。苟蔽於物而惑於私，則性之善者，心之所同者，皆亡也。

聖人先得人心之所同，乃立教以脩道，布之方策，使人人得以自新，其哀我人也亦至矣，則人可以自暴自棄乎？必當明聖人之經，以踐其跡，以求其心，由仁義中正之道，極純粹至善之理，則知吾性之盡焉者止夫是理，是理之盡焉者止夫是經，惡得而不嗜哉！亦猶嗜酒者之得酒也。是以寤夜而思之，篤信而守之，造次而行之，卒以脱嗜慾之私，造正大高明之域。見於用者，則可致於民而格於天；徵於色者，則已睟於面而盎於背。川魚雲鳥，純純其天，而浩浩其淵，有不知其然而然者，則又似夫嗜酒者之醉也。雖然，嗜酒而醉者，愈醉而愈迷；嗜經而醉者，愈醉而愈明。與其醉酒而迷，曷若醉經而明也？然醉酒而迷者，猶愈夫醉嗜慾之差者也。嗜酒而醉，夕醉而旦則醒矣。醉夫嗜慾之差者，雖老死而不能止，又將害天下與來世也。

嗚呼！自伏羲而下，道在聖人；自孔子而下，道在六經。今之人既不得聖人而親炙之，幸得遺經於千載之後，力求而深索己之本然之質，至善之性，猶懼其亡也，又可陷於異端而恣於凶冥，溺於勢利而惑於物欲乎？故取《文中子》『心若醉六經』之言，作《醉經記》，庶使自暴自棄者聞吾風聲，收其放心，全其良心，亦有志乎堯舜其君民也。乙巳秋八月記。

鄰野堂記

【編年】作於蒙古太宗皇后乃馬眞氏四年（乙巳年，宋理宗淳祐五年，一二四五）十一月，郝經寓居保定，讀書鐵佛寺，設館賈輔、張柔二府期間。

【年譜】蒙古太宗皇后乃馬眞氏四年，『十一月，作《鄰野堂記》、《唐帝廟碑》』。見文：『乙巳秋，魯伯自燕來，以孝純張君之書示余。』『冬十有一月，陵川郝經記。』

【箋證】鄰野堂：金元之際張孝純所建，位於燕城（今北京）。張孝純，生平未詳。元虞集《田氏先友翰墨序》：『張樸，字孝純。』元好問《孝純宛丘奉還》題注曰：『張弟新舉第二，雖聞其玉雪可念，因以字之。』《永樂大典》卷四九〇八『煙』字韻亦引有元白華《送張孝純還燕》詩。《元史·月乃合傳》：『性好施，予嘗建言立常平倉，舉海内賢士楊春卿、張孝純輩，分佈諸郡，號稱得人。』

野之處有二焉，有窮於野而道於心者，有野於名而市於心者。何以言之？討幽而山，阻深而泉，翦茨而嶠以林，繚垣而阿與磐，而笑傲焉，偃息焉，鬱焉嬉焉而飲食焉。進而獲覆，行而獲尼。抱道懷材而不遇，藴德匵奇而肥遯者。如是而可也，是窮於野而道於心矣。故《詩》曰：『潛雖伏矣，亦孔之昭。』又曰：『生芻一束，其人如玉。』無業以鎡於身，無德以光於行，無材以用於世。而據名山，挾大川，擅高腴之地，鬼蜮其志，而麋鹿其形，徜徉磐薄以異於時，以高於天下，以動於王公大人。由是而言，得非爲野於名而市於心者乎？安在其爲野處也？故《傳》曰：『素隱行怪，後世有述焉，吾弗爲之矣。』余常以是自訟處野之道。

乙巳秋，魯伯自燕來，以孝純張君之書示余，云：『近卜居於故宮基，構一室，逈絶塵闃，糞甓而開途，剗草而植卉，雖在燕城，實有野處之趣。故名其室曰「鄰野」，言非野而鄰於野也，吾子其志之。』余嘉其既不在野，亦不在市，既得其道，而又得其趣也，故附自訟之説以爲記。

又爲歌曰：堂乎堂乎，古則朝而今則野。是孰爲之？必有致之者。有顒張君，器則青雲。藉荃而佩蘭，詩秋而酒春。彼人翕翕兮朝埃而暮塵，此堂寂兮而與野鄰。又胡爲乎生麟而死麕。冬十有一月，陵川郝經記。

種德園記

【編年】作於蒙古定宗二年（丁未年，宋理宗淳祐七年，一二四七）夏至日，郝經寓居保定，讀書鐵佛寺，設館賈輔、張柔二府期間。

【年譜】蒙古定宗二年，『爲趙氏作《種德園記》』。

見文：『丁未夏，敬君鼎臣自燕致命於僕以爲記。僕亦冀夫種德之慶，繁衍之盛，集乎趙氏之門，而有以徵之，爲天下倡，使天下之人皆有以知夫種德之目，故蔓衍而爲是言。夏至日，陵川郝經謹記。』

【箋證】種德園：金元之際趙吉甫所筑園林。趙吉甫：號汲古。元王惲《慶趙汲古八秩之壽》：『汲古園中趙夫子，燕京城裏地行仙。』元房祺《河汾諸老詩集》卷八曹之謙《題吉甫種德園》：『培植功夫與日新，風光別是一家春。三株槐茂堂堪構，九畹蘭芳佩可紉。桃李陰成應有地，棟梁材出豈無人。從今不羡燕山竇，五桂聯芳老一椿。』《全金詩增補中州集》卷五十五作《趙吉甫種德園》，卷六十七收元好問《趙吉甫西園》（園名種德）：『王城比民居，近市無閒田。閒田八九畝，乃在城西偏。久矣瓦礫塲，莽爲狐兔阡。高人一留顧，老木生雲烟。築屋臨清流，開窓見西山。人境偶相值，遂無城市喧。趙侯嗜讀書，兀坐守遺編。性情入吟咏，古澹無妖妍。酸鹹與世殊，至味久乃全。我作別墅詩，請爲子孫傳。耕耘有定業，歉豐屬之天。寧作鹵莽兒，袖手待逢年。汲古先有齋，種德今有園。期君在晚歲，無庸計目前。』

伊人之生，耨地耕天，何種之多也？而小焉者不能以之大，惡焉者不能以之善，偏汙蔽窒者而不能以之備。種乎此而遺乎彼，種乎彼而遺乎此。種焉者而不種，不種焉者而種。是以擾擾紛紛，皆有所種，而不知所以種也。堂堂天地，命吾民以懿德，含弘光會〔一〕，無所不在。有公明純愛之仁，有制宰施爲之義，有別嫌疑辨上下之禮，有照耀昭晰之智，實而守之之信。如是之大，而如是之善也，固宜於闇而屋漏之中，顯而廟堂之上。紛拂焉而淪潰之日，烜赫焉而權勢之時，傾焉揭焉而顛沛流離之際。雖一言一動，一政一事，皆灌溉封植，而有以種之，全天之所畀，不芟刈蘊崇，忽而自暴也。

故或以之聖，或以之賢，或以之有國，或以之有天下。而昧者惑者則不知也，方種卉木以取材，種貨寶以取贏，種黍稷以取食，而不知有大者焉。種掊克以取利，種機穽以取獲，種阿諛諂偽以取容，姦宄回邪以取位。甚焉者種嗜欲以喪身，種驕淫以喪家，種侈肆以喪國，種崩析以喪天下，而不知有善焉者。俾固有之德，湮没茫昧，漠乎葬於九泉，泯焉而不聞也。噫〔二〕！小而惡者已甚矣，或者又翹私智，尚德之名而無其實，詭言飾行，倖獲而僥利，坐而堯都，起而舜俞，居之似忠信，行之似廉潔，惟人是悅，而惟獲是務，不能種之，而反害焉，其愈於小而惡者乎。

趙氏，燕膴仕之家也。汲古先生置園別第，繚園而卉木發，闢館而泉石列，不務嬉游，而不嗇宴樂，有意乎推本之而種夫德也，故名之曰『種德』。將由名以致實，張本乎是園，必推而放之四海而準而後已。搢紳先生皆有詩文以誦之。

丁未夏，敬君鼎臣自燕致命於僕以爲記。僕亦冀夫種德之慶，繁衍之盛，集乎趙氏之門，而有以徵之，爲天下倡，使天下之人皆有以知夫種德之目，故蔓衍而爲是言。

夏至日，陵川郝經謹記。

【校記】

〔一〕含，四庫本同，正德本作『合』。會，正德本同，四庫本作『大』。

〔二〕噫，底本、正德本作『意』，據四庫本改。

臨漪亭記

【編年】作於蒙古定宗二年（丁未年）六月，郝經寓居保定，讀書鐵佛寺，設館賈輔、張柔二府期間。

【年譜】蒙古定宗二年，『爲喬德玉作《臨漪亭記》』。見文：『由千戶喬侯之第園而出，出而東則亭，亭則侯之別第也。面水者三，右池而左洄，屋重而廡列，鱗淥漪然，牓曰「臨漪」。』『歲丁未六月朔，侯之仲子德玉者請余爲記。』

【箋證】臨漪亭：今名水心亭，位於今河北保定古蓮花池水中央，唐高宗始建。蒙古太祖二十二年（一二二七），時任行軍千戶保州等處都元帥張柔據此建『雪香園』，後張柔將其賜給部將喬惟忠，喬惟忠建爲別墅。千戶喬侯：指喬惟忠（一二〇九—一二六四），攝元帥府事，從征淮右，授行軍千戶。元好問有《千戶喬公神道碑銘》。生平詳參卷十三《挽喬侯》箋證。

鷄水控常山而東，穴保而入，激爲流，疏爲渠，豬爲陂，浸而爲溪，析而爲塘，臺榭亭觀，雄列傑峙者歸如也。別流泝布，由千戶喬侯之第園而出，出而東則亭，亭則侯之別第也。面水者三，右池而左洄，屋重而廡列，鱗淥漪然，牓曰『臨漪』。茂樹葱鬱，異卉芬蒨，庚伏冠衣，清風戞然，逈不知暑。澄瀾蕩漾，簾戶疏越，魚泳而鳥翔。城市囂囂，而得三湘七澤之樂，可謂勝地矣。

歲丁未六月朔，侯之仲子德玉者請余爲記。余曰：火雲燎天，山灰海沸，而是亭之上，觴豆濟濟，李沉瓜浮，琴間而弈危，曳絺麈麈，隱語談笑，粲然而四列也，樂乎哉？有敵日橫槊被甲而趨者矣，有負耒耜庤錢鎛揮汗而喘者矣。翠波漪風，緑陰鑠日，蔗漿沉水，玉榼金罌，枕壓緗文，侍兒發扇，樂乎哉？有負戴永途，肩高足裂，蚊蚋嘬肌者矣，有窮閻局脊，槁腸而枯腹者矣，如是而可樂哉？蓋樂乎此不忘乎彼，樂乎身不忘乎人。政成而訟理，事治而日暇，燕兄弟以篤親親，交朋友以講道業，親賢下士以崇德譽。己樂矣，思吾民有未樂者；己安矣，思吾民有未安者。其不負於此亭矣，不然，則其有負於此亭矣。

侯既没，諸子堂堂，皆有超卓之望，特立之姿，盛大之業，將張本於是亭，故不辭而爲之記。

【編年】作於蒙古定宗二年十月，郝經寓居保定，讀書鐵佛寺，設館賈輔、張柔二府期間。

【年譜】蒙古定宗二年，『爲趙氏作《種德園記》，爲喬德玉作《臨漪亭記》』。《含元殿瓦硯記》、《手

含元殿瓦硯記

植檜復萌文》、《送太原史子桓序》』。

見文：『丁未冬十月，陵川郝經謹記。』

【箋證】雲漢先生：介休（今屬山西）人，畫家，兼收藏。與當時名家多有來往。元好問《介山馬卿雲漢爲仲晦甫寫眞》、《馬雲漢方鏡背有飛魚》，胡祗遹《慶馬雲漢七十》，白華有《送馬雲漢還燕》。甲辰（一二四四）王鶚被徵北上，『故人馬雲漢以宣聖畫像爲贈』，丁未（一二四七）張德輝北上，馬卿又爲其寫眞。其長兄、仲兄皆善畫。元夏文彥《圖繪寶鑒》卷四：『馬天駷字雲章，介休人。能畫，作小竹石，瀟灑可喜。弟雲卿、雲漢，皆善畫。』馬雲章（一二七二—一二三二），字多稱元章，天駷一作天來。《中州集》卷七有傳。

器有定名，有定象，而亦有定用。鼒鼎不可以濟瀰，舟楫不可以代烹，矢欲傷而函欲完，定故也。

雲漢先生至自晉篋古硯以視，形圓而理密，氣阜而色瑩，黝而光，鬱而揚，金聲而玉德，雲腴凝如，月魄黯如，星芒突如，露泣濡如，非端非歙，含元之廢瓦也。廢瓦而爲硯，夫豈定哉？瓦之爲名，則定名也。偃而枵，窪而隆，則定象也。鱗夏屋，甃淩雨，兜風胄露，烜日溶月，庇覆其人，則定用也。棟折榱崩，物化人去，墁坼而壞，與杇穢汙冗俱，則定理也。而友文章，朋典籍，役玄頴，巍乎几案間，豈陶氏之所期，與居人之所望哉？蓋質堅而工樸，雖廢而不廢，其用有不可量者。金錫之固其理，熯火之煉其精，日月之益其堅，雨露之養其潤，愈遠而愈固。如陰鑑之液，如玉肥之秘，泓湛眞緻，而造夫神焉。

昔爲之瓦，今爲之硯，昔暴露而今藉襲之，昔塵埋而礫並，今麟獲而鳳見，則似夫器化。爐南山之松，瘸孤竹之管，盡天下之變，而終身墨墨焉，則又似夫尚玄也。將淋漓元氣，含弘四海，寓先生之天趣，亘千古而不滅，豈瓦之爲用而已哉？苟矗弊苦窳，缺裂浸漏，而反害於室，瓦之爲用而不足，其能用於後乎？

嗚呼！器形而下者，一定而必壞，質堅而工樸，則猶若是。矧人之官天地，府萬物，一受其成而無壞哉？苟堅其質，全其樸，如金錫之鍊而精，如日月之並行而不息也，不折於逆蹂於亂，歷夷險迭患難而不挫，處富貴享榮映而不侈，其得志其反古，又非瓦之爲硯，區區於文字之間而已也。如殘其質，散其樸，飾壬佞而衒巧僞，以徇於時，以毒於世，又豈瓦之得比哉？姑書之以志夫觀硯之所激云。丁未冬十月，陵川郝經謹記。

【編年】作於蒙古定宗三年春三月，郝經寓居保定，讀書鐵佛寺，設館賈輔、張柔二府期間。

【年譜】蒙古定宗三年（戊申年），『爲楊春卿作《庸齋記》』。

庸齋記

見文："玉田楊君春卿，'庸'名其齋，可謂知所務矣。""戊申春三月十五日，陵川郝經記。"

【箋證】庸齋：金末元初楊春卿齋名。楊春卿，名時照（？—一二七八），號庸齋，薊州玉田（今河北唐山市玉田縣）人。《元史·月乃合傳》："憲宗二年'嘗建言立常平倉，舉海内賢士楊春卿、張孝純輩，分佈諸郡，號稱得人'。其弟子魏初《庸齋先生哀挽詩引》："嘗避地河南，北渡後居燕，以教授爲業。……賓客日滿門，有布衣孟嘗君之號。一時名公巨卿，如陳學士秀玉、梁都運斗南、先祖靖肅君玉峰，皆折官位輩行與之交。""嘗奉命提舉河間常平事，後改衛輝勸農。未幾辭去，朝廷復授興文署丞。先生有志量，有幹局，課童子學三十年，後雖被擢用，又復閒冷，不得盡所施爲，士論惜之，而先生澹如也。有詩千餘篇。"王惲《挽楊春卿先生》："山澤臞仙老使君，十年談笑接多聞。"滕安上《題庸齋楊春卿挽章詩卷》："一代廣文官獨冷，春風留與紫蘭芽。"胡祗遹有《哀詩人楊春卿》。

昔者聖人之言道也，曰"中"而已。兼體用，貫本末，一理氣而爲言也。後世聖人之言道也，而益之以"庸"。庸也者，平常之用也。豈"中"之未盡而復益之以"庸"乎？不然也。後世聖人之意，謂天下無無用之道，亦無非常之用。

蓋道以用而見，用以常而久，所以窮天地，亘萬世，翕闢而不尼，盪錯而不窮，化化生生而不已，非虚恠惚恍誕異之所能也。故觀覆載之常而不輟也，則知天地之用與天地之道矣。觀飛走動植之不易，屈信消長之不忒，壽焉而恤，榮焉而悴，而各得其常也，則知萬物之用與萬物之道矣。觀父子之親，君臣之義，夫婦之别，長幼之序，立身行己之方，處物治人之道，亦各有其常也，則知人之用與人之道矣。至於日月之照臨，寒暑之往來，晝夜之明晦，水流而山峙，風撓而雨潤，亦各有其用而有其常也，則亦各知其所以爲道矣。一物一道也，故道外無物；一道一用也，則用外無道。一日之常也，亦千萬世之常也；千萬世之常，亦一日之常也；故常外無用。

嗚呼！兹其所以爲道，而『庸』之所以爲平常之用，後世聖人必益之於『中』也歟！惟此義不明，故有非常道之説，有反經合道之説，有異端之説，道之所以不行也。

玉田楊君春卿，『庸』名其齋，可謂知所務矣。其欲庸於心，庸於言，庸於行。不然，豈庸於名而已乎？必不翹翹以嗜異，不囁囁以徇俗，不倀倀以惑衆，不爲太高，不爲太卑，不務誕幻以遺實，不索隱行恠以驚世，不朝行而夕變，俛順而仰違，一謦咳亦庸也，一舉武亦庸也，一怒一恚，一喜一怖亦庸也，如是則一於庸，而可以參天地，贊化育，不負於此齋矣。中庸之德，三代之末民已鮮久，矧今喪亂百折之餘〔一〕，凋弊之俗狃於外，利欲之誘驅於内，喜怒變於須臾，而愛憎移於顧指。非卓然特立獨行不倚之士，其孰能與於此！君今如是，其有所望矣。戊申春三月十五日，陵川郝經記。

【校記】

〔一〕折，四庫本同，正德本作『析』。

皇極道院記

【編年】作於蒙古定宗后海迷失二年（庚戌年，宋理宗淳祐十年，一二五〇）秋，郝經寓居保定，讀書鐵佛寺，設館賈輔、張柔二府期間。

【年譜】蒙古定宗后海迷失二年，『春，作《渾源劉先生哀辭》。八月，作《皇極道院記》』。見文：『庚戌秋，請余爲記。處士之事業，築院之始末，皇極之藴奥，有遺山之銘在，故不書。姑贅數語，爲之推本，以爲天下建極者之倡云。八月日，陵川郝經記。』

【箋證】皇極道院：全眞道觀，金末元初全眞道士趙素所建，故址在常山（今河北正定）。趙素，字才卿，河中（今山西永濟）人。精通醫學，後爲全眞道士，居常山皇極道院，道號心菴，蒙古賜號虚白處士。元好問《皇極道院銘》：『虚白處士趙君已入全眞道，而能以服膺儒教爲業，發源《語》《孟》，漸於伊洛之學，方且探三聖書而問津焉。計其眞積之力，雖占候醫卜，精詣絶出，猶爲餘刃耳。道風既扇，旌車時徵，曳裾王門，大蒙寵遇。三年以母老得請歸，在鎮陽行臺，奉被恩旨，發泉公帑，築館迎祥觀之故基，是爲皇極道院。』參見卷三十《心菴先生陰符經集解序》。

具乎形器之間者，莫大乎天地，莫衆乎萬物，莫靈乎人。渾淪龐錯，並行而不悖，豈偶然也？各有其極爲之主而制之者，如户之有樞，如衣之有紐，如符節之有左契，如薪櫝之有要。

開闔變化，根柢偏布，無不在焉。夫運日月而不息，播四時而不忒，生長收藏而不墜，主而制之者天極也。載泰華，振河海，殖庶類，登百穀，主而制之者地極也。眇天地爲一物，貫萬物爲一理，面目恍惚之象，脗合支離之數，主而制之者太極也。輔相太極之體，裁成太極之用，奉天極而不違，因地極而不逆，五行、五事俾之叙，八政、五紀俾之修，敷五福而去六極，置吾民于逸樂，躋吾民於仁壽，洋洋乎發育萬物，主而制之者皇極也。

故天地萬物非太極不立，太極非皇極不行。由道以入形器，則太極爲至；由形器以復道，則皇極爲至焉。生人之初，皇極建而格之天，再格之地，又再格而得伏犧八卦以之畫，又再格而得禹九疇以之叙，殷周之際，又再格而《易》、《洪範》之書成，是以萬世之極立而不朽也。其法在乎書，其理則根於人心之固有，至於今而不少變也，顧建而用之者何如耳。

趙君才卿，以隱德見徵，以隆儒興學進言，以事親奉身求退，朝廷推重，賜號『虛白處士』，名所居曰『皇極道院』。

嗚呼！皇極之不建也久矣。天地失其位，萬物失其所，生人之被害也甚矣。今以是而名其居，其必有其實乎。必將推心之極以爲身之極，推身之極以爲居之極，推居於鄉，推鄉於國，推國於天下，使天地得其位，萬物得其所，皇極之道建於世，如是而後已。國家之無黨無偏，王道平平，兆端於茲乎。

庚戌秋，請余爲記。處士之事業，築院之始末，皇極之藴奥，有遺山之銘在，故不書。姑贅數語，爲之推本，以爲天下建極者之倡云。八月日，陵川郝經記。

休復亭記

【編年】作於蒙古憲宗三年（癸丑年，宋理宗寶祐元年，一二五三）春，郝經遊學燕京期間。

【年譜】蒙古憲宗三年，『夏，公入於燕，由萬寧故宮登瓊花島，慨然有懷，乃作賦焉。爲賈仲明作《休復亭記》，爲王良臣作《恒齋記》』。

見文：『賈君仲明，先正左丞襄獻公之孫也。今參行臺幕，以仁存心，介然有守，聲聞四馳，藹如也。癸丑春，作亭於新居，乃取《復》之六二「休復」名亭。』『一日「休復」之功成，充實光輝，仰視俯察，無所愧怍，不負於此亭矣。經雖愚，尚能爲君賦之。』

【箋證】休復亭：金末元初賈居貞宅第亭名。賈居貞（一二一八—一二八〇），字仲明，真定獲鹿（河北石家莊市鹿泉區）人。忽必烈在潛邸，知其賢而召用，監築上都城。世祖即位，從北征，每陳說《資治通鑒》。劉秉忠奏爲參知政事，不受。至元元年參議中書省事，與姚樞行省河東山西。時阿合馬擅權，五年改給事中，與丞相史天澤等纂修國史。十一年，以宣撫使從伯顔攻南宋，留鎮鄂州（今湖北武漢），拜湖北宣慰使，次年遷江西行省參政。十七年，朝廷再征日本，居貞極言民困，將入朝奏罷其事，未行，以疾卒於位，謚文正。《元史》卷一五三有傳。

孟子謂『人皆可以爲堯舜』，其言斬絕高壯，似大而誇，其意則懇切哀矜，甚易而明也。夫人之性無不善，而萬物之理無不備，並天地而爲三，貫太極而爲一，初無聖人、賢人、下愚之間也。唯其氣稟之差，嗜欲之誘，或存或放，或昧或復，等而下之則有焉爾。故性焉安焉，不思不勉，不待復而自全者，則聖。脩焉習焉，反躬克己，而能復者，則賢。自暴自棄，蕩焉忽焉，不能復者，則下愚也。所以有堯舜，有顔曾，有桀跖，天淵之懸隔，陵谷之高下，邈乎其不相及也。雖然，苟能復之，循序以進，不爲威惕，不爲利疚，省察收斂，自下愚而可以至於賢，自賢而可以至於聖，遠者可邇，而下者可高也。唯其弗爲，是以卒爲下愚，而不能聖也。

夫道，復而已矣。動極則静，静極則動，動静相根，卒歸於静，而道不窮焉，理之復也。一陰一陽，爲寒爲暑，寒暑相推，無過不及，卒歸於中，而歲成焉，氣之復也。榮茂壯穉，老瘁衰死，骨肉陰於土，魂氣登於天，卒復於本，萬物生生而變化無窮焉，形之復也。故其始也，理入於氣，氣入於形，而其終也，形復於氣，氣復於理。天地萬物，如環之無端，惟人亦然。生而静，性之本也；動而常静，性之復也。其動之幾，心之體也；動而不括，心之復也。與物相接，情之用也；應而不流，情之復也。故其始也，性入於心，心入於情；而其終也，情復於心，心復於性。宰制萬事，收藏萬變，亦如環之無端。聖人謂『生生之謂易』，而於《復》之一畫，曰『見天地之心』。其語顔氏子也，則謂『一日克己復禮，天下歸仁』。《易》也，心也，合而言之，復也。其義廣矣大矣，之人也，可自暴自棄，忽而不復，而使天下被其不仁矣乎？

嘗觀夫《易》，《乾》、《坤》二卦，自誠明謂之性，聖之事也，不假修爲而自復者也。《復》、《無妄》二卦，自明誠謂之教，聖之學，賢者之事也，脩爲而後能復者也。不能復性，當事於教；欲事於教，必假脩爲。修身，復之本也。身脩則性復，雖不至於聖，亦可至於賢，而不爲下愚也。雖不能超軼至於堯舜顔曾，亦不至陷入於桀跖也，是至易而至明也。世莫有爲之舉而行之者，當復而不復，可以爲堯舜而不爲，悲夫！

賈君仲明，先正左丞襄獻公之孫也。今參行臺幕，以仁存心，介然有守，聲聞四馳，藹如也。癸丑春，作亭於新居，乃取《復》之六二『休復』名亭，將於退食之暇，思所以復者。休復者，復之休美者也。欲盡復之休美，夫豈易矣乎？必好善而惡惡，如惡惡臭，如好好色，誠而不妄，則惡去而善復矣。以仁易暴，煦枯爲榮，以天地生物爲心，以《坤》藏《震》生爲法，誠而不妄，則殺去而仁行矣。遏人欲之私，存天理之公，剷窒塞而造於高明，廓疏通而無使闇蔽，誠而不妄，則可弭亂而致治矣。親君子，遠小人，則小往大來。斥柔佞，信鯁直，則嘉猷日至。剛不屈于物，自强而不息，則己可克而禮可復矣。今既名之，正特立獨行用力之秋也。一日『休復』之功成，充實光輝，仰視俯察，無所愧怍，不負於此亭矣。經雖愚，尚能爲君賦之。

恒齋記

【編年】作於蒙古憲宗三年（癸丑年，宋理宗寶祐元年，一二五三）夏，郝經遊學燕京期間。

【年譜】蒙古憲宗三年，『夏，公入於燕，由萬寧故宮登瓊花島，慨然有懷，乃作賦焉。爲賈仲明作《休復亭記》，爲王良臣作《恒齋記》』。

見文：『癸丑夏，經入於燕，激水王君良臣，一見如故交……名其齋曰恒。』『於是蔓衍其説，而爲之記。』

【箋證】恒齋：金末元初王良臣齋名。王良臣，字彦才，號恒齋。金李庭《寓庵集》卷四《恒齋先生文集序》：『爲故相莘公所知，自白衣擢西臺掾……遽罹大變，羈旅河朔者十餘年。流離坎坷之際，感物興懷，有詩並雜文近百篇，讀之使人淒惻不平於心。……乃子敏之裒其遺稿藏於家，將傳之子孫，懇求序引。』參卷二二《王良臣眞贊》。激水：疑爲『溵水』形近而誤。溵水，商水縣（今河南周口市商水縣）古稱。施和金《北齊地理志》卷四《汝陽縣》：『《隋書·地理志·溵水縣下》云：「有後魏汝陽縣，大業初廢。」《讀史方輿紀要·商水縣下》云：「汝陽城，在縣西北。漢曰女陽縣，後漢曰汝陽，東晉置汝陽郡，後齊郡廢，隋並廢縣入溵水。」宋改溵水縣爲商水縣，故此後魏、北齊之汝陽縣是在今河南商水縣西北也。』

道有常體，亦有常用。體常則久而不變，用常則雖變而久，是以振萬古而無弊也。

夫道，常而已矣。天地萬物皆一，受其常而不變。高者覆，厚者載。溶者流，結者峙。甲者拆而蓄，鉤者達而茂。爪利者搏，齒壯者噬[一]。翼勁者飛，足輕者躍。有定理而有定氣，有定形而有定用。雖更相錯蹂，而互爲磨盪。生榮死悴，弱斃强食。總總林林，變動紛拂，而各復其常。常故久，久故變而不變。

故天地雖崩震而未嘗崩震也，日月雖虧食而未嘗虧食也，山川雖騫湧而未嘗騫湧也，草木鳥獸雖萎殖而未嘗萎殖也。風雖振而不終朝，雨雖凌而不終日。雖有於變，卒不能變；雖失其常，卒復於常。愈變而愈不變，愈異而愈常，所以振萬古而無弊也。

之人也，備常理以成性，萃常氣以成形。官天地，府萬物，可變而失常乎？有父子之親，雖變而不可廢；有上下之分，雖變而不可踰；有夫婦之別，雖變而不可紊；有交際之信，雖變而不可棄；有守身之節，雖變而不可失。有處物之義與待物之敬，雖變而不可悖。顛沛造次之際，分崩離析之時，寵辱交亂之會，正斯人用力之地也。

故浚井焚廪，至於納大麓，總百揆，受堯之天下，變而不變，所以爲舜。因夏臺，征葛伯，至於戰鳴條而有天下，變而不變，所以爲湯。拘羑里，勝崇侯，至於三分天下有其二，變而不變，所以爲文王。被流言，誅管蔡，至於制禮作樂，朝諸侯於明堂，變而不變，所以爲周公。去魯奔衛，削迹於宋，畏於匡，餓於陳蔡，至於誅卯，墮都，脩經垂世，變而不變，所以爲孔子。彼雖大變，而吾有常者存，彼雖急遽横逆，如決如驟，蕩忽而至，吾有久者存，挺挺而不撓，自强而不息，所以振萬古而無弊也。

嗚呼！叔世而下，世道交喪，孰知夫此哉！任私而好異，既不知夫常，又不知夫變。一慮未已，萬慮憒興；一欲未厭，衆欲蝟起。喜怒變於須臾，而愛憎移於顧指。與接爲構，日以心鬬。搶攘突蕩，爲鬼爲蜮，變詐百出，詭譎萬狀。曾草木鳥獸之不若，亂日益起，天下日益病。卒至於血肉訌潰，而莫之止極也，悲夫！

昔者聖人懼天下後世之如是也，於是命雷風之象曰恒。恒者，常久之義也。天下之變而不可測者，莫如雷風也，剛柔皆應，相與而得常者，亦莫如雷、風也。變而不測，乃道之用；應而得常，乃道之體。聖經具載，體用備存，道妙昭著，天地鬼神，陰布明列，不可誣也，何斯人之不恒如是之極也哉！蓋聖人没而天下無恒教，異端起而天下無恒理，王迹熄而天下無恒政，風俗壞而天下無恒心，井田廢而天下無恒産，典籍滅而天下無恒法，庠序毁而天下無恒學，四民易而天下無恒業。斯人之不恒，如是之極也，亦宜哉！

癸丑夏，經入於燕，潡水王君良臣，一見如故交，軒豁開朗，内外粹白。自其總角，已卓犖超軼，登神童第，再舉進士，連與春官薦書。方聳壑昂霄，而汴已亡。棲遲偃蹇，静以觀化，名其齋曰『恒』。孔子曰：『善人吾不得而見之矣，得見有恒者斯可矣。』當周之世，已云如是，矧其下乎？今君揭以爲名，其欲使天下恒心恒德，復上世之治與道之常乎？世人方務於彼，而君乃務於此，是可尚已。於是蔓衍其説，而爲之記。

【校記】

〔一〕壯，四庫本同，正德本作『牡』。嗇，底本、四庫本作『簹』，據正德本改。

萬竹堂記

【編年】作於蒙古憲宗四年（甲寅年，宋理宗寶祐二年，一二五四）春，郝經遊歷河南期間。

【年譜】蒙古憲宗四年，『五月，作《瑞麥頌》，作《萬竹堂記》』。

見文：『長清杜氏世蓺竹，子孫因材而篤焉，跱者植，栽者培，槁者沃，遠以益茂。初，金盛時，有堂曰「萬竹」，蔽冒庭廡，冠於汶篁，當世碩士詠歌之富，殆與竹等。』『歲甲寅春，經客於杞，而先生至自汴，爲《滄浪之歌》，歌萬竹以見示，故引而伸之爲之記。』

【箋證】萬竹堂：　金元之際杜仁傑故宅堂名，仁傑祖父杜淵時始建。金末蕭條，仁傑重建。杜仁傑（约一二〇一—一二八二），字仲梁，又名之元，字善夫，號止軒。長清（今山東濟南市長清區）人。金哀宗正大元年（一二二四），遊汴梁，落第滯留京師，與麻革、張澄隱居内鄉山，結識元好問。金亡，歸長清，入嚴實幕府。元好問曾兩次向耶律楚材舉薦，均表謝不起。爲著名散曲作家，元鍾嗣成《錄鬼簿》將其列入『前輩已死名公』。元王惲《秋澗集》卷一七《挽杜止軒》：『一代文人杜止軒，海翻鯨掣見詩仙。細吟風雅三千首，獨擅才名四十年。』孟繁信整理有《重輯杜善夫集》（濟南出版社一九九四年）。其子元素，任福建閩海道廉訪使。

長清杜氏世蓺竹，子孫因材而篤焉，蹅者植，栽者培，槁者沃，遠以益茂。初，金盛時，有堂曰『萬竹』，蔽冒庭廡，冠於汶篁，當世碩士詠歌之富，殆與竹等。城復於隍，俱用蕪滅。

善甫先生其仍孫也〔一〕，河南亡，走於故居，淚堂而悲焉，曰：『時不與道，命不與志，此君又可無嗣乎？』乃刊落塵蔓，聽萬物之春一宅而寓於竹。糞甓剷穢，身自爬櫛。揠稺抉根，蘙青祝翠。綰蟄元氣，若保赤子。孽與志信，萌與誠達。鯨牙犢角，陰礫潛露。戢戢蔚蔚，奮絕地絡。掀揭鰲甲，神毛鬼鬚。唐突振迅，茁不可遏。春雷一擊，驚風一吹，而已數百竿矣。

歲一再期，而復其初。又再期，而榮軼其初矣。乃構乃堂，乃塈乃茨，述先志也。其風停雨霽〔二〕，乾坤清夷。視其初植也，色既蒼然，而節則高矣。嶷嶷挺挺，邁倫蓋世，掃煙霞於八表之外，棲飛鸞而食雛鳳，有不與眾竹等者。則其王父之起家，浚源張本，高厥閈閎，雖已仙去，遺烈猶在也。其中植也，蕭然森然，枝葉疏布。璆琳葱錯，綠玉肥瑩。劍拔戟列，凛不可犯。端慤貞固，不跛不撓，而鏘然有聲，斐然有文。猗猗簀簀，郁乎高而沛乎下，拱於前而控於後。翕焉相扶，曄焉相輝。則其先子之賁宗承家，立庭垂訓，指視此君，而勿令翦拜者猶在也。昔也枯荄腐跋，破節蠹葉，没於棘荊，慘無生意，蛇腹馬耳，削裂殘缺，淚之而弗斑，倚之而弗蔭也。今也煙梢彗雲，露葉滴月，如玄如仍，比次相望，薈乎林而黝乎葇也。則先生中興此君，復萬竹之竟土，而益拓大之者在焉。樂哉！先生詩秋酒春，太古一天也。偃息其下，静以觀化，萬古一朝也。不溺於世，不滓於涅，夷清惠和，千古一符也。夫達者必有所寓也。我寓形於天地，天地寓理於我，我復寓心於物。故康之鍛，伯倫之酒，竒章公之石，今杜氏之竹，委其天趣，惟適而已，迹雖不同，千古一寓也。

嗚呼！彼弊焉於世，不能寓物，及役於物，汩聲色，溺朝市，飾壬佞〔三〕，分趨走，脅肩諂笑，以役爲樂者。其視此，則寞乎聲而澹乎味，天淵海山，未必不以爲迂而誚之也。安得君家，穆如清風，埽是而爲之廓清也哉？

歲甲寅春，經客於杞，而先生至自汴，爲《滄浪之歌》，歌萬竹以見示，故引而伸之爲之記。杜氏子孫，後來繼今，登斯堂，視斯竹，誦斯文，其敬而植之勿替。

【校記】

〔一〕仍，底本、正德本作『收』，據四庫本改。

〔二〕停，底本作『亭』，據正德本、四庫本改。

〔三〕壬，四庫本同，正德本作『任』。

時中齋記

【編年】作於蒙古憲宗五年（乙卯年，宋理宗寶祐三年，一二五五）春二月，郝經遊學燕京期間。

【年譜】蒙古憲宗五年，『春在燕，作《時中齋記》』。

見文：『王子惇甫既考室名之「時中」，經之入燕，而請曰：「室雖鄙，而名之大，君其辭而訓諸。」』『乙卯春二月日，陵川郝經記。』

【箋證】時中齋：元初王惇甫之齋名，位於燕京（今北京）。王惇甫，生平事蹟不詳。元好問《致樂堂記》：『癸丑之夏，余以事來故都，進士新城王惇甫、溫陽張無咎謂余言。』元魏初《張處士墓銘》：『友人王惇甫，請余銘諸墓銘。』新城王氏，明清多有人才。新城在今山東淄博桓臺新城鎮。

王子惇甫既考室名之『時中』，經之入燕，而請曰：『室雖鄙，而名之大，君其辭而訓諸。』經曰：之名也，天之所以爲天，聖之所以爲聖，萬世之所以悠久，萬物之所以生生而不已焉者在，可謂大也。而經也何敢言也？雖然，聞之師曰：『古之人几杖盤盂，鼎鍾敦鬲，無不銘以戒。』居室之於彝器，不既大矣乎，敢援銘戒與善禱之例，申而爲之辭。

夫天地一時也，邃古一中也。聖人繼天立極，建極垂世，亦無外於此焉者。一二奇耦，數之明乎此也；動靜消長，理之明乎此也；陰陽寒暑，氣之明乎此也；稺壯衰槁，形之明乎此也；死生存亡，變之明乎此也。唯得乎此，所以造物者振古而無弊也。

之人也，數理氣變無不具，性情形體無不備，天地萬物之美奄而有焉，無甚異而不可行者，無太遠而難行者，惟其學問之不力，窮理之不盡，故智不足知，有其時而弗見，所以不能中也。血氣勝而欲肆，中無主而搖其天，其仁不足以守，雖見其時，而物有以移之，所以不能中也。信道不篤，而刓其剛，始勇而終懦，勇則或過，而懦則不及，執則固而遲則撓，是以時不能應，而中不能處，天地之美不能具，萬物交錯於前而莫適所定，倀倀如偶人。

至其極則戕天地而禍萬物，其流殃遺毒，慘於後世，有不可勝言者，而實則甚易行也。苟理明義精而智足以知，天宇泰定而仁足以守，制宰萬物而勇足以行。事至而吾有以處，物交而吾有以應。可以進則進，可以退則退，可以久則久，可以速則速，可以語則語，可以默則默。輕重並立而中持衡，取與相奪而中見義，變動相雜而中有定，大變大故而吾裕如也，細節末故而吾肅如也，始有意焉而終則忘焉。無往而非時，無處而非中也。

何難之有？故堯之授舜曰：『允執厥中』，而初不言時。孟軻述仲尼曰：『孔子聖之時者也』，而復不言中。蓋中則時矣，而時則中矣，隨時處中而道盡矣。故子思子居其間，合而言之曰：『君子而時中。』

嗚呼！上下數千載，歷數聖賢，互爲發揮，默執左契，立教之意其深矣乎！今既揭而名之矣，其必有以充之，吾子其識焉。乙卯春二月日，陵川郝經記。

郝經集編年校箋卷二十六

記

去魯記

【編年】作於蒙古憲宗五年（乙卯年，宋理宗寶祐三年，一二五五）秋，郝經遊歷山東期間。

【年譜】蒙古憲宗五年，『秋，東行，由趙魏以適魯。八月，入於東原。九月，濟汶自鹿門入於曲阜，藩帥交辟，皆不就。世祖時在潛邸徵召賢士，諸公累薦。九月，遣使召公，不起。十一月，召使復至，公乃歎曰：「讀書爲學本以致用也。今王好賢思治如此，吾學其有用矣！」始應召而北。爲淄川先生作《素菴記》，春在燕，作《時中齋記》、《日觀銘》、《曲阜懷古》諸詠、《遊靈岩寺》詩。有《去魯記》，登泰山作賦』。

見文：『乙卯秋，始得東行，由趙魏以適魯。八月入於東原。九月由東原而東濟汶泗，越十有三日丙午，自鹿門入於曲阜。』

歲壬辰，北首濟河，居燕趙之交者二十有三年。局脊墊隘，縻縛塵蔓，思有以奮然而新之，以爲聖人之澤及萬世，天地在而聖人之澤與存焉。故將抱六經於洙泗之間，仰高鑽堅，挹聖人之餘澤，追顔曾之高蹤，攀游夏之軼軌。徜徉諷誦，風乎舞雩。亦庶乎其可也，而事梗未得也。乙卯秋，始得東行，由趙魏以適魯。八月入於東原，九月由東原而東濟汶泗，越十有三日丙午，自鹿門入於曲阜。徑公宮而西，兩觀稷門，巍然雙高，而道出乎其間。泮宮雖廢，而泮水猶在，又西則靈光故基也。遂自顔巷達於闕里，由槐路入於先聖廟廷，宮序廊廡，頹圮殆盡，乃拜謁先聖於新宮小寢。旋自西序，由杏壇而南，登奎文閣。徘徊徙倚，塌然有動於中，而莫知其然。乃降而北出，出於龍門，入於墳林。林廣袤十餘里，前洙水也。涉洙繚徑以入，漸得輂路，乃拜先聖及伯魚、子思子墓。復自龍門入，拜謁周廟，及建春門，拜謁顔廟。

栩栩不忍去，又事梗不得留。積年耿耿，方爲釋然，而茅塞遽至，豈非命邪？既不能久依聖居，有以自得，又可默默而去，無以自鳴乎？乃望而嘆曰：大哉聖人之道，其不與宮廟竝存歿乎！宮廟雖圮，而聖人之道嶽嶽也。平泰華以爲基，伐鄧林以爲楹，能庇一時，而不足以庇萬世。葺翠羽以爲宇，鏝丹砂以爲塗，綴以明月之珠，繚以崑虛之玉，能崇飾一時，而不足以崇飾萬世。極天下之侈麗，而聖人之道無所增；極天下之卑墊，而聖人之道無所損。蓋聖人之道，在土木者小，而在人心者大也。

嗚呼！太極立於天地而未名，名於宓犧而未備，堯而後天極立，至禹而後地極立，至仲尼而後人極立。宓犧先天，堯禹後天，仲尼則發先天之幾，合後天之統，著之書與天地竝，而其興喪則在夫後之人焉。推之使如泰山之高崛，若垂天之章者，亦人也。混混乎元氣之貫四時，巍巍乎天地之造萬物，屹屹乎人倫之奠萬世者，亦人也。使之壞爛殘缺，支離崩頓，晦食而不明，萎薾而不立，雍塞而不行，至於禍天下而害生人者，亦人也。故曰：『苟非其人，道不虛行。』

昔道之方衰也，楊墨以似是而亂眞，申韓以刑名而慘刻，儀秦以口給而苟合，孫吳以權譎而徼功，雜然蝟出，莫敢誰何。而孟軻氏折之以仁義之言，勝之以剛大之氣，挽人心於旣亡。故擴充聖人之道者，莫如孟軻氏。

六經火於秦，而士復坑戮。漢興，高帝過魯，卽以太牢祠孔子，使後王後帝北面而師事之，開其基統，發其淵源。又使陸賈說《詩》、《書》，以明帝王之學，啓人心於未然。故尊聖人之道者，莫如漢高帝。

曹參相齊，受教於蓋公，啓竇氏黃老之學。鼂錯諸人〔一〕，當文景之盛，而挾申韓之術。戰國餘習，幾於復振。董仲舒出，而孝武方隆儒，乃請罷黜百家，表章六經，尊孔氏，明仁義，聖人之道復立，存人心於欲亡。故明聖人之道者，莫如董仲舒。

厥後分裂於三國，偏駮於兩晉，蠹食於南北，西方之誕幻盛行，南朝之纖豔相尚，人心遂亡，天理亦滅。而文中子立教河汾，推明義理，建立皇極，而佐佑六經，脩飾禮樂，開唐之治，存人心於既亡。故存聖人之道者，莫如文中子。

唐業中衰，所尚者詩文，所尊者佛老，學士大夫習以成俗，后王君公竟爲崇飾，中國將遂爲西域矣。韓文公起，横身而爭之，累九鼎而不移，觸萬死而不回，收人心於既流，然後聖人之道巍然自立。故立聖人之道者，莫如韓文公。

厥後陵夷於晚唐，奪攘於五季。宋興，歐蘇則爲之藻飾，周邵則爲之推明，司馬則爲之經濟，程張則爲之究竟，天理昭明，人心泰定。故羽翼聖人之道者，莫如宋諸公。如是則聖人之道雖大，非諸君則亦委地矣，固不在於土木也。

嗟夫！近世以來，以儒爲戲，放辟邪侈者莫之懲；以儒爲名，骫骳偷生者莫之振。竊孔孟之糠粃，掞程張之糟粕，欺世盜名，倖獲詭遇，以儒自負者莫之正。作爲文章，衒其儇巧，鄙正學爲質古，目純素爲不通，規規切切，以儒相譁者莫之辨。假我六藝，文彼姦回，靜固幽深，矯輮造鑿。如新莽篡漢，以儒爲奇貨者莫之發也。破裂衝蹩，蕩搖除剗，莫知紀極，使天下之人，以儒爲諱，復以儒爲異，吾道從何而興乎！言雖興之，而心實訌之，聖人之道其遂不行矣。

雖然，天地自若也，日月自若也，山川亦自若也。六經俱在，而人之類不盡亡也。子焉而知父其父，臣焉而知君其君，弟焉而知兄其兄，婦焉而知夫其夫。樂生哀喪，饑食渴飲，在人心者豈獨亡乎？聖人之道豈遂不行乎？顧瞻遺廟，周覽墳林，纚纚曳曳，泫然而去。年月日，郝經謹記。

【校記】

〔一〕鼂，四庫本同，正德本作『晁』。

麗澤堂記

【編年】作於蒙古憲宗五年（宋理宗寶祐三年，一二五五）秋，郝經遊歷山東期間。

見文：『歷下姜君文卿，才具幹敏，參行臺事者有年矣。春秋鼎富，智局日增，以爲古之人仕優則學，學優則仕，乃名其堂曰「麗澤」，將與諸賢講劘道藝，推明義理，求天下之至悅以潤其身，推天下之至悅以澤其民，去衆人之悅，而存君子之悅。方落成而余適至，請申其義而爲之訓，故爲推本之。』

【箋證】麗澤堂：元初姜彧宅中堂名，位於今山東濟南。姜彧（一二一八—一二九三）：字文卿，萊州萊陽（今屬山東）人。父椿避亂，往依濟南張榮，因家焉。榮守濟南，辟爲掾，陞左右司知事。尋遷郎中，進參議官。中統二年，入朝告益都李壇反狀，參與平息李壇叛亂。至元初，遷東平府判官，至元五年拜治書侍御史，出爲河北河南道提刑按察使，改信州路總管。累遷陝西漢中、河東山西道提刑按察使，拜行臺御史中丞。後以老病辭歸濟南，尋擢燕南河北道提刑按察使，終以疾卒。詳《元史》卷一六七本傳。

天下有至悅，衆人去之，君子存焉。衆人之去之也，非無所悅也，其悅也外，是以去而不返。君子之悅也內，是以悅而無窮焉。聲色之華衒，車服之麗縟，飲食之鮮腆，宮室之高塏，位天下之至高，爵天下之至貴，祿天下之至重，嗜慾恣肆，志得意滿，衆人之所悅也，而不知有命焉，徇而求之，至有殺身而不悔者。君子則不然，反身率性，求其在我者而已。在我者盡，窮達非我也；在我者盡，貴賤非我也。在我者未盡，必求其所以盡。

事親吾何以盡吾仁，事君吾何以盡吾義，交朋友吾何以盡吾信。欲盡而未之盡，則篤夫學問之道，求夫義理之明。物不能盡，而求之於己；己不能盡，而求之於人。內外交孚，物我兩盡，昭徹而無餘，雍容而有餘，志同而氣合，魚川泳而鳥雲飛也。動而不括，出而有獲，則其悅也，不亦大乎？

是以仲尼贊《易》，觀《兑》之象，以爲水澤之悅物，莫若義理之悅心；一己之獨悅，莫若衆人之同悅。義理昭著，則一己悅矣。講肄申明，則衆皆悅矣。推而行之，而天下被其澤，則天下悅矣。故於《大象》明悅之道曰：『麗澤，兑，君子以朋友講習。』

夫《易》，聖人所以盡天下之理也，而學所以明天下之理也。理有所未明，如澤之壅而不行。得朋焉而明之，如澤之行而不壅。內外浹洽，於身有潤，如澤之汪洋浸漬。發而爲事業，而物皆被其仁，如澤之膏潤有生，而施及下也。故『悅萬物者莫悅乎澤』，君子體之而講習，以盡夫悅之道，而存天下之至悅焉。

歷下姜君文卿，才具幹敏，參行臺事者有年矣。春秋鼎富，知局日增〔一〕，以爲古之人仕優則學，學優則仕，乃名其堂曰『麗澤』，將與諸賢講劘道藝，推明義理，求天下之至悦以潤其身，推天下之至悦以澤其民，去衆人之悦，而存君子之悦。方落成而余適至，請申其義而爲之訓，故爲推本之。

嗚呼！彼去至悦而存衆人之悦，縱嗜慾以悦心，極從諛以悦人，盡逢迎以悦君，脅肩諂笑，盤辟奔走，自同妾婦，不以爲咎，以容悦爲事者，聞君之風，寧無愧乎？年月日記。

【校記】

〔一〕知，四庫本同，正德本作『智』。

素菴記

【編年】作於蒙古憲宗五年（乙卯年，宋理宗寶祐三年，一二五五）十月，郝經遊歷山東期間。

【年譜】蒙古憲宗五年，『秋，東行，由趙魏以適魯。八月，入於東原。九月，濟汶自鹿門入於曲阜，藩帥交辟，皆不就。世祖時在潛邸徵召賢士，諸公累薦。九月，遣使召公，不起。十一月，召使復至，公乃歎曰：「讀書爲學本以致用也。今王好賢思治如此，吾學其有用矣！」始應召而北。爲淄川先生作《素菴記》』。

見文：『素菴，淄川先生書室也。先生自濟州還益都，既定遷，以「素其位而行之」之義字其室。經之東遊也，而請記之，曰：「吾生平連蹇，今老矣，將一聽於遇而莫之忤焉。」』『乙卯冬十月，陵川郝經謹記。』

【箋證】素菴：元初淄川（今山東淄博）楊弘道書房名。楊弘道（一一八九—一二七二後）：字叔能，號素菴，淄川（今山東淄博）人。金末補父蔭不就，哀宗正大元年曾監麟游酒稅。金亡，避亂走南宋襄陽，任襄陽府學教諭，唐州司戶兼文學。唐州爲蒙古攻佔，弘道北還，寓益都，賜號處士先生。嘗一見李璮，議不合，爲用事者所嫉，浮沉閭里，以詩文自娱。與元遺山、劉京叔、楊煥然輩皆以詩鳴，爲趙閑閑諸公所稱。王惲撰《儒士楊弘道賜號事狀》。有《小亨集》十五卷亡佚。四庫館臣從《永樂大典》中輯得六卷，存詩二百九十二首，文三十餘篇。

素菴，淄川先生書室也。先生自濟州還益都，既定遷，以『素其位而行之』之義字其室。經之東遊也，而請記之，曰：『吾生平連蹇，今老矣，將一聽於遇而莫之忤焉。』

經應之曰：『天地相遇，品物咸章，剛遇中正，天下大行』，莫非遇也。天地聽遇於道，萬物聽遇於天地，而人聽遇於天地萬物焉，豈惟先生哉！苟遇矣，吾欲弗遇，焉得而弗遇；弗遇矣，吾欲遇之，焉得而遇之哉。故遇而弗能遠，不遇弗能爲，命不可以力，天不可以人，顧吾所以處之者何如也。天地賦余以正大之理，委余以剛大之氣，俾超出乎萬物，制宰乎眾變，挺特嶷崿，不可轉易，顧吾所以守之者何如也。能處而守，在我者盡，不聽之以物而聽之以理，不聽之以心而聽之以氣，則獨立而不倚，一智而不惑，百折而不挫，荷天地之付畀，歸乎與天地竝，爲萬物主，而萬物聽吾之遇，開廓昭著，而浩然獨存。

彼或與余遇，則王公失其勢，晉楚失其富，賁育失其力，离朱失其智。以水沃焦，以石投卵，彼惡我當。動而不括，出而有獲，彼惡我閼。變在物而我不變，則正大之理明，剛大之器具，無往而不遇也，無往而非遇也。無入而不自得，無往而非達也。苟不能處，而又不能守，則我不能遇物，而物皆遇我。

吾欲達而塞已至，吾欲利而害已至。吾欲得以有，而失與亡已至。雖深以極其幾，夸以極其巧。險固以極其姦，詭譎以極其誕。冶妾婦之容，盡揣摩之術，密之以鈎鉅，窘之以刦制，智構心鬬，墳墳擾擾，愈遇而愈不遇。所遇見於前，所守易於内，變在我而不在物，則正大之理不明，而剛大之氣餒矣，惡乎可遇〔二〕？故天下莫不遇也，而莫能遇也。如其能而各得所遇，天下無事矣。惟不能也，是以變故相軋而禍亂生焉。

先生學際天人，安於所遇，素患難行乎患難，素貧賤行乎貧賤，歷萬變而中未嘗變。曳屣擊藜，攄泄運化，吟詠情性，從容自得，翛然天壤之間，而寓其天趣。其視渭濱之畋，傅巖之築，陽虎之誚，臧氏之沮，塵埃之與野馬，蜾蠃之與螟蛉歟？遇也，弗遇也，又何足爲先生道也。

乙卯冬十月，陵川郝經謹記。

【校記】

〔一〕乎，底本、正德本作『惡』，據四庫本改。

横翠樓記

【編年】作於蒙古憲宗六年（丙辰年，宋理宗寶祐四年，一二五六）春三月十五日。郝經應皇弟忽必烈之召，北行開平，返回保定期間。

【年譜】蒙古憲宗六年，『春正月，公見皇太弟於沙陀』。『公遂還燕，議歸鄉拜謁松楸，未果。公父靜直先生夏得風痹疾，公爲書請命。』『春，公自沙陀爲大父晉卿作墓銘，爲郭仲偉作《横翠樓記》。』見文：『歲甲寅秋，郭君仲偉起樓於市闤之北，敞軒掀翥，越塵閧而上，坐視諸山，瞰臨源泉，雲容天影，水光山色，峨翠蜚碧，獻奇供異。名之曰「横翠」，言諸山之翠，横列於下也。』『樓之成，四遠英賢往往爲之賦詩，而請余爲記。姑書其所見，且以識登覽之所得云。丙辰春三月十五日記。』

【箋證】横翠樓：即今河北保定城中鼓樓。初名横翠樓，後改名叢勝樓。始建於北宋，毀於戰火。憲宗四年（甲寅，一二五四），張柔重建保州城時，由當地名流郭仲偉出資復建。元劉因《横翠樓賦》：『燕趙諸公，多以歌詩道其美。記之者，有陵川之雄文；詠之者，有木庵之絶唱。』郭仲偉，不詳。

易定諸山尾常山而北，旁礴嶷迆，自北而東，挾碣石以入於海，蟠燕亘趙，肆其雄麗。順天一道，連城數十，牙錯綦制〔一〕，突兀乎其間。而塘濼諸泉貫城而入，縈帶瀰漫，𣶏淪泓澄，城市之間，遂有江湖之趣。腴家鼎族，往往築臺榭，樹樓觀，以肆其觀覽焉。

歲甲寅秋，郭君仲偉起樓於市闤之北，敞軼掀翥，越塵閴而上，坐視諸山，瞰臨源泉，雲容天影，水光山色，峨翠蜚碧，獻奇供異〔二〕。名之曰『横翠』，言諸山之翠，横列於下也。

仲偉春秋甚富，嘗學於薦紳先生。喜交遊，許與結納皆天下豪右。每於是樓之上置酒燕集，而余必在焉。其春煙滿簾，春雲繪山。西郎十二，顔行玉立。澄淥澹蕩，白鳥容與。凴欄撫几，觴豆粲如。志得氣許，把臂暢飲。開露肝臆，削去町畦。盃沉山影，酒激紋浪。吞江南之清風，吸燕趙之勁氣，亦一快也。至於夏秋之交，天虚氣清，紅蕖緑芰，香滿榱楝。諸峰隱隱，出沒雲錦。白露滴玉，霞綺焕月。代謳燕歌，間起迭作。四座淋漓，盃盤錯遏。壯懷清怨，寫入瑶瑟。銀管風生，翠綃凉重。開元之舊曲，明昌之新聲。揄揚縹渺，浮動喜氣。一樓之上，獨見太平。營營之滯思，冥冥之隱憂，擾擾之塵蔓，孰得孰失，盡爲釋然。遠韻高清，脱去凡近。超超勝槩，莫得名言。

嗚呼！人寓形於天地，而適情於萬物，初不爲物役也。翛然而往，翛然而來，不爲拘拘，不爲孑孑，遂古一樂也〔三〕。或浮沉於杯酒，或放曠於山林，或優遊於廊廟。用舍乘化，不錮不滯，夫是之謂達士。今觀仲偉之自處，非古所謂達者歟？

樓之成，四遠英賢往往爲之賦詩，而請余爲記。姑書其所見，且以識登覽之所得云。丙辰春三月十五日記。

【校記】

〔一〕纂，正德本同，四庫本作『綦』。

〔二〕供，正德本同，四庫本作『拱』。

〔三〕遂，正德本同，四庫本作『邃』。

積慶堂記

【編年】作於蒙古憲宗六年（丙辰年，宋理宗寶祐四年，一二五六）八月，郝經應皇弟忽必烈之召，北行開平，返回保定期間。

【年譜】蒙古憲宗六年，『春正月，公見皇太弟於沙陀』。『公遂還燕，議歸鄉拜謁松楸，未果。公父靜直先生夏得風痹疾，公爲書請命。』『春，公自沙陀爲大父晉卿作墓銘，爲郭仲偉作《橫翠樓記》。五月，有《爲靜直先生請命書》。八月，作《積慶堂記》、《程先生墓銘》、《毛君墓誌銘》、《二履辨》。』

見文：『博陵田濟民，新其居而落之。』『丙辰秋八月日記。』

【箋證】積慶堂：爲元初博陵（今河北安平）田濟民宅名。田濟民，生平不詳。

貫萬物一理，通天下一氣耳，隨所爲而應焉。種稂莠則稂莠興，種嘉穀則嘉穀殖。枳棘不可以爲芝朮，樗櫟不可以爲松栢。斷木含生，蒸而爲菌；腐草伏暑，化而爲螢。彼物之微猶若是，矧於人乎？是以聖人爲斬絕不易之論曰：『積善之家，必有餘慶。積不善之家，必有餘殃。』所以立人極，定天理，使天下之人皆至於至善而止，其仁天下後世也至矣。一國之興衰，一家之隆替，一人之通塞，視履考祥，昭昭然莫吾欺也。

博陵田濟民，新其居而落之，奉觴以謂余曰：『先大夫仕於國初，遂有深土，披荊棘，立城市，剗除凶穢，蘇潤瘡疲，使池壘完固，疆埸不警，雖歷大變故，而民得生聚安妥〔一〕，免屠夷之患，復治平之舊。其德之施於人者甚厚，未嘗日之燕，遽沒於世。母氏時年二十餘，保字其孤，一德不回，備極艱苦，俾余卒底於成。今始構此室，將刮磨以自樹立，復先大夫之業，報母氏之德，請名之以自厲焉。』

余謂之曰：『積德累功，天必報施，不在其身，在其子孫。故鄧仲華不妄殺而奕葉貴盛，袁安理楚獄而四世五公，王祐以百口保彥卿而累世台輔，是其明徵大驗，照映千古。君之先世既若是矣，而君又能卓卓以自振，既受報於天，又合德於人，其有餘慶也必矣。可名之「積慶」。雖然，先世之善，當益之以善，益以自脩，莫爲責報。夫造善言於衽席之上，目子孫於門閭之下者，是謂揠苗之善。徼倖於萬一，中誠則無有，是謂詭遇之善。包藏禍心，象恭貌仁，是謂盜賊之善。是三者，非惟無慶，又足召殃也。惟積本然之善，務去三者之善，則君之世殆未量也。其繁衍盛大，昭著崇顯之日，又當爲君書之。』丙辰秋八月日記。

【校記】

〔一〕聚，四庫本同，正德本作『娶』。

北風亭記

【編年】作於蒙古憲宗七年（壬辰年，宋理宗寶祐五年，一二五七）夏四月，郝經寓居保定，讀書鐵佛寺，設館賈輔、張柔二府期間。

【年譜】蒙古憲宗七年，『公自壬辰春渡河居於保，凡十一年，僦廬而徙者十。甲辰徙南里，凡十四年，於居爲最久。夏四月，始作北風亭』。『四月，作《北風亭記》。』

見文：『壬辰春，北首渡河，居於保凡十一年，僦廬而徙者十。最後徙南里，自甲辰（蒙古太宗皇后乃馬眞三年，一二四四）至於丁巳（蒙古憲宗七年，一二五七），凡十有四年，於居爲最久。夏四月，以正陽欝悠，崇土爲址，斵木爲楹，虛其北而不置戶焉，命之曰「北風」。』

【箋證】北風亭：　爲郝經在保州南里（今屬河北保定南里）所建的亭屋。

壬辰春，北首渡河，居於保凡十一年，僦廬而徙者十。最後徙南里，自甲辰至於丁巳，凡十有四年，於居爲最久。夏四月，以正陽欝悠，崇土爲址，斵木爲楹，虛其北而不置戶焉，命之曰『北風』。

既壁以茨，乃偃息其下，仰而嘆曰：『余生三十有五年，而不寧者殆三十年。今之偃息者，非疇昔之匍匐者邪？』乃取莊生《齊物論》及宋玉辭賦讀之，敞然而樂曰：『快哉，此風！凡物莫不如是邪？有萬不同，而卒莫不同邪？』

客聞之，抱琴而至，援琴而歌《南風》，而謂余曰：『子之爲是也，將以寓予之所寓也。風之爲物也，而莫適所定也。之人也，東西南北之人也。而子生平不寧，而不寧方來，獨以北言之，何也？』

曰：『夫子見子之見，而不見余之見；知子之知，而不知余之知也。夫風輪水輪，天地之所以造物也。一翕一闢，往來不窮，所以成變化而行鬼神也。故風起於廣莫之野，無何有之鄉，衝葺飄跋，吸忽鴻洞，蕩搖振撼，轉化樞，運神紐，推氣機，使天地萬物各盡其變，而不與焉，固無有東西南北之限也。余之以北爲言者，亦非自狹而必之於方所也。

『夫《乾》爲萬物之終，《艮》爲萬物之始。《坎》也者，北方之卦也，所以爲始終之幾也。故天一爲水，而風輪在焉，運於東使萬物各遂其生，運於南使萬物各遂其長，運於西使萬物各遂其成，運於北使萬物各歸其本，宁於中則沖氣以爲和〔一〕。故風之勢伸於《巽》，而水之澤成於《兑》。余之以北爲言者，蓋有取乎此也，其以北爲言者又有義焉。

『余方爲人子，北面所以事父也；爲人臣，北面所以事君也；爲學問，北面所以事師也。且夫元光之元，長星彗天，赤氣起北方。國朝建武啓運，北風長驅，肆其威靈，而余實生焉。天興之末，北風吹雪，有金以滅，河斷其流，萬馬蹀血，而余北首焉。故余生於是風，而長於是風，將從是風以徜徉此生也。從其所吹，遇止而止焉；從其所吹，遇行而行焉。委是身於是風，龍蚍也，蓬累也，野馬也，塵埃也，而各無所忤焉。』

客曰：『大哉子之言也！吾當改吾絃而更張吾之琴，舍吾之《南風》，而歌子之《北風》。』乃命客張其琴，而余倚歌而和之，曰：『北風其涼兮，吾中之塞其攄以揚兮。雨雪其雱兮，吾物之翕乃所以爲張兮。吾於此亭，處不遑兮，委之以順，壽而康兮。飄然而行，跨六合而淩八荒兮。敷仁兮扇義，擴道以彊兮。』年月日，書之以爲記。

【校記】

〔一〕宁，正德本同，四庫本作『貯』。

【編年】作於蒙古憲宗九年（己未年，宋理宗開慶元年，一二五九）夏，郝經從皇弟忽必烈征宋，宣撫江淮，兵趨荊鄂，而後班師返回保定期間。

棣華堂記

【年譜】蒙古憲宗九年，『遂渡江圍鄂，宋人懼，請和。會憲宗凶訃至，王召諸將屬議，公復進《班師議》，王以爲然，遂班師。作《東師議》、《班師議》、《新野光武皇帝廟碑》、《周子祠堂碑》、《渡江書所見》、《題東坡先生畫像》、《巴陵女子行》、《武昌詞》、《棣華堂記》。

見文：『陵川郝氏世業儒，至先曾大父昆季七人，皆治經力學，教授州閭，有聲張徹，郝氏益大。中堂數楹，聚族歌哭之所也。諸昆皆賢，而尤篤友愛，乃植棠於庭，名堂曰「棣華」，取《詩》「常棣之華，鄂不韡韡。凡今之人，莫如兄弟」之義也。』又：『己未夏，外伯父牛君視經於曹南，言：「邇年棠華尤爲茂異，汝兄弟其興乎？」故作《棣華之詩》，俾識諸堂，且無忘先東軒老之懿云。』

【箋證】棣華堂：爲郝經家族在山西陵川故居。東軒老：郝震，字子陽，號東軒老人。詳參卷三十六《先曾叔大父東軒老人墓銘》。外伯父牛君：當指郝經舅伯父牛元偉。元好問《郝先生墓銘》：『六七年之間，思溫之請益堅。辛丑之秋（一二四一），又屬其外兄牛元偉來，致辭曰：「先子生無一命之爵，殁無十金之産，賫志下泉，有識興歎。授業得如吾子者，且不能一言半辭以見於後世，其命之矣！」』曹南：曹州轄地（今山東菏澤市曹縣）。詳卷十五《曹南道中憩關羽祠書事二首》箋證。

陵川郝氏世業儒，至先曾大父昆季七人，皆治經力學，教授州閭，有聲張徹，郝氏益大。中堂數楹，聚族歌哭之所也。諸昆皆賢，而尤篤友愛，乃植棠於庭，名堂曰『棣華』，取《詩》『常棣之華，鄂不韡韡。凡今之人，莫如兄弟』之義也。歲時燕集，尊卑壯穉，比次以序，秩然有禮，煕然有恩，而粲然有文，無鬩牆反目之私。於是家人篤於親，國人慕其義，道爲人師，禮爲人則焉。

其季年，諸孫繁衍冠娶，異室殆十餘人，聚則隘諸堂〔一〕，退則偪諸庭，於是有別居之議。

而先曾叔父東軒老，以季弟弗敢違命，扳庭樹涕泣，不寢食者三日。諸兄問之，曰：『吾業儒而爲是，何以爲訓？終無數人。使子孫爲之，則吾食矣。』諸兄從之，聚廬同食以終。是歲棣華特盛，人以爲友愛之瑞焉。

壬辰之變，郝宗殲於許洛之間，獨先君以經北渡，居於保，以有弟妹孫子，郝氏不絶。陵川故居，獨棣華堂與庭中之棠存，豈將使蟬聯華胄〔二〕，穰穰簡簡，復其初之盛乎？

己未夏，外伯父牛君視經於曹南，言：『邇年棠華尤爲茂異，汝兄弟其興乎？』故作《棣華之詩》，俾識諸堂，且無忘先東軒老之懿云。

吾家中堂，高壓太行。茁彼本支，是生茲棠。棠始有華，實大吾家。玉昆峩峩，德音莫瑕。棠華日馨，諸孫盈庭。有光韡韡，有衿青青。突決棟焚，鞠爲荒榛。棣華弗凋，中堂獨存。脊令在原，兄弟急難。遥遥空堂，歸彼高寒。鴻鴈于飛，哀鳴嗸嗸。郁彼先棠，芬如李桃。惟彼桑梓，尚當敬恭。况茲庭實，祖植父封。爲告鄉鄰，勿翦勿戕。庶幾遺陰，本根不忘。經也作頌，載歌東軒。嗚呼茲堂，道德是傳，越千萬年。

【校記】

〔一〕聚，四庫本同，正德本作『娶』。

〔二〕胄，四庫本同，正德本作『會』。

太極書院記

【**編年**】疑作於蒙古憲宗三年（宋理宗寶祐元年，一二五三），郝經遊燕京，就學趙復之時。

【**年譜**】蒙古憲宗三年，『夏，公入於燕，由萬寧故宮登瓊花島，慨然有懷，乃作賦焉』。

見文：『庚子（蒙古太宗十二年，宋理宗嘉熙四年，一二四〇）、辛丑（蒙古太宗十三年，宋理宗淳祐元年，一二四一）間，中令楊公當國，議所以傳繼道學之緒，……乃於燕都築院，貯江淮書，立周子祠，刻《太極圖》及《通書》、《西銘》等於壁，請雲夢趙復爲師儒，右北平王粹佐之，選俊秀之有識度者爲道學生。推本謹始，以「太極」爲名，於是伊洛之學遍天下矣。』

【**箋證**】太極書院：位於燕京（今北京），由蒙古太宗中書省事楊惟中創建。時楊惟中從皇子闊出伐宋至荊襄，得名儒數十，伊洛諸書八千餘卷，遂送燕都，與姚樞共建太極書院，立周敦頤祠，以張載、程顥、程頤、楊時、游酢、朱熹配享，刻《太極圖》、《通書》、《西銘》於祠壁。延趙復爲主講，王粹爲佐，聚生徒百餘，許衡、郝經、劉因等皆得從學。

郝經作有《與漢上趙先生論性書》（卷二四）與《送漢上趙先生序》（卷三十）等文。

書院之名不以地，以『太極』云者，推本而謹始也。書院所以學道，道之端則著於太極。宓犧畫《易》，以之造始；文王重《易》，以之託始；孔子贊《易》，以之原始。至於濂溪周子之圖《易》，則又以爲動靜之幾，陰陽之根，建極承統，開後世道學始。今建書院以明道，又伊洛之學傳諸北方之始也。一以爲名，五始竝見，則幽都朔易，復一太極也。

初，孔子贊《易》，以爲《易》有太極。一再傳至於孟子，後之人不得其傳焉。至宋濂溪周子創圖立説〔一〕，以爲道學宗師，而傳之河南二程子及横渠張子，繼之以龜山楊氏、廣平游氏，以至於晦菴朱氏。中間雖爲京、檜、侂胄諸人梗踣，而其學益盛，江淮之間，粲然洙泗之風矣。金源氏之衰，其書侵淫而北，趙承旨秉文、麻徵君九疇始聞而知之，於是自稱爲道學門弟子。及金源氏之亡，淮漢巴蜀相繼破没，學士大夫與其書遍於中土，於是北方學者始得見而知之，然皆弗得其傳，未免臨深以爲高也。

庚子、辛丑間，中令楊公當國，議所以傳繼道學之緒，必求人而爲之師，聚書以求其學，如嶽麓、白鹿，建爲書院，以爲天下標準，使學者歸往，相與講明，庶乎其可。乃於燕都築院，貯江淮書，立周子祠，刻《太極圖》及《通書》、《西銘》等於壁，請雲夢趙復爲師儒，右北平王粹佐之，選俊秀之有識度者爲道學生。推本謹始，以『太極』爲名，於是伊洛之學遍天下矣。

嗚呼！公之心，一太極也，而復建一太極。學者之心，各一太極也，而復會於極。畫前之畫，先天之《易》，盡在是矣。使不傳之緒，不獨續於江淮，又續於河朔者，豈不在於是乎！是公之心也，學者之責也，其惟勉旃。年月日記。

【校記】

〔一〕説，底本、正德本作『統』，據四庫本改。

鐵佛寺讀書堂記

【編年】作於元世祖中統元年（宋理宗景定元年，一二六〇）三月。郝經自憲宗九年（宋理宗開慶元年，一二五九），從皇弟忽必烈征宋，宣撫江淮，兵趨荆鄂。後班師，於中統元年返回保定。

【年譜】元世祖中統元年，『春，公宣撫江淮，至自武昌。哭静直先生之墓而入，蓋公之服尚未闋也。見墓側有小邱，始知阿長之殤，因慟而爲志。三月達順天，鐵佛寺僧張仲安來謁，公至讀書之所，顧二親不見，因涕泗横集，揮淚爲記。』『作《居庸關銘》、《讀書堂記》』等。

見文：『中統元年，至自武昌，寺僧張仲安來謁，與之俱至讀書之所。顧二親而不見，庭中之栢已自參天，而仲安霜栟滿頂。欲爲向之汲薪之事，而無爲爲矣。乃謂仲安曰：「昔子路思復爲親負米而不可得，今余有甚焉。」於是涕泗横集，因爲慟號。既而仲安請記其事於屋壁，乃揮涕而書此，名堂曰「讀書堂」云。』

【箋證】賈侯：即賈輔（一一九一——一二五四）。張柔開府滿城（今屬河北），移守保州（今河北保定）。任賈輔行元帥府事於祁州（今屬河北），遷左副元帥。詳參卷一《渾沌硯賦》箋證。

郝氏始自太原遷澤潞，復遷許洛，復再遷於燕趙之交。治經業儒者六世，百有餘年，以及於先君，於是有經。壬辰之變，始居於保。

歲戊戌，先君官於保之滿城。是歲，經始知學，喜爲詩文。適詔試天下士，第者復其家，驅者爲良，遂爲決科文。其冬，至自滿城，先君謂先妣言：『今吾孱病且老，諸子皆幼，吾欲使大男經督家事，而懼廢其學，欲令專爲學，則無以督吾家，奈何？』先妣曰：『自吾適郝氏，逮事先翁姑，聞郝氏之先，未有不爲學者。如楊侍郎士表、元內翰裕之、武右司從善輩，皆有聲當世，吾門自出，可反令吾子未學而廢先世乎？不過吾忍窮數年耳。政使餓死，亦樂無憾。』先君曰：『是吾志也。』遂決意令經爲學。

時僦廬託處，無以爲生業，乃假屋於鐵佛寺僧張仲安，得其南堂，俾經居之，且聚童子數十輩，教之句讀，以佐生業。夏四月一日，始入而從事。先君命之曰：『爾祖所以命吾者，今其命汝。學所以爲道，非爲藝能也；所以脩身，非爲祿養也。今國家方以武治，未遑選舉，汝其無爲決科之文。今世以詩文事聲譽者，記問以事吻頰者，皆藝能之學，汝其勿爲。我先世有學之序焉：天人之際，道德之理，性命之原，經術之本，其先務也。諸子史典故，所以考先代之迹也，當次之。諸先正文集，藝能之藪也，又當次之。若夫陰陽術數，異端雜學，無妄費日力。慎勿慕人紛華，戚吾之窮也。爾祖有言：「士不能忍窮，一事不能立。」故忍窮爲學之本，郝氏之家法也。』遂以《太極》、《先天》二圖，《通書》、《西銘》二書付畀，且指授其義曰：『此爾曾叔父東軒老得諸程氏之門者，爾其勉之。』

經再拜受命，退而爲學，日誦二千言爲課，夜則考其傳注。始入夜，往庀家事，舂粟治菽。二鼓入於書堂，龕燈隱几，不解衣帶，閲誦綴録，昏怠則仰就背枕以假寐〔一〕。方五鼓，往庀家事，負薪汲水，黎明入於書堂。以是爲常，雖盛暑大寒不替也。先妣時來竊視，見其殘燈無焰，向晨不寐，呼經而語曰：『汝何自苦如是，吾所不忍也。』經再拜言：『今二親忍窮，使兒讀書，惟恐不篤，不爲苦也。』先妣曰：『汝能如是，吾無憾矣。』

初治六經之時，以爲感發志意者，莫過乎《詩》，於是乎先治《詩》。二帝三王之心傳口授者，莫過乎《書》，於是乎《詩》而後《書》。先王治世之具，莫大於《禮》、《樂》，於是乎治《禮》。大經大法，撥亂反正，莫大於《春秋》，於是乎治《春秋》。窮理盡性，以至於命，以際天人之學者，莫大於《易》，故以爲終身之學。其餘自《語》、《孟》、子史諸書，各如先君之命治之，不敢少躐其等殺焉。

歲癸卯，順天道左副元帥祁陽賈侯邀致其府，始去寺堂。居寺堂者俶末五年，凡當治之書及幾數焉。歲乙卯被徵，而先妣已僊去。己未，與政於王府，宣撫江淮諸道，先君亦已亡矣。

中統元年，至自武昌，寺僧張仲安來謁，與之俱至讀書之所。顧二親而不見，庭中之栢已自參天，而仲安霜栟滿頂。欲爲向之汲薪之事，而無爲爲矣。乃謂仲安曰：『昔子路思復爲親負米而不可得，今余有甚焉。』於是涕泗横集，因爲慟號。既而仲安請記其事於屋壁，乃揮涕而書此，名堂曰『讀書堂』云。

仲安，保州人，嘗爲汴京相國寺提點，每勅試梵具，輒爲第一。慷慨尚義，喜延接賓客。河南亡，衣冠流落，仲安嘗日飯數十人。無所歸者使之居，至於踰年，卒無厭色。而戒行甚謹，經與久處，故尤見其嚴而無罅者焉。三月十五日謹記。

【校記】

〔一〕寐，底本、四庫本作『寢』，據正德本改。

郝經集編年校箋卷二十七

記

鏡薌亭記

【編年】作於元世祖至元元年（宋理宗景定五年，一二六四）夏六月，郝經出使南宋，被拘禁於眞州期間。郝經不知蒙古改元至元，仍用舊年號。下同。

荀宗道《故翰林侍讀學士國信使郝公行狀》：元世祖至元元年，『九月，至眞州，館於忠勇軍營，宋人規模布置，已成囚所矣』。

【年譜】元世祖至元元年，『作《鏡薌亭記》』等。

見文：『中統元年夏四月，宋維揚火，人屋熸盡。經適奉使告登寶位，宋人以火餘無以館客，乃以儀眞置館，卽忠勇軍營總制眞州軍馬治所。鏡薌亭則館外東偏水亭也。』『中統五年夏六月謹記。』

【箋證】伴使潘拱伯：伴使此指館伴使。宋、遼與宋、金間使臣往來，進入對方轄區時，對方派人相接，稱接伴使；接到後，另派人相伴，稱館伴使。潘拱伯，字居之，宋懷遠軍招撫司參謀。郝經《瘞鶴銘辨》：『中統元年，持節使宋，館留儀眞。伴使潘居之以焦山磨崖《瘞鶴銘》見貽。』（卷二十）苟宗道《故翰林侍讀學士國信使郝公行狀》：『八月，復遣懷遠軍招撫司參謀潘拱伯來館伴，仍請登舟而南。』『行次昭信，伴使潘拱伯傳兩淮制置使李庭芝欲一見國書，公正色曰：「皇帝授使人國書，令見貴朝國君而與之。今伴使要我於半塗，其故何哉？」拱伯不敢復言。』

中統元年夏四月，宋維揚火，人屋燔盡。經適奉使告登寶位，宋人以火餘無以館客，乃以儀眞卽忠勇軍營總制眞州軍馬治所置館。

鏡蘤亭則館外東偏水亭也。入館之初，不知有此。明年夏，伴使潘拱伯輩始邀一至，其後或數日、或數月一往焉。眞州瀕江，在老岸下，溝渠池塘皆與潮通，東接維揚，南對金陵岸。在六朝爲白沙，其後爲迎鑾，爲永貞〔一〕，爲揚子，宋大中祥符中升爲州〔二〕。

自唐劉晏筦鹽鐵，江淮之人仰食海鹽，於是置揚子十院，漕鹽以給江淮，而運行入於州中。宋人因之置淮東運司，行商舶賈，遠近畢集，故爲江壖一都會，號稱『揚一眞二』〔三〕。

亭則直古揚子院今運司後，其東南垣墉則揚子故縣城也。而館與州治、縣衙、宣聖廟、天慶觀等，皆在故縣中，縣卽州子城矣。館東之池亦與潮通，而亭處其中，有故隸字牓曰『鏡蘤亭』。池中一甬路，直亭南北，界池爲二。池有蓮蒲，而柳皆成蔭。拘滯之間，時得改步寓目者惟此焉。歲益遠，出益希。今年春，復爲一往，以暵旱之故，荷死柳折，潮不復至，而不可復觀矣。於是自春踰夏，而不復出焉。

初，朝廷於沁南賜第一區田十頃，州吏進牒及圖，則其田在河陽，封畛包絡，全得揚子一店，在黄河老岸下。明年遂入宋，每登是亭，與古揚子縣城相對，江壖河濱，殆無以異，恍然而悟曰〔四〕：『天下事斷不偶然。行使止尼，殆必有主張者。河濱之田，有以兆此行矣。』

乃書其入館登亭之事，以寓感傷焉。他日復到河濱之野，而思館中之亭，則必如今見館中之亭，而憶河濱之野矣。彼且爲是邪？此且爲非邪？彼此之間，其一揚子邪？中統五年夏六月謹記。

【校記】

〔一〕貞，四庫本同，正德本作『眞』。

〔二〕大，四庫本同，正德本作『太』。

〔三〕眞，底本、四庫本作『貞』，據正德本改。

〔四〕悟，四庫本同，正德本作『悞』。

退飛堂記

【編年】作於元世祖至元元年（宋理宗景定五年，一二六四）夏六月，郝經出使南宋，被拘禁於眞州期間。

【年譜】元世祖至元元年，『作《鏡蘤亭記》、《退飛堂記》』等。見文：『鶂之退飛也過宋都，而余之退飛也入宋國；鳶鴉之退飛也過于江之南，余之退飛也止于江之北；則余之退又不及乎鶂與鳶鴉，乃退之退者也。姑書所見，以致感激之端，且以「退飛」名舍館之堂而記之云。』『中統五年夏六月，陵川郝經記。』

甲子歲，猶在儀眞館。一日風甚，鳶鴉蔽天，北飛而不得前。北首南尾，遡風直翅，飄忽而南，其勢不能自止，遂過於舘之上，入於江之南。因仰而嘆曰：《春秋》所謂『六鶂退飛過宋都』者，殆此類也夫！與余之行使止尼〔一〕，亦此類也夫！

余方布衣窮處，際遇而北，其進於北而用其道於北也，則當然矣。乃一命則從役於南，再命則拘留於南。天下皆北而吾徒獨南，豈非天邪？鶂與鳶鴉退飛於風，余則退飛於天。天運風行，有時而然，力不能勝，則待其定而已。風止則鶂與鳶鴉復遂其飛，天定則人亦各得其道。

嗚呼！吾徒在此有年所矣，天亦何時而定乎？

嘗聞之，天地氣數皆退也，其迹則皆進也。人見其迹，則惟知其進，而不知其退，故皆務於進而嗇於退。夫物有消而無長，有屈而無信，有靜而無動，有陰而無陽。非謂其誠無也，謂夫一理一氣，互爲往來，而卒不離其本而不載也。爲長者消也，爲信者屈也，爲動者靜也，爲陽者陰也。

自其變者而觀之，則於理與氣有以見夫長信動陽。自其不變者而觀之，則於理與氣長而不已必消，動而不已必靜，信而不已必屈，陽而不已必陰。而消與屈與靜與陰嘗在，長與信與動與陽則一時之變，寄寓之氣爾。故無日不長而未嘗長也，無日不信而未嘗信也，無日不動而未嘗動也，無日不陽而未嘗陽也。

自有初之初迄於今，莫不消沈屈喪於靜陰之地〔二〕，獨遺天地萬物塵埃土苴之迹，所以世變日下，風俗日壞，而氣數寖以微薄也。則萬古一朝，天地人物皆在退數之中，豈能獨免於余乎？

嘗觀夫天運，而取法於日月，夏至則日北至月南至，冬至則日南至月北至。日月之行，則天之行也。進而至於極，則不復能北，不復能南，逡巡而退。其進而至於極北極南，則一日一時一刻一杪而止爾〔三〕。其欲北而不能北，欲南而不能南者，則自一時一刻一杪之止，而始周旋於數月半歲百七八十日之內，纔得至於極，而不能遽。而歲遠氣積，復有自然之差，不能必其本然之度。天運尚如此，而况於余乎？雖然，天人大數不免於退，物不能終退，退必有進之理。以六月息者，必以九萬飛也。今日視余之退，莫不以爲終退，彼進而不已者，其能免於退乎？

嗟夫！鷁之退飛也過宋都，而余之退飛也入宋國；鳶鴉之退飛也過於江之南，余之退飛也止於江之北；則余之退又不及乎鷁與鳶鴉，乃退之退者也。姑書所見，以致感激之端，且以『退飛』名舍館之堂而記之云。中統五年夏六月，陵川郝經記。

【校記】

〔一〕止尼，四庫本同，正德本作『尼止』。

〔二〕沉，底本、正德本作『况』，據四庫本改。

〔三〕杪，底本、正德本作『抄』，據四庫本改。下同。

【編年】作於元世祖至元元年（宋理宗景定五年，一二六四）夏六月，郝經出使南宋，被拘禁於眞州期間。

【年譜】元世祖至元元年，『作《鏡蘇亭記》、《退飛堂記》、《蘆臺記》』等。

見文：『中統五年夏六月記。』

蘆臺記

宋人既改圖，館留儀眞，使之分室聚處。余之介佐二人，參貳二人，暨余共五位。四人者，各得後堂屋一楹。余則自中堂穿出，得南北棟者二楹，各蔭夏蔀，反不逮夫四人者之面陽背陰之正且敞也。方秋則江氣凝噤，入夏則鬱熇焚灼，局側墊隘，凡四易寒暑。

甲子歲，又將入夏，望日而氣先熌焉，於是一行共請於寢室之西爲逭暑之所。乃喻伴使，具役徒，卽隙地起土樹址，翦蘆餐簝，下爲臺者三四尺，上爲屋者八九尺，企步之間，别得一天。每於西北隅置榻舒眺，近踰館垣墉，遠踰州雉堞。自南而西，則平出綠樹之杪〔一〕，建康諸山隔江呀出，參差披拂，雲容水影，閃鑠蕩漾。塊然九地之下，忽見九天之外。甕中醯雞，益愧天池之鵬。

初於州北老岸受郊勞禮，坐與江山一接。館門忽闔，遂落陷穽。鉅姦魁猾，共爲下石。積四五年，日益深重。誰意井裏閉目，忽焉舉頭，而復得江山勝槩，豈非造物者哀其窮而使之然邪？凡所厭見，乃不使之見；所不可見，而遽使之見，是天欲變吾目而新吾觀也。是行也，道屯剝而變吾之心，而新吾思；行拂亂而變吾之體，而新吾氣；爲夭閼而變吾之謀，而新吾才；聽乖剌而變吾之耳，而新吾聞。今又變吾之目而新吾觀。一自拘隔，無不變而新之，日益其故所無有者，則天不負於余也。自今吾目不待金篦之刮，車輪之運，將萬古一今，天下四海，無塵有塵，皦然而洞觀矣。彼其爲蒙蔽爲罔冒而禍余者，視其計猶遮日之手，覆天之盆，徒自蔽焉爾，何傷於余乎？屋既葺，臺既平，於是與擊柝者和而爲歌曰：江山余之故兮，劇余目之汙兮。適逢彼之怒兮，使余不得顧兮。乃今坐以看兮，山兮山兮會當與汝去兮。彼渠姦兮，曷敢改余步兮？中統五年夏六月記。

【校記】

〔一〕杪，底本、正德本作『抄』，據四庫本改。

窞池記

【編年】作於元世祖至元元年（宋理宗景定五年，一二六四）夏六月，郝經出使南宋，被拘禁於眞州期間。

【年譜】元世祖至元元年，『作《鏡蘛亭記》、《退飛堂記》、《蘆臺記》、《窞池記》』等。見文：『中統五年夏六月望日，郝經記。』

窞池者，坎中之地也。久留儀眞，連歲旱暵，不任濕滯。甲子夏，將爲蘆臺以障日，於寢室西南隅逼近壕柵，命僮僕剡木鍤，因窪以下下，崇土以高高。下纔二尺餘，土未覆地，細泉雜出。乃爲刓方，却步坎其中而復下之，卽得綠沙黎泥，走注不止，而土不可復出。蓋江壖之地，其下皆走沙也。於是不復鑿，而窪自爲池矣。其上面徑方丈餘，其中坎窞僅四五尺，泥定水止，清淺可鑑。僮僕輩因駃嬉置蓮蒲三四本，魚栽數十針，殆如館人之數。

既入夏，自二月至於六月不雨，池幾涸者數。欲因棄之，而蓮死魚稾不忍也。時爲汲水注之，僅得漫漶而續其生理。既而井益涸，天益高，風薰日灼，池則爲鑪。乃命執瓶滴甃，日得斗升，以濡蓮蒲魚。終不雨，則終棄之矣。

池涸之夕，夢數人文身哆口，謁於牀下，曰：『我輩與子相忘江湖，而爲子置此。子雖勤勤懇懇，焦心勞思，日以斗升相活，適足以禍余〔一〕，而不足以爲澤也。盍若以斗升自活〔二〕，而仍出我輩於館門之外，而置之大江之中，則子惠之大，圖報不朽，焉用以子之難而難余哉？』

余應之曰：『嘻！我之懷矣，自貽伊慼，淪胥而然也。用土而坎地，坎地而得水，見水而置魚，志於活汝，而蘄於有用也。至於旱暵，井泉皆竭〔三〕，江湖不波，則非余所志也。子雖屢涸於此，庸詎知不大涸於江湖，而爲鯤鱷所摧拉而埃塵哉〔四〕。幸余能致斗升之水而濡汝，相濡之沫，何更噞喁以相誚也？夫意慮之所及而可能者人也，意慮之所不及而不可能者天也。余之爲此行也，解鬬救患，援溺弭兵，活二國而利天下，則其志也。而固滯拘執，重怒連禍，變與日深。片天之下，四壁之内，仰食館人，亦猶汝之待斗升也，夫豈余志哉。嗚呼！吾不絕斗升於汝，館人不絕斗升於余。天雨潮至，則汝必達於江湖；難終道泰，而余必利於天下〔五〕。

則余非汝讎也，館人非余怨也。汝毋喋喋誚余之斗升也，第恐一日館人絕斗升於余，余絕斗升於汝，濱江之館，館中之池，等爲一轍一肆，而莫如之何矣。曷若各安所遇，余居坎中之坎，汝潛坎中之池，則水荐至而斗升不絕，今日之窞池，卽他日之天池也。』衆遂不復言，悠然而逝。

覺而嘆曰：『坎中之魚而訴坎中之人，弭兵而致師，天下赤子入于坎窞，戢戢魚頭，如炎如焚，將何所訴乎？』〔六〕姑書所夢，益爲刻厲，以盡居坎之道，庶幾剛健不陷，其義不困窮云。中統五年夏六月望日，郝經記。

【校記】

〔一〕適，底本、四庫本作『寔』，據正德本改。

〔二〕盇，底本、四庫本作『曷』，據正德本改。

〔三〕井，底本、四庫本作『水』，據正德本改。竭，底本、四庫本作『渴』，據正德本改。

〔四〕摧，底本、四庫本作『推』，據正德本改。

〔五〕而，底本闕，據正德本、四庫本補。利於，正德本作『利于於』，底本『于』字模糊，據四庫本改。

〔六〕何，底本、正德本作『如』，據四庫本改。

江石子記

【編年】作於元世祖至元元年（宋理宗景定五年，一二六四）夏六月，郝經出使南宋，被拘禁於眞州期間。

【年譜】元世祖至元元年，『作《鏡蘤亭記》、《退飛堂記》、《蘆臺記》、《窞池記》、《江石子記》、《春秋制作本原序》』等。

見文：『中統五年夏六月，郝經記。』

余生平自書札外，於物無他嗜。及在儀眞，與山川百物隔絕，每見一花木果實，輒持玩不能去手，汲汲如不得見。嚮也與物相忘，今則遇物輒感，有莊生所謂『去國朞年，見似之者而喜』者，蓋非爲物移也，所見者罕也。

儀眞瀕江，土脉秀異，或過雨，或治地，每得石子，皆奇潤可愛，諸色備足。有脂白含蓄如隱玉者，有澹黃敷腴如蠟丸者，有縝黑圓瑩如玄珠者，有如丹砂剝泐而不純者，有如空青澹沱而類琴瑟者。有赤澀而芒角者，有白而絡紅脉者，青而黑暈重復者，黑漬而土食中邊黃者，淺碧而白暈雜者。有如晴虹凝結而不散者，有如抹霞返照而孕其餘者。有如拳者焉，有如栗者焉，有如錢者焉。有窪者，平者，缺者，凸者。有蒲背者，有雞卵者焉。每得一，則如獲物外之奇寶，濯之以清泉，薰之以沉煙，置之盤盂之內，而簸弄於明月之下。方爲熱中，而忽灑然，故尤嗜於他物，而常置諸座右。每綈顧熟視，以爲造物之初，一受其成而不易者，山石而已。

有千里者，有百里者，有萬仞者，有數仞者，有數尺者，有數寸者。至於爲礫爲砂，千態萬狀，其變有不可勝窮者，何也？　夫至堅而不易者，山石也；　至柔而善變者，水波也。當其造物之初，則山在水中，水出山上。既而水落山出，不知其幾千萬年。其湯湯滔滔、漭漭泱泱之内，而峯巒崖谷，呀突崟嵌，崩塌摧朽，故爲崒嵂峭截、坡陁巉險之狀。其衝觸磨戛，奔走轉迸，而崖角刓弊，故爲圓轉之石，而大小不同。其海潮之所舂食，江濤之所漱刷，煎煉日采，透徹月華，雲洩露浸，膏腴精粹，久而僅存者，則此是也。其磨滅而爲滓汁，復不可爲形者，沙礫塵埃而已。蓋至堅者之爲，至柔之所，變者如此。

嗚呼！　之石也，不知初爲幾千萬仞。今之幾千萬仞，焉知他日之不爲之石乎？　凡有形者必變，變而必至於盡。水能變石，則天地能變水，氣復變天地，而道復變氣。夫高且大者，不可以爲必存；　小且弱者，不可以爲必亡；　惟在夫形器之内者，則無存亡也。

昔余之行也，北踰嶺，南踰恒，東則岱宗、琅邪，西則太行、崧少，所謂千里百里、萬仞千仞者，無不見也。今余之止也，而乃塌焉，耳目俱喪，但與數十石子日爲周旋〔一〕。余之行，彼高且大者，不能爲余增多；　余之止，此小且弱者，不能爲余小損，則今日之石子，亦前日之泰山也。天下莫大於秋毫之末，泰山爲小。彼區區之形器，焉能制於余乎。姑汲新泉，恣爲濺弄，坐視諸山之爲石子也。中統五年夏六月，郝經記。

【校記】

〔一〕十，底本、四庫本闕，據正德本補。

是是堂記

【編年】作於元世祖至元二年（宋度宗咸淳元年，一二六五）春二月，郝經出使南宋，被拘禁於眞州期間。

【年譜】元世祖至元二年，『二月，作《春秋外傳》畢，《章句音義》八卷，《制作本原》十卷，《比類條目》十二卷，《三傳折衷》凡五十卷，又著《三傳序論》，《列國序論》一卷，自序冠於首。名所居之室曰「是是堂」，記以文』。

見文：『中統六年春二月十有三日癸丑，作《春秋外傳》畢。有中節人請見。』『其人乃再拜而謝曰：「若是，則先生皆是，而小人之非，敢請罪。」曰：「予方自罪，而敢罪人乎？」遂退，因名所居之室曰「是是堂」，書其言於壁。』

【箋證】中節人：三節人從之一。宋、夏、遼、金出國使節的隨員。《金史·禮志十一》：『新定夏使儀注：夏國使、副及參議各一，謂之使。都管三。上節、中節各五，下節二十四，謂之三節人從。』亦省作『三節人』。此中節人當是郝經隨從之一。

中統六年春二月十有三日癸丑，作《春秋外傳》畢。有中節人請見，曰：『聞先生著書絕筆，小人有言，可進於先生之前乎？』曰：『可哉。』

乃再拜而言曰：『昔者先生居於保下，甫羈丱而名聞四方，其學問文章有是者有非者〔二〕，一身之是非在焉。及被徵北上，列於官而位於朝，贊天子，改制度，施教化，進退賢不肖，則亦有是者有非者，一國之是非在焉。既而銜天語，奉信函，爲行人以使宋，入國而不令進退，牒省院，闕制司，爲陳請之表，上萬言之書，以明誠僞、仁暴、戰和、安危、利害之本，而皆不報，則亦有是者有非者，兩國之是非在焉。一身之是非未已，加以一國之是非；一國之是非未已，加以兩國之是非。今先生又以爲未足，乃爲《春秋》作《外傳》，上下數千載，排斥削没，鉤致詆毁者數十家，而自以爲説，豈皆得之乎？則又有是者有非者，而萬世之是非在焉。何先生之是非之多而不憚煩也？』

予應之曰：『予之是非之多，誠如子之言矣。然而有所不得辟焉而受之也。孟子曰：「是非之心，智之端也」，「無是非之心，非人也。」若夫居之似忠信，行之似廉潔，衆皆悦之，而謂之是，則鄉原之賊也。爲不善，見人而厭然揜其不善，而著其善。自以爲是，則穿窬之盜也。爲非而不以爲非，不善而不以爲不善，亦自以爲是，則長惡之徒也。予皆不敢爲之。十目所視，十手所指，夫誰欺乎？故居家事親，從師交友，盡其在我，一身之是非人自見之也。事君莅官，爲政服勤，盡其在我，一國之是非人自見之也。奉命持節，講信脩睦，盡其在我，兩國之是非人自見之也。著書立言，公善公惡，盡其在我，萬世之是非人自見之也。但是其所是，不非其所是；非其所非，而不是其所非，夫是之謂眞是非。非其所是，不是其所是，是其所非，不非其所非，夫是之謂僞是非。予之是非雖大且多，顧自取之，不得而辭。第不以眞是非自欺而爲非，不以僞是非欺人而非人，非非是是，則皆是是矣，又何憚乎？』

其人乃再拜而謝曰：『若是，則先生皆是，而小人之非，敢請罪。』曰：『予方自罪，而敢罪人乎？』遂退，因名所居之室曰『是是堂』，書其言於壁。郝經記。

【校記】

〔一〕學問，四庫本同，正德本作『問學』。

密齋記

【編年】作於元世祖至元三年（丙寅年，宋度宗咸淳二年，一二六六）六月，郝經出使南宋，被拘禁於眞州期間。

【年譜】元世祖至元三年，『六月，作《密齋記》』等。

見文：『丙寅之變，出居於儀眞新館，位於東齋。』『乃名齋曰「密」，書其言於壁，因以爲記。六月十五日記。』

丙寅之變，出居於儀眞新館，位於東齋。

國事梗而無成，介左叛而無與，館吏絶而無交，骨肉遠而無親，僕御逃而無儔。仰視榱棟，塊坐屋漏，所偶皆喪，有豐屋蔀家，無人自藏之象焉。自三食一寢日用之事，惟是凝塵危坐，爇香讀《易》而已。至《大傳》：『君子慎密不出』，『聖人洗心退藏於密。』遂以時觀身，以身觀心，以心觀道，而得其義。

天下皆動而余獨静，天下皆行而余獨止，天下皆通而余獨塞。坎然睽絶於衆人之外，闇然復襲於萬物之表。閟於九天之上，錮於九地之下。築底窮原，綰結重閉。天下莫能窺莫能見，而余自窺獨見，於是得身之密焉。方其變故蝟起，思慮周作，紛拂而是非雜，潰錯而邪正亂，角奪而死生爭，其事若將無窮焉。反而求之，則有虚靈洞徹，静固幽深，充匝而無缺，縝偪而無罅者存。雖有萬復萬之多，而余未嘗多，於是得心之密焉。推而窮之不見其首，追而迹之不見其後，渾淪圜轉，一大活物，倏焉而有鍵閉之體，忽焉而有開闔之幾，廓焉而有歸宿之所，造起萬變，互藏其迹，化化生生，莫知其端。萬物一息而莫不退，萬用一本而莫不藏，於是得道之密焉。

乃仰而觀天，俯而察地，夷考萬物，徵諸於人，皆本一密。故天以密而健，不密則墜；地以密而載，不密則陷；日月以密而照臨，不密則薄蝕；星辰以密而維繫，不密則霣落；山川以密而融峙，不密則崩竭。氣以密而充，不密則間斷；精以密而聚，不密則耗散；形以密而壯，不密則衰絶；萬物以密而育，不密則消歇。惟人也有甚焉，體道之全，爲物之先，故當無所不密。方其無事，存養謹敬；方其有爲，制宰發輝。握幾持要，實之以誠，主之以靜，雖造物者莫能窺其際。常以己之有餘，應彼之不足；以己之泰定，應彼之不定。藏舟於壑，藏天下於天下。無所不用，而一無所用。官天地，府萬物，示微存妙，一歸於密，則能馭道之權，而無有害之者矣。惟其欲勝而理昧，故多逐物而外馳。揭暴振露，夸毗秏蠹，撑突破裂，沉溺困頓。違義理以蔽道，恣情欲以蔽心，役血氣以蔽身。言不密則妄，幾不密則泄，事不密則敗，行不密則乖。弛而不張，闢而不翕，進而不退。散密爲疏，鑠剛爲柔，夷明爲闇，踣彊爲弱。眇然一心，鑽穴萬竅；宛然四體，凌落百節。來舉世之重，萃百物之攻。卒爲小人而自屈于物，倀倀焉無所歸，道之所以不明也。

故聖人贊《易》之際，反復爲言，重以其義告之也。夫《易》卦繇爻象之文〔一〕，每致戒於吉凶悔吝之間。蓋吉凶悔吝，皆自夫不密而出也。苟密矣，鬼神皆來舍，夫何吉凶悔吝之有乎？濯去物欲，潔靜精微，齋戒其心，慎而不出，退而藏焉，又何失身害成之有乎？故《易》之爲教，亦皆本於密，乃道之刑書，凜凜哉嚴乎其可畏也。

嗚呼！余因處密地而得密幾，闇而益彰，守而益固，惟恐其不密也。彼用智自私，蓋覆蔽匿，狐鬼其計；巖壑其謀，城府其心；井穴陷穽其中，甓甃塗塞其表，崎嶇隱沒其迹者，莫不自以爲密。徵之以義，則見其肺肝，乃小人之術耳，其能觀諸此乎？今余墮彼之計，彼方以其術密余，余則方望聖人之門牆以求自密。彼則以爲得計，不知余之計尤爲得焉。孫仲謀方土子布之門，子布亦自土其門矣，庸何傷乎？乃名齋曰『密』，書其言於壁，因以爲記。六月十五日記。

【校記】

〔一〕爻，底本、四庫本闕，據正德本補。

宋兩先生祠堂記

【編年】不詳。應作於蒙古憲宗四年（宋理宗寶祐二年，一二五四）之前，時郝經寓居保定，讀書鐵佛寺，設館賈輔、張柔二府。

見文：『乃移書澤守段君，剏祠於州學，以伊川先生配，歲時釋菜，尊爲先師，題曰「宋兩先生」。序其學，推本其道，使學者知所宗焉。祝其澤而泳其淵，鬱之久必發之迅，異時先生之道，未必不復自南而北也。』

【箋證】明道先生：程顥。詳卷六《贈長沙公族祖》箋證。伊川先生：程頤（一〇三三—一一〇七），字正叔，歷官汝州團練推官、西京國子監教授。元祐元年除秘書省校書郎，授崇政殿說書。明人并程顥著述合編爲《二程全書》。鶴鳴李先生俊民：李俊民（一一七六—一二六〇），字用章，自號鶴鳴老人，澤州人，得河南程氏之學。金承安中舉經義進士第一，應奉翰林文字。未幾棄官，以所學教授鄉里。金源南遷，隱於嵩山，後徙懷州，俄復隱於西山。賜謚莊靜先生。《元史》卷一五八有傳。有《鶴鳴集》。澤守段君： 指蒙元之際澤州長官段直（一一九〇—一二五四）。《元史·良吏傳·段直》對段直任澤州州長官時間有誤，此據元劉因《澤州長官段公墓碑銘》：『公諱直，字正卿，姓段氏，世爲澤州晉城人。少英偉，有識慮。甲戌之秋，南北分裂，河北、河東、山東郡縣盡廢，兵凶相仍，寇賊充斥。公乃奮然興起，率鄉黨族屬爲約束，相聚以自守。及天子（蒙古太祖）命太師（木華黎）以王爵領諸將兵來略地，豪傑並應，公遂以衆歸之。事定，論功行賞，分土傳世，一如古封建法。公起澤，應得澤，遂佩黄金符，爲州長官，凡廿餘年。』『時，今上在潛邸，有以公興學禮士，聞者嘉之，特命提舉本州學校事，未拜而公卒，年六十五。』『公平生朝京師一，朝王二，王寵錫甚渥。初，太師承制封拜，時授潞州元帥府右監軍云。』

國氏而並稱先生何？ 一宋師儒，祇程氏二昆焉爾。千載而下，聞而知之。純誠靜厚，盡性知天。篤恭徽懿，形履實踐。含章藴道而立極，知幾乘化而詣聖。振霜風而不槁，納萬物於一春。隤乎其順，淵乎其奥。混涵汪洋，不露圭角。得顔氏之學，學者宗之，明道先生也。千載而下，聞而知之。高明正大，獨造自得。窮神知化，以道自任。憂天下之不行，恥一人之不知。舉世非之而學益粹，霆碎雹折而志益堅。匯源委於六經，集大成於一《易》。傳聖之心，續道之統，得孟氏之學，學者宗之，伊川先生也。二老歸而周盛，兩生去而漢雜。五精緯奎，天敷文明〔一〕。兩先生出焉，宋道所以昌也。

初，兩先生師事濂溪周子，大其學而倍蓰十百之，泛瀾委浸，放乎四海。百年以來，君相士夫，國庠鄉校，莫不知爲程氏之學，粹然一歸孔孟之正，在所祠爲先師，尊其道也。

河東自唐爲帝里，倚澤潞爲重。五季以來，㕓基王業，故其土俗質直尚義，武而少文。明道先生令澤之晉城，爲保伍，均役法，惠孤惸，革姦僞，親鄉閭，厚風化，立學校。語父老以先王之道，擇秀俊而親教導之，正其句讀，明其義理，指授大學之序，使格物致知，誠意正心，修身齊家，篤於治己而不忘仕禄。視之以三代治具，觀之以禮樂。未幾，被儒服者數百人，達乎鄰邑之高平、陵川，漸乎晉、絳，被乎太原。擔簦負笈而至者日夕不絶，濟濟洋洋，有齊魯之風焉。在邑三年，百姓愛之如父母，去之日哭聲震野。

金源氏有國，流風遺俗，日益隆茂。於是平陽一府冠諸道，歲貢士甲天下，大儒輩出，經學尤盛。雖爲決科文者，六經傳注皆能成誦。耕夫販婦，亦知愧謡詠，道文理。帶經而鋤者，四野相望。雅而不靡，重而不佻。矜廉守介，莫不推其厚俗，猶有先生之純焉。

泰和中，鶴鳴李先生俊民得先生之傳〔二〕，又得邵氏《皇極》之學。廷試冠多士，退而不仕，教授鄉曲，故先生之學復盛。經之先世高曾而上，亦及先生之門，以爲家學。傳六世至經，奉承緒餘，弗敢失墜。

嗚呼！紹興以來，先生之道南矣。北方學者，惟是河東知有先生焉。先生之祠遍於江淮，獨不愸食於立政設教之土邪〔三〕？覺其學而不知其報享焉，豈事師之道哉？乃移書澤守段君，剏祠於州學，以伊川先生配，歲時釋菜，尊爲先師，題曰『宋兩先生』。序其學，推本其道，使學者知所宗焉。祝其澤而泳其淵，鬱之久必發之迅，異時先生之道，未必不復自南而北也〔四〕。

【校記】

〔一〕明，四庫本同，正德本作『命』。

〔二〕李，底本、四庫本闕，據正德本補。

〔三〕愸，底本、四庫本作『整』，據正德本改。

〔四〕復，底本、四庫本闕，據正德本補。

郝經集編年校箋卷二十八

序

一王雅序

【編年】作於元世祖中統四年（宋理宗景定四年，一二六三）二月，郝經出使南宋，被拘禁於眞州期間。

【年譜】元世祖中統四年，『二月，《一王雅》成，得二百三十一人，共二百五十篇，小者十餘韻，大者六七十韻，抑揚刺美，反覆諷詠，大一統，明王道，以補前人之所未及，越十有五日序之』。

見文：『得二百三十一人，共二百五十篇，小者十餘韻，大者六七十韻，名之曰《一王雅》。抑揚刺美，反復諷詠，期於大一統，明王道，補緝前賢之所未及者而已。非敢妄意於大經大法之後，而輒自振暴，故不計其工拙焉。』『始於三年（元世祖中統三年，宋理宗景定三年，一二六二）秋閏九月十有九日，終於四年春二月十有三日，越十有五日，陵川郝經序。』

六經具述王道，而《詩》、《書》、《春秋》皆本乎史。王者之迹備乎《詩》，而廢興之端明；王者之事備乎《書》，而善惡之理著；王者之政備乎《春秋》，而褒貶之義見。聖人皆因其國史之舊而加修之，爲之删定筆削，創法立制，而王道盡矣。《孟子》曰：『王者之迹熄而《詩》亡，《詩》亡然後《春秋》作。』

嗚呼！麟出非時，而聖人没，禮樂征伐，專於諸侯，移於大夫，竊於陪臣。處士横議，異端並作，拆爲六七〔一〕，并爲孤秦，焚蕩禁絶，而《春秋》復亡。壞亂極矣，王道從何而興乎？戰國而下，逮乎漢魏，國史仍存，其見於詞章者，如《離騷》之經傳，詞賦之緒餘，至於郊廟樂章，民謡歌曲，莫不渾厚高古，有三代遺音。而當世之政不備，王者之事不完，不能纂續正變大小風雅之後。漢魏而下，曹劉陶謝之詩，豪贍麗縟，壯峻冲澹，狀物態，寓興感，激音節，固亦不減前世騷人詞客，而述政治者亦鮮。齊梁之間，日趨浮僞，又惡知所謂王道者哉？隋大業間，文中子依放六經，續爲《詩》、《書》，騁驥騄而追絶軌，甚有意於先王之道，乃今墜滅而不傳。李唐一代，詩文最盛，而杜少陵、李太白、韓吏部、柳柳州、白太傅等爲之冠。如子美諸《懷古》，及《北征》、《潼關》、《石濠》、《洗兵馬》等篇，發秦州，入成都，下巴峽，客湖湘，《八哀》、《九首》，傷時詠物等作。太白之《古風》篇什、子厚之《平淮雅》、退之之《聖德》詩、樂天之《諷諫集》，皆有風人之托物，二雅之正言，中聲盛烈，止乎禮義，抉去汙剥，備述王道，馳騖於月露風雲花鳥之外〔二〕，直與三百五篇相上下。惜乎但著當世之事〔三〕，而及前代者略也。

中統元年，今上踐祚，詔經持節使宋，館於儀眞。抑塞之極〔四〕，無所攄泄，以爲由漢以來，千有餘年，聖君英主，忠臣義士，大儒名賢，猛將良吏，穢亂篡逆，憸邪姦宄，關國體，係治亂，本廢興，不爲振而皷之，摛光揭耀，搜疵指類，則王道從何而明？四壁之内，無他文籍，乃以素所記憶者，取韓杜諸賢義例，皆以五言〔五〕；斷自漢高帝，終於陳希夷，絶筆於五季之末。自高帝至於安樂公，皆爲漢；如王莽、曹操、荀彧、管寧、孫堅、孫策等，皆爲漢臣。吳太帝始爲吳，魏文帝始爲魏，相錯而書。如司馬懿及師、昭等，皆爲魏臣。至武帝始爲晉，而終於桓玄，其劉石諸僭，則亦如曹操等，書其姓名而雜置於晉君臣間。宋、魏、南北，亦如吳魏，相錯而書，而高歡、宇文泰等，亦同劉石，仍爲魏臣。至齊文宣、周武帝，則各爲一代。隋、唐、五代亦各爲一代。其國初僭僞所并滅者，皆載於本國開創帝王之下，如本史云，凡以母后稱制者皆不書。得二百二十一人，共二百五十篇，小者十餘韻，大者六七十韻，名之曰《一王雅》。抑揚刺美，反復諷詠，期於大一統，明王道，補緝前賢之所未及者而已。非敢妄意於大經大法之後，而輒自振暴，故不計其工拙焉。

始於三年秋閏九月十有九日，終於四年春二月十有三日，越十有五日，陵川郝經序。

【校記】

〔一〕拆，四庫本同，正德本作『折』。

〔二〕鶩，四庫本同，正德本作『鶩』。

〔三〕但，底本、四庫本闕，據正德本補。

〔四〕抑，底本、正德本作『柳』，據四庫本改。

〔五〕五，底本、四庫本作『吾』，據正德本改。

春秋制作本原序

【編年】作於元世祖至元元年（宋理宗景定五年，一二六四）三月，郝經出使南宋，被拘禁於眞州期間。

【年譜】元世祖至元元年，作『《春秋制作本原序》、《秋懷》詩、《後園秋色四首》』。見文：『中統五年歲舍甲子三月晦，陵川郝經書於儀眞館。』

《春秋》以一字爲義，一句爲法，雜於數十國之眾，綿歷數百年之遠，而其所書雖加筆削，不離乎史氏紀事之策，而無他辭説。是以聖人制作之意，難爲究竟。學者往往以私意觀聖人，因其所書而爲之説，其説愈肆，其意愈遠，其例愈繁，其法愈亂，卒使大經大典昧没而不明。蓋不求其本原，而徒用力於支流也。

夫大匠之作室，必先定規模，量其高卑廣厚，間架棟宇，有成室於胸中，而後基構則不愆於素。聖人制作一經，垂訓萬世，又非一室之比，豈無素定之規模乎〔一〕？夫其經天緯地，彰往察來，始終先後，本末原委，有一定不易之理，然後爲一定不易之法。自隱公至獲麟，年雖遠，國雖衆，事雖多，則若網若綱，有條不紊，所謂『吾道一以貫之』者在夫是也。學者乃於條目之外，事迹之下，求聖人之旨，難矣哉！故必挈其綱，持其要，探其本原，觀其規模，遡洄從之，而後順流而下，則浩乎其沛然矣。

今自聖經之外，求聖人所以制作之本原，各從其類而爲之説，始於心法，制作次之。言聖人制作之意，不在於史氏之迹，皆斷自聖心也。其次言託始寓終之意，其次言爲經立名之意，其次言卽用魯史之意。《春秋》之義，以王道行王權，以王權正名分也，故又次之。其法則變周制，上以尊王室，内以正魯國，外以治諸侯，故又次之。《春秋》之中，其事則五霸。五霸，桓公爲盛，故以桓公爲首；晉文次之，秦穆、楚莊、宋襄又次之。晉、楚更霸，而陳、鄭叛服，爲中國之輕重，故陳、鄭又次之。

中國之衰，吴越遂霸，故吴越又次之。中國之所以微，由夷狄之横也。吴越則進於中國，而夷狄則終於夷狄，故夷狄又次吴越也。諸侯之衰，政在大夫，而《春秋》終矣，故大夫又次之。而後舉其要義，正名號，别其爵命，辨其倫類，定其次敘，而謹其始。

聖人始以心法，變文制作，至是則王法成矣。故終之以王法，共三十一篇。始爲升天之階，望道之門爾。或曰：『聖人制經，無一字之辭説，但一章一句，纔萬餘言而已。而吾子之説，未嘗一説聖經，而直於其外爲數萬餘言，不亦滋蔓乎哉？』曰：『説於聖經之外，不敢與經並，乃所以尊經也。夫聖人不爲辭説，欲後人之説之也。説者不探其原，是以語焉而不詳。』

今探其原而爲之説，惟恐其不足而其義不備也，夫豈多乎哉？八卦之後，重而爲六十四，而爲之辭，分而爲三百八十四爻，又從而爲之辭。其後聖人又以爲未足，又從而爲《彖》、《象》、《文言》、《繫辭》、《説卦》等書，於聖人之心，猶以爲未足也。以聖人之言説聖人之經猶若是，矧於千載之下求之乎！末流餘裔，雖欲爲之滋蔓，而不能滋蔓也。故今之説，每援《易》、《書》、《詩》〔二〕，以經明經，庶幾見聖人制作之意云爾，亦未敢謂之詳也。中統五年歲舍甲子三月晦，陵川郝經書於儀眞館。

【校記】

〔一〕無，底本、四庫本作『無所』，據正德本改。

〔二〕《易》、《書》、《詩》，四庫本同，正德本作『《易》、《書》、《詩》、《書》』。

春秋三傳折衷序

【編年】作於元世祖至元二年（宋度宗咸淳元年，一二六五）二月，郝經出使南宋，被拘禁於眞州期間。

【年譜】元世祖至元二年，『二月，作《春秋外傳》畢，《章句音義》八卷、《制作本原》十卷、《比類條目》十二卷，《三傳折衷》凡五十卷，又著《三傳序論》、《列國序論》一卷，自序冠於首』。

見文：『名曰《春秋三傳折衷》，俾三傳爲一傳，折之以義理之至中，歸之於義理之至當。有萬不同，貫而一之，俾萬世之事業，不外乎萬六千言之文，學者不復竊三傳以自私名家而復厚誣之也。僭妄之罪，固無所逭，爲道受責，亦所甘心焉耳。中統六年春二月辛丑朔，陵川郝經書於儀眞館。』

聖人之道大，《春秋》之旨微。由一世之事業，著萬世之事業，非研覆究竟，精粗並舉，本末具見，未易學也。在厄處危以來，爲《春秋》作外傳，以聖人之微意，求聖人之大道。不敢躐等，循序而進，乃自近者始。故先定《章句音義》，次爲《制作本原》、《比類條目》等，一本諸經而不及傳，尊經也。然傳爲經作，經以傳著，雖曰尊經，傳亦不可廢也。《春秋》以口授而寖失其傳，雖大典大法、公道正義具於書法之中，各有所見而不沒其實，原遠末分，說者不一，而羊亡於多岐，則亦昧夫眞是之歸矣。六經自絕於秦，復於漢，《易》、《書》、《詩》、《周禮》、《禮記》僅得其本文，獨《春秋》有傳。其傳皆出於聖人而不同，非總萃鉤校，備爲剖決，徵諸大典大法，以求夫眞是之歸而定於一，則聖人之經終不能明矣。

夫傳之不同，自夫傳之不同也。必推本傳之所自，而後傳可一也。仲尼於魯哀公十一年冬自衛反魯，刪《詩》，定《書》，繫《周易》，而十四年春西狩獲麟，乃作《春秋》，十六年夏四月卒。則其書之成，歲月無幾。當是之時，聖門高弟從聖人在外，遷徙往來，多歷年所，分仕他國，札瘥夭昏，漸以凋落。蓋口授之際，在夫曾參氏而已。何者？曾子少孔子四十六歲，於諸弟子年最富，而其賢亞於顏氏，故獨得一貫之傳，而子貢、冉求終不聞『性與天道』。夢奠之年，一王之義，必屬之曾矣。故曾子之學，自顏氏之後獨爲正大，以致知、格物、誠意、正心爲學之本，則『春王正月』之義也，一貫之道、大一統之旨也，推而爲忠恕，則予奪之法，絜矩之道也。以是傳之子思，子思傳之孟軻。孟軻氏以其師說，遂言制作之本，曰：『《春秋》天子之事』，『春秋無義戰』，『《詩》亡然後《春秋》作』，『孔子成《春秋》而亂臣賊子懼』，『其事則齊桓、晉文，其文則史，其義則丘竊取之』，以是數語發明《春秋》之大綱。後之言《春秋》者，皆莫出乎此，其說有所自而然也。惜乎孟軻氏凡而不目，不著其傳而爲之傳，而使後之學者紛紛也。

自孟軻氏發明大綱，傳《春秋》者三家：《左氏》、《公羊氏》、《穀梁氏》。其書皆出於西漢，而皆不著其傳。爲《左氏》學者〔一〕，謂爲左丘明與聖同恥，親授經於仲尼，爲經作傳。丘明雖見稱於仲尼，而顔曾諸弟子問答之際一不及焉，而不廁於不及門十人者之列，豈大經大法不授之顔曾之徒，而獨授之丘明乎？且其傳載《易文言》、《詩三頌》及《孝經》等，皆仲尼晚年所作。而經終孔丘卒，傳終悼公十四年韓趙魏滅智伯，事在《春秋》後二十有七年，其作傳則又在於滅智伯後數年，必不甫滅智伯而書之也。如是，則傳之成在仲尼沒後四五十年之間爾，大率以七十年計之，則丘明見稱之日，年甫十六七。

聖人與之並稱名，以爲同恥，則賢於顔曾遠甚。賢於顔曾而稱顔曾者屢，顔曾問答之際相稱道又屢，而不復一及丘明。諸弟子記注之書，如《論語》、《曲禮》、《檀弓》等，及孟軻、荀况諸子之論説，亦不一及焉。按太史公《十二諸侯年表》，謂孔子之作《春秋》，『七十子之徒口授其傳指，魯君子左丘明具論其語，成《左氏春秋》〔二〕』。則口授其傳指者七十子，論其説而成書者丘明也。則丘明論七十子所傳之語耳，非親授經於仲尼也。先儒謂丘明殆先賢老彭之流，故聖人尊之，如此是已。《藝文志》謂：『左丘明，魯史也』，杜預序謂：『丘明身爲國史，躬覽載籍』，亦是已。蓋左氏，魯左史，世掌策書，故以左爲氏，如漢倉氏、庫氏之類。仲尼沒，傳其經於諸弟子之間，而在七十子之列，以其史策爲經作傳，故事見始末而多得其實焉。

劉向《別録》謂：『丘明授曾申，申授吳起。』此必有所自，然亦可見曾子之傳爲不易也。申，曾子之子；起，曾子之門弟子也。夫《論語》、《曲禮》、《檀弓》、《曾子問》、《大學》、《中庸》等，皆出於曾子之門人樂正子春、曾元、曾申之徒爲之記録，而子思、孟軻傳之也。豈大經大法不傳之於曾子，而傳之丘明乎？劉向所録，蓋『丘明』上有『曾子』字而失之矣。《春秋》所譏，多父子夫婦淫逆之事，故不能親授之子，使丘明輩轉相傳之。申，曾子之子，而受《春秋》於丘明。曾子於諸弟子年最少，則丘明又少於曾子，其學出於曾子無疑也。《嚴氏春秋》又引《觀周篇》云：『孔子將修《春秋》，與左丘明乘如周，觀書於周史，歸而修《春秋》之經，丘明爲之傳，共爲表裏。』此尤妄焉者也〔三〕。

聖人修經，不敢公傳道之，口授弟子，豈與其徒公然如京師，探天子之史而觀之，以譏貶當世？必不然矣。聖人修經，高弟如曾閔，文學如游夏，而皆不與，豈獨與丘明共之乎？親受傳旨猶不敢與，又況與聖人同時並修，分爲經傳乎？故此爲尤妄焉者也。爲《公》、《穀》之學者，以《孝經説》云：『《春秋》屬商，《孝經》屬參、閔。』因序云：『孔子受端門之命，制《春秋》之義，使子貢等十四人求周史記，得百二十國寶書。』遂謂公羊高、穀梁淑受經於子夏。彼皆漢興以來讖緯曲説，豈可以爲按。

夫聖人修經，子夏以文學稱，使之從周太史請求記録，與魯史左驗，卒成其書，事或有之。謂《春秋》之義授之商，而商傳之公、穀二氏而爲之傳，則未敢以爲然也。而《公羊氏》於昭公二十五年稱『孔子』者一，文公四年稱『高子』者一，莊公三十年稱『子司馬子』者一，閔公元年稱『子女子』者一〔四〕，隱公二年、定公元年稱『子沈子』者二，莊公三年、二十三年〔五〕、僖公二十年、二十四年、二十八年稱『魯子』者五。《穀梁氏》於桓公三年、十四年、僖公十七年、成公五年、昭公五年、哀公十三年稱『孔子』者六，定公元年稱『沈子』者一，隱公五年、桓公九年稱『尸子』者二，桓公二年稱『子貢』者一，僖公二十四年稱『蘧伯玉』者一。

《公羊氏》終篇非惟不及子夏，但稱『孔子』者一，而孔門高弟皆不及焉。《穀梁氏》亦不及子夏，而稱『孔子』者六，稱『子貢』者一，而其餘高弟亦皆不及焉。夫加子於上者，辟聖人直稱子也。直稱子，尊而師之也。故《公羊氏》之稱『子沈子』、『子司馬子』、『子女子』，與自稱『子公羊子』，皆其師友也。其稱『高子』，與《穀梁氏》之『尸子』、『沈子』等，皆其師也，故尊之與『孔子』同。《穀梁氏》於隱公五年自稱曰『穀梁子』，而上不加『子』，穀梁氏之門人尊稱之也。其『蘧伯玉』則記孔子之時賢大夫之言，亦著其師之所授者也。獨《公羊氏》稱『魯子』者五，與孔子直稱子同，則著其師之所傳，故推尊之如孔子。亦如孔子既沒，門弟子之稱有子，師事而尊稱之也。既尊之，又屢稱之，豈非本其所自而樂道之歟？孔門之高弟一不及焉，《語》、《孟》傳注無所謂魯子者，而屢稱焉。故嘗疑魯爲曾，曾魯之文相近，傳寫之誤，遂以曾子爲魯子。

昔人辨古文之差，以魚爲魯，此豈非誤曾爲魯乎？且《公羊氏》於昭公十九年許世子止弑君之傳〔六〕，以樂正子春爲説。樂正子春，曾子之弟子，則魯子爲曾子無疑也。《左氏》則言授之曾申，《公羊氏》則屢稱曾子，《穀梁氏》言子貢而不及子夏。蓋《左氏》、《公羊氏》皆出曾子，而《穀梁氏》授之沈子、尸子之徒，沈子、尸子之徒則受之曾子也。二氏之傳出於曾子，非出於子夏明矣。《三傳》之傳，皆本諸曾子，故其傳正。《左氏》之傳，本自史臣，是以序事精博，麗縟典贍，而約之以制，使聖人筆削之旨，有徵而可按。《公》、《穀》二氏，口授其義而爲之傳，故其文約，其辭切，其辨精，反復詰折，使聖人微婉之旨，可推而見。

由曾子而來，轉相授受，其人不能皆如子思，是以不及孟軻氏之醇，而其說亦有戾於聖人者。故《春秋》之旨，由三傳而得者十六七，由三傳而惑者十四五。西漢以來，專門授受，言《左氏》者黜《公》、《穀》，言《公》、《穀》者黜《左氏》，互爲短長，相與訐擊，至於師弟異而父子不同，文辭枝葉，戶牖穿鑿，末流散殊，涇渭淆混。始則一經而三經，末乃三傳而百傳。

《左氏》之學，至晉杜預始爲《集傳》，而一以《左氏》義例典禮爲本，不雜乎他，以遏衆說。《公羊氏》之學，最盛於漢董仲舒，發明大旨。至東漢何休爲之注，以明所得，雖遠探力窮，而推演圖讖，反有累夫傳者。《穀梁》之學亦盛於漢，至宋范甯爲《集解》，並采何杜，且列諸家，取其所長，以釋經傳，示不敢專，三傳之學始定著，而紛更之流少殺矣。

唐興，孔穎達等爲六經作疏〔七〕，乃取三家之注以疏三傳，而穎達爲《左氏》經傳作疏，而不取《公》、《穀》氏，其同僚楊士勛疏之，遂行於世。然其學終莫能通，而聖人之意散，二王之統分，眞是之旨終惑而莫能解。雖然，由三傳以學《春秋》，如岷山導江，雖別爲沱，爲九，爲東，爲中北，支流餘裔，汎入洞庭、彭蠡，要之，發源注海，而朝宗者不外焉。三傳之說雖不同，要之出於聖人之門，而學有所自，終不外聖人之書法。自王通爲『三傳作而《春秋》散』之言，而盧仝輩遂謂三傳當束高閣，而獨抱遺經，陸淳、啖助、趙匡等因之，遂創爲之傳，自是《春秋》之學不專於三傳矣。宋興以來，諸儒疊出，各爲作傳，以明聖人之旨，莫不自以爲孟軻復出，而其義例殆皆不能外乎三傳，而每以三傳爲非。

夫聖人不欺天下後世，作爲六經，確然如乾，頹然如坤，易簡示人，而天下之理得。故本之《易》以求其理，本諸《書》以求其辭，本諸《詩》以求其情，本諸《禮》以求其制，本諸《語》、《孟》以求其說，本諸《大學》、《中庸》以求其心，本諸《左氏》以求其跡。本諸聖人之經以求其斷，則《春秋》不吾欺也，不吾蔽也。聖人之意可見，而三傳之傳之自之本之差，得矣。

今於聖經下，各具三家之説。以《左氏》爲按，故先之，且變其錯經之體，各類於本經下，使即經以見傳。以《公》、《穀》二氏爲斷，故《公羊氏》次之，而《穀梁氏》又次之，其傳故各附經後，因之而不革。杜何范之注，則或去或取，各見於本傳下。從而爲之説，先辨經之不同者，而次及於傳。三家之説，同於眞是，則同眞是之；皆失其義，則皆是正之；一得而二失，則一得而二失之；二得而一失，則二得而一失之。不純任傳，而一以經爲據，使不相矛盾而胳合於經。庶幾聖人之意因三傳以傳，三傳之學不爲諸儒所亂，而學者知所從，不茫然惑惶以自亂。名曰《春秋三傳折衷》，俾三傳爲一傳，折之以義理之至中，歸之於義理之至當。有萬不同，貫而一之，俾萬世之事業，不外乎萬六千言之文，學者不復竊三傳以自私名家而復厚誣之也。僭妄之罪，固無所逭，爲道受責，亦所甘心焉耳。中統六年春二月辛丑朔，陵川郝經書於儀眞館。

【校記】

〔一〕爲，底本、四庫本作「謂」，據正德本改。

〔二〕氏，底本、四庫本作「史」，據正德本改。

〔三〕尤，底本、四庫本作「又」，據正德本改。

〔四〕元，四庫本同，正德本作「二」。

〔五〕三，四庫本同，正德本作「四」。

〔六〕弑，底本、四庫本作「殺」，據正德本改。

〔七〕等，底本、四庫本闕，據正德本補。

春秋外傳序

【編年】作於元世祖至元二年（宋度宗咸淳元年，一二六五）二月，郝經出使南宋，被拘禁於眞州期間。

【年譜】元世祖至元二年，『二月，作《春秋外傳》畢，《章句音義》八卷，《制作本原》十卷，《比類條目》十二卷，《三傳折衷》凡五十卷，又著《三傳序論》，《列國序論》一卷，自序冠於首』。

見文：『甲子春，宗道請傳《春秋》之學，且志其説，而無書以爲據，乃以故所記憶者爲《春秋外傳》。蓋自三傳之外而爲是，不敢自同於《三傳》也。』『中統六年春二月十三日，陵川郝經書於儀眞館。』

【箋證】苟宗道：字正甫，號确齋，弱冠師從郝經，郝經使宋，宗道隨行爲書佐，官都事。郝經文集最初由宗道在眞州驛館整理而成，使宋期間，郝經多有贈宗道詩文，卷三五郝經有爲宗道之父所作《河陽遯士苟君墓銘有序》。詳卷四《新館秋懷贈正甫書狀》箋證。

天之於人，有所窮而後有所不窮，窮者其時也，不窮者其道也。是以聖人於《易》，每申明窮之理，而輒繫之以不窮。於《乾》則繫之以《坤》，於《泰》則繫之以《否》，於《剝》則繫之以《復》，於《既濟》則繫之以《未濟》。復爲之言曰：『《易》窮則變，變則通，通則久。』則道之所以不窮者，皆自夫窮而得之也。昔者文王、周公、孔子、孟軻嘗窮矣，拘而演《易》，變而制禮，老不用而修六經，厄不行而著《七篇》。一時之窮，萬世之不窮也。故張籍嘗遺韓文公書，勸令著書如孟軻、揚雄以傳後〔一〕。文公謂：『古之人得其時行其道，則無所爲書。書者，皆所不行乎今而行乎後世者也。』及貶斥去位，始爲《原道》等，以左右六經。則古之聖賢之爲書，皆自夫憂患困厄，窮而無所爲，而後爲不窮之事業，以自見於後也。

金源氏之亡，朔南構兵幾三十年。上卽位之元年，始下武昌之詔，詔經持節使宋，諭以弭兵息民意。而姦宄樂禍，誣爲歆兵〔二〕，拘於儀眞之揚子院。經之始入，三十有八年矣，歲在庚申，至於甲子，猶不見釋，經之窮則固同夫古之聖賢矣。而不德瞢昧，以自速戾，其敢望於古之聖賢乎。然而宋人以一國窮予，天不以道窮於予也，豈可以人之窮，而并天之不窮者而棄之以自絕哉！

河陽苟宗道，嘗受學於予，時以書狀官從行，於是五年之間，講肄不輟。甲子春，宗道請傳《春秋》之學，且志其説，而無書以爲據，乃以故所記憶者爲《春秋外傳》。蓋自三傳之外而爲是，不敢自同於《三傳》也。以《春秋》正經多不同，乃爲論次，作《章句音義》八卷。求聖人之意者，必探其本以爲綱，乃作《制作本原》三十一篇十卷。《春秋》一書，義在於事，必比事而觀，其義可見，乃爲《比類條目》一百三十篇十二卷。三傳之説不同，故聖經之旨不一，乃爲《三傳折衷》，俾經之大義定於一。凡五十卷，卷首又著《三傳序論》、《列國序論》一卷。

嗚呼！窮於人而不敢自窮於天，是以爲是，非敢妄意於古之聖賢之窮，而亦爲之書也。其間訛缺謬戾者甚衆，俟變通之日，取諸書以考實之，庶幾有成，而見素患難之志云。既具草，以授宗道，復爲書此以冠篇首。中統六年春二月十三日，陵川郝經書於儀眞館。

【校記】

〔一〕揚，四庫本同，正德本作『楊』。下同。

〔二〕誣，底本、四庫本作『誤』，據正德本改。

郝經集編年校箋卷二十九

序

甲子集序

【編年】作於元世祖至元二年（宋度宗咸淳元年，一二六五）五月。至元元年（宋理宗景定五年，一二六四）七月始作，一年後作成。時郝經出使南宋，被拘禁於眞州。

【年譜】元世祖至元元年，『公在眞州，與門人苟宗道整頓綴緝其所著，爲《甲子集》』。見文：『遂畀宗道，令整頓綴緝。其《詩傳》、《春秋集傳》、《外傳》、《原古錄》、《通鑑書法》、《三國條例》等，各自爲一書。其諸史文雜著，則類別爲編，爲詩、賦、論、說、辨、解、書、傳、志、箴、銘、贊、頌、序、記、碑誌、行狀、哀辭、祭文、雜著錄、宏辭、表奏、使宋文移等類，總爲一集。以其集於是年，故以其年數命之，曰《甲子集》云。』『六年夏五月，陵川郝經序。』

中統五年歲舍甲子秋七月，有星孛於東方。經時猶在宋之儀眞館，仰而歎曰：『我生之初，是星沒焉，金源氏滅而爲本朝。今四十有二年矣，星復出焉，而越在他國，其能久於此乎？』遂束載警備，於行橐中得弟彝庸，軍史趙文亨，書狀官苟宗道等，所録雜藁數帙，惕焉有感於中，因自誦曰：『何兹生不辰之甚乎？夫學所以爲道，非志於文而已也。德業積於内，行實加於人，而文章以爲華爾，如景星慶雲，日芒月采，瑞太平，光天下，黼黻一世者也。今乃梗跲跋疐，自南而北，自北而南，蹂藉穢亂，纏結氛祲，鬢髮野變，形體道敝，無一日之晏。功業不建，道德日愧，而徒區區於文字之末，混淆於血肉之極，輾轉於彗孛之變，入於罟獲陷穽而莫之出，可爲哀已。豈天嗇於彼，祇令就於此乎？』

遂畀宗道，令整頓綴緝〔二〕。其《詩傳》、《春秋集傳》、《外傳》、《原古録》、《通鑑書法》、《三國條例》等，各自爲一書。其諸史文雜著，則類别爲編，爲詩、賦、論、説、辨、解、書、傳、志、箴、銘、贊、頌、序、記、碑誌、行狀、哀辭、祭文、雜著録、宏辭、表奏、使宋文移等類，總爲一集。以其集於是年，故以其年數命之，曰《甲子集》云。

夫甲者，造物之始，數之所由生也。故黄帝迎日推策，而使太撓造焉，以之統運會，記歲月，書日時，起消息，正氣候，定律曆。故凡言年數者皆本焉，絳縣老人之對晉大夫是已。

余之生也，在甲戌元末，癸未之季數。往者順至於甲申，又至於甲午，又至於甲辰，又至於甲寅，今又至於甲子，幾一周焉。《蠱》之繇曰：『先甲三日，後甲三日。』其《象》曰：『終則有始，天行也。』先夫甲者三焉，所以原其始也；後夫甲者亦三焉，所以要其終也。天之道如是，况於人乎。余之事業，先夫甲以爲始者，則具夫是矣；其後夫甲以爲終者，則將本夫是以爲始焉。知來者逆，引而伸之，則自甲戌之元，復至甲子，互爲終始，殆無窮焉。余得俛焉，日以孳孳而已矣。故自是集之外，隨年增入者皆繫之甲子云。且甲者，甲拆也〔二〕，物生之始也。子者，滋也，氣生之始也。余今處於絕地，天窮而人厄焉。窮則變，變則通，將如『天地解而雷雨作，百果草木皆甲拆』，迴一氣於地中，鼓萬物於天下。雖《明夷》之闇〔三〕，不失箕子之眞〔四〕。撲滅彗孛〔五〕，掐長庚之光焰以光旭日，庶幾終至於萬丈云。六年夏五月，陵川郝經序。

【校記】

〔一〕頓，四庫本同，正德本作『領』。

〔二〕拆，四庫本同，正德本作『拆』。下同。

〔三〕之，四庫本同，正德本作『子』。

〔四〕眞，底本、四庫本作『貞』，據正德本改。

〔五〕滅，底本、四庫本作『滅』，據正德本改。

原古録序

【編年】作於元世祖至元三年（宋度宗咸淳二年，一二六六）春王正月，郝經出使南宋，被拘禁於眞州期間。

【年譜】元世祖至元三年，『春，三節人有因鬭毆相殺死者。賊登門索公於室，公乘黑出，蔽樹而匿。賊乃抽戈，公遂踰牆。賴伴使來救，得免。國信使行府提控都管成玉死焉，公爲文以祭。乃謂幕僚曰：「若輩拘囚歲久，殆無生意，是不可與久處此困厄也。恐別生事端，玷吾大節。」遂與苟宗道等六人築館別居於外，位於東序，是爲新館。片天之下，四壁之內，秋霖夏暑，不勝其苦。公處置一定，萬折不衂，著書吟詠自若也。宋人知公志節終不屈，亦不忍加害，反畏而敬之，日給廩餼有加。三月，作《祭成玉文》、《原古録序》』。

見文：『中統七年春王正月，猶在宋之儀眞館。十五日己未，《原古録》成。』『江淮荊湖南北等路宣撫使、入宋國國信使、翰林侍讀學士郝經序。』

中統七年春王正月，猶在宋之儀眞館。十五日己未，《原古録》成，敘曰：

昊天有至文，聖人有大經，所以昭示道奥，發揮神藴，經緯天地，潤色皇度，立我人極者也。故自書契以來，載籍所著，莫不以文稱，天曰天文，人曰人文，堯曰文思，舜曰文明，禹曰文命，西伯曰文王，周公曰文公。仲尼之以道自任也，曰：『文王既没，文不在兹乎。』皆言文而不及道，則道卽文也。觀夫揭日月，運寒暑，翳雲霓，干星漢，組布綦列，焕乎有文，覆冒磨盪，庶物出焉，則天之道可知矣。載太華〔一〕，振河海，敷原隰，固谿壑，涵負崛岉，穆若有章，發育蕃衍，庶物生焉，則地之道可知矣。家焉而生聚教育，國焉而經理安定，耕鑿疆畛之有限，宫室車服之有數，貴賤親疏之有敘，爵禄上下之有分，典則采物，粲然有法，庶事治焉，則人之道可知矣。非是，則三極之道，莫得而見也，則文卽道也。道非文不著，文非道不生。自有天地，卽有斯文，所以爲道之用，而經因之以立也。故文之大端本於太極，而經之法制成於聖人。天之文本然而固有矣，其推步曆象，始於黄帝而成於堯，於是乎履端舉正，敬授人時，而天之經立矣。地之文亦本然而固有矣，其荒度疏治，始於后土而成於禹，於是乎地平天成，蒸民乃粒，而地之經立矣。人之文麗乎兩間，畀賦藴畜，尤所固有也。

其裁成制作，始於伏羲之畫卦，見於唐虞之傳心，備於周公之制禮，成於仲尼之修經。於是乎推本四象，貫三爲一，盡兼天地之文。元亨利貞，《乾》有四德；直方大利，《坤》有四體；仁義禮智，性有四端；《易》、《書》、《詩》、《春秋》，而人有四經。萬世有統，萬物有紀，萬事有制。太極之統體昭著，而道之大用無窮。是以仲尼氏没，大經與天地並爲至文，嶷爲名教，至於今而不可易也。雖駮雜於戰國，火於秦，黄老於漢，佛於晉宋齊梁魏周隋唐，而大儒傑士，相繼而出。

孟軻、韩愈，則浚源張本，雄辨力抵，廓清禦侮，接續正傳。荀况、董仲舒、劉向、揚雄、王通，則著書立言，尊王賤覇，修仁明義，表章儒學。陳摶、周敦頤、邵雍、程灝、程頤、張載、朱熹，則根極致命，盡性窮理，比象衍數，直造聖地。孔安國、毛萇、鄭玄、何休、王弼、杜預、范寧、孔穎達，則掇拾補綴，緯韋撥爐，反復訓詁，申明經旨。

司馬遷、班固、荀悦、陳壽、干寶〔二〕、范曄、沈約、李延壽、宋祁〔三〕，則罔羅遺文，抽閱秘記，藻飾言動，完具國典，以爲信史。

樂毅、張良、賈誼、汲黯、蕭望之、丙吉、魏相、袁安、楊震、李固、陳蕃、孔融、諸葛亮、羊祜、王導、劉琨、謝安、王猛、高允、房玄齡、魏徵、褚遂良、狄仁傑〔四〕、姚崇、宋璟、張九齡、顔眞卿、陸贄、權德輿、裴度、李德裕、王朴、竇儼、趙普、王旦、寇準、呂夷簡、范仲淹、韓琦、文彦博、富弼、歐陽修、司馬光，則挺特瑰偉，神明博達，剛大諒直，閎肆尊顯，佐王經世，撥亂反正，以爲事業。

戰國之莊周、屈原、宋玉、商鞅、韓非、李斯，漢之鄒陽、枚臯、東方朔、司馬相如、王褒、劉歆、張衡、崔瑗、蔡邕，魏之曹植、王粲、陳琳、阮籍、嵇康，晉之張華、左思、潘岳、陸機、孫綽、袁宏、陶潛，南北之謝靈運、顔延之、任昉、鮑照〔五〕、江淹、謝朓、溫子昇、徐陵、庾信、薛道衡，唐之陳子昂、張說、蘇頲、李白、杜甫、元結、李華、賈至、楊炎、常衮、李翱、皇甫湜、劉禹錫、柳宗元、白居易、元稹、牛僧孺、皮日休、杜牧、陸龜蒙、司空圖，宋之楊億、王禹偁、夏竦、蘇洵〔六〕、曾鞏、王安石、蘇軾、蘇轍、呂惠卿、李清臣、黄庭堅、張耒、秦觀、晁無咎，金源之韓昉、蔡珪、党世傑、趙渢、王庭筠、趙秉文、李純甫、雷淵、麻九疇，則鼓吹風雅，鋪張篇什，藻飾綸綍，列上書疏，敷陳利害，詰竞論議，雕繪華采，琱琢章句，掐抉造化，窮極筆力，精覈義理，照耀竹帛，剸刻金石，撼搖天地，陵轢河山，剴切星斗，推盪風雲，震疊一世，作爲文章。皆有書有集，有簡有策，名家傳後。

於是大經之枝葉蔽蔭六合，其穉萌孫根籠絡八表〔七〕，源委波瀾放乎四海。堯舜禹湯文武周孔之緒，闡焉而不墜；道德仁義，大中至正之理，皭焉而不昧；男女夫婦、父子君臣之倫，截然而不亂；禮樂刑政、文物聲明之典，粲然而不亡；中國夷狄龐亂純一之俗〔八〕，判然而不雜。彼異端邪說，干時妨政，喪心惑志者，焉能行胷臆於其間哉？故斯文之大成，大經之垂世，名教之立極，仲尼之力也。斯文之益大，名教之不亡，異端之不害，眾賢之功也。自源徂流，以求斯文之本，必自大經始。遡流求源，以徵斯文之迹，眾賢之書不可廢也。

嗚呼！近世以來，夸毗者不務實學，骫骳蕪穢，纖豔浮侈，枵然恣肆，以古爲野；徼幸者干禄詭獲，祇務速售，破碎綴緝，無復統紀，以正爲左；穿鑿者窮奇索隱，嗜新歆異，臨深爲高，自以爲得，以訓傳爲膚淺；僞妄者談天說命，立聖遺世，動關鬼神，言涉造化，以文章爲末技；誕幻者朋扇異教，剽飾虛僞，欺世罔利，詭譎深阻，以吾道爲土苴。俾大經淪棄，斯文委地，此《原古》之所以作也。

原古所以正今也，於是斷自先秦，以及於今，六經之本眞，子史之幾衡，諸家之要删，衆賢之傑作，原於道德，傳於義理，合於典則，可以爲法於後世者，則並錄之。其所作則各附於其人，其人則各附於其代，其敘則各以其代爲先後，其體制則各附於其類〔九〕。以其皆本於經，故各附於經。

如原、序、論、評、辨、說、解、問、對、難、讀、言、語、命，十有四類，皆義理之文，《易》之餘也，故爲《易》部。

國書、詔、赦、册文哀册〔一〇〕、謚册、告南郊、昊天、上帝、封禪〔一一〕、制、制策、令、教下、記、檄、書、疏、表、封事、奏、奏議、牋、啓、狀、奏記、彈章、露布、牒，二十有三類，皆辭命之文，《書》之餘也，故爲《書》部。

騷、賦、詩、聯句、樂府樂章、歌行、吟、謡、篇、引、詞、曲、長句、雜言、律詩絕句，十有五類，皆篇什之文，《詩》之餘也，故爲《詩》部。

碑、銘、符命、頌、箴、贊、記、紀、傳、志錄、墓表、墓銘、墓碣、墓誌壙版、墓版、權厝志、誌文、壙銘、殯志、歸祔志、遷祔志、蓋石文、墓磚記、墳記、葬誌、誄、述、行狀、哀辭、雜文、雜著，二十類，皆紀事之文，《春秋》之餘也，故爲《春秋》部，凡四部，七十有二類，若干篇，若干卷。

部爲統論，類爲序論，目爲斷論。凡立說之異同，命意之得失，造道之淺深，致理之醇疵，遺辭之工拙，用字之當否，制作之規模，祖述之宗趣，機杼之疏密，關鍵之開闔，音韻之疾徐，氣格之高下，章句之聲病，麤鑿鉅細，遠近鄙雅，皆爲論次，本之大經，以求其原。遂古無上之面目，太極造始之樞紐，鴻荒冲漠之兆朕，渾淪灝渺之津涯。死生終始之槖籥，陰陽鬼神之情狀，穹象厚垠之端倪，倫類事物之條貫，命性心跡之位置，政典維綱之軌度，治亂安危之運世，山嶽邱陵根柢之所繫，江河湖海淵湶之所托[一二]，雷霆風雨變化之所起，蟲魚草木生植之所因，雲煙花鳥月露態度之所極，金璧珠貝錦綺光采之所發，琴瑟鐘鼓磬管音節之所契，天球、《河圖》、大玉，琬琰之秘藏，布帛菽粟果菜水火之日用。衆人之所未覩，天下之所共見，搜抉振暴，羅列而進，盡在目前。非特以正今，亦所以正昔。庶幾先賢之用心，不爲後世所誣。仲尼之道，家至日見，牛童馬走，皆與斯文，邪説無自而入。大經業萬世，名教垂百王。彼僞妄誕幻之徒，不復敢以區區藝能視之而忽蔑也。

或曰：『昔王通續經，論者以爲僭而自聖。子是之作，得無似之乎？』曰：『夫經，不刊之典也。《易》本三皇，《書》本五帝，《詩》本三王，《春秋》本五伯。故皇帝王伯爲《易》之體，虞夏商周爲《書》之體，文武周召爲《詩》之體，齊楚秦晉爲《春秋》之體。前乎犧炎則不足徵，後乎桓文則不足法。數千百年，離爲四經，混然天成，不可加損，不相參涉，而無間斷。後世雖復有仲尼，亦不能復爲也，況王通乎！當偏駁之極，壞亂之餘，而以私意效聖人，贊《易》道，續《詩》、《書》，修《玄經》，直以繼夫經，自以爲仲尼復出，是以謂之僭也[一三]。今之所録，推廣聖經之餘裔，以爲斯文之命脉爾。古今文章，皆經之所出〔一四〕，萬言千論不能有，以外而莫能及焉。爲之羣分類聚，論定區別，以稽其變，益見經之大，聖人不敢覬覦，則尊經也，夫豈僭乎哉？』江淮荊湖南北等路宣撫使、入宋國國信使、翰林侍讀學士郝經序。

【校記】

〔一〕太，四庫本同，正德本作『泰』。

〔二〕干，底本、正德本作『于』，據四庫本改。

〔三〕祁，四庫本同，正德本作『初』。

〔四〕仁，底本作『人』，據正德本、四庫本改。

〔五〕照，各本均作『昭』，徑改。

〔六〕洵，四庫本同，正德本作『荀』。

〔七〕籠，底本墨塗作『■』，正德本作『宜』，據四庫本補。

〔八〕夷狄龐亂純一，正德本同，四庫本作『四方剛柔燥溼』。

〔九〕制，底本、四庫本闕，據正德本補。

〔一〇〕册，底本、四庫本闕，據正德本補。

〔一一〕封禪，底本、四庫本作『封禪册』，據正德本改。

〔一二〕淵涣，底本、四庫本闕，據正德本補。

〔一三〕謂，底本作『爲』，據正德本、四庫本改。

〔一四〕所，四庫本同，正德本作『自』。

太極演總叙

【編年】作於元世祖至元五年（宋度宗咸淳四年，一二六八）正月，郝經出使南宋，被拘禁於眞州期間。

【年譜】元世祖至元五年，『正月，成《周易外傳》八十卷、《太極演》二十卷，皆爲序』。見文：『凡十類，六十篇，總謂之《太極演》云。』

天下之理，一隱一顯而已矣。故其間有開闔之機〔一〕，總萃之體，變動之用，布散之迹焉。其始也〔二〕，皆自夫隱而出也；其終也，皆自夫顯而反也。於是天下之理無滯無弊，道之大用全體旁行而不流，確乎其不可拔而不易。而《易》行乎其間，妙萬物而爲神，翕然而藏，天地萬物無不隱；闢焉而生，天地萬物無不顯。一翕一闢，一生一藏，一隱一顯，所以爲道，所以爲《易》，所以爲神。天地萬物，至今而不窮，至今而冥冥也，至今而昭昭也。是以聖人作《易》，推其隱者，而爲賾爲密，爲幽爲深，爲幾爲微。窮原築底而無上，反而爲顯，於是爲太極；推其顯者，而爲圖爲畫，爲卦爲爻，爲象爲數，爲辭爲說，亦窮原築底而無上，復反而爲隱，而止於太極。故《易》之爲書，本末一隱顯，太極則其開闔之機也，總萃之體也，變動之用也，布散之迹也。故道、易、神之蘊奥，皆具於太極，而伏犧發之。伏犧之圖，文王之卦，周公之爻，孔子之象，皆自太極推出，而孔子獨爲言之，故『易有太極』，而太極《易》之本也。學《易》者必先求其本，本得而《易》道可求矣。攝綱者必提其綱，衣裘者必挈其領，入室者必由其戶也。

由孔子而來，言《易》者眾矣。開卷而便及《乾》、《坤》，直造犧文，莫不忽恍茫漠，以爲高深幽遠。至簡至易者，而以爲至煩至難。夫《易》成於四聖人之手，莫不先後相因。伏犧演《河圖》，文王演伏犧，周公演文王，孔子演三聖。後世之言《易》也，則在夫孔子之後矣。故當由孔子之《易》，以求三聖之《易》，自流徂源，由末及本也。孔子之《易》，其《彖》、《象》、《文言》、《說卦》、《序卦》、《雜卦》，皆所以承三聖〔三〕，擴而充之也；其《繫辭》上下，探索犧文之前，包舉萬世之業；其抉示道本，挈舉《易》紐，轉斡神機〔四〕，推出兩儀四象，造起天地萬物，則在夫『《易》有太極』之一言，固當卽此以爲學也。知孔子之《易》，則知三聖之《易》矣。

嘗聞之師，讀《易》者當先讀《繫辭》，其次《說卦》、《序卦》、《雜卦》，其次讀《乾》、《坤》二卦，既精且熟，然後讀《屯》、《蒙》諸卦，此學《易》之序也。蓋意言象數之本，皆在於是矣。

故取『太極』一章，以爲學《易》之標準，類《繫辭》、《文言》、《說卦》、《彖》、《象》之名義，探諸太極之前而演其隱，徵諸太極之後而演其顯，問津洙泗，以及河洛，遍參諸儒，庶幾數年之後，可以學《易》，觀道、易、神之髣髴，不失吾身之極焉。故取道、易、神等二十三條爲一類，合爲一圖，以示其序，而各爲之說，謂爲『易道蘊極』，演諸太極之前者也。其次取太極等六條爲一類，合爲一圖，以示其序，而各爲之説，謂爲『易有太極』，所以演太極也。其次取《易》、《書》、《詩》、《春秋》、《論語》、《大學》、《中庸》、《孟子》名義、人輿、皇極等〔五〕，凡二十四條爲一類，合爲一圖，以示其序，而各爲之説，謂爲『人道建極』，合隱顯而立極成《易》也。其次分《易》爲四，爲伏犧《易》、文王《易》、周公《易》、孔子《易》，合爲『四聖易圖』，以示其序，而各爲之説，爲之圖，演太極之後所以成《易》者也。其次爲『孔門言《易》』、『諸儒擬《易》』、『傳注疏釋』等類，以爲《易》之支流餘裔，見太極爲《易》之用，極盡而無極，『神而明之，存乎其人』焉爾矣。凡十類，六十篇，總謂之《太極演》云。年月日，陵川郝經書於儀眞新館。

【校記】

〔一〕機，四庫本同，正德本作『幾』。下同。

〔二〕也，底本、四庫本作『焉』，據正德本改。

〔三〕聖，底本、四庫本作『聖人』，據正德本改。

〔四〕斡，底本、四庫本作『幹』，據正德本改。

〔五〕輿，四庫本同，正德本作『與』。

周易外傳序

【編年】作於元世祖至元五年（宋度宗咸淳四年，一二六八）正月，郝經出使南宋，被拘禁於眞州期間。

【年譜】元世祖至元五年，『正月，成《周易外傳》八十卷，《太極演》二十卷，皆爲序』。

見文：『孔子爲經作傳，既謂之傳矣，後之人復爲傳注，則皆傳外之傳也，故曰爲《外傳》，且示不敢自同於聖人之作也。然亦未敢自爲成書，後來繼今，或別有所得，當復增入云。九年春正月立春日，陵川郝經序。』

孔子承三聖之《易》，爲之作傳，凡道德之要，性命之理，幽明之故，死生之說，天地人物之在夫意言象數之間者，莫不充周表著，推致其極，《易》於是乎集大成聖人大經大法之原，而不可加損焉。蓋數聖人之制作，孔子復以聖述聖故也。後之人德未至於聖，欲以一己之見，求夫數大聖人之意〔一〕，雖弊精極神，不免於猜揣料量之私，不能造夫眞是。或有見焉，而不能純備，斷然自作，則違戾遠甚，是以紛紛藉藉，至於今而不已也。

夫《易》，聖人所以用道之書也，伏犧氏按圖畫卦以述道，造書契以開斯文之統。歷數千百年，至於黃帝、堯、舜氏，而法制始備。又歷夏、商千有餘年，而文王受命作周，重伏犧氏之卦繫之辭，而命之爲《易》。聖子周公心傳口授，分其文而繫之辭，以斷其吉凶。復六百有餘年，而孔子出焉，晚年讀《易》，而韋編三絶，以求三聖之意。於是退而修經，推皇帝王伯之世，而本乎伏犧，終於五覇，列爲四經。而爲《易》作傳，尊之爲經，以冠夫《詩》、《書》、《春秋》。使天下萬世共用一道，舉畫前之固有，重後之逆數，造無窮之形器，壞無窮之形器，而一《易》之用，不可勝窮矣。則伏犧氏述道，文王述伏犧，周公述文王，孔子述三聖。世代相去若此其甚遠也，聖人之作若此其鮮也，以聖述聖若此其恭也。至孔子而僅爲成書，猶以爲『書不盡言，言不盡意』，『加我數年，五十以學《易》，可以無大過』。則《易》之大，不能一聖人當一世而爲之，必數聖人數十百世而僅成。以孔子之聖，不敢自作，曲爲之述，而猶以爲未既盡，而懼或有過。後之人乃欲以一己之私，遽述數千載之德業，四聖人之能事，又輒自作爲，不亦難矣哉？

且自孔子沒，曾子、子思、孟子得其傳而著之書，雖皆《易》道，而不及《易》中一言。繼而火於秦，雖幸而以卜筮之故，《易》之書獨存，天下之人祇以卜筮視之，而其道不明也。漢興，言《易》自田何，本其所自，謂孔子授之商瞿子木，而授受及何，何爲傳數篇而不傳。自是學各專門，原遠而末益分矣。揚雄之學最爲深到，準《易》作《玄》，而不述《易》道。東觀學者雖盛，而祇爲傳注之學，亦各專門自私，而明夫《易》道者亦鮮。魏正始間，王弼以二漢之學爲之注，唐世以爲至當，而孔穎達爲之疏，學者至今宗之，殆亦專門之學也〔二〕。寥寥千載，竟無聖人而述聖人，家異傳，人異義，《易》道不可復聞矣。

故王通謂『《九師》興而《易》道微，《三傳》作而《春秋》散』，惡其私而專，專而分，分而異，卒使聖人之意不可得而見也。宋興，大儒輩出，莫不以闡明《易》道爲己任。於是華山陳摶肇開宗統，而濂溪周敦頤、西都邵雍，遠探羲文周孔之業，推演意言象數之本。至侍講程頤，大變傳注，爲《易》作傳，直造先秦，布武聖門。其諸師友，更唱迭和，《易》道幾明。今二百有餘年矣，學者復各擅其師傳，立論馳説，求新角奇，誕夸而自聖，言義理者不及象數，言象數者不及義理，又往往雜入偏駮小數，異端曲學，周邵程氏之學復昧没而不明。其誚王弼，蔑《正義》，厚誣妄訾，悖理傷道者，不可勝紀，又甚於專門之弊矣。反復壞爛，遂至此極。

世代如是之遠，聖人不作如是之久，蠹食穿鑿如是之衆且多也，又豈一人之專見臆戾所能蔽之哉！則聖人之意，終不可得而見矣。竊嘗以爲，後世雖無大聖人，兼綜諸聖以述夫聖，如孔子之集大成，苟不以一人自私曲學自蔽，專門自聖，削去畦町，没夷滋蔓，排斥一我，開示公道，合漢魏唐宋諸儒之學，順考其往，逆徵其來，積數千百年之問學〔三〕、數十百人之能事，契其所見，會其所得，合天下以一心，通天下以一理，貫古今以一《易》，聖一而後世百之，聖十而後世千之，遡流求原，問津以濟乎道，則亦庶乎其可也。故不自揆，嘗欲論次孔子以來述《易》而有合於聖人者，纂爲一書，而未能也。

中統元年，詔經持節使宋。宋人館於儀眞，留而不遣，五六年間，頗得肆意經傳。及被劫殺，出居別室，益曠寂無事。乃據所有書及故所記憶者，自孔子以來迄於今，凡訓詁論説諸所注釋，覈其至精，去其重複，義理象數，兼采並載，巨細不遺，不徵其人，惟是是與，各以世代第其先後。凡諸經傳子史百氏，《易》之自出而不謬聖人，必當關涉引用者，亦各依世次編入。

其流入老佛異端曲說，非聖人意者，則盡刊黜。夫漢魏傳注之學，則至於魏王氏，唐宋論議之學，則至於宋程氏，故備錄二氏，以爲諸家折衷。經有所見聞者，則彌縫其闕而要終之，且徵之歷代之得失，以爲《易》之事業，窮原極委，致諸道、易、神之本然，以爲一經之綱領。疑而不可固必者，則存而弗論，以俟能者，積成八十卷。又旁搜遠蹈〔四〕，創圖立說，爲《太極演》二十卷，申明列聖及諸儒餘意，共爲一百卷。

《易》之成，俶落周世，謂之《周易》。近世或單稱《易》及《大易》等以爲題，而不言周，有未當言者，故仍稱《周易》。孔子爲經作傳，既謂之傳矣，後之人復爲傳注，則皆傳外之傳也，故曰爲《外傳》，且示不敢自同於聖人之作也。然亦未敢自爲成書，後來繼今，或別有所得，當復增入云。九年春正月立春日，陵川郝經序〔五〕。

【校記】

〔一〕聖，底本、四庫本闕，據正德本補。

〔二〕亦，底本作『也』，據正德本、四庫本改。

〔三〕問學，底本、四庫本作『學問』，據正德本改。

〔四〕又，底本、四庫本闕，據正德本補。

〔五〕陵川，底本、四庫本闕，據正德本補。

續後漢書序

【編年】作於元世祖至元九年（宋度宗咸淳八年，一二七二）十月，郝經出使南宋，被拘禁於眞州期間。

【年譜】元世祖至元八年（宋度宗咸淳七年，一二七一）：『五月，公令伴使西珪借書於兩淮制使印應雷，得二《漢》、《三國》、《晉書》，遂作正史，以裴注之異同，《通鑑》之去取，《綱目》之義例，參校刊定，歸於詳實，以昭烈纂承漢統，魏吳爲僭，號曰《續後漢書》』。元世祖至元九年，『十月，《續後漢書》成，年表一卷，帝記二卷，列傳七十九卷，錄八卷，共九十卷，別爲一百三十卷，序之』。

見文：『十二年（中統十二年，卽元世祖至元八年，宋度宗咸淳七年，一二七一）夏五月，令伴使西珪借書於兩淮制使印應雷，得二《漢》、《三國》、《晉書》。遂作正史，以裴注之異同，《通鑑》之去取，《綱目》之義例，參校刊定，歸於詳實。以昭烈纂承漢統，魏吳爲僭僞。十三年（中統十三年，卽元世祖至元九年，宋度宗咸淳八年，一二七二）冬十月書成，年表一卷，帝紀二卷，列傳七十九卷，錄八卷，共九十卷，別爲一百三十卷，號曰《續後漢書》。』『十有五日庚子，具位陵川郝經序。』

漢建安末，曹氏廢漢自立稱魏。孫氏據江左，僭號稱吳。昭烈以宗子繼漢，卽位於蜀，討賊恢復，卒莫能相一，而折入於晉。

晉平陽侯相陳壽，故漢吏也。漢亡仕晉，作《三國志》，以曹氏繼漢，而不與昭烈，稱之曰『蜀』，鄙爲偏霸僭僞。於是統體不正，大義不明，紊其綱維，故稱號論議皆失其正。哀帝時，滎陽太守習鑿齒著《漢晉春秋》，謂三國蜀以宗室爲正，魏雖受漢禪晉，尚爲篡逆〔一〕，蜀平而漢始亡。上疏請越魏繼漢，以正統體，不用。宋元嘉中，文帝詔中書侍郎裴松之，采三國異同凡數十家，以註壽書，補其闕漏，辨其舛錯，績力雖勤，而亦不能更正統體。歷南北、隋、唐、五季七百有餘歲，列諸三史之後，不復議爲也。宋丞相司馬光作《通鑑》〔二〕，始更『蜀』曰『漢』，仍以魏紀事，而昭烈爲僭僞。至晦菴先生朱熹爲《通鑑》作《綱目》，黜魏而以昭烈章武之元繼漢，統體始正矣。然而本史正文，猶用壽書。經嘗聞縉紳先生餘論，謂壽書必當改作，竊有志焉。及先人臨終復有遺命，斷欲爲之，事梗不能。

中統元年，詔經持節使宋，告登寶位，通好弭兵。宋人館留儀眞，不令進退，束臂抱節，無所營爲。乃破藁發凡，起漢終晉，立限斷條目，以更壽書。乃作表、記、傳、錄、諸序、議、贊。十二年夏五月，令伴使西珪借書於兩淮制使印應雷，得二《漢》、《三國》、《晉書》。遂作正史，以裴注之異同，《通鑑》之去取，《綱目》之義例，參校刊定，歸於詳實。以昭烈纂承漢統，魏吳爲僭僞。十三年冬十月書成，年表一卷，帝紀二卷，列傳七十九卷，錄八卷，共九十卷，別爲一百三十卷，號曰《續後漢書》。

奮昭烈之幽光，揭孔明之盛心。祛操丕之鬼蜮〔三〕，破懿昭之城府。明道術，闢異端，辨姦邪，表風節，甄義烈，核正僞。曲折隱奥，傳之義理，徵之典則，而原於道德。推本六經之初，苴補三史之後。千載之蔽，一旦廓然矣。古之爲書，大抵聖賢道否，發憤而作，屈平《離騷》、馬遷《史記》皆是也。然皆曀昧一時，流光百世。故韓愈謂『以彼較此〔四〕，孰得孰失』，今拘幽之極而集是，蓋亦失中之得，古人之志也。嗚呼！安得復於先君，而告卒事乎？十有五日庚子，具位陵川郝經序。

【校記】

〔一〕逆，四庫本同，正德本作『迎』。

〔二〕丞，四庫本同，正德本作『承』。

〔三〕祛，底本作『袪』，據正德本、四庫本改。操，底本、四庫本作『曹』，據正德本改。

〔四〕較，四庫本同，正德本作『校』。

玉衡眞觀序

【編年】作於元世祖至元十年（宋度宗咸淳九年，一二七三）六月，郝經出使南宋，被拘禁於眞州期間。

【年譜】元世祖至元十年，『公在新館，推本六經、三傳、諸子史，自漢、魏晉、隋、唐諸天官書志，及所賫宋、金源氏與蒙古燕都臺司秘書爲《曆象錄》，具述歷代星曆，傳之以理。既成，書狀官苟宗道爲之音注。宗道請别爲一書，乃更論次，復加損益，益之以圖像、細行、曆變、異事應等類，凡十二卷，名《玉衡眞觀》』。

見文：『書狀官苟宗道爲之音注，請别爲一書。乃更論次，復加損益，益之以圖象、細行曆、變異事應等類，凡十二卷，名曰《玉衡眞觀》。』『中統十四年癸酉六月十五日丙申，具位陵川郝經序。』

人並天地爲三極，其爲道則一，凡義理、象數皆所固有，學必周知，然後爲至已。是以聖人仰觀俯察，範圍曲成，推步占候，以爲大法，著之《詩》、《書》、《六藝》，謂夫人而所當知也。故自天子至於列國，各有官守，以世其業。其法家至日見，猶夫土田疆理，州閭井邑，人能道之。於是一世之人，莫不知天，祗畏奉事，恐懼修省。通三極爲一敬，貫萬變爲一誠。天命不違人心，人事合於天道，天與人一，純而無間，所以爲二帝三王之世也。及周之衰，如《蝃蝀》、《巷伯》、《大東》、《定之方中》、《漸漸之石》等作，皆細民宦寺役徒之辭，亦能言天以爲風。其列國名卿賢大夫，於變異之際，道其所以然，愊君而迪畏乎天〔二〕，如裨竈、梓慎、萇弘、晏嬰，往往有之。仲尼之門，顔閔而下七十子，三千之徒，問學之際一不及。曾子、子思、孟子著書，難疑答問，而亦弗及。皆知其法，以爲常事，置而弗論。

文武之道在人，而先王之澤未斬也。至戰國縱横異端並起，道龐術雜，莫不以人勝天，天人始二。視天夢夢，於己無與。放辟邪侈，無所顧忌。怪異疊出，不知警懼。益殺人以逞，卒皆大亂亡滅。其遺書古法，或有知者，如子韋、唐昧、尹臯、甘公、石申、呂不韋，各耑門名家，無復大聖大賢之能事。一世之通學，爲陰陽數術之流矣。然賴數子傳其緒業。漢興，學者得以尋繹。於是張蒼、司馬談及子遷、鄧平、唐都、洛下閎、董仲舒、劉向、揚雄、班固、馬續、張衡、鄭玄、劉洪、譙周，皆著書推衍；而翼奉、李尋、谷永、蘇竟、郎顗、襄楷、蔡邕，於昏君亂朝，横身論列，壓之以天，懼之以禍，使聞者奪氣流汗，謂之天諫，大有功於漢室。於是四百年間，復知畏天，有三代之風焉。至南北七代〔二〕，其太史多能占測，以言休咎，儒者則猶有崔浩、高允，漢氏之遺烈也。隋唐以來，學者以爲異端謏道而恥言之，其星翁曆史，列於有司備員而已。復設私習天文之禁，使天子至於庶民，皆戴天而不知所以爲天，至有謂『天變不足畏』者，于是三代二漢之學絶矣。

經自知讀書，卽嗜天官學，常欲纂古遺法，以合天人，求其所以，然畏法律禁忌而不敢爲。今上卽位之元年，詔經持節使宋，告登寳位，通好弭兵。宋人館留儀眞，積年不遣。曠寂無聊，乃改修陳承祚《三國志》，至爲八録，推本六經、三傳、諸子史，自漢魏晉隋唐諸天官書志，及所齎宋、金源氏與本朝燕都臺司秘書，爲《曆象録》，具述歷代星曆，傳之以理。既成，書狀官苟宗道爲之音注，請別爲一書。乃更論次，復加損益，益之以圖象、細行曆、變異事應等類，凡十二卷，名曰《玉衡眞觀》。天地之道，眞觀者在，璿璣玉衡，所以觀之也。拘幽之中，仰視片天，十餘年間，凡天地日星之變，徵之於書，若合符節。嗚呼！安得弛絶天之禁〔三〕，以是進讀於人君，傳之學者，使天下後世，復盡知畏天哉！中統十四年癸酉六月十五日丙申，具位陵川郝經序。

【校記】

〔一〕愊，底本墨塗作『■』，四庫本作『言』，據正德本補。

〔二〕至，底本、四庫本闕，據正德本補。

〔三〕絕，底本、四庫本作『習』，據正德本改。

變異事應序

【編年】不詳，應作於元世祖至元十年（宋度宗咸淳九年，一二七三），郝經出使南宋，被拘禁於眞州期間。

見文：『今據《春秋》、《左氏傳》、《國語》，託始於周幽王，據《史記》、二《漢書》、《三國志》、《晉書》，終於晉恭帝、宋高祖之篡。上記其變，下列其事，各別爲章，凡一千一百六十九年。……姑爲占候之案。』

【箋證】《變異事應》與《玉衡眞觀》屬同類之作，且歸屬同時期之作。

孔子作《春秋》，書日食、地震、星變，議而不辨，故不言其事應。至左氏作傳，始具載占候之辭與其事應。於是《史記》、《漢書》，歷代諸志，皆宗其法，事與變符，而象占有徵矣。夫人之善惡，兆乎思慮，必動乎四體。而其憂喜，必徵於聲色，見於氣貌，蘊於內則必發於外而不能掩，況事變之大者乎！將有大故，陰幾沈潛，而鬼神已知，其氣焰朕兆，必見於天。不能恐懼修省，以圖消弭，則事必效而無及矣。

嚴哉！懔懔乎天人之際，甚可畏也。君子所以懲忿窒慾，慎獨而戒於屋漏，絕惡於未萌，弭變於幾先也。邵康節曰：『思慮未發，鬼神莫知。不由乎我？更由乎誰？』思慮之先，藏密之地，閑邪存誠，可不務乎？故修省於無變之時者，上也；遭變而修省者，次也；事變尋至而不悟者，刑戮之民也。紀變異，徵事應，布列簡牘，以詔以告，其扶助道教。

至班固《漢志》曰：『古曆五星之推，亡逆行者，至甘氏、石氏經，以熒惑、太白爲有逆行。夫曆者，正行也。古者天下太平，五星循度，亡有逆順，日不食朔，月不食望。自周室衰，亂臣賊子師旅數起，刑罰失中。雖其亡亂臣賊子師旅之變，內臣猶不治，四夷猶不服，兵革猶不寢，刑罰猶不錯，故二星與月爲之失度，三變常見。及有亂臣賊子伏尸流血之兵，大變乃出。甘、石氏見其常然，因以爲紀，皆非正行也。』劉向亦言：『日月食及五星逆行，非太平之常。自周以來人事亂，故天文應之遂變耳。』是殆不然〔一〕。

夫有人事，卽有天變，雖聖王在位，極治之世，不免於疾病、憂戚、死喪、誅罰、更革、廢置、予奪、征討，而天地日星，亦不無崩震、鳴裂、薄食、移徙、飛流、逆順、伏見、犯守，第治世鮮而小，亂世多而大耳。以黄帝、堯、舜、禹、湯、文、武、周公之治，亦有征伐、戰鬬、流放、誅殛、拘幽、誣誚、叛逆、崩殂之事，其九年之水，七年之旱，桑穀共生，大風拔木等，亦書於策，豈天地無變，二星不逆行乎？且仰觀俯察，推測占稽，皆聖賢之能事，其書之必備。第以秦人焚滅典籍，二帝三王之簡策，暨西周之行事，皆沒而不得聞，故其變與事不可徵也〔二〕。賴孔子作《春秋》，左氏爲《春秋》作內外傳。東都以來，纔見一二變應，可得而述。固、向據之，遂謂周衰日月始食〔三〕，五星始逆行，甘、石所紀非正，豈通識哉！

今據《春秋》、《左氏傳》、《國語》，託始於周幽王，據《史記》、二《漢書》、《三國志》、《晉書》，終於晉恭帝、宋高祖之簒。上記其變，下列其事，各別爲章，凡一千一百六十九年。君臣父子之間，中國夷狄之際，兵戎之起，誅殺之行，崩薨之象，簒弒之端，僭叛之由，割裂之勢，專擅之故，亂亡之本，自王而覇，自覇而雜，自雜而夷，兆變於上，應之於下者，亦已備極，姑爲占候之案。其占法已各具經星緯曜諸星氣本宮下〔四〕，故皆略而不書。

【校記】

〔一〕殆，四庫本同，正德本作『始』。

〔二〕與，底本、四庫本作『于』，據正德本改。

〔三〕謂，底本、四庫本作『爲』，據正德本改。

〔四〕宮，四庫本同，正德本作『官』。

郝經集編年校箋卷三十

序

送常山劉道濟序

【編年】作於蒙古太宗皇后乃馬真氏二年（癸卯年，宋理宗淳祐三年，一二四三）八月，郝經寓居保定，讀書鐵佛寺，設館賈輔、張柔二府期間。

【年譜】乃馬真氏二年，『公讀書於鐵佛寺。冬，順天左副元帥賈輔辟公教授諸子，始去寺堂，館於萬卷樓之中和堂，如是者七年。八月，有《送常山劉道濟序》』。

見文：『歲癸卯秋八月，道濟兄南歸，經爲之言。』

【箋證】劉道濟：劉德淵（一二〇九—一二八六），字道濟，號魯亭，私謚『明道先生』，順德（今河北邢臺內邱）人。從學王若虛，以史學爲專門。赴戊戌（一一七八）科試，爲河北西路之魁，授翰林待制之職。辭歸隱居，講學著述。與同鄉劉秉忠、張文謙，及許衡、王惲友善。嘗著《三爲書》，敷析《通鑒》數百條，以辯漢魏正統，與朱熹《綱目》多有相合，詳《南村輟耕録・漢魏正閏》。王惲有《卓行劉先生墓表》，戎益有《翰林待制劉德淵墓表》。

歲癸卯秋八月，道濟兄南歸，經爲之言曰：

道之不行也，非謂佛老、小人之相害也，由君子之自不行耳。道之不競也，非止謂君子之不自行也，由反倡佛老、小人之爲禍耳。蟲生於木，而蠹其木，則木萎而蟲死焉，有挫其本而能振其末者哉？己爲之，己得之；己不爲之，己何得哉？苟君子能審其道而篤行之，佛老、小人雖盛也，殆將何所至乎？苟不能也，不反倡之而爲禍，以竢天之定，猶可也。可倡之而爲禍，拂天理而絶吾道乎？則彼將肆行而莫敢誰何也。

昔也，自宓犧至於舜，道傳而天，天傳而人，而人自道矣。自湯至於文王，人傳而天，天傳而道，而人亦道矣。自周公至於孔子，道傳而書，書傳而人，而人猶道矣。孔氏而下，人失其道。至孟軻氏〔一〕，猶能道其道，天其天，人其人，書其書，使人不入於楊、墨而爲非類矣。後雖佛老更興，異端並作，楊、王、韓、歐之徒衡而爭之〔二〕，猶能扼其吭而斷其舌，使人知有此道矣。今之君子，非不能爭之，又特倡之。倡佛老而爲禍，虛無寂滅，乃曰『此可以致精微而保吾生也』。鼓小人而回天衷，蟊賊生靈，爲鬼而爲蜮，乃曰『此可以致富貴而充吾欲也』。侮聖人，非聖言，繪句雕章，謡東風而詠楊柳，乃曰『此可以大吾聲名而廣吾業也』。故其身愈張而心愈亡，欲日彌而道日微，此道之所以不行也。

於戲！吾道也，天道也，地道也，人道也。夫如是，將壞天地而絕人類歟？誠欲壞天地而絕人類，則吾徒何生也？天既使吾徒生，則道之將行也歟？

【校記】

〔一〕至、氏，底本、四庫本闕，據正德本補。

〔二〕楊，正德本、四庫本作『揚』。

唐宋近體詩選序

【編年】作於蒙古太宗皇后乃馬真氏三年（甲辰年，宋理宗淳祐四年，一二四四）八月，郝經寓居保定，讀書鐵佛寺，設館賈輔、張柔二府期間。

【年譜】乃馬真氏三年，『作《唐宋近體詩選序》、《萬卷樓記》、《再送劉道濟序》』。見文：『歲甲辰八月二十五日，陵川郝經題。』

事有至大，物有至多者，萬言之文不足以盡其理。詩四句，何以畢之？所謂至簡而至精者也〔一〕。故必平帖精當，切至清新，理不晦而語不滯，庶幾其至矣。五言難於七言，四句難於八句，何者？言愈簡而義愈精也。譬如觀山，諸山掩映，中有奇峯一二，則諸山皆美矣。若一二奇峯，平地而立，便有峭拔秀潤氣，非樓石、劒門、少華則不能此。絶句全篇，詩人所尤重也。今集唐宋諸賢絶句全篇之可爲矜式者，與夫傑辭麗句之可以警動精神者，條例而次第之，爲訂愚發蒙之具，雖末學，亦窮理之一事也，學者其無忽。歲甲辰八月二十五日，陵川郝經題。

【校記】

〔一〕精，底本、四庫本作『精粹』，據正德本改。

再送常山劉道濟序

【編年】作於蒙古太宗皇后乃馬眞氏三年（宋理宗淳祐四年，一二四四）十一月，郝經寓居保定，讀書鐵佛寺，設館賈輔、張柔二府期間。

【年譜】乃馬眞氏三年，『作《唐宋近體詩選序》、《萬卷樓記》、《再送劉道濟序》』。見文：『所謂昌揭之士也，其興明盛之功也必矣。於其行，序而勉之。十有一月五日也。』

中國之勢不振，正大之道不明，禮樂之治不興，天地一元之氣湮淪茫昧，杳然廓然者，豈無所自而然乎？必有以也。世無昌揭之士，故亦無明盛之功。而庸鄙樸樕，乘漏抵罅，私小惠，立小道，衒規規之文，信淺淺之議，擅孑孑之學，以愚吾民，以誤天下，以基禍亂，而自謂經綸大手，古莫我若，舉世而不能辨，比行而不能改，此故之以也。是以如是，其危且亂，久且遠，而莫之或止矣。噫！其猶是而遂陷吾民爲禽犢乎？抑亦將遂崩陵而浸以勦絕乎？其亦鬱之久，悖之極，亂之至，將大有以昭晰也。

《否》之上九曰：『先否後喜。』《剝》之上九曰：『君子得輿，小人剝廬。』蓋爲否極而必泰，亂極而必治也。今而危亂既極矣，天亦將興明盛之功也。欲興明盛之功，則所謂庸鄙樸樕者，必大殄也。而儲靈孕秀，必芬芬郁郁，巍巍昂昂而降昌揭之士也〔一〕，必學崇高廣大有用之學，必恢宏遠博達有爲之器，必施聰明睿知神武不殺之材。而使敝者振，闇者明，廢者興。除百世之害，富百世之用，享百世之譽，任百世之責。奮乎百世之上，俾百世之下，必仰之如日星，重之如山嶽矣。豈堂堂天地，幹制萬化，欲興明盛之功，而寂寥索莫，乃無此人哉？必有之矣，其興於此時也，余亦必得而見之矣。

由是，則余輩之所以誦書學道，修身立志者，乃有所試也。天期不愆，屬運而會。則結余髮，斂余紝。高山仰止，景行行止，其無空老矣。天而不欲已亂也，則之人也之功也，與余輩之所學，及余輩之所期者，庸可冀乎？其斃而已也必矣。

若道濟者，其誼高學之正，器之遠以大，又非余輩之可企也。所謂昌揭之士也，其興明盛之功也必矣。於其行，序而勉之。十有一月五日也。

【校記】

〔一〕之士，四庫本同，正德本作『之士之士』。

送太原史子桓序

【編年】作於蒙古定宗二年（丁未年，宋理宗淳祐七年，一二四七）冬，郝經寓居保定，讀書鐵佛寺，設館賈輔、張柔二府期間。

【年譜】蒙古定宗二年，『《含元殿瓦硯記》、《手植檜復萌文》、《送太原史子桓序》』。見文：『丁未冬，太原史子桓索父不獲，過保下，適燕都，書此以贈。』

【箋證】史子桓：太原人，曾任順慶（今屬四川）教官。元好問有《贈史子桓尋親之行》。元魏初《申氏父子慶會詩引》：『余謂向分司東川，與順慶教官史子桓者相遇。子桓有元遺山、李敬齋中州諸人之詩一巨軸，皆贈遺子桓尋親之什也。子桓亦以壬辰之變，與其父睽隔。北渡後，子桓周流數萬里，歷六十七城，自始迄今近五十年，卒無所得。子桓悲悼，未嘗一日忘也。余因以詩贈之云：「泣血尋親白髮兒，牛腰半是昔人詩。傷心四十年前夢，一片白雲無了時。」子桓泣數行下，因謂余言：「僕年垂七十，此事不辦，雖死地下，亦不瞑目矣。」』

霜風呼沙，陰霾帨天，拉苴而號枯，昏曀曀，驚飀飀，道殣裂膚，而羸卒墮指者相望也。宜乎墐戶攣處，以允天地之閉塞，贊玄冥之化育。

史夫子胡爲來哉？其有驛傳之急，而郵檄之遽歟？則宜有貂貉之重，狐纊之溫，而夫子累乎其單也。其有貴俠之游，校獵之樂，而衝風冒寒而出也歟？則宜夫腰金而戞轡，鳴弦而挾矢，而夫子氷髯局脊，扶蹇而癯也。其欲徒步千里，扣閶闔而振長策乎？其欲搖吻於諸侯之上，奔歷於權勢之路，締從連衡，合鬭而弭兵乎？其爲龍斷之利，而戰寒暑於道路乎？其欲苟富貴，務僥倖，而以驕妻妾，恣嗜欲乎？是數者，皆世人之所奔競，知愚之所共趣，雖外寒暑而必爲者也〔一〕。

夫子寧有於是乎？夫子之操之志，以父之故，而越險阻，犯霜雪，跋涉山川，餓體凍膚而不顧，箝口槁腸而不恤，窮天地之所覆載，際日月之所照臨，汲汲遑遑，斃而後已，庶乎其一遇也。

嗚呼！篤孝哉，史夫子乎！犯霜雪之志，則亦古人寢氷之志也。唯天福善應誠，其亦必有遇也已。觀夫霜雪之塗，冒寒而往來者，或以勢，或以利，或以智。出於一塗，而志趣之異也如此，則夫觀路人者，不宜一以路人觀之也。丁未冬，太原史子桓索父不獲，過保下，適燕都，書此以贈。

【校記】

〔一〕雖，底本、正德本墨塗作『■』，據四庫本補。

送漢上趙先生序

【編年】作於蒙古定宗二年（丁未年，宋理宗淳祐七年，一二四七）冬十一月，郝經寓居保定，讀書鐵佛寺，設館賈輔、張柔二府期間。卷十二《後聽角行》序：『丁未冬十有一月，漢上趙先生仁甫，宿於余家之蜩殼菴。霜清月泠，角聲寥亮，乃作《聽角行》以贈其行。』

【箋證】漢上趙先生：即趙復，字仁甫，家江漢之上，宋末德安（今湖北安陸）人，世稱江漢先生。參卷八《聽角行》箋證。

窮先生者此行也，達先生者亦此行也。漢淮亡，纍俘北首，怍異俗而茌異聲，茹腥衣毳，而不獲安土敦化，振書閶闔，矢謨廊廟，致君乎三五，赫耀文明之光，賁冒草木，樹正大之業，宏徽衍之號。則此行也，窮先生者也。雖然，窮乎此而達乎彼，果窮也耶？先生嘗蹈夫常矣，而未蹈乎變也；嘗行夫一國矣，而未行乎天下也。天其或者欲由常以達變，由一國以達天下歟？昔之所覩者，江、漢、荆、衡而已。今也仰嵩高，瞻太華，涉大河之驚流，視中原之雄浸，太行、恒、碣，脊横天下。昔之所遊者，荆、吴、閩、越而已。今也歷汴洛，睨關陜，越晉衛，觀華夏之故墟，覩山川之形勢，見唐、虞、三代建邦立極之制，齊魯聖人禮義之風，接恒、岱之曠直，激燕、趙之雄勁。昔之所學者，富一身而已。今也傳正脉於異俗，衍正學於異域，指吾民心術之迂，開吾民耳目之蔽，削蕪漫，斷邪枉，破昏塞，俾六經之義，聖人之道，焕如日星，沛如河海，巍如泰華，充溢旁魄，大放於北方。如是，則先生之道非窮也，達也。

士居中守正，執德不回，明通人物，密格鬼神，而大參天地，恒達而不窮。素患難達於患難，素夷狄達於夷狄。時有時而窮，事有時而窮，理則達矣。噫！仲尼窮於行而達於聖，孟軻窮於行而達於賢，史遷窮於行而達於史，杜甫窮於行而達於詩，韓愈窮於行而達於文。果窮也邪？此行也，人視先生以爲大窮，經則以爲大達。先生可縱軌揚轡，沛胷中之浩浩，騖通逵之坦坦〔一〕，勁行而無慮矣。

鄙辭滋蔓，不足以爲贐，姑以爲繞朝之鞭。

【校記】

〔一〕逵，底本、正德本作『達』，據四庫本改。

送鄉先生宋君還燕序

【編年】作於蒙古定宗三年（戊申年，宋理宗淳祐八年，一二四八）秋，郝經寓居保定，讀書鐵佛寺，設館賈輔、張柔二府期間。

【年譜】蒙古定宗三年，『《與漢上趙先生論性書》、《送鄉先生宋君還燕序》』。見文：『戊申秋，復一拜於保下。』

觀君子之所養，不於常於其變。變於外而不變於内者，養焉者也。變於外而内亦變焉者，無所養者也。天命我以德，執之不回，守之不易，養之無害而已矣。我何加損焉，又何榮落得喪之足變於其間哉？故君子無變，非無變也，變在物而不在我也。大浸稽天而我不溺，熯火灰山而我不熱，疾雷破柱而我不動。彼則變矣，奚事於我哉？此君子之所以有所養而無所變也。觀所養，則觀所變而已矣。小有所得侈焉爾，小有所失蹙焉爾〔一〕，區區於銖兩，汲汲於毫末，倀焉如俑者，則其所養可知已。

鄉先生宋君，經自垂髫識於保下，而氣若是，言若是，行與文若是。已而北歸，紛拂而不救，窘散而不支，厄還顛躓而不振，殆一紀焉。

戊申秋，復一拜於保下，而氣若是，言若是，行與文若是，不少變焉。由此觀之，先生之所養亦可知已。於其還也，而爲之序，以識先生之養，與余觀變之所得云。

【校記】

〔一〕所，底本作『有』，據正德本、四庫本改。

送王之才南遊序

【編年】不詳待考。應作於蒙古定宗或其后海迷失稱制時期。前文《送鄉先生宋君還燕序》作於蒙古定宗三年（宋理宗淳祐八年，一二四八）秋。後文《括囊圖説序》作於蒙古定宗后海迷失稱制二年（宋理宗淳祐十年，一二五〇）十月。時郝經寓居保定，讀書鐵佛寺，設館於賈輔、張柔二府。

【箋證】王之才：生平不詳，僅知其與劉因友好，曾任金朝史館編修。劉因爲雄州容城（今河北徐水）人，生於蒙古定宗元年（一二四九），卒於元世祖至元三十年（一二九三）。劉因《麟齋記》：『編修王之才，治《春秋》而專門左氏者也。嘗有取於獲麟之義，名其所居之室曰麟齋，而請予記之。』劉因又有《次韻答王之才見寄》、《哭王之才編修》等詩。其《送王之才赴史館編修》：『偉哉君實集大成，爾後不聞麟再泣。遼金二史無人修，略主英臣少顔色。』

君子之動，無苟焉爾矣。動爲一身，則有一身之義也；動爲一家，則有一家之義也；動爲天下，則有天下之義也。内焉而有所定，外焉而有所止，動而必中，中而必可；法於時人，召於來世，而必無所苟也，如是可動矣。

故伊尹一動而成殷，太公一動而興周，子房一動而起漢，孔明一動而王蜀。不然，則食蔬而衣敝，處僻而居陋，安時而守順，存心而養性，不動而可也。彼躍馬揮鞭，横金匝玉，被貂厭毳，不避燥溼寒暑，弊弊焉跌蕩唐突於浩浩之塗者。謂之爲身動也，則心溺而形枯〔一〕，奔蕩蹶趨，不能固筋骸之束矣。謂之爲家動也，則尊卑倒置，疏戚逆處，父子無以親，夫婦無以別，長幼無以序矣。謂之爲天下動也，則治亂安危之道，戡定寧一之理，彼惡足以知之，不過夫苟富貴，役趨走，奔競夫勢利之間耳。是以目途中觀道左〔二〕，未嘗不爲三嘆也。

友弟之才，積精蘊志，儲秀孕靈，靜而養之有日矣，而未見夫動也。諺有之：『三年不蜚，蜚將衝天。三年不鳴，鳴將驚人。』今膏車秣馬，將有所動也，果爲一身歟？爲一家歟？而爲天下歟？必一夫此以正大之學，著高明之業，振起衰俗，使天下知余後學之有人矣，而不一夫趨走富貴，奔競勢利也。

余方恬處，静以自存，吾子其着鞭前路，不失其馳，而後有忻慕者矣。

【校記】

〔一〕枯，四庫本同，正德本作『楛』。

〔二〕左，四庫本同，正德本作『佐』。

括囊圖説序

【編年】作於蒙古定宗后海迷失二年（庚戌年，宋理宗淳祐十年，一二五〇）冬，郝經寓居保定，讀書鐵佛寺，設館賈輔、張柔二府期間。

【年譜】海迷失二年『十月，會杜叔通於保下，爲作《天地括囊圖説序》』。

見文：『上章閹茂（卽庚戌年）之冬，與經會于保下，命題其端。經方憒憒，罔無聞知，俯仰之間，漫不加省，敢妄爲滋蔓乎？雖然，契義之重，有不克讓者，故疣贅而書之。十月一日既生魄，陵川郝經題。』

人肖天地以生者也，故有心中之天地，有掌中之天地，有書中之天地。蓋天地之理在人心，而其文在指掌，其象其畫則在乎書。是三者，人之固有，而所當知者也。而俯仰之間，舉世而漫不加省，與草木共朽而不悟，可乎哉！

夫知天之所以然，則知日月星辰之所以然；知地之所以然，則知山河草木之所以然。知其然，不知其所以然，又舉世之漫不加省，與草木共朽而不悟者。夫知其然者，知其法也，見其象也，形而下者也。知其所以然者，知其理也，見其心也，形而上者也。故邵子曰：『今之學者，知曆法而不知曆理。能布筭者，落下閎也。能推步者，甘公也。』二人者，知其法而不知其理者也，唯揚子雲知曆法又知曆理。故自三代而下，以理合數，知所以然者，揚子雲一人而已。子雲而下，以理制形，知所以然，張平子一人而已。天之高，星辰之遠，宜乎無有能知者之人也。而知之，是根於人心之固有，而所當知者也。

嗚呼！仰而觀，俯而察，天地自若，豈難知哉？顧第弗學爾。少陵杜君叔通，博綜問學，精於曆數，有太史公家傳之秘。懼學者之以爲難知而弗學也，欲人之卽法而知理也，於是分裂天地，運行日月，森羅星辰，鳩爲一書，曰《天地括囊圖説》〔一〕，使人開卷卽悟，灼然心見。

上章閹茂之冬，與經會於保下，命題其端。經方憒憒，罔無聞知，俯仰之間，漫不加省，敢妄爲滋蔓乎？雖然，契義之重，有不克讓者，故疣贅而書之。十月一日既生魄，陵川郝經題。

【校記】

〔一〕括，四庫本同，正德本作『恬』。

送柴梓材序

【編年】作於蒙古定宗后海迷失二年（庚戌年，宋理宗淳祐十年，一二五〇）冬，郝經寓居保定，讀書鐵佛寺，設館賈輔、張柔二府期間。

【年譜】海迷失二年『十二月，《上紫陽先生論學書》、《送柴梓材序》』。見文：『歲庚戌冬十有二月，柴君梓材來。』『今昆仲既志於道，卓然樹立，終不爲流俗所移，則古之豪傑之士，何遠之有！於其行，書以贈之。』

歲庚戌冬十有二月，柴君梓材來。先，余於王内翰座識其兄，賢之，而交未定也。及梓材來，氣爽而色潤，容裕而禮下。與之年，年甚富；與之語，語甚和而節也。乃嘆曰：『不有其中，外其如是乎？是必縉紳先生淵源之涵育，賢父兄朝夕之訓誨，不移於流俗，而有守於中者也。』

將告歸，爲之言曰：今而天地自若也，山川草木亦自若也，何獨至於人而有變也哉？人之性自若也，其氣其形亦自若也，何獨至於今而有變也哉？學校之不興，流俗之所移，留而不反，仆而不振，潰亂而不救，顛覆而不支，疾日彌留，無有爲藥而起之者，卒至於元氣死而人道喪也。雖然，苟不顧流俗，挺然特立，誦書以益其智，寡欲以全其仁，力行以振其勇。明王興而道行矣，則可以革弊俗，去弊政，苴漏補罅，張皇仁義，致君乎三五，躋民於壽樂，挾鴻譽於無窮，建碩業於不朽。明王不興而道不行也，則耕於荒閑之野，釣於寂寞之濱，抱明月而長歌，吸孤風而高蹈，亦可以養天倪而樂天命，豈流俗之足移也。孟子曰：『待文王而後興者，凡民也。若夫豪傑之士，雖無文王猶興。』夫若是，是無文王而興者也，眞豪傑之士也。

嗚呼！彼徇流俗合汙世，黄金横帶，馳騖於天下者，自以爲豪傑也。由是觀之，果眞豪傑也哉？今昆仲既志於道，卓然樹立，終不爲流俗所移，則古之豪傑之士，何遠之有！於其行，書以贈之。

送道士申正之序

【編年】作於蒙古憲宗元年（辛亥年，宋理宗淳祐十一年，一二五一）春，郝經寓居保定，讀書鐵佛寺，設館賈輔、張柔二府期間。

【年譜】蒙古憲宗元年，『正月，有《祭徵君魏先生文》、《送道士申正之序》』。見文：『辛亥春，鄉叔申君正之馳驛至自燕。』

天地有剛大挺特之氣，隨物而賦用，宛轉旁薄，豐湧曼羨，囊括六合之外，充塞六合之内。明白輝光，引而上也，則爲日星；巍桀峻極，萃而下也〔一〕，則爲山嶽；溶而流則江河，鬱而茂則草木；翼焉飛雲，蹄焉走陸，則鳥獸也，皆是氣之用也。其在於人，則精淑純備，溥博淵深；剛而不撓，大而不局；挺特而不流，卓犖而不倚；紐而不睽，結而不離。宜夫養之而不害，振之而不挫，擴而充之而不弊，瀹而疏之而不滯，以盡其用也。而乃冒没而使之不明，委靡而使之不立，狹其大而自小，削其剛而自弱。峩大冠襜大裾，騈風雲偶月露，執筆綴辭而已。未聞有以剛大之氣，正大之學，振末俗而障頹波者。一有長材偉人出於其間，則蝟起而疾視，譁而攻之，默而穽之，必使之顛踣壞亂而後已。悲夫！剛大挺特之氣，不能自用而卒自斃，道之所以不明，士氣之所以昧没而不振也。

辛亥春，鄉叔申君正之馳驛至自燕。余見其羽衣雲集，環列拱捧，曄乎其光，鬱乎其氣，退而嘆曰：盛矣哉！是其所以主盟其道而大行於世歟？能全其氣而用之者也。衆一而氣集，氣集而用大，故離者可合，而弱者可彊。是以犯霜雪歷夷險而不沮〔二〕，振聲名宏教化而不侈，去琳宮度沙磧吟笑自若，御使車奉王命恬然自得。宜其光事三師，卓然樹立而不私，屹若扶持而不墜也。嗚呼！彼方自振如此，吾徒自弊如此，可若何？正月六日，陵川郝經序。

【校記】

〔一〕萃而，四庫本同，正德本作『而萃』。

〔二〕沮，底本、四庫本作『阻』，據正德本改。

儒行序

【編年】作於蒙古憲宗元年（辛亥年，宋理宗淳祐十一年，一二五一）五月，時郝經曾遊學燕京，再返保定，讀書鐵佛寺，設館賈輔、張柔二府。

【年譜】蒙古憲宗元年，『五月，作《儒行序》、《四賢祠碑》』。見文：『歲辛亥夏五月甲戌，陵川郝經序。』

世之所謂儒者，文章而已矣。父師以之垂訓，學者以之爲務，有司以之進退多士，是以翕然相尚，炳然相輝，而儒之爲儒，不復古矣。蓋文章者儒之末，而德行者儒之本也。務其本而末自從，有諸内則必形諸外，韓子所謂〔一〕：『根之茂者其實盛，膏之沃者其光曄，仁義之人，其言藹如也。』則謂之儒者，可工於文章而已矣乎？文章工矣，行如之何？秦君道隆，志乎古者也。欲學之知所先務，乃取《儒行》一篇，并其傳注，鋟木而版行之，庶幾天下不獨以文章爲儒，以德行者爲儒也。人之去浮華，植本根，革澆訛，尚忠信，雍雍皞皞，復古之治，其張本於茲乎！歲辛亥夏五月甲戌，陵川郝經序。

【校記】

〔一〕子，底本、四庫本作『之』，據正德本改。

删注刑統賦序

【編年】作於蒙古憲宗三年（癸丑年，宋理宗寶祐元年，一二五三）春，郝經寓居保定，讀書鐵佛寺，設館賈輔、張柔二府期間。

見文：『是時太原李祐之，精專新律，試吏者皆出其門，臺省寺監，藩邸郡國，名卿能吏，郁然炳然。癸丑春，其外孫劉君敬之，出祐之《刪注刑統賦》一篇。』『敬之甚秀而文，與余游者有年，請題其端。』

【箋證】劉敬之：保定人，曾任斷事官，官至尚書。與元好問、郝經遊。元好問《續夷堅志·抱陽二龍》：『順天西北四十里抱陽巖寶教院，大小二青龍在龍潭中……近山三四里所，有昇賢村，屬滿城，馮王故居也。辛亥冬，予與毛正卿、德義昆仲、郝伯常、劉敬之諸人一遊。』時在一二五一年。元盛如梓《庶齋老學叢談》引耶律楚材《西遊錄》：『許獻臣僉事説盎吉剌日不落，只一道黑氣遮日，煮羊膊熟，日又出也。保定劉敬之往任斷事官，親見之。』斷事官，元初中書省、樞密院皆設。程鉅夫（一二四九—一三一八）有《劉敬之尚書挽詞》：『儒效通今古，尚書獨邁倫。風沙臣節苦，禮樂國容新。地隔龍泉夜，庭留玉樹春。曲終無限思，併憶舊平津。』

宋眞尚書德秀云：『金國有天下，典章法度，文物聲名，在元魏右。』經嘗以是爲不刊之論。蓋金有天下，席遼宋之盛，用夏變夷，擁八州而征南海。威既外振，政亦内修，立國安彊，徙都定鼎。至大定間，南北盟誓既定，好聘往來，甲兵不試，四鄙不警，天下晏然，大禮盛典，於是具舉。泰和中，律書始成，凡在官者，一以新法從事，國無弊政，亦無冤民。粲粲一代之典，與唐漢比隆，詎元魏、高齊之得廁其列也？

是時太原李祐之，精專新律，試吏者皆出其門，臺省寺監，藩邸郡國，名卿能吏，郁然炳然。癸丑春，其外孫劉君敬之，出祐之《删注刑統賦》一篇，精約博綜，首尾原委，有宗有趣，酌人情而歸之中，不峭刻，不慘激，本之仁恕，眞莅政之銓衡也。熟之復之，然後知眞尚書之言尤信。

國家今地過於金，而民物繁夥，龍飛鳳舞，殆四十年。改正朔易服色〔一〕，修制度之事，謙讓未遑。雖然，必欲致治，創法立制，其先務也。昔漢高帝百戰之餘，食未下嚥，而命蕭何造律令，張蒼定章程，韓信申軍法，叔孫通制禮儀，陸賈著《新書》。史臣以爲日不暇給，而規模宏遠。今有漢氏之地而加廣，有漢氏之民而加多，豈不爲金源氏、拓跋氏之治乎？創法立制，此其時矣。發源張本，必自是賦始。

敬之甚秀而文，與余游者有年，請題其端。余謂之曰：『文中子居家，不暫舍《周禮》。門人問焉，曰：先師以王道極是也。如有用我，則執此以往。通也，宗周之介子，敢忘其禮乎！』敬之其執此以往，豈不爲李氏之介孫乎？年月日，郝經序。

【校記】

〔一〕改，四庫本同，正德本作『政』。

朱文公詩傳序

【編年】不詳待考。應作於蒙古憲宗時期。前文《删注刑統賦序》作於蒙古憲宗三年（宋理宗寶祐元年，一二五三）春。後文《心菴先生陰符經集解序》作於蒙古憲宗七年（宋理宗寶祐五年，一二五七）正月。時郝經寓居保定，讀書鐵佛寺，設館賈輔、張柔二府。

見文：『是書行於江漢之間久矣，而北方之學者未之聞也。大行臺尚書田侯得善本，命工板行，以傳永久。書走保下，屬經爲序。經喜於文公之《傳》之行，與學者之幸，且嘉侯用心之仁，故推本論著，以冠諸端。』

【箋證】大行臺尚書田侯：金元設行臺。侯是對地方長官的敬稱。或卽田秀實，是太原長官。元好問《題閑閑書〈赤壁賦〉後》云：『辛亥（一二五一）夏五月，以事來太原，借宿大悲僧舍。田侯秀實出此軸見示……因題其後。』或为田琢（？—一二一九，字器之，蔚州定安人。仕至山東東路益都府事，《金史》有傳）之子。

古之爲詩也，誦歌絃舞，斷章爲賦而已矣。傳其義者則口授，傳注之學未有也。秦焚《詩》、《書》，以愚黔首，三代之學，幾於墜没。漢興，諸儒掇拾灰燼，墾荒闢原，續六經之絕緒，於是傳注之學興焉。秦焚《詩》、《書》尤重，故傳之者鮮。《書》則僅有濟南伏生。《詩》之所見、所聞、所傳聞者，頗爲加多，有齊魯毛韓四家而已。而源遠末分，師異學異，更相矛盾〔一〕。如《關雎》一篇，齊魯韓氏以爲康王政衰之詩〔二〕，毛氏則謂后妃之德風之始。蓋毛氏之學，規模正大，有三代儒者之風，非三家所及也。卒之三家之説不行，《毛詩》之《詁訓傳》獨行於世。惜其闊略簡古，不竟其説，使後人得以紛更之也。故滋蔓於鄭氏之箋，雖則云勤，而義猶未備；總萃於孔氏之疏，雖則云備，而理猶未明。

嗚呼！《詩》者，聖人所以泰天下之書也，其義大矣。性情之正，義理之萃，已發之中，中節之和也。文武周召之遺烈，治亂之本原，王政之大綱，中聲之所止也。天人相與之際，物欲相錯之間，欣應翕合，純而無間。先王以之審情僞，在治忽，事鬼神，贊化育，奠天位，而全天德者也。觀民設教，閑邪存誠，聖之功也。所過者化，所存者神，聖之用也。正適於變，變適於正，《易》之象也。美而稱誦，刺而譏貶，《春秋》之義也。故《詩》之爲義，根於天道，著於人心，膏於肌膚，藏於骨髓，龐澤渥浸〔三〕，浹於萬世。雖火於秦，而在人心者未嘗火之也。顧豈崎嶇訓辭鳥獸蟲魚草木之名，拘拘屑屑，而得盡之哉？而有司設規，父師垂訓，莫敢誰何。以及於宋，歐陽子始爲《圖説》，出二氏之區域。蘇氏、王氏父子繼踵馳説。河南程氏、横渠張氏、西都邵氏，遠探力窮而張皇之。逮夫東萊呂伯恭父，集諸家之説爲《讀詩記》，未成而卒。

時晦菴先生方收伊洛之横瀾，折聖學而歸衷，集傳注之大成，乃爲《詩》作《傳》，近出己意，遠規漢唐，復《風》、《雅》之正，端刺美之本，釐訓詁之弊〔四〕，定章句音韻之短長差舛，辨大小序之重複，而三百篇之微意，『思無邪』之一言〔五〕，煥乎白日之正中也。其《自序》，則自孔孟及宋諸公格言具載之，毛鄭以下，不論其旨微矣。

是書行於江漢之間久矣，而北方之學者未之聞也。大行臺尚書田侯得善本，命工板行，以傳永久。書走保下，屬經爲序。經喜於文公之《傳》之行，與學者之幸，且嘉侯用心之仁，故推本論著，以冠諸端。

【校記】

〔一〕盾，四庫本同，正德本作『楯』。

〔二〕衰，四庫本同，正德本作『襄』。

〔三〕龐，底本、正德本作『厖』，據四庫本改。

〔四〕鼇，底本墨塗作『■』，正德本作『糞』，據四庫本補。

〔五〕之，底本、四庫本闕，據正德本補。

率義會序

【編年】應作於蒙古憲宗時期。前文《删注刑統賦序》作於蒙古憲宗三年（宋理宗寶祐元年，一二五三）春。後文《心菴先生陰符經集解序》作於蒙古憲宗七年（宋理宗寶祐五年，一二五七）正月。時郝經寓居保定，讀書鐵佛寺，設館賈輔、張柔二府。

見文：『余應之曰：「是相率而爲義者，其誰曰不可。」乃名之曰「率義會」，而爲之叙其意。』

古者井天下之田，制鄉飲之禮，俾從居綦布，守望相助，患難相救，疾病相扶持，起揖讓於閭閻，生友義於里巷，使之睦婣任恤，豈弟和侃，鑠其倔彊悖誕兇悍不馴之氣〔一〕，銷天下之爭端，而莫肯爲亂。後世先王之禮廢，而人道解散，無情義以維其心，骨肉睽爲仇讎，肝膽闊爲楚越。於是戍卒役徒，黥髡盜販，敢爲亂首厲階，而天下被其禍。嗚呼！聖人制禮之義，其於維世，不亦深矣乎！

順天當燕趙之衝，自昔號多豪傑。兵亂以來，三十餘年，生聚教育，將復治平之舊。俊茂輩出，往往露頭角，以氣相許，而合爲君子之朋。一日相率過余，曰：『我輩十餘人，欲以古井田鄉飲之義，歲時羣聚。凡吉凶賓嘉，相侑而不相悖。不尚華靡，不爲驕奢。義則相勉，而過則相告。其有不如約者，則會義而合攻。是可行乎？』余應之曰：『是相率而爲義者，其誰曰不可。』乃名之曰『率義會』，而爲之叙其意，又爲之載，其載書曰：

凡我同盟，以義相合，毋以利睽。過則面質，毋退後言。險阻艱厄，共爲引手。始終一心，以崇大義。各啓悃臆，無或有慝。有渝此盟，明神殛之。俾絀其禄，無以遠到。

【校記】

〔一〕馴，四庫本同，正德本作『訓』。

心菴先生陰符經集解序

【編年】作於蒙古憲宗七年（丁巳年，宋理宗寶祐五年，一二五七）正月，郝經寓居保定，讀書鐵佛寺，設館賈輔、張柔二府期間。

【年譜】蒙古憲宗七年，『正月，作《心菴先生陰符經集解序》』。見文：『丙辰（一二五六）冬，余外叔司馬可道來，以心菴先生集注三十卷見示。天眞皇人而下，會義三十餘家，未以己意爲之結斷。汪洋炳烺，周悉備至，上下數千載，始爲完書，且命經敘其意。』『丁巳元日，陵川郝經序。』

【箋證】心菴：趙素道號。參卷二十五《皇極道院記》箋證。趙素《風科集驗名方序》：『予雲遊三十載，仿佛半天下，歷江湖，省蠻蜀之藥，適幽雲，曉羌戎之劑，齊楚不同，夏麗各異，居方隅未可言有所得也。』另有《陰符經集解》，亡佚。《陰符經》全稱《黃帝陰符經》，相傳爲黃帝所作。唐代道士李筌在河南嵩山少室虎口岩石壁發現，因傳抄流行於世。清劉一明《陰符經注序》：『考之文字，始於黃帝，興於唐虞夏商，或者黃帝撰作，口口相傳，不記文字，後世成眞仙侶，筆之於書，流傳世間，亦未可定。』外叔司馬可道：郝經舅叔父名可道，爲某府同知。司馬：唐制，節度使屬僚有行軍司馬。又於每州置司馬，以安排貶謫、閒散者。後世稱府同知曰司馬。天眞皇人：相傳黃帝謁峨眉見之。世有《天眞皇人九仙傳》。

大庭、軒轅，降及叔世，道書穰疊，往往備言曲論，如數山石，如觀海波，故大者至數十萬言，小者亦不下數千言。至於《陰符》，獨三百餘言而已。於是歷爲究竟意，然後知至言必簡，聖人之意有所靳也。

夫道，幾而已矣，非幾無以見也。天地，幾而已矣，非幾無以用也。故幾之所在，不可周測。通圓而神，惟妙是用。潛於動静之理，發於翕闢之氣，見於消長之象，伏於存亡之形。造起萬變，樞泄運化。使天地萬物由之而不窮，而天下莫能知莫能窮，遂爲天下之至微。《陰符》一書，聖人所以發其幾，攄其微，示人知，而藏之密者也。端緒則見，引而不發。天地萬物之幾在我，沉沉默默，如執左契，如持權衡。無往而不合，無往而不中，無往而不應，無往而不時。其體則静，其用則無窮。雖三百言，而天下之理無不備。故言道術者得之，則可以窮神知化，握道之要。言治體者得之，則可以致君堯舜，隆平天下。志士得之，則可以籠罩宇宙，揮斥風雲。處士得之，則可以藏舟於壑，遯世無悶。養生者得之，則可以精神健羨，騎氣御風。數家得之，則可以奇偶變化，逆知來物。兵家得之，則可以戡定禍亂〔一〕，從横無窮。萃而合之則一言，散而推之則萬變。其支流餘裔，各底於成，有不可勝言者。

嗚呼！禍莫大於發人之幾。聖人立經陳極，則發道之幾，故其情深，其文切，其旨秘以斥，其辭約以要。觸造物之忌，訐造物之藴，不敢備言曲論。聖人之意，其深矣乎！

是書之有傳注尚矣，三代而下，不啻數十百家。各據其所見，而各著其所傳，莫有爲貫而一之者。丙辰冬，余外叔司馬可道來，以心菴先生集注三十卷見示。天眞皇人而下，會義三十餘家，末以己意爲之結斷。汪洋炳烺，周悉備至，上下數千載，始爲完書，且命經叙其意。先是，常識先生於常山皇極道院，而爲之記。今其可辭，於是推本論著，而書其端。先生姓趙氏，名素，字才卿，嘗被徵，賜號虚白處士云。丁巳元日，陵川郝經序。

【校記】

〔一〕以，底本、四庫本闕，據正德本補。

送張漢臣序

【編年】作於蒙古憲宗七年（丁巳年，宋理宗寶祐五年，一二五七）夏四月，郝經寓居保定，讀書鐵佛寺，設館賈輔、張柔二府期間。

【年譜】蒙古憲宗七年，『四月，作《北風亭記》、《送張漢臣序》、《祭遺山先生文》、《墓銘》』等。見文：『丁巳夏，四月不雨，枯風吹塵，赤野立塊，穡人焦勞，額地祈穀。』『經聞其言，以爲向者知張子之淺而見其面，乃今知張子之深而見其心也。若張子者，可謂速於行而以理自適焉者也。於是書其言，以贊其行。』

【箋證】張漢臣：金元時代多有此名。然此文徑稱其姓字而不及其官，必非元好問《歸德府總管范陽張公先德碑》所及名子良字漢臣（一一九四—一二七一，涿州范陽人。《元史》卷一五二有傳）官至府總管者。王惲《張漢臣釀金疏》：『張漢臣者，監司故掾，淇奧諸生。緼袍傷此日之貧，客舍歎故人之雨。心關桂玉，運阻風波。既久淹吏部之除，未免索長安之米。況臺閣半爲鄉舊，而燕雲古有義風。哀王孫者世爲尋常，付裝資者日云不少。舉船望惠，才固匪於建封；指囷不難，時豈乏於子敬。蒙滴水而爲恩於目下，奉千金而敢忘於他時。困涸能濡，多寡唯命。』此人近是。

丁巳夏，四月不雨，枯風吹塵，赤野立塊，穡人焦勞，額地祈穀。

子張子奉其母以行，既南轅，陵川郝經告之曰：『之時也，之士也，行安用也。擢禮闈之桂，探驪龍之珠，振書閶闔，魁岸炳烺〔二〕，吾子之事也。從臾義列，紆餘籌策，撼搖王公大人，嶷嶷以樹立，吾子之材也。擴充王澤，兼善致治，旱火不光而雨天下，吾子之志也。是三者，吾子之所固有而所素志也。而乃問舍求田，下元龍之樓，而甘心許汜，與夫初心不既背矣乎？』

張子曰：『噫！吾以子謂知己，而莫吾知也。孔席不暖，墨突不黔，而懷土者小人之事也。得其時則駕，不得其時則龍蛇。行使止尼，固非我之得專也。紆朱紫，步嚴廊，身名俱榮，焜耀一世，非吾所惡也。負耒耜，溷塵梗，窮巷束臂，蓬累而行，非吾所欲也。氣數使然，固非我之得專也。在我者盡，窮達非我也。在我者盡，貴賤非我也。可行矣，雖無是行，其無是行乎？不行矣，雖有是行，其有是行乎？故拔樹接淅，微服絶糧，聖人所不免，矧其下乎？』經聞其言，以爲向者知張子之淺而見其面，乃今知張子之深而見其心也。若張子者，可謂速於行而以理自適焉者也。於是書其言，以贊其行。

【校記】

〔一〕魁，四庫本同，正德本作『塊』。

郝經集編年校箋卷三十一

述擬

【編年】作於郝經讀書保定鐵佛寺，設館賈輔、張柔二府期間。以下《漢淮陽王檄郡國討王莽文》等共十四篇，皆作於這一時期。

【年譜】蒙古太宗十年，「是歲，靜直先生館於保之滿城，適蒙古試諸路儒士，公遂爲決科文」。蒙古太宗皇后乃馬眞氏稱制二年（宋理宗淳祐三年，一二四三），「公讀書於鐵佛寺，冬，順天左副元帥賈輔辟公教授諸子，始去寺堂，館於萬卷樓之中和堂，如是者七年」。

見文：「先人初命經爲決科文，《述擬》宏詞數十首，仍命各依歷代體制，立法措辭。」

【箋證】《述擬》共十四篇，爲郝經模擬古人所作的決科之文。蒙古太宗戊戌年（九年，宋理宗嘉熙元年，一二三七），蒙元面向中原儒士，舉行了一次科舉考試，史稱戊戌選試。郝經最初亦欲參加科舉考試，遂作《述擬》十四篇。後郝經志在學有用之學，蒙元又中斷了科舉，郝經遂放棄科舉。

先人初命經爲決科文，《述擬》宏詞數十首，仍命各依歷代體制，立法措辭。謂西漢格高辭約，有先秦三代遺風，後世辭章不可及已。東漢而下，至晉、宋、六朝，漸趨近體駢驪之作。李唐以來，對屬切律，遂爲四六，謂之官樣。或爲高古，以則先漢，依放盤誥〔一〕，則以爲野而非制。故皆模寫陳爛，謹守程式，不遺步驟。

至於作者，如韓、柳、歐、蘇，亦不敢自作，强勉爲之，而世謂之畫葫蘆。行之千有餘年，弗可改已。然而點化《詩》、《書》、六經，雜用先秦、二漢，暢如陸贄，質如吏部，富如文饒，情如封敖，雄如東坡，工如彦章。學經作句，亦足自爲。要之，典雅古贍，情實感激，得體而已。

故自東漢，終於李唐，爲詔、赦、制、冊、檄、書、露布等，述其事而擬其辭。其後專爲古文，不復記錄。近在儀眞館，與書狀官苟宗道論次詩文雜著，裒集追憶，得故述擬者若干首，復依世次別爲類云。

【校記】

〔一〕誥，四庫本同，正德本作『詰』。

漢淮陽王檄郡國討王莽文

參見前文《述擬》序編年。

淮陽王更始元年，春陵戴侯曾孫玄卽皇帝位。光武大破尋、邑於昆陽，遣將破武關，檄諭天下，使共誅莽。

漢更始元年月日，某官告郡國宗室父老士庶： 漢德休明，天命未改，豈容僭僞。久肆叨竊，俾我高廟神靈無所馮依，億兆之人，遂墜塗炭。皇帝陛下以近屬懿親，不忍失職，坐視夷滅。是用奬率宗盟，纂承大統。恢復漢室，誅鋤討賊。

今月某日，類於上帝，遍告山川羣神，卽皇帝位於淯水之上。逆賊王莽，椒房餘蘖。飾詐搆僞，夤緣爲姦。適漢統之三絶，乘四父而輔政。言方色厲，谿壑深固。謙遜卑讓，象恭滔天。遂弑孝平皇帝，抱負孺子，比德周公。號曰安漢，其實篡漢。既受九錫，因稱假攝。假而不歸，遂謀卽眞，卒盜有我有漢。更建位號，改易制度。變置名器，顛倒六合。翻覆海宇，弗寧弗令。擾弊民物，鋪張妄意。潤色虛文，自以爲『新』。於是黜奪我大漢諸侯王，剪滅劉宗，俾爲齊民。至於金刀錢文，亦不行用。

我高廟十二室，遂不血食，聿至於今。奮其威詐，逞其暴戾，窮兇極惡，過於桀、紂，乃自以爲黄、虞復出。志欲盈溢，高視闊步，鄙隘漢家，毒流諸夏，禍延蠻貊，四海囂然，猶未足厭。今幾二十年矣。故家遺民，無不歌謳思漢，矧我宗室之人哉。

惟我高皇帝肇造區夏，伐秦救民，軼於湯、武。孝惠、文、景、武、宣，文治幾於三代，鴻恩厖惠，暢浹穹壤，膏於肌膚，藏於骨髓。哀、平短祚，惡不及民。豈令姦僞異姓，遂盜有之乎？紫色蛙聲，餘分閏位。秦政、楚羽，皆爲我漢驅除。莽又萬一弗逮，憑藉外戚，恣僞矯誣，豈令遂綰皇帝璽，稱説天命乎？且外戚呂、霍、上官，稗我漢道，皆伏其辜。豈獨釋莽，使遂代漢？

今漢兵已斬莽將甄阜、梁丘賜；取宛，又敗嚴尤、陳茂；下昆陽、定陵、郾，又殺王尋、王邑，破莽兵百萬，徇潁川諸郡；偏師入武關，攻三輔矣。羣龍奮迅，大人虎變。風蜚雷厲，星馳電邁。火德炎運，有光燭天。凡我劉氏，及故臣民，宜各率先，共雪讎恥，誅莽釁社，汎清郊廟[一]，復爵土，爲侯王，一如漢制。如或尚爲逆黨，則有常刑。如律令。

【校記】

[一]汎清，底本、四庫本作『訊清』，茲據下篇『汎清河洛』改。

漢昭烈帝討吳孫權檄

獻帝建安二十四年，孫權令呂蒙取荆州，襲殺關羽〔一〕，稱臣於操。昭烈帝章武元年，自率諸軍伐吳，移檄喻權。

年月日，尚書令某諭孫權及江東將校部曲父老士庶：先王之典，負固不服則侵，賊賢害民則伐，矧於僭竊位號，蔑寡王室，屠害方伯，黨附叛逆者哉！是用興師，以致天罰，申明逆順，庸示播告。夫叛逆之罪小，黨逆之罪大。逆而無黨，則爲惡者孤；實繁有徒，則爲惡者衆。故先王重治賊黨，《春秋》必誅同惡。所以湯伐韋顧而夏桀喪，齊桓侵蔡而楚子服。我高皇帝虜魏豹以禽項羽，光武皇帝平隗囂而滅公孫，皆先治賊黨之義也。

國家遭陽九之厄，當四百之運，漢道弗昌，皇綱不振。致令羣盜，撐裂於縣，曹操父子闚闞神器。陛下以帝胄皇孫，誕膺天命。龍蟠幽朔，蠖屈漢南。郁神武應運之姿，奮撥亂反正之志。一旅復夏，百折興漢。天方佑賊，用武無所。

顧惟孫氏，有功漢室。破虜則汛清河洛，討逆則盪定江東。畀之孫權，使誅賊操。誰知托國，竟匪其人。操之陷江陵，權遽欲迎降。陛下遣丞相亮諭旨，相與拒操，遂大破操於赤壁。

堅甲利兵，盡作灰燼。江濤山木，總爲漢兵。權遂不復畏曹公，天下始知有劉氏。陛下不矜不伐，推功讓能。割吴、越以封權，奄荊、益而復漢。操不敢取，遂畀之丕。孺子童昏，夫豈我敵？方爲犄角，一舉盪平。祀漢配天，不失舊物。權乃謀爲僭，竊肆姦兇〔二〕。志谿壑之無厭，罪丘山而不顧〔三〕。欲如熊繹之陵中國，不止子夏之在西河。

前將軍督荊州關羽，陛下親同骨肉，分則君臣。有古義士之風，爲漢虓虎之將。報效而去，操所畏敬。所當無前，權豈能敵。分權江表，置關羽荊南，身出漢中，三道並進，相與蹙操，不討賊之規也。陛下已拓定梁、洋，進攻關、輔。羽已威振許、洛，懾服河南。權秖保據江東，不謀進取。遂怵陰謀，襲殺關羽。盜有襄、漢，奉賊稱臣。反爲掣肘之仇，與作輔車之勢。則權復一操。漢賊不在丕，而在權矣。受其王爵，南面稱孤。忘父兄之忠義，陷臣民爲逆虜。倔江湖之中，經營子孫之計。一操未已，一操復生。天下之人，不復知有我漢。所以必先誅權，而後圖丕。

今陛下舉梁、益之衆，連交、廣之師。水陸東下，順流揚麾，星飛電邁。哭羽荊、楚，尸權秣陵。恢張討賊之威，益大復讎之義。爾皆世服於我有漢，乃二祖之遺民。寬仁之所覆育，恩澤之所涵浸。顧豈迷復，靦面事賊。舍衣冠禮樂，而斷髮文身，以徇蠻夷之人哉！且天道助順，不登叛人。

吴、楚之王，世爲僭僞。擯斥遠外，不通中國。一時跳踉，卒致禽滅。故三苗逆命，終於投竄。夫差爭長，自剄幕下。老劓驕恣，利刃揕胷。苟不以道，江湖之險，安足憑恃。夫權之姦虐桀猾，自視與項籍、王莽、子陽輩何如哉？卒皆覆亡不暇，則天祐我，漢高廟之神靈未艾也。今爾有衆，爲權詿誤，俾爲匪民。乃祖乃父，世篤忠貞。一時脅從，必未丕變。陛下總干問罪，宜去逆效順，倒戈前行，共治賊黨，并掃僞孽，還於舊都。大者王，小者侯，各加賞典〔四〕。如欲與權併命，甘爲蠻夷逆虜者，則有常刑。如律令。

【校記】

〔一〕羽，正德本同，四庫本作『侯』。
〔二〕肆，底本作『■肆』，四庫本作『安肆』，據正德本改。
〔三〕顧，底本、正德本作『大顧』，據四庫本改。
〔四〕加，底本、正德本作『如』，據四庫本改。

漢丞相亮諭僞魏檄

安樂公建興十二年，丞相亮出斜谷伐魏，至郿，屯於五丈原。檄諭魏丕朝，告以討賊之意。

年月日，丞相長史楊儀告魏將佐、故漢父老士庶，及曹叡中表族屬：

蓋聞五帝官天下，三王家天下。故堯、舜與賢，禹、湯與子。苟無桀、紂之惡，勦絕基命，族屬之微，斷祀嗣續，則傳序統體，在於一姓。其或間甚僥倖，必干先王之誅。昔后羿篡於有夏，少康以一旅之眾，起而殺羿。王莽中絕我漢，世祖以十世之裔，奮而誅莽。殆天未厭有夏、皇漢之德，天枝帝胄〔一〕，磐石之宗，維持擁衛，他姓莫得。而有仁如徐偃，賢如齊桓，强如楚莊，不能易姓改物，況慆淫匪彝，豈能盜有之哉？是皆天下所共聞，古今之大義也。

自周室陵夷，秦人吞并，民受塗炭。我高皇帝代虐以寬，易暴以仁，除其煩阻，置之夷坦，受天明命，開大漢萬世無疆之統。孝文皇帝，繼體守文，增脩德政，恭儉愛養〔二〕，滋息涵育，刑清政簡，開大漢萬世無疆之德。孝武皇帝，南勦勁越，北討强胡，東置朝鮮，西定西域，表章六經，制禮作樂，開大漢萬世無疆之業。光武皇帝，剷除祅穢，子惠謳吟，恢復境宇，懋建社稷，投戈講藝，息馬論道，開大漢萬世中興之功。則我皇漢，基圖鞏固，神州中嶽，不拔之宗也。歷世數十，載祀數百，本支繁衍，九州四海，盡爲劉氏。雖桓、靈失馭，漢道中微，第宦、戚專朝，隳敗王度，非有桀、紂自絕之惡也。故天命復集於我先皇帝暨皇帝陛下。

國賊曹操，螟蛉假姓，贅閹遺孽〔三〕。自其祖父騰，與左琯、徐璜潰紊朝憲。父嵩馮藉，饕據台鼎，弱昧漢道，傾覆帝室，職此之由。操尤剽狡無賴，清議不齒。國家之材，授以偏裨，穿窬闚覬，遂領方州。少帝反政，使脩郊廟，倒持太阿，放虎自衛。操乃輒行刼遷，重爲囚執。逞其梟獍之心，肆其豺狼之志。握皇樞而蹙威柄，挾天子以令諸侯。衹將篡竊爲謀，動以詔旨行事。南征北伐，抑并屠滅。植根柢于山東，置巢穴於鄴下。睚眦以肆狠，刑戮以立威。弑母后而帝不敢詰，殺皇子而帝不敢怨。誅鉏豪傑，剪刈人望。族九江太守邊讓，殺將作大匠孔融及議郎趙彦，搒掠太尉楊彪，殺彪子脩。至於荀彧、許攸、崔琰、毛玠，皆中朝茂異，衣冠領袖，或位常伯，或參帷幄，天子之毘〔四〕，百寮之師，少有牴牾，卽加刑害。毒螫若蛇虺，詭秘如鬼蜮。罥繳遍寰宇，機穽盈道路。自昔人臣不道，貪婪沓鄙，狠忍暴戾，未有如操之甚者也。

先皇帝，孝景皇帝子中山靖王之後也。語宗盟則近，於屬籍爲尊。以仁厚之資，挾英雄之氣，慨然以復漢自任。收攬豪傑，從臾義烈〔五〕，扶奬王室。操尤忌惡，必欲誅除，託足無所，流寓漢南。丞相以伊、呂之志，爲顔、孟之學。才兼管仲，知若子房。躬耕隴畝，不應辟召。先帝三顧於草廬之中，幡然而起〔六〕，爲漢討賊。連衡孫權，破操赤壁，挫其兇鋒，折其毒尾，於是不敢遂取。既爲漢賊，又爲漢臣，狐媚梟伏，謂天可欺。逮其將死，分香析履，不及禪代。生平姦僞，至此盡露。逆丕嗣立，公爲簒竊。父以趙高爲桓、文，子以浞、羿爲舜、禹。厭然自若，居之不疑。拘執漢帝，降削位號，大統幾絶。

先皇帝遂跨有荊、益，立漢社稷，期於攘除，不幸殂落。謂丞相才十倍於丕，畀以討賊之事，師保陛下，拓定中原。於是撫百姓，示儀軌，開誠心，布公道。先盡内治，次乃外攘。曹丕遽死，逆叡復立。乃逞童心，窮奢極侈。至使公卿百官，負土版築。竭我漢民膏血，以奉僞妄土木。

丞相痛心疾首，拜表出師。義旗一指，關、輔響應。遂營五丈，雜耕渭濱。非不能將五諸侯縞衣問罪，直入彭城。付信一面，轉戰出奇，以舉燕、趙。但以一民莫非漢臣，尺地莫非漢土。衣冠右族，皆漢庭公卿之子孫；畎畝細民，皆漢家風俗之涵養。固未忘於祖宗，豈遂違其君父。是以不忍喋血，以自相殘。按兵觀釁，用敦文告。

故夫曹氏，非有高皇帝寬仁之統也，孝文皇帝恭儉之德也，孝武皇帝盛大之業也，光武皇帝中興之功也。特一時僞定，篡竊之賊耳。雖據中原，漢有奥主。威虐逼窄，又有孫氏，則其篡竊，又不若莽之强也。祖孫一再傳，以僞承僞，刻薄寡恩，禁錮骨肉，勢成孤立。彼司馬懿者，又一操耳，其能久乎？與其托於新造危亡之僭僞〔七〕，靦面同賊，曷若臣事二十六葉之大漢天子，歸四百餘年之舊主乎？則去就取舍之義，昭昭然無疑矣。且昔誅滅祿、産，迎立代王者，平、勃之臣也；盪逐尋、邑，臠食新莽者，南陽之親也；洞刺董卓，暴尸燃臍者，王允之謀也。矧今漢世之危過於二京，曹氏之禍甚於莽、卓，豈無一義士，相與誅讎討賊哉？

丞相肅將天威，所嚮克捷〔八〕，宜共合勢，摧拉震蕩。張大漢之天聲，掃僞庭之妖孽。奉迎鑾軫，還於都邑。遂使建興，復如建武。告於高廟，論功行賞，在茲舉矣。如律令。

【校記】

〔一〕冑，四庫本同，正德本作『胃』。

〔二〕儉，底本、四庫本作『簡』，據正德本改。

〔三〕孽，底本作『蘖』，據正德本、四庫本改。下同。

〔四〕昆，底本、四庫本作『昆』，據正德本改。

〔五〕從，底本作『縱』，據正德本、四庫本改。

〔六〕幡，四庫本同，正德本作『番』。

〔七〕僭，四庫本同，正德本作『潛』。

〔八〕捷，四庫本同，正德本作『揵』。

隋晉王廣滅陳禽陳叔寶露布

文帝開皇九年，晉王廣爲元帥，大舉伐陳，獲陳叔寶，露布以聞。

臣聞伐罪赦民，是謂天討；禁暴誅亂，乃爲義兵。所以用五材而正萬邦，奄四海以大一統。黄帝戰於涿鹿，垂衣裳以無爲；大禹征於有苗，混車書而致治。不享不覲，割據河山，稱帝稱王，叨竊名器。無與覆昏援溺，爲之推亡固存。紛爭惟日，以興禍亂，何時而已。我國家天開至聖，運啓昌期。建皇極於中朝，纂天王之正朔〔一〕。復見唐、虞之盛，揖遜而興；乃有高、光之才，指揮而定。粤惟吳、楚，實古荆、揚；詩人刺爲蠻夷，《春秋》貶其僭僞。

逮孫權三分以自立，暨司馬六代以相傳。競尋干戈，月一易主〔二〕；殘并骨肉，歲幾弒君。血淮海之横波，魚鰕盡赤；污江湖之隙地，草木皆腥。莽、卓桀驁於門庭〔三〕，曹、馬喧呼於傳舍〔四〕。

至陳叔寶，尤極慆淫。頸瘡猶帶夫藥刀，狎客已行其酒令。雜遝女御，倡和詩篇。珥貂蟬者百餘，曳綺縠者千數。肆爲瀆侮，無復君臣。歌《玉樹》之新聲，斷金陵之王氣。珠璧飾臨春之閣，光耀半天；沉檀構結綺之臺，香聞數里。祠宗廟則稱疾，拜妃妾而臨軒。惟侈是崇，蔑天弗畏。趙高視事於武帳，妲己晝可於寶牀。以江總爲臯、夔，任孔範爲伊、呂。國益告病，民不聊生。疎斥忠良，賊虐諫輔。不止二十罪，殆逾三千條。眾叛親離而不知，神怒人怨而不恤。聽謠言而弗悟，卻畫像而自如。謂限南北有長江，豈能飛渡；比敗周、齊有大福，皆使不還。

方幅員共致於雍熙，乃東南獨阻於聲教。爰示禮意，反致辱書。釁乃自生，罪底不赦。授臣以鉞〔五〕，致天之誅。總統百萬師徒，節制八十總管。過庭而奉承筭略，禡牙而昭告神祇。布宣雷霆之威，將率熊羆之士。申湯、武之仁義，蕩桀、紂之淫昏。東西連衡，首尾並進。視風濤如平步，卷江山而順流。舳艫隱天，旌甲耀日。忽龍驤之電邁，謂楊素爲江神。賀若弼出廣陵，韓擒虎濟采石。甫航一葦，卽走萬艘。乘大霧而縛醉人，當元日而驚睡主。

正月某日，若弼自北，擒虎自南，會於秦淮，以取建業。前徒倒戈於朱雀，後庭指莽於漸臺。擒虎自南掖門入宮，若弼自北掖門登殿。陳叔寶啼泣掩袂，猶然詩酒興濃；倉皇竄身，乃謂衣冠道盡。落臺城之翡翠，墮辱井之胭脂。不唧壁而出降，欲下石而始應。授繩引之，叔寶與張麗華、孔貴嬪同束而上。丙戌，臣斬張麗華、施文慶、沈容卿等，以謝三吳，執陳叔寶及僞王公百司，擁衛赴闕下。

掃數十世之僞朝，盡爲王士；合三百年之異域，皆貫諸華。荊、舒爲中國之人，江、漢被文王之化。此皆皇帝陛下，允文允武，聖謨洋洋〔六〕，乃聖乃神，帝德蕩蕩。是以諸將宣力，兆民同仇。師不踰時，役不更舉。會三光五嶽之氣，安九州四海之人。宋、齊、梁、陳以來，始復混一；夏、殷、周、漢之際，今乃比隆〔七〕。臣無任慶快之至〔八〕。

謹遣某官，奉露布以聞。年月日。

【校記】

〔一〕纂，四庫本同，正德本作『篡』。

〔二〕主，四庫本同，正德本作『王』。

〔三〕鶩，四庫本同，正德本作『驚』。

〔四〕傳，四庫本同，正德本作『傅』。

〔五〕鉞，四庫本同，正德本作『越』。

〔六〕謨，四庫本同，正德本作『漠』。

〔七〕比，四庫本同，正德本作『此』。

〔八〕快，四庫本同，正德本作『伬』。

唐太宗卽皇帝位赦文

門下：　朕嗣守丕基，獲承休緒。屬宫闈之變故，致遐邇之震驚。庸釋群疑，肆行大賚。敷於心腹，告爾神人。

昔虐政之毒流，致皇靈之壅底。朕從太上皇帝，糾昌義舉，奬率宗盟。稱無辜而籲天，爲有衆以請命。下河東之甲，孤隋自斃於維揚〔一〕；翔霸上之師，僞政行平於伊、洛。化家爲國，代虐以寬。遂統承於先王，乃撫治於方夏。

維爾萬姓，甫出阽危。肆予一人，退守藩服。執臣子之節，推尊榮於父兄；持恭遜之心，全始終於孝悌。孰意天未厭亂，時弗底寧。締構姦兇，蘊隆讎敵。變起蕭牆之内，禍生骨肉之間。力百戰以方成，忿一舉而自棄。社稷大計，須行管、蔡之誅；宗廟再安，遽有唐虞之禪。讓焉弗允，退亦無從。仰順宸慈，肆登大寶。處兆人之上，可無及天下之恩〔二〕？得四海之歡，庶幾盡天下之養，可大赦天下云云。

於戲！　遭家不造，幸免於覆亡；繼志無能，豈堪乎授受。施大《易》雷雨之澤，始潤瘡痍；負《春秋》肆眚之譏，重增祗慄。無稔怙終之惡，遂生僥倖之心。各去舊污，共成新化。咨爾有衆，體予至懷。

【校記】

〔一〕揚，四庫本同，正德本作『楊』。

〔二〕可，四庫本同，正德本作『處可』。

太宗伐高麗班師詔

貞觀十九年，上親征遼東，不能成功，深惜之。十月癸未，敕班師。

制曰：止戈爲武，佳兵不祥。爰有弗享則征，殆非得已而用。叛而伐，服而舍，是謂德攻；忘則危，好則亡，時乃大訓。朕自削平四海，奄有多方。施教化而不復言兵，制禮樂而惟期於治。祇務脩文偃武，庶幾保大定功。

裔夷高句麗，遠負海隅，自謂日影。怙恃河伯之勢，矯誣箕子之功。謂隋三往而竟亡〔一〕，夫誰萬里而更舉。敢行威虐，公肆馮陵。格文祖而苗民弗庭，會塗山而防風不至。朕膺傳禪，姑示涵容。乃拒璽書，愈失藩禮。至蓋蘇文弑君以逞，以莫離支專國而驕。連結民夷，侵擾遼右。蕩搖我疆埸，竦動我諸華。命將致討而弗悛，致朕親行而問罪。舉泰山而壓卵，彼惡敢當；傾滄海以沃焦，則莫我遏。奪命而浪走絕島，棄城而空闕無人。兵刃莫支其鋒，將士咸賈其勇。蠢茲小虜，敢怒大邦。不足辱於王師，姑增修於德政，諸軍可卽日發還。

嗚呼！聖有謨訓，鬼方反憊於殷宗；悔其可追，輪臺漫勞於漢帝。勝之不武，祇以爲勤。不能自克而遂，非以致貪功而過舉。違大臣之强諫，蹈亡國之覆車。越朕之愆，式愧爾衆。布告遐邇，咸使聞知。

【校記】

〔一〕隋，四庫本同，正德本作『墮』。

贈魏徵司空制

貞觀十七年，徵薨。贈司空，謚曰『文貞』，給羽葆鼓吹，陪葬昭陵。

制曰：古有社稷之臣，力行而濟天下以道；爲朕帷幄之佐，强諫而格君心之非。方垂拱以仰成，遽彌留而不起。宜崇優數，用卹忠勤。故特進、侍中、知門下省事、兼太子太傅、鄭國公魏徵，中誠積眞，仁義立德。以坤之直方大，用乾之純粹精。不二三以釋君，篤忠貞而事主。恥朕不及堯、舜，作佐時之臯陶；致朕必如成、康，爲制禮之姬旦。每進藥石，輒中膏肓。有政事之或遺，而諫章則卽至。爰自言職，遂踐台司。施教化者四年，俾風俗如三代。奪去之遽，天不憖遺〔一〕。忽廟堂之遂空，何斯人之不幸。雖臨小斂，忍視大還。追登平土之司，以爲下泉之賜。庶幾英爽，服我寵休。

嗚呼！在亂臣則十人，共期予治；亡正身之一鑑，誰弼予違〔二〕。中流而虞風波，未濟而失舟楫。興言不已，涕泗徒零。可特贈司空云云。

【校記】

〔一〕不，底本、正德本作『下』，據四庫本改。

〔二〕予，底本、正德本作『於』，據四庫本改。

宋璟右丞相制

玄宗開元十七年，以璟爲尚書右丞相。

制曰：共政必圖舊人，以篤儀刑之典；格君尤賴莊士，式資匡直之忠。重德佐王則朝庭尊，元老在位則社稷固。乃眷耆英之宰，宜升上相之崇。黄門監、同平章事、開府儀同三司致仕、廣平郡公宋璟，弘毅而明，静肅而勇。堅如鐵石，凛若冰霜。不阿不撓，而行以方；至大至剛，而養以直。盡心强諫，獨配魏徵之忠良；正色立朝，復見汲黯之風采。夷險一節，寅亮三朝。共倚賴於袁安，匪中庸之胡廣。佑我先后，相予冲人。既撥亂以有爲，以中興而自任。革去神龍之弊，追還貞觀之隆。厚風俗而振紀綱，肅典憲而抑僥倖。格天大略，非一旦之救時；經國遠圖，舉萬代之長策。抗章而去，成功弗居，宜正位於中台〔一〕，復登庸於右弼。燮和四海，表正百寮。於戲！股肱之寄，久已倚毗；體貌之餘，敢忘尊禮。方詢咨於黃髮，以允慰於蒼生。懋建大猷，圖惟極治。茲朕無斁，時乃之休。可特授右丞相云云。

【校記】

〔一〕『成功弗居』二句，四庫本同，正德本作『成功弗位居，宜正於中台』。

贈張巡揚州大都督制〔一〕

至德二載冬十月，睢陽陷〔二〕，巡、遠死之。十二月，上御丹鳳樓，赦天下，贈巡、遠等官。

勑：執干戈以衛社稷，焉得勿殤；聞鼓鼙則思將臣，況於死節。挺英靈而不散，凜洌氣以如生〔三〕。重爲褒崇，庶慰精爽。

故御史大夫、河南節度副使張巡，慷慨立志，突兀效忠。開誠心而待人，委軀命以徇義。苟不以道，甘餓西山；胡能詭隨，欲蹈東海。屬逆胡之荏惡，熾兇焰以燎天。從臾興師〔四〕，倉皇討賊。聲淚俱發而誓衆，邀截不暇以乘城。戰百合而氣益振，馘萬計而賊乃沮。料敵應變，出奇無窮。屹承天之不周，巋中流之底柱。牽制醜虜，絆一孤墉。遮蔽江、淮，全半天下。

走令狐而矢盡，眇子竒而事危。罵賊而嚼齒空齦，乏食而殺妾饗士〔五〕。援絕乃陷，不復求生。力竭被禽，付之以死。無負國而奚憾，得其所則爲榮。

嗚呼！大節巉天，古實罕見。精忠貫日，今孰可侔。寔祖宗之神靈，乃國家之元氣。有士若此，賊不足平。無爵以稱，人何以勸，巡可特贈揚州大都督。其守許遠，功與巡同，可特贈荊州大都督。其將南霽雲，義烈尤著，可特贈開府儀同三司。訪求其子孫，各加官爵。皆立廟睢陽，歲時致祭，主者施行。

【校記】

〔一〕揚，四庫本同，正德本作『楊』。

〔二〕睢，各本均作『雎』，徑改。下同。

〔三〕洌，正德本同，四庫本作『烈』。

〔四〕從，底本、正德本作『縱』，據四庫本改。

〔五〕乏，四庫本同，正德本作『之』。

郭子儀賜號尚父制

建中元年，德宗嗣位，詔攝冢宰，賜號尚父。

制曰：朕以眇德，獲荷丕基。諒陰之中，方恭默以思道；嗣服之始，惟垂拱而仰成。茲既太公之在朝，尚何傅説之求野。宜進異號，以崇元勳。

中書令、天下兵馬副元帥、汾陽王郭子儀，華嶽炳靈，金天傑氣。純誠惟一，忠勇俱全。沈雄而略包河山，高明而精貫日月。早識兵勢，嘗甲武科。屬孽胡之憑陵，致中原之板蕩。舉燕、趙而擣巢窟，復雍、豫而清京都。保乂皇家，殄殲逆虜。功愈大而心愈小，事益殷而謀益深。乃師中之丈人，寔天下之大老。方叔克壯，佐周室之中興；孔明勤勞，期漢家之恢復。單騎見虜，壓之以誠；孤軍逐戎，勝之以義。於古人則未有，固當世之罕儔。羽翼四朝，用舍一節。存億萬衆之性命，繫三十年之安危。雖位中台，久疏王爵。琢金石而許宥十世，逮子孫而進用數人。賞不酬勞，名未稱德。宜俾兼於元宰，仍錫號爲父師。

於戲！富貴著社稷之功，始終乃人臣之道。范蠡泛舟而去，豈曰見幾；子房辟穀爲辭，亦未盡善。豈如今日之繾綣，而無曩時之猜嫌。極其尊榮，永俾稱頌。敬服朕命，其代予言。可令攝冢宰，賜號尚父云云。

贈韓愈禮部尚書制

穆宗長慶四年，愈卒，贈禮部尚書，謚曰『文』。

制曰：道復有統，乃爲百世之師；天不憖遺，孰謂九原可作。梁木壞而復將安放，衮衣斂而庶以爲榮。

故吏部侍郎韓愈，執德不回，以道自任。幾聖未達於一間，大儒兼綜於四科。傳仲尼心，若顔淵、曾參之親炙；述孟軻志，謂荀况、揚雄爲未醇〔一〕。明白而皆仁義之歸，奥衍而得性命之正。完三光五嶽之氣，浩然而獨存；承八代百家之微，嶷若而自振。力闢二氏，申明六經。去陳言而新斯文，距邪説而立名教。巍巍乎泰山北斗，玉潔石光；浩浩乎長江大河，龍翻鳳躍。置之朝廷之上而不喜，斥之嶺海之外而不憂。六軍無譁，踰月而清輦轂；萬刃注視，片言而折兇鋒。以有用之才，明佐王之道。直造先秦之上，豈惟由漢以來。

於戲！才難其然，間生乃爾。子房而下有賈誼，卒棄於文、景之隆；孔明之後生王通，不與夫堯、舜之運。今甫中壽，遽卽大還。爲邦竟無百年，致治豈能三代。爰申遺恨，進長儀曹〔二〕。庶幾幽冥之中，不忘制作之意。咨爾精爽，服予寵休，可特贈禮部尚書云云。

【校記】

〔一〕揚，四庫本同，正德本作『楊』。

〔二〕儀曹，四庫本同，正德本作『命儀曹』。

追復李德裕太子少保衛國公制

宣宗大中元年，貶德裕崖州司戶，卒。懿宗咸通九年，追復太子少保、衛國公。

制曰：朕祗遹先烈，爰念英賢。每待旦以旁求，嘗當饋而屢歎。眷惟會昌之政，實賴社稷之臣。厥德不回，運乃逢於千載；於今爲庶，道終否於九原。盡焉傷心，何以爲訓。

故太尉、同平章事、兼太子少保、衛國公、東都留守、貶崖州司戶參軍李德裕，弘毅軼世，挺特邁倫。廓達而無町畦，明辨而有風采。淵源問學，滔滔不窮；議論辭章，袞袞可喜〔一〕。以興起斯文自任，以經濟天下自爲。入掌絲綸，則高文大册動觀聽；出爲牧伯，則深謀遠畧服荒遐。遂踐台司，獨專大柄。信任之重，古今所無。政如昭烈之孔明，又甚高宗之傅説。當國一相，輔政六年。威令幾如元和，削平藩鎮；風俗頓還三代，罷絀僧尼。雖逢不世出之君，幸得大有爲之佐。至先朝，遽褫官而退；乃權臣，快私忿而行。湮沉海島之中，淪棄煙瘴之表。兆民謗讟，四海訟冤。天亦致傷，朕胡能忍。

嗚呼！豈意姦邪之黨，復見於今；乃令忠直之賢，啣恨而死。不爲昭雪，以謝衣冠。永使沉冥，終負義烈。可追復太子少保、衛國公，依禮改葬。主者施行。

【校記】

〔一〕袞袞，正德本同，四庫本作『滚滚』。

李克用破黄巢露布

僖宗中和三年，鴈門節度使李克用爲京城東北面行營都統，破黄巢，遂復京師。

尚書兵部臣聞：兵以禁暴，王者所以行天誅；德在除殘，聖人所以運神武。故草竊姦宄之構亂〔一〕，非芟夷蕴崇而莫寧。惡不去則善何以信，伐不張而政何以舉。霜露既墜，乃成亭育之功；陰沴盡消，方定高明之位。

我國家基圖鞏固，德澤汪洋。高祖、太宗，除隋亂而軼湯、武；高宗、玄宗，致唐治而肩成、康。植兹鴻休，畀我列聖。陛下誕膺明命，紹復先王。憲章以承天心，勵精而張治具。十八葉太平天子，德本好生；三百年有道邦家，仁而不殺。

孰謂亂生於治，遂令安底於危。逆賊黄巢，器實顓庸，資乃樂禍。會祲氛以爲氣，包蛇虺以爲心。初無偷刼之謀，豈有帝王之意。乘仙芝之鼠竊，聚亡命以蝟興。始則距躍於河南，終乃翻騰於嶺外。蜂蠆吴楚，蟻結江淮。高駢玩寇而不追，王鐸畏寇而不戰。或嬰城而固守，或擁兵以窺窬。遂致姦宄〔二〕，恣行亂略。鴟張而無所忌憚，豕突而莫敢誰何。郡國以之丘墟，京師因而覆没。謂己有命，乃啓異謀。奸踰王鈇，稱建僞號。諸陵乏祀，可勝抔土之悲〔三〕；萬乘蒙塵，莫雪終天之痛。雖神人之共怒，而禍亂則方殷。猰貐血世以無厭，豺狼肉人而不置。

臣克用繆膺旌節，遠在邊陲。父子俱受國恩，君臣敢忘大義。不能先事入衛，曲突徙薪；固當投袂卽行，焦頭爛額。乃揮淚而爲禡，遂歃血以成盟。掃部内以興師，指天心而誓衆。下兵嵐石，建旆夏陽。義聲振而軍聲揚，賊氣沮而士氣倍。彼謂鴉兵已至，褫魄喪心，我知龍運方興，賈勇儲鋭。乃屯沙苑，以告師期。進及乾坑，便禽賊將。

二月某日，遂合臣重榮、臣處存等兵，與巢及其將王璠、林言、趙璋、尚讓大戰梁田。師直爲壯，天棐惟諶。雷萬鼓而一枹，震三川而皆沸。馬逸不止而横鶩，衆怒欲洩而長驅。激土雨以奮威，彗霜鋒而合勢。營頭壓陣，二百萬賊衆皆奔；積屍横空，三十里僵胔不斷。雖已奪氣，尚磔游魂。襲其餘師，再戰於零口；邀其奔路，先搤於藍田。彼猶釜中之魚，乃作几上之肉〔四〕。

四月某日，進臨京雉，直繫渭橋。我七戰而七禽，彼一遇則一敗。乘勝以奮勢，破竹以無前。逐北而攻快，建瓴而孰禦。越某日，入自光泰門，挺身决戰，先衆摧鋒。呼聲動天，殺氣蔽日。彼則建輪擁盾，柵巷而排牆；我乃投刃揮戈，執俘而斬賊。由東内及於西内，自外城入於子城；居人擲瓦石以助威，僞官裂冠裳而請命。萬騎一蹙，百道並攻。賊窘相擊，人自爲戰。蕩葚血於魅穴，薄死骨於貍丘。蹂賊於望春宫庭，蹴賊於昇陽殿闥。賊乃大潰，崩於鉅鹿之沙；彼惡敢當，碎甚長平之瓦。首尾俱斷，羽翼皆殘。鳥駭而銜，獸窮則躩。叱魯陽之日，鬭又踰時；見鄢陵之星，戰猶未已。巢乃乘其暮夜，奪命遁逃。其衆已殲，雖貸息其何濟；分師捕討，旋授首則有期。

臣竊念此兇渠，禍踰往昔。熾甚樊崇、張角，慘於朱泚、祿山。幾頓我皇綱，敢窺吾神器。蓋皇天所以申警於陛下〔五〕，使陛下以之寅畏於皇天。開萬世無疆之休，啓一日中興之運。臣今肅清禁署，灑掃神京。宸極巍巍，罷狐鳴而梟噪；雄都業業，復虎踞以龍蟠。

伏念臣本裔夷，生於沙漠。非良、平智謀之士，乃統戎行；無信、布爪牙之材，亦承鈇鉞。元兇遂殄，菲劣何能。此皆皇帝陛下德並乾坤，明侔日月。蘊英圖於彀内，隲大造於區中。以撥亂之才，施致平之略。委任不僭，授受是宜。兆人所以傾心，諸將爲之宣力。日出而羣陰伏，盜竊發以何爲；聖作而萬國寧，兵一試而卽已。櫜弓却馬，挈黎庶於雍熙；端委垂衣，躋瘡疲於仁壽。延我唐祚，過彼周期。臣無任慶快之至，謹遣某奉露布以聞。

【校記】

〔一〕宄，四庫本同，正德本作『究』。

〔二〕致，四庫本同，正德本作『鼓』。

〔三〕抔，四庫本同，正德本作『杯』。

〔四〕几，四庫本同，正德本作『杌』。

〔五〕申，四庫本同，正德本作『由』。

諸鎮討朱全忠檄

哀帝天祐四年，蜀王王建、岐王李茂貞，約晉王克用共討梁。克用乃傳檄諸鎮，告以討梁之意。

天祐四年夏四月，晉王克用致告諸鎮諸侯王及僞梁臣僚：

蓋聞田横列國之壯士，恥臣漢而竟不西朝；魯連縫掖之書生，聞帝秦而欲蹈東海。蓋義烈著于平昔，而死生爲之不踰。昭昭在天，矯矯貫日。亂臣賊子，所不敢肆；微君弱國，賴之以存。

粤惟皇唐，奄有四海，踰二十帝，幾三百年。雖紀綱寖以陵夷，而德澤尚爲龐厚。鼎未可以問其輕重，曆惡得而窺其短長。故朱泚、祿山，肆其姦兇，而遂以殄滅；黄巢、尚讓，張其盜竊，而繼卽誅夷。緬維人心，灼見天意。

僞梁朱全忠，資尢兇悍，内寔姦雄。初以碭山之一夫，亡入宛朐之羣盜。負跳踉之劇氣，稱庸狡之譓材。遂覆京師，以毒海内。知賊必敗，乃謀自歸。斂羽戢毛，以待風飈之會；暝目弭耳，長懷蛇虺之心。國家推寬大之恩，致懷柔之道。賜之旄節，適爲養惡之謀；分以土田，祇作資賊之計〔一〕。既蒙優渥，乃寖騫騰。伐叛捕亡，收貳以爲己邑；厲兵秣馬，假義而逞異圖。遂踐台司，益封王爵。覬覦日切，意望彌深。乃納交於朝權，叨求天寵；又激怒於鄰壤，締起兵端。遂連十萬之師，并有四鎮之地。

國賊崔胤，知賊熖之方熾，甚王室之甚微。賣鼎命以外交，持天權而内刼。全忠益自恣肆，無所憚違。中潛犄角之機，遥作輔車之勢，力制中外，威臨邇遐。胤以爲：宦官，天子之腹心，非盡去而國不我得；百官，天子之輔翼，非易置而權不我歸。全忠乃效董卓之尤，興晉陽之甲。京師因而覆没，乘輿以之播遷。進逼鳳翔，乃犯行在。矢及君屋，血濺御衣。兇鋒肆以無前，毒尾搖而益怒。侯景渡江而指闕，梁帝倉皇；晉師還墓以成圍，曹人兇懼，乃抄餽餉而遏，惟蘇天子併日而食，後宮析骸以爨〔二〕。主父親探於雀鷇〔三〕，楚王安復得乎熊蹯。言之傷心，痛如疾首。不能岐託，終入梁亡。全忠乃泣下沾襟，徒行執轡。奉龍顏而効順，極狐媚以欺人。急於攘竊之私，乃定刼遷之計。挈萬乘而不置，挾孤注以遂東。殺戮諸王，賊虐宰輔。惡其名士，投畀濁流。文物爲之一空，衣冠爲之掃地。乃畫血於禁禦，而薄肉於宫闈。天子涕泣求生，哀矜請命；社稷已非唐有，左右罔匪。

梁人雖李氏之天王，寔朱家之日月。甘行禪讓，冀免誅夷。懼人望之不除，竟椒蘭而行弒〔四〕。大肆殺戮，恣爲矯誣。尸成濟而貸賈充〔五〕，釋羽父而討蔿氏。大器既以入手，孽運遂乃應天。賊母后以示威，立幼君而資篡。卒移皇祚，構建僞朝。以鄙沓之材，蹈崇高之位。恃己有命，謂秦無人。逞其梟獍之心，行夫狗彘之行。報子婦而自肆〔六〕，淫臣家而不歸。污穢我皇綱，褻瀆吾神器〔七〕。

如此不道，自昔罕聞。禍絶三綱，罪踰九法。人神之所共怒，天地之所不容。惟爾多方，乃祖乃父，世惟唐臣；有社有人，豈非唐祚。可坐視而不救，乃偷生而自營。不共討平，有靦面目。彼既盡其東略，必又肆其西封。雖欲不危，其可得已。

今孤以沙陀之騎，契丹之甲，建旗麾而出漠北，聲金鼓而下河東。瞰臨黄流，直抵白馬〔八〕。背引趙、魏，横約青、齊。東西連衡，首尾並進。岐王則卷三輔而直擣，下二川而旁馳。蜀王則舉梁、益之衆出江陵，楚王則會荊、襄之師渡漢沔。吴王則跨連淮、海，蟠亘東南。厲三吴之鋒，進圍濠、泗；淬兩淮之鋭，直壓汴梁。梟賊首而剖逆心，祭先皇帝；掃寇穴而削僞號，復唐乾坤。立宜臼於宗周，奉世祖而歸漢。其爲梁臣人，比及師臨，有能斬全忠首者王，得其支者公、侯，舉郡國降者超遷。仍赦附叛逆之罪。急急如律令。

【校記】

〔一〕作，底本、正德本作『祚』，據四庫本改。

〔二〕爨，四庫本同，正德本作『釁』。

〔三〕雀，四庫本同，正德本作『崔』。

〔四〕弑，四庫本同，正德本作『肆』。

〔五〕尸，底本墨塗作『■』，四庫本作『戕』，據正德本補。

〔六〕報，底本墨塗作『■』，四庫本作『姦』，據正德本補。

〔七〕褻，四庫本同，正德本作『泄』。

〔八〕抵，四庫本同，正德本作『祇』。

郝經集編年校箋卷三十二

奏議

東師議

【編年】作於蒙古憲宗九年（宋理宗開慶元年，一二五九）十一月初，郝經從皇弟忽必烈征宋，宣撫江淮，兵趨荊鄂期間。

【年譜】蒙古憲宗九年，『九月，皇太弟總兵趨荊鄂，遣使召公從行。』『遂與公俱行，會王師於江上。公聞憲宗在蜀，師久無功，遂進《東師議》，王稱善者久之，然與帝已定約，不獲中止，遂渡江圍鄂。』見文：『且令便宜條奏。於是奏《立國規摹》、《治安急務》，各數十條。佩筆束載，從扞牧圉，遂筦軍國機務，同諸執政奏事。凡出師利害，未嘗不反復備言。及令論定植齋奏議，乃爲七道議七八千言。』

【箋證】植齋：宋臣。姓名不詳。苟宗道《故翰林侍讀學士國信使郝公行狀》：『歲己未，憲宗皇帝帥天下兵大舉伐宋，自西川入。今上總兵，直趣荊鄂，遣使召從行。上駐蹕於濮，會軍師有以宋臣植齋奏議呈獻者，言宋邊防衝要，忌吾者凡七處。上召諸公共議，公乃具奏。』武濟：生平不詳。

右臣經自乙卯十一月，被旨北上。丙辰正月，見於沙陀，不以鄙末，問以時事，且令便宜條奏。於是奏《立國規摹》、《治安急務》，各數十條。佩筆束載，從扞牧圉，遂筦軍國機務，同諸執政奏事。凡出師利害，未嘗不反復備言。及令論定植齋奏議，乃爲七道議七八千言。愚瞽知識，亦已罄竭。

近奉命宣撫江淮，以先啓行。又令有軍旅利害，具文字遣使來上。竊惟大軍已出，不能中止，向所論奏，皆爲無用。從驛騎而逾遠，望君門而日切。汲黯不難於淮陽，而眷眷於李息。既蓋激於中，而有不能已焉者。彼有重於此也，故國家此舉，所繫重甚，存亡安危，於是乎在。既不能善其始，必當爲全其終。故不敢謹默，復爲《東師議》一篇，俾權府官武濟乘驛上進，畀諸執政，番譯聞奏。議曰：

經聞圖天下之事於未然則易，救天下之事於已然則難。於已然之中，復有未然者。使往者不失，而來者得以遂，則尤難也。國家以一旅之衆，奮起朔漠，斡斗極以圖天下，馬首所向，無不摧破。滅金源，并西夏，蹂荊襄，克成都，平大理，躪轢諸夷，奄征西海，有天下十分之八，盡元魏、金源故地而加多，廓然莫與侔大也。惟宋不下，未能混一，連兵構禍，踰二十年。何曩時掇取之易，而今日圖惟之難也？

夫取天下，有可以力并，有可以術圖。并之以力則不可久，久則頓弊而不可振；圖之以術則不可急，急則徼倖而難成。故自漢、唐以來，樹立攻取，或五六年，未有踰十年者，是以其力不弊，而卒能保大定功。晉之取吳，隋之取陳，宋之取唐，皆經營比佽，十有餘年，是以其術得成，而卒能混一。或久或近，要之成功，各當其可，不妄爲而已。

國家建極開統垂五十年，而一之以兵，遺黎殘姓，游氣驚魂，虔劉劘盪，殆欲殲盡。自古用兵，未有如是之久且多也，其力安得不弊乎！且括兵率賦，朝下令而夕出師，躬擐甲胄，跋履山川，闔國大舉，以之伐宋，而圖混一。以志則鋭，以力則强，以土則大，而其術則未盡也。苟於諸國既平之後，息師撫民，致治成化，創法立制，敷布綱條，上下井井，不撓不紊。任老成爲輔相，起英特爲將帥，選賢能爲任使，鳩智計爲機衡。平賦以足用，屯農以足食。内治既舉，外禦亦備。如其不服，姑以文誥；拒而不從，而後伺隙觀釁，以正天伐。自東海至於襄、鄧，重兵數道，聯幟接武，以爲正兵。自漢中至於大理，輕兵捷出，批亢抵脅，以爲奇兵。帥臣得人，師出以律，高拱九重之内，而海外有截矣。是而不爲，乃於間歲遽爲大舉，上下震動，兵連禍結，底安於危，是已然而莫可止者也。東師未出，大王仁明，則猶有未然者，可不議乎！

國家用兵，一以國俗爲制而不師古，不計師之衆寡，地之險易，敵之彊弱，必合圍把稍，獵取之若禽獸然。聚如丘山，散如風雨，迅如雷電，捷如鷹鶻，鞭弭所屬，指期約日，萬里不忒，得兵家之詭道，而長於用奇。

自會河之戰，乘勝下燕、雲，遂遺兵而去，似無意於取者。既破回鶻，滅西夏，乃下兵關陝，以敗金師，然後知所以深取之，是長於用奇也。既而爲斡腹之舉，由金、房繞出潼關之背以攻汴；爲擣虚之計，自西和逕入石泉、威、茂以取蜀；爲示遠之謀，自臨洮、吐番穿徹西南，以平大理，皆用奇也。

夫攻其無備，出其不意，而後可以用奇。豈有連萬乘之衆，首尾萬餘里，六飛雷動，乘輿親出，竭天下，倒四海，騰擲宇宙，軒豁天地，大極於遐徼之土，細窮於委巷之民，撞其鐘而掩其耳，齧其臍而蔽其目，如是而用奇乎？是執千金之璧以投瓦石也，可不惜哉！

其初以奇勝也，關隴、江淮之北，平原曠野之多，而吾長於騎，故所向不能禦。兵鋒新鋭，民物稠夥，擁而擠之，郡邑自潰，而吾長於攻，故所擊無不破。是以用其奇而驟勝。今限以大山深谷，阨以重險薦阻，迂以危途繚逕，我之乘險以用奇則難，彼之因險以制奇則易。况於客主勢懸，蘊蓄情露，無虜掠以爲資，無俘獲以備役，以有限之力，冒無限之險，雖有奇謀秘畧，無所用之。力無所用，與無力同；勇無所施，與不勇同；計不能行，與無計同。泰山壓卵之勢，河海濯熱之舉，擁遏頓滯，盤桓而不得進，所謂强弩之末不能射魯縞者也。

爲今之計，則宜救已然之失，防未然之變而已。兩師既構，猝不可解，如兩虎相捽，入於巖阻，見之者辟易不暇，又焉能以理相喻，使之逡巡自退。彼知其危，竭國以并命，我必其取，無由以自悔，兵連禍結，何時而已。

大王殿下宜遣人稟命於行在所，大軍壓境，遣使喻宋，示以大信，令降名進幣，割地納質。彼必受命，姑爲之和，偃兵息民，以全吾力，而圖後舉，天地人神之福也。稟命而不從，殿下之義盡，而後盡吾東師，重慎詳審，不爲躁輕飄忽，爲前定之謀，而一之以正大，假西師以爲奇，而用吾正。北師南轅，先示恩信，申其文移，喻以禍福，使知殿下仁而不殺，非好攻戰闢土地，不得已而用兵之意。誠意昭著，恩信流行，然後閲實精勇，别爲一軍，爲帳下之卒，舉老成知兵者俾爲將帥，更直宿衛，以備不虞。其餘師衆，各畀侯伯，使吾府大官元臣分師總統，爲戰攻之卒。其新入部曲，曹不知兵，雖名爲兵，其實役徒者，使沿邊進築與敵郡邑〔一〕，犬牙相制，爲屯戍之卒。推擇單弱，究竟逃匿，編葺部伍，使聞望重臣爲之撫育，總押近裏故屯，爲鎮守之卒。使掣肘之計不行，妄意之徒屏息，内外備禦，無有缺綻，則制節以進。既入其境，敦陳固列，緩爲之行。彼善於守而吾不攻，彼恃城壁以不戰老吾，吾合長圍以不攻困彼，吾用吾之所長，彼不能用其長。選出入便利之地，爲久駐之基，示必取之勢。毋焚廬舍，毋傷人民，開其生路，以攜其心。亟肆以疲，多方以誤，以弊其力。

兵勢既振，蘊蓄既見，則以輕兵掠兩淮，杜其樵採而遏其糧路，使血脉斷絶，各守孤城，示不足取。卽進大兵，直抵於江，沿江上下〔二〕，列屯萬竈，號令明肅，部曲嚴整，首尾締構，各具舟楫，聲言徑渡。彼必震疊〔三〕，自起變故。蓋彼之精鋭盡在兩淮，江面闊越，恃其巖阻，兵皆柔脆，用兵以來未嘗一戰，焉能當我百戰之鋭。一處崩壞，則望風皆潰。肱髀不續，外内限絶。勇者不能用，而怯者不能敵。背者不能返，而面者不能禦。水陸相擠，必爲我乘。是兵家所謂璧堅攻瑕〔四〕，辟實擊虚者也。如欲存養兵力，漸次以進，以圖萬全，則先荊後淮，先淮後江。彼之素論，謂『有荊襄則可以保淮甸，有淮甸則可以保江南』。

先是，我嘗有荊襄，有淮甸，有上流，皆自失之。今當從彼所保以爲吾攻，命一軍出襄、鄧〔五〕，直渡漢水，造舟爲梁，水陸濟師。以輕兵掇襄陽，絶其糧路，重兵皆趨漢陽，出其不意，以伺江隙。不然，則重兵臨襄陽，輕兵捷出，穿徹均、房，遠叩歸、峽，以應西師。如交、廣、施、黔，選鋒透出，夔門不守，大勢順流，卽并兵大出，摧拉荊、郢，横潰潭、湘，以成犄角。一軍出壽春，乘其鋭氣，并成取荊山，駕淮爲梁，以通南北。輕兵抄壽春，而重兵支布於鍾離、合肥之間，掇拾湖濼〔六〕，奪取關隘，據濡須，塞皖口，南入於舒、和，西及於蘄、黄，徜徉恣肆，以覘江口。烏江、采石，廣布戍邏，偵江渡之險易，測備禦之踈密，徐爲之謀，而後進師。所謂潰兩淮之腹心，抉長江之襟要也。一軍出維揚，連楚蟠亘，蹈跨長淮，鄰我强對。通泰、海門、揚子江面〔七〕，密彼京畿，必皆備禦堅厚，若遽攻擊，則必老師費財。當以重兵臨維揚，合爲長圍，示以必取，而以輕兵出通、泰，直塞海門、瓜步、金山、柴墟河口，游騎上下，吞江吸海，並著威信，遲以月時，以觀其變，是所謂圖緩持久之勢也。三道並出，東西連衡，殿下或處一軍，爲之節度，使我兵力常有餘裕。如是則未來之變或可弭，已然之失一日或可救也。

議者必曰：三道並進，則兵分勢弱，不若併力一向，則莫我當也。曾不知取國之術與爭地之術異，併敵一向，爭地之術也；諸道並進，取國之勢也。昔之混一者，皆若是矣。晉取吳則六道進，隋取陳則九道進，宋之於南唐則三面皆進。未聞以一旅之衆，而能克國者。或者有之，儌倖之舉也。豈有堂堂大國，師徒百萬，而爲儌倖之舉乎？况彼渡江立國，百有餘年，紀綱修明，風俗完厚，君臣輯睦，内無禍釁，東西南北，輪廣萬里〔八〕，亦未可小。自敗盟以來，無日不討軍實而申警之，彷徨百折，當我强對〔九〕，未嘗大敗，不可謂弱，豈可蔑視，謂秦無人，直欲一軍倖而取勝乎？昔秦王問王翦以伐荊〔一〇〕，翦曰：『非六十萬不可。』秦王曰：『將軍老矣。』命李信將二十萬往，不克，卒畀翦以六十萬而後舉楚。蓋衆有所必用，事勢有不可懸料而倖取者。故王者之舉必萬全，其倖舉者，無賴崛起之人也。

嗚呼！西師之出，已及瓜戍，而猶未卽功。國家盛全之力在於東左，若亦直前振迅，鋭而圖功，一舉而下金陵，舉臨安則可也。如兵力耗弊，役成遷延〔一一〕，進退不可，及爲敵人所乘，悔可及乎！固宜重慎詳審，圖之以術。若前所陳，以全吾力，是所謂坐勝也。雖然，猶有可憂者。國家掇取諸國，飄忽凌厲，本以力勝。今乃無故而爲大舉，若又措置失宜，無以挫英雄之氣，服天下之心，則萑惡懷姦之流，得以窺其隙而投其間，國内空虚，易爲搖蕩。臣愚所以諄諄於東師，反復致論，謂不在於已然，而在於未然者，此也。

《易》曰：『豐其屋，蔀其家，闚其戶，閴其無人』，方今之勢也。挽回元氣，收其放心，守約實內，以建皇極，實惟殿下之事。區區瞽言，妄爲干冒，無任戰懼之至。

謹議。

【校記】

〔一〕進築與敵，底本、四庫本作『進敵』，據正德本改。

〔二〕沿，底本、四庫本作『松』，據正德本改。

〔三〕必，四庫本同，正德本作『不』。

〔四〕璧，正德本、四庫本作『辟』。

〔五〕襄、鄧，四庫本同，正德本作『襄都鄧』。

〔六〕濼，四庫本同，正德本作『檪』。

〔七〕揚，底本作『楊』，據正德本、四庫本改。

〔八〕輪，底本、四庫本作『輸』，據正德本改。

〔九〕强，四庫本同，正德本作『彊』。

〔一〇〕翦，底本、正德本作『剪』，據四庫本改。下同。伐，正德本同，四庫本作『代』。

〔一一〕成，底本、四庫本作『戍』，據正德本改。

班師議

【編年】作於蒙古憲宗九年（宋理宗開慶元年，一二五九）十一月二月，郝經從皇弟忽必烈征宋，宣撫江淮，兵趨荊鄂期間。

【年譜】蒙古憲宗九年，『九月，皇太弟總兵趨荊鄂，遣使召公從行』。『遂與公俱行，會王師於江上。公聞憲宗在蜀，師久無功，遂進《東師議》，王稱善者久之，然與帝已定約，不獲中止，遂渡江圍鄂。宋人懼，請和，會憲宗凶訃至，王召諸將屬議，公復進《班師議》，王以爲然，遂班師。』見文：『以爲今日速當退師，歸定大事。故作《班師議》，以覼縷前後陳説。』『十一月二日臣經昧死上進。』

【箋證】身毒和者斯：身毒是古印度的别譯。和者斯擔任蒙漢譯者。呂文德（？—一二六九）：字景修，南宋晚期名將，霍丘（今安徽霍邱）人。轉戰江淮、湖北、四川各地三十多年，多次擊退蒙軍。與權臣賈似道勾結。封崇國公、衛國公。謚武忠。賈制置：即賈似道（一二一三—一二七五），字師憲，號悦生，南宋晚期權相。天台人。京湖制置使賈涉之子。端平元年（一二三四）以父蔭爲嘉興司倉、籍田令。嘉熙二年（一二三八）登進士。淳祐初以寶章閣直學士爲沿江制置副使，任江州知州，兼江南西路安撫使，再調京湖制置使，兼江陵知府。加寶文閣學士、京湖安撫制置大使。寶祐二年（一二五四）加同知樞密院事，臨海郡開國公，後晉參知政事、知樞密院事，開慶初年於軍中拜爲右丞相兼樞密使。度宗即位，升任太師、平章軍國重事，咸淳九年（一二七三），襄樊陷落，德祐元年（一二七五）應戰元軍於丁家洲（今安徽銅陵東北江中），大敗，乘單舟逃奔揚州。群臣請誅，乃貶爲高州團練副使，循州安置。行至漳州木棉庵，爲監押使臣會稽縣尉鄭虎臣所殺。塔察國王：又作塔察兒，蒙古國宗王、次將。成吉思汗幼弟鐵木格斡赤斤之孫，只不干子。父早卒，祖父死，以嫡孫，受皇太弟賓，襲王爵，領祖父封地。定宗后海迷失稱制三年（一二五一），與東道諸王也古、也松格等擁立蒙哥即汗位。蒙哥汗七年，率兵攻宋，圍樊城。次年隨汗伐宋，攻荊，以分宋兵力，略地至江而還；一二六〇年，與諸王首倡擁戴忽必烈稱汗，以功賜益都、平州爲食邑，並以諸王白虎、襲剌謀所屬民戶歲賦予之。中統二年（一二六一），隨汗征阿里不哥，大敗阿里不哥於昔木土腦兒，迫之北遁。李行省：李璮（？—一二六二），金末山東軍閥李全之子（一說養子），小字松壽。一二二七年李全降蒙古，任爲淮南楚州行省（又稱益都行省），一二三一年死後不久，璮襲職，擁軍自重。娶塔察兒之妹爲次妻。中統三年初，乘朝廷與阿里不哥戰爭之機，密令納爲質子的李彦簡竊歸，隨即殲漣、海三城蒙古戍兵稱反，獻城於宋，勒兵陷益都、濟南。詔命史天澤專征，節度諸將，築環城圍濟南。後被史天澤擅命處死。旭烈大王：即旭烈兀，元睿宗拖雷之子，蒙哥之弟，率兵降服波斯之西的木剌夷、報達（以巴格達城爲中心），一二五八年攻佔巴格達，後攻天方（阿拉伯）、敘利亞大馬士革，折攻小亞細亞，破巴爾幹聯軍。在西亞建立伊兒汗國。阿里不哥：又譯阿里布哥（約一二一九—一二六六），拖雷第七子，蒙哥、忽必烈之弟。蒙哥在位時，駐守首都哈拉和林。一二六〇年四月，在哈拉和林爲大蒙古國大汗。次年，忽必烈佔領哈拉和林，大敗於昔木土腦兒。一二六四年八月力竭投降，遭幽禁。脱里赤：阿里不哥心腹，代之括兵。卷三十八《復與宋國丞相論本朝兵亂書》：『前歲二月，復令脱里赤等，大起蒙古漢軍，十丁内再起兩名，以之西行。部籍既定，方行點數。主上乘馹禽縛，卽罷其役。』張仲一：張易（？—一二八二）字仲一，太原交城人，早年與劉秉忠、張文謙、王恂同學於磁州（今河北磁縣）紫金山，先後至忽必烈潛邸。中統元年（一二六〇），任燕京行省參政。至元三年（一二六六）以中書右丞同知制國用使司事。九年，升中書平章政事、樞密副使。十八年，兼領秘書監、太史院、司天臺事。至元十九年三月，王著、高和尚等誅阿合馬，曾托稱皇太子命向他徵兵（一說張易策劃其事），事後論罪被殺。劉秉忠有《別張平章仲一》、《途中寄張平章仲一》、《寄張平章仲一二首》、《寄張平章仲一》、《六盤會仲一飲》等詩。摩哥：王惲《中堂事記》稱『皇弟摩哥大王』。眞金太子（一二四三——一二八五）：世祖忽必烈長子，成宗鐵穆耳之父。一二六一年封燕王，一二七三年封皇太子，因禪讓事件而憂鬱成疾而病逝，世祖賜謚號明孝太子。

右臣經奉命與諸執政，會議聽書記帳中，所有陳説，已令身毒和者斯譯奏。退而復恐未盡，欲更陳説。疫癘大作，不能登山，以爲今日速當退師，歸定大事。故作《班師議》，以覼縷前後陳説。

議曰：《易·文言傳》謂：『亢之爲言也，知進而不知退，知存而不知亡，知得而不知喪。知進退存亡，而不失其正者，其惟聖人乎？』蓋乾之龍德，體天行健，『六位時成，時乘六龍以御天。』時者何？當其可之謂也。故可以潛則潛，可以見則見，可以惕則惕，可以躍則躍，可以飛則飛。五位者皆當其可，聖王之德也。至於上九，則惟知進與存，不知退與亡，不當其可，而違其時，是以至此極而有悔。弗逮乎五位者，而猶謂之亢龍，德於是乎衰，不足以爲聖王矣。

故古之聖王，莫不以時進退，握乾知幾。舜自耕稼陶漁，以至爲帝，知進也；以天下與人，不私其子而以與禹，知退也。文王三分天下有其二，以服事殷，知退也；武王遂伐殷而有天下，知進也。漢高帝不與項羽校，蠖屈漢中，知退也；還定三秦以討羽，知進也。光武爲更始殺其兄齊武王而不校，展轉河朔，知退也；一旦自立，中興漢室，知進也。

故上世稱聖王者，以舜爲首，其次則稱文、武；後世之稱聖王者，以高帝爲首，其次則稱光武。皆知進退存亡之理，時乘御天，卒以龍德，而位天位者也。至於魏孝文，雖不逮於文、武、高、光，遷都洛陽，總干問罪，辭順而返；齊人侵軼，報之以兵，聞喪而還；進退以禮，不隕師徒，卒全龍德，爲用夏變夷之賢主，亦其次也。彼憑威恃力，以逞無疆之欲，皆亢龍之師也。秦苻堅、金海陵，亢而不悔者也。漢武帝、唐太宗，亢而有悔者也。雖皆亢龍，悔而知退，又其次也。

大舜不可及已，文、武、高、光、魏孝文、漢武帝、唐太宗，後王進退有餘師矣。共惟大王殿下，聰明睿知，足以有臨；發强剛毅，足以有斷。『進退存亡之正』，知之久矣。嚮在沙陀，命經曰：『時未可也。』又曰：『時之一字，最當整理。』又曰：『可行之時，爾自知之。』大哉王言〔一〕，『時乘六龍之道』，知之久矣。自出師以來，進而不退，經有所未解者，故言於眞定，於曹、濮，於唐、鄧。亟言不已，未賜開允。乃今事急，故復進狂言。

國家自平金以來，皆亢龍之師也。惟務進取，不遵養時晦，老師費財，卒無成功，三十年矣。蒙哥罕立，政當安靜，以圖寧謐，忽無故大舉，進而不退，畀王東師，則不當亦進也而遽進。以爲有命，不敢自逸，至於汝南。既聞凶訃，卽當遣使遍告諸師，各以次還，修好於宋，歸定大事，不當復進也而遽進。以有師期，會於江濱，遣使喻宋，息兵安民，振旅而歸，不當復進也而又進。既不宜渡淮，又豈宜渡江？既不宜妄進，又豈宜攻城？若以幾不可失，敵不可縱，亦既渡江，不能中止，便當乘虛取鄂，分兵四出，直造臨安，疾雷不及掩耳，則宋亦可圖。如其不可，知難而退，不失爲金兀朮也。師不當進而進，江不當渡而渡，城不當攻而攻，當速退而不退，當速進而不進。役戍遷延，盤桓江渚，情見勢屈，舉天下兵力不能取一城，則我竭彼盈，又何俟乎！且諸軍疾疫，已十四五，又延引日月，冬春之交，疫必大作，恐欲還不能。

彼既上流無虞，呂文德已并兵拒守，知我國疵，鬬氣自倍。兩淮之兵盡集白露，江西之兵盡集龍興，嶺廣之兵盡集長沙，閩越沿海，巨舶大艦，比次而至，伺隙而進。如遏截於江黄津渡，邀遮於大城關口，塞漢東之石門，限郢、復之湖濼，則我將安歸？無已則突入江、浙，擣其心腹。聞臨安海門，已具龍舟，則亦徒往，還抵金山，并命求出，豈無韓世忠之儔乎？且鄂與漢陽分據大别，中挾巨浸，號爲活城，肉薄骨并而拔之，則彼委破壁空城而去[二]。泝流而上，則入洞庭，保荊襄，順流而下，精兵健櫓，突過滸黄，未易遏也。則亦徒費人命，我安所得哉！區區一城，勝之不武，不勝則大損威望，復何俟乎！

雖然，以王本心，不欲渡江，既渡不欲攻城，既攻城不欲并命，不焚廬舍，不傷人民，不易其衣冠，不毀其墳墓，三百里外不使侵掠。或勸徑趣臨安曰：『其民人稠夥，若往，雖不殺戮，亦被踐蹂，吾所不忍。若天與我，不必殺人；若天弗與，殺人何益？』而竟不往。諸將歸罪士人，謂不可用，以不殺人故不得城。曰：『彼守城者祇一士人賈制置，汝十萬衆不能勝，殺人數月不能拔，汝輩之罪也。』豈士人之罪乎！益禁殺人，藹然一仁，上通於天。久有歸志，不能遂行爾。然今日事急，不可不斷也。

宋人方懼大敵，自救之師雖則畢集，未暇謀我。第吾國内空虚，塔察國王與李行省，肱脾相依，在於背脅；西域諸胡，窺覘關隴，隔絶旭烈大王；病民諸姦，各持兩端，觀望所立，莫不覬覦神器，染指垂涎。一有狡焉，或啓戎心，先人舉事，腹背受敵，大事去矣。且阿里不哥已行赦令，令脱里赤爲斷事官、行尚書省，據燕都，按圖籍號令諸道，行皇帝事矣。雖大王素有人望，且握重兵，獨不見金世宗海陵之事乎！若彼果決，稱受遺詔，便正位號，下詔中原，行赦江上，欲歸得乎？昨奉命與張仲一觀新月城，自西南隅抵東北隅，萬人敵上，可並行大車，排槎弗樓，締構重複，必不可攻，祇有許和而歸爾，復何俟乎！

願大王殿下以祖宗爲念，以社稷爲念，以天下生靈爲念，奮發乾剛，不爲需下，斷然班師，亟定大計，銷禍於未然。先命勁兵把截江面，與宋議和，許割淮南、漢上、梓夔兩路，定疆界、歲幣。置輜重，以輕騎歸渡淮，乘驛直造都，則從天而下，彼之姦謀僭志，氷釋瓦解。遣一軍逆蒙哥罕靈舁，收皇帝璽。遣使召旭烈、阿里不哥、摩哥及諸王駙馬，會喪和林。差官於汴京、京兆、成都、西涼、東平、西京、北京，撫慰安輯。召眞金太子鎮燕都，示以形勢，則大寶有歸而社稷安。失之東隅，收之桑榆，以退爲進，以亡爲存，『飛龍在天，利見大人』，無亢龍之悔矣。十一月二日臣經昧死上進。

【校記】

〔一〕言，四庫本同，正德本作『哉』。

〔二〕璧，底本作『璧』，據正德本、四庫本改。

立政議

【編年】作於元世祖中統元年（宋理宗景定元年，一二六〇）八月，郝經北行開平，受命出使南宋期間。

【年譜】中統元年，『春三月，世祖至開平。諸臣勸進，辛卯即位，復召竇默、許衡至開平，初定官制，以王文統爲中書平章政事，撤江上軍，以史天澤爲江淮經略使，頒即位詔於天下。四月丁未，以翰林侍讀學士郝經爲國信使，翰林待制河源、禮部郎中劉人傑副之，使於宋』。『及陛辭，公請與一二蒙古偕行，帝不許。將出，帝賜葡萄酒三爵，且命公上所當言者，公具十六條新政以上，俱切，至後皆節次行之。』『作《居庸關銘》、《讀書堂記》、《祭淮瀆文》、《禡牙文》、《立政議》、《備禦奏目》、《便宜新政》』等。

見文：『陛下應天飛龍，詔令使宋，倉卒入對，陛辭而出。和者斯傳聖旨，令條奏當今宜行事理。

倚馬起草《便宜新政》，畀仲謙、和者斯等使譯奏，所欲言者，猶有未盡。今既渡淮入宋，引領北望，顧瞻魏闕，每爲自誦：「有君如此，可遂無言乎？」於是作《立政議》。』『中統元年八月，附報入宋，奏目上進。』

【箋證】仲謙：張文謙（一二一六—一二八三），字仲謙，邢州沙河人。與劉秉忠同學，得薦與忽必烈。丁未命掌王府書記。中統元年，世祖卽位，立中書省，命爲左丞；後行大名等路宣撫司事。二年春，始立左右部，講行庶務。至元元年至三年，以中書左丞行省西夏中興等路。七年，拜大司農卿，復與竇默請立國子學。十三年，遷御史中丞。授昭文館大學士，領太史院，以總其事。十九年，拜樞密副使。家惟藏書數萬卷，尤以引薦人材爲己任。追封魏國公，謚忠宣。《元史》卷一五七有傳。和者斯：詳上篇箋證。

臣經言：前歲從扞牧圉，至於武昌，聞先皇帝上僊，以爲天命曆數在於陛下，至治可期，於是欲有所言，而遽旋旆。臣經亦以負薪之憂，道路匍匐，今年三月，始達順天。而陛下應天飛龍，詔令使宋，倉卒入對，陛辭而出。和者斯傳聖旨，令條奏當今宜行事理。倚馬起草《便宜新政》，畀仲謙、和者斯等使譯奏，所欲言者，猶有未盡。今既渡淮入宋，引領北望，顧瞻魏闕，每爲自誦：『有君如此，可遂無言乎？』於是作《立政議》。雖尸祝代庖，極爲僭越，有所不計。

臣聞所貴乎有天下者，謂其能作新樹立，列爲明聖，德澤加於人，令聞施於後也。非謂其志得意滿，苟且而已也。志得意滿，苟且一時，與草木並朽而無聞，是爲身者也，於天下何有？有志於天下者不貴也。爲人之所不能爲，立人之所不能立，變人之所不能變，卓然與天地並，沛然與造化同，雷厲風飛，日星明而江河流，天下莫不貴之，而己不以爲貴，以爲己所當爲之職分也。古之有天下者莫不然，後之有天下者莫不當然〔一〕。

天下一大器也，用之久則必敝窳殘缺，甚則至於破碎分裂，置而不修，則委而去之耳。生民萬物者，器之所中者也。器敝而委，則其中者亦必壞爛而不收。有志於天下者則爲之倡，率其群而修之，追琢而俾之完〔二〕，扶持而置之安，藻飾而新之，滌蕩而潔之，使其中者可以食，可以藏，可以積而豐，可以饜而飫，爲器之主而天下王之，安富尊榮而享夫天下。彼志得意滿苟且一時者，見器之所有，而不見器之殘缺，染指垂涎，放飯流歠，始則枵然，終則哆然，既飫而足，并其器與其餘舉而棄之，不知餒之復至也。至於神器之主，中藏盡亡，而天下餒者衆，於是羣起而爭其餘，天下亂矣。

夫紀綱禮義者，天下之元氣也；文物典章者，天下之命脉也。非是則天下之器不能安，小廢則小壞，大廢則大壞。小爲之修完則小康，大爲之修完則太平。故有志於天下者，必爲之修而不棄也。以致治自期，以天下自任，孳孳汲汲，持扶安全，必至於成功而後已，使天下後世稱之曰：『天下之禍至某君而除，天下之亂至某君而治，天下之亡者至某君而存，天下之未作者至某君而作。』配天立極，繼統作帝，熙鴻號於無窮。若是，則可謂有志於天下矣。

由漢以來，尚志之君六七作。於漢，則曰高帝，曰文帝，曰武帝，曰昭帝，曰宣帝，曰世祖，曰明帝，曰章帝，凡八帝。於三國，則曰昭烈一帝。於晉，則曰孝武一帝。於元魏，則曰孝文一帝。於宇文周，則曰武帝一帝。於唐，則曰高祖，曰文皇，曰玄宗，曰憲宗，曰武宗，曰宣宗，凡六帝。於後周，則曰世宗一帝。於宋，則曰太祖，曰太宗，曰仁宗，曰高宗，曰孝宗，凡五帝。於金源，則曰世宗，曰章宗，凡二帝。是皆光大炳烺，不辱於君人之名，有功於天下甚大，有德於生民甚厚。人之類不至於盡亡，天下不至於皆爲草木鳥獸，天下之人猶知有君臣父子、夫婦昆弟，人倫不至於大亂，綱紀禮義、典章文物不至於大壞，數君之力也。

嗚呼！上下數千載，有志之君僅是數者，何苟且一時者多而致治之君鮮也！雖然，是數君者，獨能樹立，功成治定，揄揚於千載之下，豈不爲英主也哉！其視壞法亂紀，斁彝倫，毒海內，覆宗社，碌碌以偷生，孑孑以自蔽，甘爲慵懦者，可爲憫笑也。

國家光有天下，綿歷四紀，恢拓疆宇，古莫與京。惜乎攻取之計甚切〔三〕，而修完之功弗逮，天下之器日益弊，而生民日益憊也。蓋其幾一失，而其弊遂成。

初下燕雲，奄有河朔，便當創法立制而不爲。既并西域，滅金源，蹂荊襄，國勢大張，兵力崛阜，民物稠夥，大有爲之時也。苟於是時正紀綱，立法度，改元建號，比隆前代，使天下一新。漢、唐之舉也而不爲，於是法度廢則綱紀亡，官制廢則政事亡，都邑廢則宫室亡，學校廢則人材亡，廉耻廢則風俗亡，紀律廢則軍政亡，守令廢則民政亡，財賦廢則國用亡〔四〕，天下之器雖存，而其實則無有。

賴社稷之靈，祖宗之福，兵鋒所向，無不摧破，穿徹海嶽之鋭，跨凌宇宙之氣，騰擲天地之力，隆隆殷殷，天下莫不慴伏〔五〕。當太宗皇帝臨御之時，耶律楚材爲相〔六〕，定税賦，立造作，榷宣課，分郡縣，籍户口，理獄訟，别軍民，設科舉，推恩肆赦，方有志於天下。而一二不逞之人，投隙抵罅，相與排擯，百計攻訐，乘宫闈違豫之際，恣爲矯誣，卒使楚材憤悒以死。既而牽連黨與，倚疊締構，援進宵人，畀之以政，相與割剝天下，而天下被其禍，荼毒宛轉，十有餘年，生民顒顒，莫不引領望明君之出。先皇帝初踐寶位，皆以爲致治之主，不世出也。既而下令鳩括符璽，督察郵傳，遣使四出，究核徭賦，以求民瘼，污吏濫官黜責逮遍〔七〕，其願治之心亦切也。惜其授任皆前日害民之尤者，舊弊未去，新弊復生，其爲煩擾，又益劇甚，而致治之幾又失也。今皇帝陛下統承先王，聖謨英略，恢廓正大，有一天下之勢。

自金源以來，綱紀禮義，文物典章，皆已墜没，其緒餘土苴，萬億之能一存。若不大爲振澡，與天下更始，以國朝之成法，援唐、宋之故典，參遼、金之遺制，設官分職，立政安民，成一王法。是亦因仍苟且，終於不可爲，使天下後世以爲無志於天下，歷代綱紀典制至今而盡，前無以貽謀，後無以取法，壞天地之元氣，愚生民之耳目，後世之人因以竊笑而非之，痛惜而歎惋也。昔元魏始有代地，便參用漢法。至孝文遷都洛陽，一以漢法爲政，典章文物燦然與前代比隆，天下至今稱爲賢君。王通修《玄經》即與爲正統，是可以爲鑒也〔八〕。

金源氏起東北小夷，部曲數百人，渡鴨綠，取黄龍，便建位號。一用遼、宋制度，取二國名士置之近要，使藻飾王化，號『十學士』。至世宗，與宋定盟，内外無事，天下晏然，法制修明，風俗完厚。眞德秀謂『金源氏典章法度在元魏右』，天下亦至今稱爲賢君。燕都故老語及先皇者，必爲流涕，其德澤在人之深如此，是又可以爲鑒也。

今有漢、唐之地而加大，有漢、唐之民而加多，雖不能便如漢、唐，爲元魏、金源之治亦可也。恭惟皇帝陛下，睿禀仁慈，天錫智勇，喜衣冠，崇禮讓，愛養中國，有志於爲治，而爲豪傑所歸，生民所望久矣。但斷然有爲，存典章，立綱紀，以安天下之器，不爲苟且一時之計，奮揚乾綱，應天革命，進退黜陟，使各厭伏，天下不勞而治也。

今自踐祚以來，下明詔〔九〕，蠲苛煩，立新政，去舊汙，登進茂異，舉用老成，緣飾以文，附會漢法，斂江上之兵，先輸平之使，一視以仁，兼愛兩國，天下顒顒，莫不思見德化之盛、至治之美也。但恐害民餘蘖，扳附姦邪，更相援引，比佽以進，若不辨之於早，猶夫前日也。以有爲之姿，據有爲之位，乘有爲之勢，而不爲有爲之事，與前代英主比隆，陛下亦必愧怍而不爲。《書》曰『罔不在厥初』，《易》曰『履霜堅冰至』，《詩》曰『如彼雨雪，先集惟霰』，《春秋》書『元年春，王正月』，皆謹之於初，辨之於早也。有有爲之志，而不辨姦邪於早而卻之，則鑠剛以柔，蔽明以晦，終不能以有爲。蓋彼姦人，易合難去，誘之以甘言，承之以怡色，賂之以重賨，便辟迎合，無所不至。不辨之於早而拒之，皆墮其器，授之以柄而隨之耳。

昔王安石拜參政〔一〇〕，呂獻可卽以十罪章之，溫公謂之太早。獻可曰：『去天下之害不可不速，異日諸君必受其禍。』安石得政，宋果以亡。溫公曰：『呂獻可之先見〔一一〕，范景仁之勇決，吾不及也。』

夫月暈而風，礎潤而雨，理有所必然。雖天地亦可先見，況於人乎。方今之勢，在於卓然有爲，斷之而已。去舊汙，立新政，創法制，辨人材，綰結皇綱，藻飾王化，偃戈卻馬，文致太平，陛下今日之事也。毋以爲難而不爲，毋以爲易而不足爲。投幾挈會〔一二〕，比隆前王，政在此時。毋累於宵人，不惑於羣言，兼聽俯納，賁若一代，號爲英主，臣之願也。

臣草茅愚昧，既被知遇，而又遠離軒陛，日以隔越，迫於事幾，故不辟斧鉞〔一三〕，冒觸神威，庶姦黨少卻，綱紀粗立，雖萬死無恨。中統元年八月，附報入宋，奏目上進。

【校記】

〔一〕莫，底本、四庫本作『亦莫』，據正德本改。

〔二〕追，四庫本同，正德本作『𤨏』。

〔三〕甚，四庫本同，正德本作『其』。

〔四〕財，底本、四庫本作『材』，據正德本改。

〔五〕伏，底本、四庫本作『服』，據正德本改。

〔六〕耶律，四庫本同，正德本作『移剌』。

〔七〕逮，底本、四庫本作『殆』，據正德本改。
〔八〕鑒，四庫本同，正德本作『監』。
〔九〕詔，四庫本同，正德本作『昭』。
〔一〇〕政，四庫本同，正德本闕。
〔一一〕之，四庫本同，正德本作『以』。
〔一二〕挈，底本、四庫本作『絜』，據正德本改。
〔一三〕鉞，四庫本同，正德本作『越』。

河東罪言

【編年】作於元世祖中統元年（宋理宗景定元年，一二六〇）八月，郝經北行開平，受命出使南宋期間。

見文：『經本澤人，旅食他方二十餘年，不得一拜松楸，守先世之敝廬，故願治之心，比之他人爲尤急。天庭遼邈，漫爲瞻臆。太行山色，黯然凋瘁。引領翹首，望之而已。居位操勢，有以仁天下者，可無意乎？此非布衣所當言，故援引杜牧之例，名曰《罪言》。干冒鈇鉞，謹附使者以聞。布衣陵川郝經言。』

【箋證】前文《立政議》作於元世祖中統元年（宋理宗景定元年，一二六〇）八月，後文《便宜新政》

作於元世祖中統元年（宋理宗景定元年，一二六〇）四月。郝經《陵川文集》篇目編輯，基本按時間先後順序排列。故《河東罪言》應與《立政議》、《便宜新政》爲同時期之作。

【箋證】拔都大王（一二〇九—一二五六）：成吉思汗長子朮赤的次子。一二二七年襲父汗位，領封地。一二三五年，奉大汗窩闊台之命，率大將速不台及宗王拜答兒、合丹、貴由、蒙哥等西征。七載間，先後攻掠斡羅思、孛烈兒、馬札兒等國的大片領土。乃馬眞后二年（一二四三），建立欽察汗國（金帳汗國），定都薩萊（今伏爾加河入里海處）。一二五一年，拔都擁立蒙哥爲蒙古大汗。又控制了斡羅思、塔剌思及河中地區。欽察汗國成爲大蒙古國中領土最大的宗藩國，其境域東起也兒的石河（今額爾齊斯河），南至里海，西包斡羅思諸公國，北迄伏爾加河上游。

竊聞天所畀與而能奉承，是謂應天；畀與而弗之應，是謂棄天。天可棄乎？故凡有天下國家者，雖一民尺土，莫敢忽而不治，非惟應天，亦所以奉天也。

國家光有天下五十餘年，包括繇長，亘數萬里，尺箠所及，莫不臣服。惜乎綱紀未盡立，法度未盡舉，治道未盡行，天之所與者未盡應，人之所望者未盡允也。比年以來，關右、河南，北之河朔，少見治具。而河朔之不治者，河東、河陽爲尤甚。近歲，河陽三城亦在湔濯分裂頓滯者，獨河東而已。

夫河東表裏山河，形勝之區，控引夷夏，瞰臨中原，古稱冀州天府，南面以蒞天下。而上黨號稱天下之脊，故堯、舜、禹三聖更帝迭王，互爲都邑，以固鼎命，以臨諸侯，爲至治之極。降及叔世，五伯迭興，晉獨爲諸侯盟主百有餘年。漢、晉以來，自劉元海而下，李唐、後唐、石晉、劉漢，皆由此以立國。金源氏亦以平陽一道甲天下。故河東者，九州之冠也。可使分裂頓滯，極於困弊，反居九州之下乎？

竊惟國家封建制度，不獨私强本幹〔一〕，與親賢共享，示以大公。既分本國，使諸王世享，如殷、周諸侯。漢地諸道，各使侯伯專制本道，如唐藩鎮；又使諸侯分食漢地諸道，侯伯各有所屬〔二〕，則又如漢之郡國焉。尊卑相維，强弱相制，與衆共有，進退比次，不敢相踰，條貫井井，如農夫之畔。分撥公賦，使爲私食，則亦一代之新制，未爲失也。

平陽一道隸拔都大王，又兼眞定、河間道内鼓城等五處，以屬籍最尊，故分土獨大，户數特多。使如諸道，祇納十户四斤絲，一户包銀二兩，亦自不困。近歲公賦仍舊，而王賦皆使貢金，不用銀絹雜色，是以獨困於諸道。河東土産，菜多於桑，而地宜麻，專紡績織布，故有大布、卷布、板布等。自衣被外，折損價直，貿易白銀，以供官賦。民淳吏質，而一道課銀獨高天下，造爲器皿，萬里輸獻，則亦不負王府也。又必使貢黄金，始白銀十折，再則十五折，復再至二十、三十折，至白銀二兩得黄金一錢。自賣布至於得白銀，又至於得黄金，十倍其費。空筐篚之紡績，盡妻女之釵釧，猶未充數。榜掠械繫，不勝苦楚，不敢逃命，則已極矣。

今王府又將一道細分，使諸妃、王子各征其民，一道州郡至分爲五、七十頭項。有得一城或數村者，各差官臨督，雖又如漢之分王，王子、諸侯各衣食官吏而不足，況自貢金之外，又誅求無藝乎！於是轉徙逃散，帝王之都邑，豪傑之淵藪，禮樂之風土，富豪之人民，荒空蕪没，盡爲窮山餓水，而人自相食。始則視諸道爲獨尊，乃今困弊之最也。

國家血戰數十年以有此土，何獨加意於陝右、河南及河陽，置河東而不問，坐視其顛連宛轉而不恤，獨非國家之赤子乎？是天畀此中土之冠，而裂去不受也，可乎哉？願下一明詔，約束王府，罷其貢金，止其細分，使如諸道，選明幹通直者爲之總統，俾持其綱維〔三〕，一其號令，輕斂薄賦以養民力，簡靜不繁以安民心，省官吏以去冗食，清刑罰以布愛利，明賞罰以奠黜陟，設學校以勵風俗，敦節義以立廉恥，則分裂者一，頓滯者舉，九州之冠可正致治之樞，可以風四方而動天下。克受天之所畀，天復萬萬無窮而畀之也。

經本澤人，旅食他方二十餘年，不得一拜松楸，守先世之敝廬，故願治之心，比之他人爲尤急。天庭遼邈，漫爲瞻臆。太行山色，黯然凋瘁。引領翹首〔四〕，望之而已。居位操勢，有以仁天下者，可無意乎？

此非布衣所當言，故援引杜牧之例，名曰《罪言》。干冒鈇鉞，謹附使者以聞。布衣陵川郝經言。

【校記】

〔一〕幹，底本、四庫本作『榦』，據正德本改。

〔二〕侯，四庫本同，正德本作『俟』。
〔三〕持，四庫本同，正德本闕。
〔四〕首，四庫本同，正德本作『望』。

便宜新政

【編年】作於元世祖中統元年（庚申年，宋理宗景定元年，一二六〇）四月，郝經北行開平，受命出使南宋期間。

【年譜】中統元年，『春三月，世祖至開平。諸臣勸進，辛卯卽位，復召竇默、許衡至開平，初定官制，以王文統爲中書平章政事，撤江上軍，以史天澤爲江淮經略使，頒卽位詔於天下。四月丁未，以翰林侍讀學士郝經爲國信使，翰林待制河源、禮部郎中劉人傑副之，使於宋』。『及陛辭，公請與一二蒙古偕行，帝不許。將出，帝賜葡萄酒三爵，且命公上所當言者，公具十六條新政以上，俱切，至後皆節次行之。』『作《居庸關銘》、《讀書堂記》、《祭淮瀆文》、《禡牙文》、《立政議》、《備禦奏目》、《便宜新政》』等。見文：『庚申年四月十七日，臣經上進。』

【箋證】昔剌木：又譯作失里木、實喇穆。當爲蒙古宗室。

臣經言：臣昨承和者思得聖旨，令臣條奏當今急務，付執政聞奏者。臣謹裁新政便宜十六事上進，不勝惶恐戰越之至。條例如左：

一、大有爲以定基統。自古帝王之興，莫不以有爲而後可以無爲。故舜去四凶，格有苗；成王伐三監，誅管、蔡，而後致無爲垂衣之治，刑措頌聲之美。宋太祖初卽位，未有以厭人心，趙普曰：『陛下新登寶位，必光耀神武，有以挫英雄之氣，服天下之心。』於是親平三叛，海內以寧。今日之勢，不可謂無事，政大有爲之時也。當大起師徒，以討不庭，明其逆順，使天下知所嚮。如因仍苟且，爲人所先，則釁亂一生，不可猝定矣。

二、嚴備禦以防不虞。國家以雄武自勝，故歷朝疎於備禦。今日之事，尤非前日，當密會軍旅，嚴爲之備，以待不虞。且卽位之初，兵衛不徹警也。昔周康王卽位，當無事之時，齊侯以虎賁逆子釗於南門之外。先皇帝有備，昔剌木無備，故掩而取之。至於他日無虞，京師宿衛之兵亦當留數萬，况非平日之勢乎。

三、定都邑以示形勢。今日於此建都，固勝前日，猶不若都燕之愈也。燕都東控遼碣，西連三晉，背負關嶺，瞰臨河朔，南面以涖天下。和林置一司分，鎮禦根本；北京、豐靖各置一司分，以爲二輔；京兆、南京各置一司分，以爲藩屏。夫燕、雲，王者之都，一日緩急，便可得萬衆，雖有不虞，不敢越關嶺、踰諸司而出也。形勢既定，本根既固，則太平可期。

四、置省部以一紀綱。今之執政，各各奏事，莫相統一，皆令陛下親決，雖聖明有餘，亦不能處置皆當，故姦人得以營惑自私。若省部既立，名分既定，大總其綱，小持其要，天下事雖衆，猶無事也。

五、建監司以治諸侯。諸鎮諸侯，各握兵民，不可猝罷。當置監司，以收其權，制其所爲，則兵民息肩，而政可立矣。

六、誅兇渠以示勸懲。從來亂政害民之人，須誅其尤者。不然則懼死逃去，必爲國生事。

七、親諸王以庇本根。諸王既共推戴，當加之以恩而勸之以義，使尊榮過於前日則可。

八、行寬政以結人心。從來宿弊，可爲盪滌。至於今歲絲線包銀，宜分數減免。一切逋負，皆蠲除之。

九、赦罪戾以去舊汙。自來新君卽位，必赦天下。且今西北疑阻，人情反側，諸路打筭，重爲紛擾。宜行大赦，并罷打筭，以慰安元元。

十、罷冗官以寬民力。諸州縣管民官，員數可爲限定，小處可合并。如樂人、打捕鷹房、諸科目名色官吏，皆合罷歸，分付管民官。諸色匠人頭目尤多，有管三五戶者，亦稱總管，帶金牌，皆合罷去。只一路立一頭目，總領造作。天下百姓及匠人，只養官吏亦不能也。此最爲急務，如罷去此等好家門戶計，補添軍民氣力，爲益甚大。

十一、總錢穀以濟國用。天下差發、宣課、交鈔、諸色糧，可置一大司分以總之，無入諸路手，不令買撲，則所得皆可爲國家用。罷諸路宣課鹽鐵官冗員，罷常平倉。雖曰常平倉，實未嘗有益於民，但養無用官吏數千百人。

十二、減吏員以哀良民。諸路及州縣吏員不限數目，把持官府，結爲黨與，苦刻良民，縱橫爲害。合明降一詔旨，大小州縣限員數，必令保舉，尤污暴者重罪而黜之。

十三、堅凝果斷以成中興。王者初政，莫不鋭意，往往不能自堅，鮮克有終。必凝天衷，奮乾剛，羣議不能移，斷然必行而莫之沮，故能保大定功。漢元帝以優游不斷，卒亡漢祚。唐憲宗以果斷，破蔡中興。此其效也。

十四、擴充誠明以絕猜阻。夫逆詐億不信〔一〕，聖人所譏。推誠待物，王者之明也。一切小數以干聖聽者，皆宜罷絕。

十五、明賞罰以定功過。有功不賞，有罪不誅，雖堯舜不能以善治。天子無他職事，只分别君子小人，定其功過而賞罰之，此其職也。

十六、定儲貳以塞亂階。國家數朝代立之際，皆仰推戴，故近世以來，幾致於亂，不早定儲貳之失也。若儲貳早定，上下無所覬覦，則一日莫敢爭者。且使朝夕視膳，或出而撫軍，守而監國，練達政事，此盛事也。

庚申年四月十七日，臣經上進。

【校記】

〔一〕夫，四庫本同，正德本作『大』。

備禦奏目

【編年】作於元世祖中統元年（宋理宗景定元年，一二六〇）六月，郝經北行開平，受命出使南宋期間。

【年譜】中統元年，『春三月，世祖至開平。諸臣勸進，辛卯即位，復召竇默、許衡至開平，初定官制，以王文統爲中書平章政事，撤江上軍，以史天澤爲江淮經略使，頒即位詔於天下。四月丁未，以翰林侍讀學士郝經爲國信使，翰林待制河源、禮部郎中劉人傑副之，使於宋』。『及陛辭，公請與一二蒙古偕行，帝不許。將出，帝賜葡萄酒三爵，且命公上所當言者，公具十六條新政以上，俱切，至後皆節次行之』。『作《居庸關銘》、《讀書堂記》、《祭淮瀆文》、《禡牙文》、《立政議》、《備禦奏目》、《便宜新政》』等。

見文：『中統元年（宋理宗景定元年，一二六〇）六月七日上進。』

【箋證】土波：即吐蕃。吐蕃王朝（六一八—八六四）崩潰後，宋、元和明朝初年的漢文史籍仍泛稱青藏高原地區作『吐蕃』或『西蕃』。旭烈大王：詳參本卷《班師議》箋證。

臣經言：臣初離闕廷，未知朝廷用兵次第，雖條奏新政，不敢遽言，但舉備預大略一條而已。

今聞西北阻命，朝廷處置。自遼東至於豐靖，以及河西，其關隘備禦，必無缺綻。未知西域回鶻諸國，及土波、大理，繞出西南，嘗爲備禦否？其土地廣遠，兵力豪勁，且其酋長多變詐，懼乘虛作變，與西北連衡，遏截旭烈大王，在所蟻聚，轉相營惑，使有反顧之憂。又西蜀、兩川新集，或爲搖蕩，便有意外之變。宜遣一大官知兵者，選集回鶻諸國，土波、大理一帶軍馬，於好水草險要處駐劄，與關西宣撫司肱脾相應。是斷西北右臂，且張聲勢，以接應旭烈大王軍馬。則國勢日張，西北日沮，諸國不敢覬覦，兩川得以倚重。如不爲備，或有透漏，則數千騎可以突出關西，河南無結草之拒，中原震動矣。

臣又竊見江上退師以來〔一〕，宋人頗有輕中國之心。蓋彼瘡痍未完，不敢窺伺，然國家不可不爲之備。四川、河南、京東、山東，當置四總帥：四川自成都〔二〕，至興元，接上均州置一帥；河南自唐、鄧，至陳、潁置一帥；京東自睢、亳，至宿、泗置一帥，山東自邳、徐、沂、海，并東北海口置一帥；於陜西、河南，酌中處置一大行臺，總統東西，以壯國家藩垣。便使宋人請和，邊備亦當如此。

臣愚微爝火之見，不敢自蔽，且卽入宋，不勝戀闕，故又及此，伏取聖裁。中統元年六月七日上進。

【校記】

〔一〕竊，底本、正德本作『切』，據四庫本改。

〔二〕四，四庫本同，正德本作『西』。成，四庫本同，正德本作『城』。

郝經集編年校箋卷三十三

碑文

唐帝廟碑

【編年】作於蒙古太宗皇后乃馬眞氏四年（甲辰年，宋理宗淳祐五年，一二四五），郝經寓居保定，讀書鐵佛寺，設館賈輔、張柔二府期間。

【年譜】蒙古太宗后乃馬眞氏四年，『十一月，作《鄰野堂記》、《唐帝廟碑》』。見文：『歲甲辰，監州事蕭侯顒以堯城之廟久廢，乃令進士董仲方規故基，復爲立廟，並督其役。朞年廟成，侯率州文武及其故老落而享之。經，侯之門下士也，請碑其事，故援李唐張謂虞帝廟例，題曰「唐帝廟」而不名，且贊帝德而爲之詩。』

【箋證】蕭侯顒：疑卽蕭孟圭。時任順天道完州監州事。曾任相臺總管。詳卷十三《哭蕭侯孟圭》、卷二十一《祭蕭孟圭文》、卷三十三《羑里周文王廟碑》。董仲方：生平不詳。

道本於皇，成於帝，降於王，終於霸，曆數之運會，帝王之統紀在焉。孔子贊《易》，自伏羲至堯而止，黄帝以下不論，曰：『黄帝、堯、舜垂衣裳而天下治，蓋取諸乾坤。』言生民之道至堯而後大備，始並乾坤而爲三，則堯爲皇之終。及其定《書》，斷自《堯典》，高辛以上不論，則堯爲帝之首。於是帝堯上兼皇、帝，下冠王、霸，獨出乎震，而其仁如天也。故揚雄謂：『法始乎宓犧而成乎堯，匪宓匪堯，禮義悄悄。』

蓋三皇以來，少昊、顓頊非不神聖，而堯之在位，相舜者二十有八載〔一〕，以聖相聖，久於其道，天下化成。治曆象以成天，平水土以成地，教人倫以成人，賞均刑法以成典〔二〕，去凶庸善以成政。然後以天下授舜，以德爲位，公天下之端，自是始。而命之以中，傳其心法，以道爲統，立民之極，亦自是始，故爲帝者之宗。一降而王，又一降而霸，而後德衰。故德莫盛於帝，帝莫盛於堯，宜乎配天而食也。

自三代以來，載在祀典，世封其後，以崇明祀。後世帝王，其德弗逮於王，有愧於霸，而兼皇帝之號，往往崇飾淫昏，以爲大祀，而帝之祀闕然不舉。漢氏自以爲堯帝之苗裔，而廟不及焉，則亦忘其祖矣。唐高祖以内禪法堯，號爲『神堯』，稱其代曰『唐』，而亦未嘗享於帝，立廟乃推臯陶、老子爲帝，以本所出，則亦虚其號矣。於是陶唐之祀忽，諸德之不建〔三〕，而神乏主矣〔四〕。

近世，惟平陽故帝都有廟存焉。中山之永平，帝之所生，故有廟焉，而今則弗存。按《地志》：伊祁山〔五〕，堯母所居，葬於慶都，曰慶都陵。又曰望都山，一曰靈都山。又曰望都，堯母之名也，故以名山。今中山之永平之西，水出伊祁口，越蒲陰，爲祁水，而州曰祁。永平之南，有故城曰堯城，故有廟，有碑言堯生於此。永平之東，有縣曰慶都而無山。永平之西，有縣曰唐，有碑言堯初封唐縣，其故國也。有水出於常山之西北，曰唐水，東合於祁水。以是徵之，蓋堯生於此，始受封焉。其母殂落，葬之於此。及其爲帝，則都平陽。國家不以爲命祀，帝王不躬親致享，國人與居人不忘其德，歷數千百年獨能指示其處，廟而享之，則其德在人之深者可見也。

永平，故中山屬縣，金源氏升爲州，曰完，今隸順天道。歲甲辰，監州事蕭侯顒以堯城之廟久廢，乃令進士董仲方規故基，復爲立廟，并督其役。朞年廟成，侯率州文武及其故老落而享之。經，侯之門下士也，請碑其事，故援李唐張謂虞帝廟例，題曰『唐帝廟』而不名，且贊帝德而爲之詩〔六〕，庶幾居人識賡載之遺音，知爲陶唐氏之民焉〔七〕。其詩曰：

伊祁蒼蒼，唐水蕩蕩。神母之邦，是降生陶唐。曰帝之鄉，帝德是昌。纂于有皇，唐哉皇哉。帝道光哉，乃聖乃神。於戲前王，其能忘哉。載葺茅茨，載築土階。尊酒簋貳，曰烝嘗哉。享于有誠〔八〕，曰馨香哉。曰雨曰暘，帝德惟常哉。民無殃哉，神豈無方哉。

【校記】

〔一〕相舜，正德本同，四庫本作『舜相』。

〔二〕法，底本、四庫本作『罰』，據正德本改。

〔三〕德，底本、四庫本作『後』，據正德本改。

〔四〕主，四庫本同，正德本作『王』。

〔五〕祁，底本、四庫本作『祈』，據正德本改。下同。

〔六〕帝德，底本、正德本作『德帝』，據四庫本改。詩，底本、正德本作『師』，據四庫本改。

〔七〕民，四庫本同，正德本作『名』。

〔八〕誠，底本、四庫本作『成』，據正德本改。

廉將軍廟碑

【編年】作於蒙古太宗皇后乃馬眞氏四年（宋理宗淳祐五年，一二四五）與蒙古定宗后海迷失元年（宋理宗淳祐九年，一二四九）之間，時郝經寓居保定，讀書鐵佛寺，設館賈輔、張柔二府。見文：『今順天之清苑，趙之北邊也。西北隅十里而近鷄水，泛出別爲流澮，有石梁焉，謂之「廉梁」，梁之北有廟，在汭之曲。』

【箋證】前文《唐帝廟碑》之唐帝廟在順天之永平，後文《漢義勇武安王廟碑》之武安王廟在順天府，而廉將軍廟在順天之清苑；　前文《唐帝廟碑》作於蒙古太宗皇后乃馬眞氏四年，後文《漢義勇武安王廟碑》作於蒙古定宗后海迷失元年秋。《廉將軍廟碑》應與之爲同時期之作。

【箋證】雞水：　水名，由西北流經今河北省保定市。喬惟忠在此建別墅。卷二十五《臨漪亭記》：『鷄水控常山而東，穴保而入激……别流泝布，由千戶喬侯之第園而出，出而東則亭，亭則侯之別第也。』权帥府事苑侯：　名苑德。參下一篇《漢義勇武安王廟碑》。

將軍名頗，趙之良將也。當秦人虎呑諸侯，趙獨雄山東，援韓、魏，蔽燕、齊，故秦特忌趙，屢加兵邯鄲，欲斷山東根柢。趙用將軍及上大夫相如，秦人畏焉，趙重而山東安。一旦被讒，秦殺趙括，坑降卒四十萬。秦遂壓趙、韓、魏、燕、齊皆事秦，將軍乃去趙，卒於楚。

今順天之清苑，趙之北邊也。西北隅十里而近鷄水，泛出别爲流澮，有石梁焉，謂之『廉梁』。梁之北有廟，在汭之曲。初，河南亡，經自滿適保〔一〕，往來其間，見其遺址没於荊棘，以爲荒祠，略而不問。一日，忽爲新廟，簫鼓闐溢。因問之，其人曰：『趙將廉頗葬於此，古有廟焉，廟之北有墓存焉。』則梁以姓名，廟以爵稱也。

初，將軍以讒去趙適魏，趙遣使召之，故爲健啖以示可用，復廢於讒。楚人知趙不用，迎以爲將，戰不勝。將軍思用趙人〔二〕，落莫而卒。今墓於是，豈將軍終不忘趙，楚人歸之而葬於是耶？豈將軍與趙奢自雄北邊〔三〕，有功於民，而將軍獨没於異域，邊人思之，爲虛墓而廟祀於是耶？然將軍以一人爲趙之安危，在趙而秦卻，去趙而秦肆，非止一將，亦豪傑之士，仲連之儔也。觀其勇於爲義，折節以下相如，負荊詣門而謝罪，烈烈風度，千古不渝〔四〕，宜其英靈在天，死而爲神，廟而世祀也。

廟之獲成〔五〕，本於權帥府事苑侯〔六〕，終之者，其隣並居民也。乃書其事，俾刻諸石，作楚歌以刺讒，告諸神云。

黄榆落兮刀滿霜，朝中山兮暮光狼。甲萬騎兮血染裳，一夕絶漠兮禽胡之王〔七〕。趙有人兮主父爲不亡，將軍虎步兮國無與彊，秦人閉關兮弗敢望。高壘堅壁以作氣兮，期一鼓而奮以驤，老寇而壯吾兮中權之良。孰知君之信讒兮，括爲騎刼而貞可傷，士卒何辜兮坑死於降。趙豈能國兮折棟而壞梁，彼譖人兮尚畢翕而箕張。猶爲頓米肉而示可用兮，冀其君之不忘。竟不召而去兮，卷甲免冑而彷徨。客死而莫之歸兮，孰爲墓於廉之梁，魂兮來歸兮將軍之故鄉〔八〕。御李光兮露瓜香，斟糯醑兮傾酪漿。鼓相如之瑟兮歌慨慷，邯鄲無人兮叢臺荒，郭開野馬兮祇何方。

【校記】

〔一〕滿，底本、四庫本作「蒲」，據正德本改。

〔二〕趙，四庫本同，正德本作「將」。

〔三〕自，四庫本同，正德本作「是」。

〔四〕千，底本、正德本作『不』，據四庫本改。

〔五〕獲，底本、正德本作『之』，據四庫本改。

〔六〕帥，四庫本同，正德本誤作『師』。

〔七〕胡，底本墨塗作『■』，四庫本作『代』，據正德本補。

〔八〕魂，底本、正德本作『魏』，據四庫本改。

漢義勇武安王廟碑〔一〕

【編年】作於蒙古定宗后海迷失元年（己酉年，宋理宗淳祐九年，一二四九）秋，郝經寓居保定，讀書鐵佛寺，設館賈輔、張柔二府期間。

【年譜】蒙古定宗后海迷失元年，『五月，有《怒雨賦》、《漢義勇武安王廟碑》、《許鄭總管趙侯述先碑銘》』。

見文：『歲丁酉（蒙古太宗九年，宋理宗嘉熙元年，一二三七），權帥府事苑德，於鷄水南湖之右創爲新廟，耽耽奕奕，神居巍然。初爲廟貌，並昭烈皇帝、車騎將軍及王爲三。萬戶張公來享於廟，退謂德曰：「廟無二主，尊無二上，君臣同祀，而王侍側如昔，享覲不專，非制也。」遂議別爲昭烈皇帝廟，而王始正南面之位焉。己酉秋，大享。禮畢，請碑其事，故推本君臣之義，以昭不朽，仍作詩以侑神。』

【箋證】順天：順天道，蒙古太宗十一年（一二三九）改保州爲順天道治所，至元十二年（一二七五）改順天道爲保定路。权帥府事苑德：參上一篇《廉將軍廟碑》。萬戶張公：卽張柔（一一八九—一二六八）。詳卷十三《大宛二馬》箋證。

高、光以仁義得天下，而桓、靈失之，一時豪傑，莫不欲代漢受命，比跡高、光，而祗事於詐力智計、土地甲兵。獨昭烈帝始終守一仁，武安王始終守一義，盡心於復漢，無心於代漢，漢統卒歸之。袁氏徒爲僭僞，曹氏徒爲篡竊，孫氏徒爲偏霸，竟不能以有漢。

初，王及車騎將軍飛與昭烈爲友，約爲兄弟，死生一之。及昭烈取益州，留王鎮荊州，獨當一面，掎角蹙操。昭烈進取漢中，王威鎮許、洛，幾復漢矣。不幸而操、權合謀以圖王，王死而曹氏篡。昭烈與飛出師伐權以誅讎，飛死而帝崩。始則王與飛以死事昭烈，終則昭烈與飛以死報王。嗚呼！仁之至，義之盡也。

王諱羽，字雲長，姓關氏，解梁人，起義於涿郡，戰爭於徐、兗，犇走於冀、豫，立功於江、淮，而歿於荊、楚〔二〕。其英靈義烈遍天下，故在所廟祀，福善禍惡，神威赫然，人咸畏而敬之，而燕、趙、荊、楚爲尤篤，郡國州縣、鄉邑閭井皆有廟。夏五月十有三日，秋九月十有三日，則大爲祈賽，整仗盛儀，旌甲旗鼓，長刀赤驥，儼如王生。千載之下，景仰嚮慕而猶若是，況漢季之遺民乎！天假之年，誅操復漢有餘地矣。容僞醜正，寔繁有徒，嗚呼哀哉！

順天當燕、趙之衝，而府中之廟二，皆庳俯墊偪，不稱王之威靈。歲丁酉，權帥府事苑德，於鷄水南湖之右創爲新廟，耽耽奕奕，神居巍然。初爲廟貌，並昭烈皇帝、車騎將軍及王爲三。萬戶張公來享於廟，退謂德曰：『廟無二主，尊無二上，君臣同祀，而王侍側如昔，享覲不專，非制也。』遂議別爲昭烈皇帝廟，而王始正南面之位焉。己酉秋，大享。禮畢，請碑其事，故推本君臣之義，以昭不朽〔三〕，仍作詩以侑神。其詩曰：

漢季草澤生英雄，王自蒲坂來山東。結交四海皆兒童，燕南壯士忽相逢。義氣許與開心胷，樓桑五丈卽沛豐。破屋半夜噴長虹，指天誓日除奸兇。萬折不易以死從，瞰如兩虎夾一龍，風雷盪天漢火紅。誰知京都遽蕪空，盡爲曹氏妖狐蹤〔四〕，忽爾陷賊當天窮。躍馬斬將萬衆中，侯印賜金還自封。橫刀拜書去曹公，千古凜凜國士風。跨有荊益事戰攻，直指許洛期一戎。操如喘鼠謀避鋒，權如黥梟示象恭。肘腋搶襲有呂蒙，遂令大業弗克終。飛死帝崩永安宮，三人在天義烈同。惟王神威地天通，血食廟祀仍軍容。操骨已朽王爵隆，操鬼不食王禮崇。作詩頌王興義功，願如東坡贊孔融。

【校記】

〔一〕碑，四庫本同，正德本闕。

〔二〕歿，底本、正德本作『投』，據四庫本改。

〔三〕昭，四庫本同，正德本作『詔』。

〔四〕狐，四庫本同，正德本作『孤』。

四賢祠碑〔一〕

【編年】作於蒙古憲宗元年（辛亥年，宋理宗淳祐十一年，一二五一）秋，郝經寓居保定，讀書鐵佛寺，設館賈輔、張柔二府期間。

【年譜】蒙古憲宗元年：『有《祭徵君魏先生文》、《送道士申正之序》。五月，作《儒行序》、《四賢祠碑》』。

見文：『辛亥之秋，過督亢，至易水，投文酌酒，弔太子丹。聞水汭有祠，國士劉鑾所塑，技極精巧，不知爲何神，遂往觀之。……其列坐曰郭隗、樂毅、劇辛、鄒衍，拱而侍其側者，燕昭王也。因爲敘其事曰。』

四賢者何？燕賢臣郭隗、樂毅、劇辛、鄒衍也。

辛亥之秋，過督亢，至易水，投文酌酒，弔太子丹。聞水汭有祠，國士劉鑾所塑，技極精巧，不知爲何神，遂往觀之。四像皆南面列坐，一王者拱其側，衣冠極古，殆皆周制。問諸守祠丈人，言祠故有榜曰『四賢』，不知爲何代之賢。契丹時有題曰『樂將軍』者，亦不知孰爲樂將軍也。某乃大悟，其列坐曰郭隗、樂毅、劇辛、鄒衍，拱而侍其側者，燕昭王也。因爲敘其事曰：

按北燕，周文王子召公奭所封。至王噲效舜、禹事，推國於其相子之，燕遂大亂。齊人伐燕，入其國都，遷其重器，虜其民人，幾亡其國。齊師退，國人立故太子平，是爲昭王。王思得賢臣，以雪國恥，乃築宫師事郭隗，以招徠四方賢士。於是樂毅自魏往，劇辛自趙往，鄒衍自齊往。遂以樂毅爲上將軍，并將秦、趙、韓、魏之師以伐齊，下齊七十餘城；入臨淄，歸大吕，反故鼎，徙汶篁，祀桓公、管仲，示之以禮；不拔莒、即墨，示之以義，燕幾於覇。當是之時，儀、秦方以嘴吻傾軋，孫、吴方以詐力爭奪，孰知春秋復讎之義，以仁義爲王者之師哉？而燕天下莫弱也，齊天下莫彊也，孰知夫仁義之兵能以弱勝彊哉〔二〕？獨孟軻告宣王於前，樂毅佐昭王於後，天下始知仁義之無敵。

燕有國以來七百餘年矣，世服事於齊、晉，今乃一戰勝齊，而以秦、晉爲屬，遂雄七諸侯，又知用賢之功有如是者。《易》曰：『履信思乎順，又以尚賢，是以自天祐之，吉，無不利。』昭王有焉。其後樂毅父子大顯於燕、趙，俱爲封君。郭隗之事不復見，劇辛事業亞於樂毅，鄒衍又能著書，以明律吕之本，及終始五德之運，漢以來大行於世。

嗚呼！以昭王之禮賢，四賢之不負昭王，君臣之義，師表百世，世祀於燕，宜哉！遂作思賢之詩，以遺易州守郭公，俾刻諸石。仍大署『四賢』字，俾牓諸祠以識之。其詩曰：

督亢之坡，易水之滸。臺平樹古，昔賢何許？有祠遥遥，塵闇香銷。廟貌肅然，想見燕昭〔三〕。臣乃嚮明，君猶北面。敬賢若茲，豈惟一戰。仁義之師，幾及三王。世言管樂，於仲有光。當時九九，今何足數。不用如鼠，用之如虎。冀北多馬，材皆日千。世無燕王，斷鞭不前。人有黄金，裝飾子女。士皆餓死，可憐黄土。燕國之金，盡在一臺。宜乎諸賢，莫遠具來。爲告邦人，勿乏其祀。庶幾永世，賤金貴士。爰想燕丹，乃用荊卿。不得秦城，遂傾燕城。君臣道合，千古是仰。師臣者王，視此遺像。

【校記】

〔一〕祠，四庫本同，正德本作『祀』。

〔二〕夫，四庫本同，正德本作『大』。

〔三〕想，底本、正德本作『相』，據四庫本改。

羑里周文王廟碑

【編年】作於蒙古憲宗四年（宋理宗寶祐二年，一二五四）春，至次年秋，郝經遊歷河南期間。

【年譜】蒙古憲宗四年，『春，公客於杞（今屬河南開封）』。蒙古憲宗五年（宋理宗寶祐三年，一二五五）：『秋，東行，由趙魏以適魯。八月，入於東原。』

見文：『湯陰之北，道右有古城，……前有文王廟，……於是屬諸相臺總管蕭侯，使新其廟，以昴斯民善善惡惡之心，重爲序其事。』

【箋證】羑里周文王廟：位於今河南湯陰北，與相臺（今河南安陽）相鄰。郝經曾四行河南。

據《年譜》：蒙古太祖十八年（金宣宗元光二年，宋寧宗嘉定十六年，一二二三）『冬十一月，公生於許州臨潁之城皋鎮』，曾隨父母『避地河南之魯山』。蒙古太宗四年（金哀宗天興元年，宋理宗紹定五年，一二三二）：『是年，河南亡。公父母攜公北渡，居於保，後徙順天。』此爲一行河南。二十歲娶滿城徐氏，生子阿寶。三十三歲前再娶淇澳張氏，生子阿長。蒙古憲宗五年（宋理宗寶祐三年，一二五五）：『春三月五日，子阿長生，即采鳳。公初娶徐氏，不婦，歸於家。再娶淇澳張氏，自是生子。』淇澳指淇水，因指河南淇縣，此爲二行河南。

蒙古憲宗四年，『春，公客於杞（今屬河南開封）』。蒙古憲宗五年，『秋，東行，由趙魏以適魯。八月，入於東原』。即由河北經河南，東行遊歷山東，此爲三行河南。

荀宗道《故翰林侍讀學士國信使郝公行狀》：『今上總兵直趣荊鄂，遣使召從行，上駐蹕於濮。』蒙古憲宗九年，從皇弟忽必烈南征荊鄂時，曾經濮陽、開封、昆陽、汝南等地，皆有詩爲證；後退軍時又經河南，此爲四行河南。

相之南，屬邑曰湯陰，去朝歌五十里而遠，故殷紂畿内地也。湯陰之北，道右有古城，圮復之餘，猶峻絕屹然。以其隘小而逼，故土實其中，幾與堞平，乃紂拘文王羑里之庫也。前有文王廟，祇存數楹，一碑斷碎不可讀。然過者望望，必披荊棘拜謁，咨嗟而去，莫不尤紂之兇，閔聖之厄。於是屬諸相臺總管蕭侯，使新其廟，以昜斯民善善惡惡之心，重爲序其事曰：

昔有殷既錯天命，受烹毒逞戾，殺九侯，醢鄂侯。西伯聞而竊嘆，怒而拘之羑里西北。乃推天命，重卦觀象，繫辭設戒，恭畏警省，益篤臣節。七年，諸侯皆從之囚，受始歸之。於是天下不直受，而共起亡殷。

嗚呼！三分天下有其二，以服事殷而不貳；七年拘縶，畏罪自責而不校；以憂患作《易》，反身修德而不怠，此文王之所以聖也。或謂文王在羑里，使閎夭、泰顛等，以賂悦受而獲免，及受命稱王者，皆妄説也。若然，則其於天下有意於得失〔一〕，非所以爲聖也。韓文公作《拘幽操》〔二〕，謂爲『小臣畏罪兮天王聖明』，可謂知聖人之心矣。銘曰：

業業垠土兮〔三〕，至今崔嵬。適以彰聖德兮，驅天下之歸。《易》之多戒辭兮，憂世之衰而繩己之違。不入於朝歌兮，于嗟乎羑里之祠。『周雖舊邦，其命維新』，廟其可不新兮？

【校記】

〔一〕其，底本、正德本作『與』，據四庫本改。

〔二〕公，四庫本同，正德本作『王』。

〔三〕垠，四庫本同，正德本作『狠』。

齊太公廟碑

【編年】作於蒙古憲宗五年（宋理宗寶祐三年，一二五五）秋，郝經遊歷山東期間。

【年譜】蒙古憲宗五年，『秋，東行，由趙魏以適魯。八月，入於東原。九月，濟汶自鹿門入於曲阜，藩帥交辟，皆不就。世祖時在潛邸徵召賢士，諸公累薦。九月，遣使召公，不起。十一月，召使復至，公乃歎曰：「讀書爲學本以致用也。今王好賢思治如此，吾學其有用矣！」始應召而北』。

見文：『今大行臺李公總統山東淮南道，開府於益都，東海、西河、穆陵、無棣四履，盡在統內。遂於臨淄復立姜齊太公廟，請碑其事，爲之論次云。』

【箋證】大行臺李公：李璮（？—一二六二）。卽《班師議》、《再與宋國丞相書》所謂『李行省』。詳上卷《班師議》箋證。

齊有兩太公：姜姓，四嶽之後，國於呂，遂以國氏，太公其後也。當殷帝乙及紂虐亂，聞西伯善養老而歸之，釣於渭濱，以俟天下之清。西伯畋而遇之，載與俱歸，使佐理其國，時年已八十矣。武王卽位，尊爲尚父而師事之，稱『師尚父』，遂并將八百諸侯之師，誅紂救民。周有天下，遂爲太師而封之齊，五侯九伯，得專征伐，而在周、召之右。及薨，葬於周。子丁公伋嗣，復相成康，五世皆葬於周。齊以其始受封之君，稱爲『太公』，廟爲始祖，而世祀之。至桓公爲五霸首，尊周抑楚〔一〕，王室賴以復存。是爲姜齊之太公。當陳禦寇之亂，公子完奔齊，其後爲田氏，又以國氏稱陳。至田常專齊，周安王命常之孫和爲諸侯，滅姜齊而代之，及卒，亦稱太公。至威王僭號稱王，後爲秦所滅，是爲田齊之太公。齊人以姜齊有大功於天下，故不祀太公和，而特祀周太師太公。由漢迄唐，廟享於故齊都臨淄，以故姜齊祖廟而不絕〔二〕。唐開元間，又特立太公廟於京師，以名將留侯等十人爲十哲配享。其後又進爵爲武成王，號爲『武廟』，禮秩與孔子廟同。宋、金以來，遂爲大典，金亡而臨淄之廟廢。今大行臺李公總統山東淮南道，開府於益都，東海、西河、穆陵、無棣四履〔三〕，盡在統内。遂於臨淄復立姜齊太公廟，請碑其事，爲之論次云：

夫太公，聖人也，其相武王伐紂救民，亦一伊尹也。《詩》曰：『維師尚父，時維鷹揚。亮彼武王，肆伐大商，會朝清明。』特言其功烈之美，而不言其所以聖。至武王既受命，進丹書，謂『敬勝怠者昌，怠勝敬者亡』，乃見其所以聖者。其言舉『於緝熙敬止』，『敬之敬之，天惟顯思』，『不顯亦臨，無射亦保』，『相在爾室，尚不愧於屋漏』等，共爲周家心傳家法。以受天命而維王統〔四〕，同夫堯、舜之『允執厥中』、『惟精惟一』。兢業之道，聖之事也，故孟子謂：『若文王，則聞而知之；太公，則見而知之。』知之者何？知堯、舜、禹、湯所傳之道也。知堯、舜、禹、湯所傳之道，而爲文、武師臣，非聖而何？後世兵家者流，乃以《六韜》書爲太公作，皆陰謀狙詐功利之説，謂以是佐周取殷，而埒於孫、吳。嗚呼！豈知太公者哉？後世又推爲武臣之首，而與起、翦並，以一將待聖人，則又誣太公甚矣。武成之號〔五〕，公有所不受也，故不書。繫之詩，載揚公之所以聖，以侑神云：

渢渢乎大哉，齊之風乎。表東海者，其太公乎。顯與西土，而國之東乎。不顯惟德，祇稱其功乎。敬勝乎怠，神道之充乎。心存不忘，堯、舜之中乎。乃武乃文，聖德之同乎。於乎不能忘，三代之隆乎。

【校記】

〔一〕抑，四庫本同，正德本作『帖』。

〔二〕而，正德本同，四庫本作『尚』。

〔三〕棣，四庫本同，正德本誤作『逮』。

〔四〕維，四庫本同，正德本作『惟』。

〔五〕成，四庫本同，正德本作『臣』。

涿郡漢昭烈皇帝廟碑

【編年】作於蒙古憲宗三年（宋理宗寶祐元年，一二五三）夏，郝經遊學燕京，途經涿郡之時。

【年譜】蒙古憲宗三年，『夏，公入於燕，由萬寧故宮登瓊花島，慨然有懷，乃作賦焉』。見文：『廟在涿郡南十里而近。』『故爲推本漢氏家法心傳，統體所在，正其名號，曰「漢昭烈皇帝」，牓其殿而碑諸廟，再歌義烈，繫之以詩。』

王統繫於天命，天命繫於人心。人心之去就，卽天命之絕續，統體存亡，於是乎在。觀漢氏之三起三滅，民到於今稱之。廟食血祀於興王之地，越千歲而不忘者，可見也。夫有仁民之誠心，上通於天而下固結於民，雖欲舍之而去，天與民弗舍焉。不篤於仁，不誠其心，一以暴戾詭僞驅民而力爭之，自以其民爲己有，而民視之爲己讎，縱一時或得，則必失之。

昔秦之暴甚矣，高帝寬仁愛人，聖度豁如，而得人心，留侯自留從之，以爲天受義帝。諸將推爲長者，使之入關，除殘約法，秦父老爭持牛酒，惟恐不王。雖避楚王漢，天與民弗舍，卒一天下，受天命，纂承三代之統。

莽之僞甚矣〔一〕，光武仁厚英明，推赤心置人腹中，而得人心。鄧禹仗策而求見，耿弇倡義而來歸，馬援以爲帝王自有眞〔二〕，遂留而不去。雖避更始，留河朔，天與民弗舍，卒復漢祚而大一統。

操之暴則如秦，而其僞則甚於莽，復有項籍、韓、彭之智力，盜有漢祚，陰畀之丕，偃然自以爲無漢矣。昭烈以遐冑遺孤，有大志，尚義烈，與人誠盡，堅忍自强，一時推爲英雄，尤得人心。關羽、張飛，熊虎之將，恩同骨肉；諸葛孔明，伊、呂之佐，而爲之用。雖逼於操，忌於權，奔走於二袁，身無所歸，而所在民輒歸之。尤篤於君臣之契，顛沛之際，信義愈明。掃境以復關羽之讎，身死而無憾；遺命孔明，謂『孺子不可輔則自取』；至於不負劉荊州，哭墓而去；當陽長坂〔三〕，不忍棄民；勸於座襲劉璋，以爲當與操如水火；及其屬纊自謂德薄。皆古之賢王所難能，高、光之所無有。故曹氏雖據中夏，祗爲僭僞，天命王統，卒在昭烈。

嗚呼！高帝、光武、昭烈三君，傳一誠心，歸之於仁，作漢命脉，以爲統體，維繫中國，始則造漢，中則復漢，終則存漢，幾五百年，涵浸深浹，固結民心，至今不忘，在所廟祀。秦、楚、莽、操之後，卒皆無聞。仁與暴、誠與僞之徵，昭昭矣。沛豐邑之高帝，南陽之光武，涿郡之昭烈，皆爲帝里，故其廟祀尤甚。

涿，故燕國也。古多豪傑之士，歌謡慷慨，借交報仇，遺風尚存。每言曹魏簒漢之事，莫不欷歔流涕。想見昭烈君臣父子之際〔四〕，仁厚灑落，藹然三代之風，故其祠下拜謁而致奠者，朝夕不絶。其歲時祀事，合沓走集，不遠千里，指示樓桑故居，彷徨不忍去。故其神靈赫奕，又有盛於沛豐、南陽焉〔五〕。

廟在涿郡南十里而近，自隋、唐、五季、遼、金以來，皆卽故居，代爲增葺。其正殿當中山靖王之後昭烈之諸父祖墳園，其神室則昭烈像設衮冕南向，其佐命將相則列於兩廡，左則諸葛亮、龐統、法正、許靖，右則關羽、張飛、趙雲、馬超，位序崇敞〔六〕，有法制焉。廟又有碑，金翰林應奉王庭筠詞，推明昭烈之志，論義文采，近世所無，然猶題爲『先主』，名號有未正焉。

按《春秋左氏傳》，稱『先主』者，大夫稱其先大夫之辭，生則稱『主』，沒則稱『先主』，非帝王之號也。魏、晉私計，以昭烈父子爲僭僞，故稱『蜀』，不稱『漢』，以昭烈爲『先主』，安樂爲『後主』〔七〕。至陳壽作《國志》，卽以漢統與魏，使昭烈父子與劉璋共爲《蜀志》。其後著書者，皆以魏爲正統，惟宋司馬光更『蜀』爲『漢』，初曰『漢中王』，卽位曰『漢主』，崩則曰『漢主殂』，追稱則曰『漢昭烈帝』，而亦不以正統歸之。

至建安，朱熹始奪『黄初』之統，以『章武』繼漢，漢亡始爲魏。夫高帝以寬仁得人心，開漢統；光武以謹厚得人心，復漢統；昭烈以信義得人心，存漢統。故魏篡漢之始〔八〕，昭烈以爲天下不可遂無漢，傳序在己，故卽漢中王位。及魏遂代漢，廢漢帝而幽之，乃卽皇帝位於武擔之南〔九〕，正名定分，聲罪致討。及崩，而畀之孔明，使復漢卒事。其中興功烈雖不逮光武，其出師誅讐，纂承高帝之志，揭示漢家神靈，震竦姦僞，若天假之年，必拓定中原，如建武之際矣。且與光武皆漢子孫，豈容神器之他歸，而獨不與其統，稱大夫之稱乎？或者又以爲族屬疎遠，不能紀其世數名位，猶宋高祖稱楚元王後，南唐烈祖稱吴王恪後，此又從而爲之辭者也。後世之致疑，未若孔明之傳信。

初，昭烈見孔明，卽曰：『今漢室傾頹〔一〇〕，姦臣竊命，孤不度德量力，欲信大義於天下。』卽以復漢自任。孔明卽曰：『將軍既帝室之胄，信義著於天下。』又曰：『霸業可成，漢室可興。』爲帝胄，使興漢室，當是之時，莫不以昭烈爲漢帝，曹氏爲漢賊。豈至於後世，而欲以一己之私反之哉？故爲推本漢氏家法心傳，統體所在，正其名號，曰『漢昭烈皇帝』，牓其殿而碑諸廟，再歌義烈〔一一〕，繫之以詩。詞曰：

高祖造漢，拯民塗炭。世祖戡難，民適思漢。兩都二祖，垂四百年。昭烈之興，死灰復然。難於二祖，百折不沮。倉皇奔走，衆纔一旅。豈弟仁厚，民心是歸。必得國士，乃可有爲。既挾熊虎，復起臥龍。電掃漢南，雷震江東。蹙操脱吳，據有梁益。遂取漢中，興王立國。高皇之起，始實在此。拓定中原，貽於孫子。漢賊不並，顧豈偏安。丕豈其敵，誅讐弗難。天不假年〔一二〕，僨軍崩殂。不能致討，還於舊都。顧命孔明，伊周之事。不私其子，天下大計。琅琅格言，最以爲善。三代君臣，乃今復見。宗臣流涕，效死出師。游魂佷鬼，折敗不枝。晻曖返照，有光屬天。既絕之統，復一再傳。三君一仁，三起三滅。廟食帝里，至今不絕。燕山之陽，涿水湯湯。篤生異人，復一高光。杜鵑不來，桑猶在寢。刻詩廟門，萬世是諗。

【校記】

〔一〕僞，四庫本同，正德本作『爲』。
〔二〕眞，四庫本同，正德本作『貞』。
〔三〕坂，底本、正德本作『坡』，據四庫本改。
〔四〕父子之際，四庫本同，正德本作『之父子際』。
〔五〕沛，四庫本同，正德本闕。
〔六〕敞，四庫本同，正德本作『廠』。
〔七〕主，四庫本同，正德本作『王』。
〔八〕之，四庫本同，正德本作『以』。
〔九〕擔，四庫本同，正德本作『儋』。
〔一〇〕傾頽，底本、四庫本作『頽傾』，據正德本改。

〔一一〕再，四庫本同，正德本作『在』。
〔一二〕天，四庫本同，正德本作『天下』。

漢丞相諸葛忠武侯廟碑

【編年】作於蒙古憲宗三年（宋理宗寶祐元年，一二五三）夏，郝經遊學燕京，途經涿郡之時。

【年譜】蒙古憲宗三年，『夏，公入於燕，由萬寧故宫登瓊花島，慨然有懷，乃作賦焉』。見文：『初，昭烈即漢中王位，以孔明爲軍師將軍。及繼漢即帝位，遂以爲丞相。安樂公即位，封武鄉侯，領益州牧。及薨，謚曰「忠武」。魏晉以來，既以昭烈爲蜀先主，乃書孔明爲蜀相。至於杜甫，甄别題評，號爲精當，亦仍蜀相之名。今既正昭烈之號，而碑之涿郡樓桑之廟，復正孔明位號，曰「漢丞相諸葛忠武侯」，則君臣統體皆得其正。推本論著，碑之配享之廟廷，作歌以悲其志云。』

【箋證】諸葛忠武侯廟：指在涿郡漢昭烈皇帝廟中所設諸葛亮神像，非在涿郡漢昭烈皇帝廟之側，再建一諸葛忠武侯廟。前文《涿郡漢昭烈皇帝廟碑》：『廟在涿郡南十里而近，自隋、唐、五季、遼、金以來，皆即故居，代爲增葺。其正殿當中山靖王之後昭烈之諸父祖墳園，其神室則昭烈像設衮冕南向，其佐命將相則列於兩廡，左則諸葛亮、龐統、法正、許靖，右則關羽、張飛、趙雲、馬超，位序崇敞，有法制焉。』

以天下自任，佐王而行道濟時，伊尹也；以天下自任，無王而不能行道濟時，孟軻也；以天下自任，佐王行道，不能盡濟斯民，不盡其用，諸葛孔明也。伊尹之佐王而行道，孟軻之無王而道不行，皆判一定，無復於憾。至於孔明，以王佐全才，立政於區區庸蜀，不能疆理天下，完漢故物，制禮作樂，比隆三代。以節制之師，祇平雍闓〔一〕，禽孟獲，馘王雙，斃張郃，不能汛掃中原，討魏黜吳，翦操虜懿。方雜耕固壘，敦信明義，張漢天聲，信九伐之法，而遽隕星嘔血。與道而不與命，與之才而不盡其用，是以有志之士，莫不痛哭流涕而致惜焉。

嗚呼！唐、虞、三代之盛，孔子歎其才難而僅稱九人，至孟子，則又獨與伊尹一人爲聖之任，何哉？蓋士不能自重，則不能任重；不能輕天下，則不能有天下。

伊尹耕於有莘之野，不以道義，繫馬千駟、禄之天下不顧，三聘而起，遂任天下之重。一夫不獲，若撻於市。放夏桀，廢太甲。一以天下爲計，己獨任其責，故爲聖之任也。孟子爲稱道，則亦己之志也。當其時，中國無王，有王者起，則必爲伊尹之事，行道以救天下。故每自謂：『天未欲平治天下則已，如欲平治天下，舍我其誰？』『若齊能用予，則豈徒齊民安，天下之民舉安。』『以齊王猶反手也。』又謂『萬鍾於我何加焉』，『富貴不能淫，貧賤不能移，威武不能屈，乃爲大丈夫』，則亦伊尹之儔也。故伊尹而下，以天下自任者，孟子一人。

漢室傾頽，羣雄競起，天下之士莫不徼倖功利，反復於智數詐力〔二〕，汲汲以爭天下。獨孔明高臥南陽，抱膝長吟，視天下不足爲，躬耕隴畝，若將終身焉，則亦伊尹耕莘之志也。及昭烈三往，知其仁誠敬讓，可以有爲，遂起而委質焉，則亦伊尹幡然而改也。既從昭烈，慨然以興復漢室爲己任，及永安顧命，則曰『臣竭股肱之力，加之以忠貞〔三〕，繼之以死』，則亦伊尹佐太甲之事也。至於内治既脩，將以外攘，以圖報効，臨發上疏，精忠懇盡，藹然三代君臣，復見《伊訓》、《太甲》之書。其將兵薄伐，出入巖阻，一以節制，不爲浪戰，申明賞罰，開布公道，不規近利，恢張遠圖，秦、漢而下，復見王者之師。其駐兵五丈原，懿終不敢出，則已定勝。至其臨没，懿按視營壘，亦歎服以爲『天下奇才』。則孟子以來，以天下自任者，又祇一人耳。

論者乃以爲自比管、樂，蕭、曹亞匹〔四〕，將略非所長。又謂不當復漢，不可以詐力雜仁義，去中原入巴蜀，非其地，當如陳平用金間魏君臣。或者又以魏爲正統，而書伐罪之師爲入寇。嗟乎！孔明其可若是班乎？乃以是奇孔明，而又以是責之乎？豈眞知孔明者哉？

初，昭烈卽漢中王位，以孔明爲軍師將軍。及繼漢卽帝位，遂以爲丞相。安樂公卽位，封武鄉侯，領益州牧。及薨，謚曰『忠武』。魏、晉以來，既以昭烈爲蜀先主，乃書孔明爲蜀相。至於杜甫，甄別題評，號爲精當，亦仍蜀相之名。今既正昭烈之號，而碑之涿郡樓桑之廟，復正孔明位號，曰『漢丞相諸葛忠武侯』，則君臣統體皆得其正。推本論著，碑之配享之廟廷，作歌以悲其志云：

季末汩於功利兮，咸跂蹶以顛躋。苟無益於己兮，則并其民而棄之。士氣日卑兮，任天下之重者其誰？莫不欲臣其臣而莫予違兮〔五〕，孰能以臣而爲師？莫不患失而欲得其君順而弗違兮，而甘妾婦之爲。治弗逮於古昔兮，皆苟且而詭隨。漢室傾於桓靈兮，薄崦嵫而日益阽危。姦渠僞魁羣起兮，鬩爲力爭而竊窺。或豺狼以肆毒兮，或狐鬼而誣欺〔六〕。不以爲羞而助桀兮，自以爲是而不知其非。獨之人高臥而不起兮，若太山之四維。雖不足以有爲兮，胡澒涊以自脂〔七〕。王室乃有遐孤兮，逼無所容而民莫知歸。三往乃見而益之以恭兮，沛然龍起而夾之以飛。以復漢自任兮，吐胷中之奇。君臣之契灑落兮，相與撥亂而興衰。顧命而托國與子兮，涕泣而以死繼之。仗義而討賊兮，雜耕按堵而軍無私。反正而抉僞兮，還舊都而有期。巍然聖之任兮，將越孟而配伊。天不假年兮，忽隕星而反旗。志士莫不痛惜兮，至今以爲悲。嗚呼噫嘻！使侯不死兮，禮樂其可興，三代其庶幾兮。不侯之知兮，侯其可幾。有格天之才兮以造命，有佐王之略兮以濟衆。有不可奪之節兮以輔政，有不可窮之智兮以應變。有必信而不可屈之義兮，以誅仇而匡時。成敗利鈍畀之天兮，一不動於中而死生以之。遂世而磊磊軒天地兮〔八〕，其道淳曜而無疵。俾萬世之敬仰兮〔九〕，視此麗牲之碑。

【校記】

〔一〕平，四庫本同，正德本作「乎」。

〔二〕詐，四庫本同，正德本作「作」。

〔三〕貞，四庫本同，正德本作「眞」。

〔四〕蕭、曹，底本、正德本作「管、蕭」，據四庫本改。

〔五〕予，四庫本同，正德本作「於」。

〔六〕狐，四庫本同，正德本作『孤』。
〔七〕澳洳，底本、正德本作『腆肕』，據四庫本改。
〔八〕遂，正德本同，四庫本作『處』。
〔九〕世，四庫本同，正德本作『年』。

郝經集編年校箋卷三十四

碑文

漢高士管幼安碑

【編年】作於蒙古憲宗五年(宋理宗寶祐三年,一二五五)秋,郝經遊歷山東期間。見文:『迄今千有餘歲,邦人慕其德化,代爲祠宇,歲時致享,禮爲先師。乃敘其事,書爲「漢高士」,作詩以歌詠遺風,俾刻之石云』。

【箋證】管幼安: 即管寧,其祠宇在其家鄉北海郡朱虛(今山東安丘)。元潘昂霄《金石例·金石文之始·碑式》:『郝伯常:《文子廟碑》、《漢高祖廟碑》、《漢光武廟碑》、《處士管寧廟碑》。』

東漢中興二百有餘年,處士之盛,卓冠前古。其整領清議,激揚頹波,振起末俗,以衛宗社，固自有力。而其疾惡荏釁，激怒召亂，隆譽飈欻，虚聲扇盪，與宦戚相軋，而卒成黨錮，搏國共債，亦皆自夫處士。獨建武之初，會稽嚴子陵抗志絶俗，遠引長往，不爲漢之三公，激成一代風節。建安之末，北海管幼安離羣高蹈，肥遯居貞，不爲魏之三公，以全一代名義。得處士之道者，惟茲二人。

然而君子當出而處則失義，當處而出則違道。子陵之不事莽，得其處矣。有君如光武而亦不事，當見而飛，乃潛以遯，高則高矣，於義未盡也。幼安生於桓、靈之際，出於黨錮之餘，董、吕、袁、曹閧起亡漢〔一〕，而社稷卒爲操有，欺孤遺〔二〕，殺母后〔三〕，賊義士，動以詔旨行事，而終身不受禪代，則其姦有甚於莽。其共爲篡竊，委質而臣事者〔四〕，皆患失無恥、不顧名節之人。當是之時，處而不出可也，不受其三公可也。故東漢處士雖盛，節高而道全者，惟先生一人焉。

先生名寧，姓管氏，避亂適海外，公孫氏亦僭擬王者，又偏方一操，故和順道德，玩味經術，格之以誠，卒免於禍。魏既篡，以太尉徵，不就。正始二年卒，天下莫不高之。迄今千有餘歲，邦人慕其德化，代爲祠宇，歲時致享，禮爲先師。乃叙其事，書爲『漢高士』，作詩以歌詠遺風，俾刻之石云。其詩曰：

漢鼎破碎天地閉，處士一綱無噍類。妖狐垂涎猛虎噬，失身便爲賊睥睨。噎喝不敢伸大義，少見圭芒卽賈忌。文舉德祖競棄市，荀令倉皇亦自斃。中原殆無置足地，惟有海外可避世。先生振纓從此逝，箕子之貞固當繼，遠害全身最得計。醫巫閭高有餘翠，鴨綠江深涵海際。濯足歸來儘和氣，紗帽無塵風滿袂。東夷尚仁心簡易，土俗厚敬篤無僞，遷善從化日純粹。華歆見金節自廢，破壁殺后脅漢帝。當時割席絕交契，更著三公重相穢。回視諸人等兒戲，滿朝不識司馬懿。吾敢與人家國事，從渠九遷還四至，禮樂詩書是吾志。孤蹤遥遥謝權勢，蠖屈龍潛當未濟。民未忘德猶世祀，遼海千年漢高士。

【校記】

〔一〕袁，四庫本同，正德本作『表』。

〔二〕孤遺，底本、四庫本作『遺孤』，據正德本改。

〔三〕殺，正德本同，四庫本闕。

〔四〕臣，底本、四庫本作『成』，據正德本改。

漢義士田疇碑

【編年】作於蒙古憲宗八年（戊午年，宋理宗寶祐六年，一二五八），郝經途徑易州之時。

【年譜】蒙古憲宗八年，『作《一貫圖》、《漢義士田疇碑》、《殷烈祖廟碑》、《順天孔子新廟碑》』等。見文：『歲戊午，經及易州總管何侯世麟越易京，登黄金臺，瞰臨督亢，慷慨懷古，因論燕、趙義士以疇爲首。侯謂：「……吾欲祠而祭之……」……遂祠於易水之上，經爲碑其事，題曰「漢義士」，作歌以明君之志云。』

【箋證】易州總管何侯世麟：　即何伯祥（一二〇三—一二五九），字世麟，易州淶水季路里人。生平詳卷三十五《故易州等處軍民總管何侯神道碑銘》。易京：　指易縣。清李有棠《遼史紀事本末》卷九《太宗嗣立》考异：『戴銑《易州志》云：　黄金臺在州治東南四十里。昔燕昭王師事郭隗，築臺於此。《通典》云：　歸義縣，漢易縣地。公孫瓚於此置易京，在今縣南十八里。』

燕、趙控帶朔、漠，土風雄質，其服義尚氣，借交報仇，奮不顧死，振古以然。當漢之季，得義士一人曰田疇。方董卓廢立，豪傑並起，莫不欲盜漢以爲己有。獨賢宗子虞牧幽州，不受山東尊號，誓清國恥。而天子蒙塵，君臣道絶，乃令疇奉章奔問官守。比歸，而虞爲公孫瓚所殺。疇乃哭墓而去，糾合宗黨，掃地而盟，期於誅瓚。無何，瓚爲袁紹所滅，而紹亦終不勤王，陰懷異志，尋爲曹操所并，遂謀篡代。於是袁、曹等爲一瓚，故躬耕不出，民夷義之，漸成都邑。以烏桓屢殺鄉州冠蓋，故假操以誅蹋頓。操欲以五百户封爲亭侯，辭不受，終身不仕魏世而卒。

邈乎高哉，古之義士無以尚已。嘗謂豫讓、荊軻，亦燕、趙之豪，其感槩許與，固有烈士之風〔一〕。然中懷譎計，并命於數寸匕首，不免爲一刺客。如疇之卓犖，數千里間關寇敵，不隕君命。以未反報，臣主在難，竟不拜官。斥責去瓚，而瓚不敢害。歸於無終，撫和民夷，約法立制，其志不止誅瓚，欲奬率燕、趙義士，并討袁、曹，興復漢室。不幸而遂爲操有，故終不臣操仕魏。其義烈矯矯，非豫讓諸人所能及也。

嗚呼！漢室傾頽，姦臣倚疊，惟劉公虞以幽州死漢，昭烈及關羽、張飛起義於涿郡以復漢，管寧隱遼海，田疇邑無終，終身不仕魏以存漢。志節高天下，忠義動千古者，惟兹六人，皆自夫燕、趙，古今所稱殆不誣矣。宜其没而爲神，各食其土也。

歲戊午，經及易州總管何侯世麟越易京，登黄金臺，瞰臨督亢，慷慨懷古，因論燕、趙義士以疇爲首。侯謂：『君欲誅公孫瓚而未卒志，此瓚死所也，君之靈豈不烈烈於是乎？吾欲祠而祭之，以表君義，可乎？』經曰：『可哉！』遂祠於易水之上，經爲碑其事，題曰『漢義士』，作歌以明君之志云。歌曰：

君在難兮時多艱，士有志兮事無難。躍馬去兮踰關山，明月皎皎兮照刀環。奉章遑遑兮入長安，見天子兮覩天顔。未報命兮不受官，臣節達兮壯士還。主君死逆兮血未乾，苦淚徹泉兮骨已寒。糾宗盟兮戮兇殘，倒渤海兮摧燕山。誰知復有數賊兮，瓚已死而操尤姦。天下已無漢兮，吾何以立於世間，復何面目以見燕、趙之士兮，當蹈海而尸狂瀾。彼荊卿兮尚不負於燕丹，吾寧負劉幽州兮俛首以事曹瞞，死爲漢士兮躬耕以盤桓。嗚呼！君之義烈兮高薄乎雲之端，應與傅説兮跨箕尾而凌高寒。永爲燕之神靈兮，俾萬世其仰觀。酒滿樽兮殽滿盤，挹靈氛兮佩幽蘭。我欲從君兮不可攀，魂兮來歸兮天漫漫，吁嗟不可得兮摧心肝。

【校記】

〔一〕烈，底本作『列』，據正德本、四庫本改。

殷烈祖廟碑

【編年】作於蒙古憲宗八年（戊午年，宋理宗寶祐六年，一二五八），郝經在忽必烈藩府得賜第賜田之時。

【年譜】蒙古憲宗八年，『作《一貫圖》、《漢義士田疇碑》、《殷烈祖廟碑》、《順天孔子新廟碑》』等。見文：『大河之陽，有廟曰湯王。』『歲戊午，詔以懷、河陽爲今上湯沐邑，於是經在藩府，得賜第懷，賜田河陽。河陽吏以田籍進，疆畛之中有店曰楊子，楊子之東廟曰湯王，卽此廟也。』

【箋證】河陽進士荀宗道：詳卷四《新館秋懷贈正甫書狀》箋證。殷烈祖廟：指商湯王廟，位於今河南孟州。

大河之陽，有廟曰湯王，絕去老岸，深入故道，瞰臨中潭。蓋以王伐夏救民，光有天下，旱乾而無水溢，故廟於是，假其神靈以御河伯懷襄悍猛之患。不知其幾千百年，稽天之浸，漸入地中，池池南却，遠廟數里，益出腴田，貽我來辨，歲則大穰。於是邦人益知有相之道，庇神之休，靡來祈賽，禮盛先稷焉。

歲戊午，詔以懷、河陽爲今上湯沐邑，於是經在藩府，得賜第懷，賜田河陽。河陽吏以田籍進，疆畛之中有店曰楊子，楊子之東廟曰湯王，卽此廟也。廟前有水曰涢，乃晉涢梁水也，盡在賜田內。郝氏之先繫出有殷帝乙之支子，今啓南陽之田，而得烈祖成湯之廟焉，衰門敝族而遇其祖，豈將令繼緒不忘乎？

時河陽進士荀宗道從余學，其家故爲大姓，在廟之側，桑梓阡陌與賜田接。乃命其弟宗禮規廟周之地，廓其神宇，令河陽守置戶衛護。仍爲崇飾象設，增伊尹、仲虺二相之像，以一神德。按《祭法》：『能禦大菑則祀之，能捍大患則祀之。』王拯民於水火之中，可謂禦大菑矣；廟於河而河不溢，可謂能捍大患矣，其世祀也宜哉！

夫上世帝王皆以名稱，宓犧、神農皆是也。至堯、舜之世，始有祖宗之號，曰文祖、神宗。至夏后之世，則以禹爲皇祖。殷之世，以湯爲烈祖。其後嗣王亦各有號，曰中宗、高宗。然於簡策則皆以名稱，於廟則特以號舉，尊之也。今既廟矣，而以名稱，非制也。故更曰『殷烈祖廟』，作頌以畀田畯，俾歲時歌舞以燕神云。

惟帝降格，先天啓土。湯聖不違，應天篤祜〔一〕。夏惡盈貫，我伐是舉。柟彼三蘖，震厥皇武。挈民請命，脱之砧斧。濟以寬仁，瀹其瘡痏。建中立極，道繼堯禹。盛德世享，于何方所。伊侐斯廟，在河之滸。民猶戴蘇，萬世一雨。慝厲不作，重爲呵禦。河水洋洋，莫余敢侮。沃壤每每，安流順去。孰敢仇餉，共饁南畝。孰敢不祀，競藝稷黍。民以有年，神不乏主。麰麥如雲，際神之戶。菽粟如陵，隱神之宇。民飽而嬉，燕厥父母。奉盛以薦，潔登羃俎。乃麗白牲，乃酌清酤。報本反始，在昔自古。黃髮婆娑，望神屢舞。奏鼓坎坎，衎我烈祖。玄鳥于飛，集于河梁。迎神語語，曰湯是常。小子作頌，于以歌商。載祀百千，神其樂康。於乎！成湯不亡。

【校記】

〔一〕祜，底本、正德本作『祐』，據四庫本改。

新野光武皇帝廟碑

【編年】作於蒙古憲宗九年（己未年，宋理宗開慶元年，一二五九），郝經從皇弟忽必烈征宋，宣撫江淮，兵趨荊鄂，途經河南南部新野之時。

【年譜】蒙古憲宗九年，『作《東師議》、《班師議》、《新野光武皇帝廟碑》、《周子祠堂碑》、《渡江書所見》』等。

見文：『歲己未，經奉命宣撫江淮，乃登昆陽故城，顧瞻舂陵，鬱葱之氣，浮動草木，英靈髣髴，猶可想像。又不能自已，推本論著，繫之以頌，畀鄧州道總管萬戶史公，勒碑於廟，垂示不朽，足厭景聖之心焉。』

【箋證】鄧州道總管萬戶史公：史權，字伯衡，勇而有謀。以萬戶從天澤南征。壬子，天澤以萬戶改河南經略使，乃以權代其任。甲寅，權屯軍鄧州。己未，世祖伐宋北還，命總兵鎮江北武磯山。中統元年，降詔獎諭，賜金虎符，授眞定河間濱棣邢洺衞輝等州路并木烈糺軍兼屯田州城民戶沿邊鎮守諸軍總管萬戶。至元七年，宋兵侵邊，權引兵趨荊子口，大破之，屢破宋將夏貴。制授河南等路宣撫使，未上，賜金虎符，充江漢大都督，總制軍馬，總管屯田萬戶。旋授鎮國上將軍、眞定等路總管，兼府尹。徙東平，又徙河間。《元史》卷一四七有傳。

繼秦以楚，而無高帝，則中國不能復；繼莽以操，而無光武，則漢統不能纂承三代。天下後世，不知用儒爲學之有益治道而德於斯民，殘陋蕪穢，荼毒宛轉，不復見先王風化之美矣。高帝平秦滅楚，恢拓綱維，帝有中國，垂統二百年。光武復汛掃僞妄，振踣植僨，以帝王之學潤色皇度，賁若草木，復垂統二百年。粲然二帝，三王之治，郁郁乎文，繼周而傳萬世。高帝平亂，開建大業；光武中興，身致太平，號稱二祖，其有功於中國則一也。

自成、康而下，帝王始不務學，陵夷至於東周，漸不用儒，而中國不復有先王之治。至秦而彗滅除剷，專習法律，一以殺人爲務。漢興，將相皆刀筆軍功。文、景之治，本於黃、老、申、韓。孝武雖號稱隆儒，相公孫弘而擯董仲舒，轅固、申生、汲黯老死於下國，相如、枚皋侍從文賦，畜以俳優。宣帝厲精爲治，綜核名實，不喜於儒，謂漢家制度雜於霸王。元帝好儒，昧於識斷，貢、薛、韋、匡迭爲宰相，卒殺蕭望之而不悟。故西漢制度陋於三代，帝王不學，瞢於大道，卒爲孔光、張禹所誤，而欺於王氏。

光武起自諸生，以謹厚稱，正大之學，藴爲眞勇，昆陽一戰，破尋、邑百萬，直壯之師，遂興漢室。風雲感會，鄧、馮、寇、馬皆稱儒將，左提右挈，底寧方夏。既即位，則進卓茂，登宋弘，用孝廉爲郎。保全功臣，不責以吏事。講論經理，夜分乃寐。閉玉關，謝西域，不勤遠略。推誠御物，不尚狙詐。躬幸大學，脩明禮樂。優禮嚴光，激成風節。始充高帝，祠孔子，説《詩》、《書》之規摹，緝熙文、武、成、康帝王之學。繼以明章，臨雍拜老，横經問道，期門羽林之士通經問學，有濟濟洋洋之盛。於是大儒輩出，維持鼎命，袁、楊、李、杜，屹然效節。終我四百，作成政治，保佑民命，風化之美，同於先王，則其功又有大於高帝者焉。

且自昔中興之主，若夏少康、周宣王，特一時復，不失舊物，其功烈未有盛於夏后、文武者也。而宣王之治，又不克終。光武之興，條理文獻，遂軼西京，幾於三代。篤實輝光，基命以德，溫純縝密，服天下以柔道，雖則中興，同夫創業。傳序十二，德威惟畏。使曹操終身染指垂涎而不敢革命，昭烈父子崎嶇艱阻，猶天命人歸，復漢討罪者，終曹氏之世幾五十年，又非少康、宣王之得比也。文德軼於高帝，中興功烈，遂古所無，於乎盛哉！

初，帝與其兄齊武王起兵舂陵討莽，乘牛而殺新野尉，奪馬以戰。其後廟於新野，歷代祀之。歲己未，經奉命宣撫江淮，乃登昆陽故城，顧瞻舂陵，鬱葱之氣，浮動草木，英靈髣髴，猶可想像。又不能自已，推本論著，繫之以頌，畀鄧州道總管萬戶史公，勒碑於廟，垂示不朽，足厭景聖之心焉。頌曰：

於鑠漢業，如火烈烈，滅之水兮。僞魁懷姦，投隙抵間，肆狐鬼兮。高廟有靈，翦除棘荊〔一〕，豈遂圮兮。白河赤龍，羣飛天紅，有孫子兮。昆陽一戰，長驅百萬，天復啓兮。羹梟磔魅，糞污抶穢，淪靈沚兮。百秦幾莽，撐裂天壤，復闖起兮。雷鼓彗鋒，指麾羣雄，盡寧敉兮。帝有聖學，沉幾先覺，繼文軌兮。投戈講藝，夜兮乃寐，究經理兮。以熙帝載，比隆三代，風化美兮。享國永久，德懷九有，殆三紀兮。身爲武、湯，治復成、康，孰可比兮。廟食世祀，代無廢事，賁帝里兮。于高有光，民猶不忘，載揚頌章，刻示茫茫，漢德無疆兮。

【校記】

〔一〕翦除，底本闕，正德本作『擥』，據四庫本補。

周子祠堂碑

【編年】作於蒙古憲宗九年（宋理宗開慶元年，一二五九），郝經從皇弟忽必烈征宋，宣撫江淮，兵趨荊鄂期間。

【年譜】蒙古憲宗三年，『夏，公入於燕，由萬寧故宮登瓊花島，慨然有懷，乃作賦焉』。又記：蒙古憲宗九年，『作《東師議》、《班師議》、《新野光武皇帝廟碑》、《周子祠堂碑》、《渡江書所見》』等。

見文：『祠祀之禮，盛於江左，而未至於河朔。今領中書相國楊公始嗜其學，乃建太極書院於燕都，立祠於院，以祀周子，以二程、張、楊、游、朱六子配食，歲時釋菜，尊爲先師……祠既成，適經貳於公而徵銘焉，遂序其事而爲之銘。』

【箋證】周子：周敦頤。《宋史·道學傳》：晚年曾築室江西廬山蓮花峰下濂溪，開設濂溪書院，因號濂溪先生。南宋孝宗淳熙三年（一一七六），江州知州軍事潘慈明在濂溪書院築周敦頤濂溪祠堂，明年，請朱熹作《濂溪先生祠堂記》和《濂溪先生畫像記》。領中書相國楊公：楊惟中（一二〇五—一二五九），字彦誠，西寧路弘州（今河北陽原）人。《元史》卷一四六有傳。參見卷十五《渡江中流贈楊宣撫》箋證、卷三十五《故中書令江淮京湖南北等路宣撫大使楊公神道碑銘》。太極書院：明陳邦瞻《宋史紀事本末》卷一百一《北方諸儒之學》：『理宗嘉熙二年（戊戌，一二三八）冬十月，蒙古姚樞建太極書院於燕京。……惟中與樞謀建太極書院及周子祠，以二程、張、楊、游、朱六子配食，請趙復爲師，選俊秀有識度者爲道學生。繇是河朔始知道學。』經貳於公：楊惟中爲江淮京湖南北路宣撫使，郝經爲副使，故稱。

道之統一，其傳有二焉：尊而王，其統在位，則以位傳；化而聖，其統在心，則以心傳。位傳者，人人得之，故常有在不忘；心傳者，非其人則不可得，是以或絕或續，不得而常也。

三代而上，聖王在位，則道以位傳，堯、舜、禹、湯、文、武、周公是已。三代而下，聖人無位，則道以心傳，孔子、顔、曾、子思、孟子是已。

周室東亡，秦人西并，祇一王位，屹爲爭奪之具。得之者非血戰之豪傑，則推刃之子孫，其心則蠱於佛、老，散於辭章，弊於法律，瞢於功利，壞於智數。聖人不作，强有力者挈位而不置，不復傳道，而道統紊矣。千有餘年之間，學士大夫致志用力，掇拾殘斷，崎嶇章句，不爲不勤。其獨造自得，力探特悟，以道自任者，如揚、王、韓、歐，絕無僅有，雖競於一時，而其學不復傳，是以終不能永聖人之統，續而復絕也。剝食糜爛之餘，僨踣撑裂之極，獲聖人之心，紉緝道緒，傳諸其徒，益久益彰者，有宋舂陵周子而已。

其學不知其所自，不事章句，不工文辭，不務決科，沛然一致諸道。蹭蹬孔孟之後，瞰視羲文之前，揭振本根，浚泐土苴，範圍天地，窮神知化，盡性至命。創爲《太極》一圖，申明《大易》先後天之幾。著《通書》數拾章，指陳聖學之極致。發前聖之藴奥、先儒之所未言，爲道學宗傳心之統。

蓋其欲慮静盡，極於精一，篤於純誠，遂造高明，乃能如是。故太史黄庭堅稱其爲人如光風霽月，其瑩絕洞徹，猶可想象。一傳而得程顥〔一〕、程頤、張載，再傳而得楊時、游酢，卒之集大成於朱熹。泛瀾充匯，洋溢旁薄，君相服膺，師儒鼓篋，而學者遍天下。六經、《語》、《孟》，各爲傳註；性理、象數，各爲論説。正千載之訛，復一貫之道。既傳諸其徒，又傳諸後世，又傳諸外國。迄今二百餘年，莫不知義理之所在，各爲一太極；反諸吾身，各有一《易》，使人人自致聖域，而不以爲難。由漢以來，未之有也。

祠祀之禮，盛於江左，而未至於河朔。今領中書相國楊公始嗜其學，乃建太極書院於燕都，立祠於院，以祀周子，以二程、張、楊、游、朱六子配食，歲時釋菜，尊爲先師。燕自安史之亂，睽隔王化者將四五百年，至於孔孟之祀亦將廢墜。一旦祠祀道學宗師，而以其徒配，禮秩文采，警動幽朔，尤近世所未有也。嗚呼！道統爲不亡矣。祠既成，適經貳於公而徵銘焉，遂序其事而爲之銘。

周子諱敦頤，字茂叔，湖南道州人，仕至虞部郎、廣東提刑、分司南京，卒于江州。嘗築堂濂溪以自名，故門人號爲濂溪先生。銘曰：

析木之津，上扶斗極。周子有廟，復一太極。民不鄙夷，會歸有則。渺渺絕緒，如絲伊緍。聖遠弗續，又從而棼。祇揚其波，不探其源。縱尋斧斤，自戕其本。舍轍而車，血手燥吻。客氣賈勇，莫不僨隕。過高好奇，誘于誕空。看鳥應人，自忘其躬。不及與過，皆失乎中。聖心有端，聖學有要。無欲而一，乃造其妙。無極之眞，根柢茲道。道有一極，極盡無餘。轉斡化府，推激神樞。天地人物，埏埴貯儲。心死不傳，乃載于書。六經一《易》，道統之集。梁折山頹，千載寥闃。無爲升堂，更孰入室。日下有日，五星聚奎。發原湖南，派流江西。肩顔踵孟，傳心仲尼。伊洛湯湯，會爲一水。復生晦翁，又一程子。坦坦一道，昭昭一理。《太極》有圖，

《通書》有章。遂令燕雲，亦如荊揚。嗚呼盛哉，吾道之光。

【校記】

〔一〕顥，底本、正德本作『灝』，據四庫本改。

順天府孔子新廟碑

【編年】作於蒙古憲宗八年（戊午年，宋理宗寶祐八年，一二五八），郝經寓居保定，讀書鐵佛寺，設館賈輔、張柔二府期間。

【年譜】蒙古憲宗八年，『作《一貫圖》、《漢義士田疇碑》、《殷烈祖廟碑》、《順天孔子新廟碑》』。見文：『初，州之廟學在保塞故堙之北，及公開府，則夾兩闤闠，囂塵坌閧，殆非清廟居神之所。且文廟宜在文明之地，在辰爲巳，遂於東南得爽塏地，謀遷神居。……又爲奎文樓於南，鑿璧水於西。歲戊午，告成，迎神於新廟。仲春上丁，釋奠以落之。』

【箋證】萬戶張公柔：詳卷十三《大宛二馬》箋證。弘略（？—一二九六）：字仲傑，張柔第八子。有謀略，通經史，善騎射。嘗從柔鎮杞徙亳。乙卯，入朝憲宗，授金符，權順天萬戶。從征蜀，以其幼，賜錦衣，令還鎮。柔既致仕，授弘略金虎符、順天路管民總管、行軍萬戶，仍總宣德、河南、懷孟等路諸軍屯亳者。中統三年，李璮反，宋將夏貴來助。弘略發亳軍攻之。朝廷懲璮叛逆，因解弘略兵職，宿衛京師。至元三年，城大都，佐其父爲築宮城總管。八年，授朝列大夫、同行工部事，兼領宿衛親軍、儀鸞等局。十三年，城成，授中奉大夫、淮東道宣慰使。十六年，遷江西宣慰使。二十九年，特命爲河南行省參知政事。謚忠毅。《元史》卷一四七有傳。

天不言之孔子，孔子能言之天。天垂象，萬物本焉；孔子立德，萬世師焉。故天極其神，孔子極其聖。郊祀天，廟祀孔子，禮冠百神，宜矣。

按《漢史》，高皇帝過魯，以太牢祠孔子，則孔子之廟祀於戰國、先秦，尚矣。至高帝始以帝王親祠焉，於是孔子之道，尊與天同，由漢以來，載在祀典，以及於今。自京師、郡國、州縣，皆爲立廟，自天子、大臣，方伯、守令、師長，皆師而祀之。封爵爲王，象設南面，被衮冕，服登龍，禮秩一如天子；諸弟子爵爲公侯，各以服章配享，禮秩一如諸侯。敷天之下，祀事之盛，無與侔也。

夫人之尊，莫尊於帝；神之尊，莫尊於天。帝王受命有天下，郊祀之際，則以其祖配天，烝嘗禘則於廟。然止一代一姓而已，秦不祀周，漢不祀秦，魏不祀漢。孔子無土不王，未嘗受命，以一儒者歷代祀之，配天不已，然後知道之尊有甚於位，乃以萬世爲土焉。

順天，故清苑縣，置於隋、唐間，爲鄚州屬邑。宋初置保塞軍，以其趙氏之故家在焉，故縣比豐沛，升爲州，曰保。國朝奄有中夏，今萬戶張公柔自滿城建牙於保〔一〕，開斥土宇，西盡常山，東出瀛、博，南踰滹池，北負涿、易，自爲一道，統城三十，仍兼河南諸道，詔錫名曰『順天』，開大帥府焉。

初，州之廟學在保塞故堙之北，及公開府，則夾兩闤闠，囂塵坌閧，殆非清廟居神之所。且文廟宜在文明之地，在辰爲巳，遂於東南得爽塏地，謀遷神居。鳩工賦役，殿廡一新，講肆之舍，庖藏之所，游息之地，以次具舉，高廣其舊，幾於倍蓰。又爲奎文樓於南，鑿璧水於西。歲戊午，告成，迎神於新廟。仲春上丁，釋奠以落之。

公之嗣子弘略攝領帥府，而被服如諸生，尊禮先輩，向學事師甚謹，而文請於某，以文其事。某爲之言曰：『觀於海者難爲水，游於聖人之門者難爲言。以孔子而稱堯，猶曰：「大哉，蕩蕩乎！無能名。」矧於以眾人而稱聖人哉。且得聖人之道者則有顔淵氏，傳聖人之道者則有子思氏，述聖人之道者則有孟軻氏，尊聖人之道者則有韓愈氏，贊聖人之道者則有邵雍氏。某何人也，敢置言於聖人之前哉！』

姑推本聖人之道，所以配天而廟食之所自，以序其事，然非經之私言，聖人之所自道也。曰：『天生德於予，桓魋其如予何！』曰：『天之未喪斯文也，匡人其如予何！』每以天自處，故生則代天爲言，没則配天廟享。堯仁如天，孔子道如天，昭布森列，萬世一天，洋洋乎其上。吁！可畏也。爲之詩以歌詠聖人之門云：

維天之命，於穆不已。有開必先，是生夫子。金口木舌，代天爲言。六經垂世，道同夫天。皇帝王霸，氣數是會。集聖而成，所以爲大。父父子子，君君臣臣。三綱五常，所以爲人。祖述堯舜，憲章文武。以教爲位，以德爲土。彼天吾人，彼君吾師。建極立心，萬古是資。天子北面，廟食帝享。泰山梁木，萬世是仰。燕趙之交，保爲之衝。今同齊魯，歸如新宫。矯矯虎臣，文武兼備。顧視耽耽，敢儒爲戲。小子作頌，敬揚休風。刻之廟門，道在乎中。

【校記】

〔一〕今，正德本同，四庫本作『令』。

豐縣漢祖廟碑

【編年】作於元世祖中統元年（宋理宗景定元年，一二六〇），郝經使宋，途經江蘇豐縣期間。見文：『帝姓劉氏，唐堯之後。自秦徙于魏，秦滅魏，遷魏於豐，今徐州豐縣是也，故帝爲沛豐邑中陽里人。既有天下，以爲湯沐邑，其後卽中陽里故居立廟，歷代祀之。』『國朝奄有區夏，豐隸東平道，大行臺嚴公忠濟，置官監視，給戶灑掃，有所廢缺，輒爲增賁，故常煥若一新。』『故序其所以受命而帝者，畀行臺公，使刻諸石，昭示中國之民，用揚漢休，乃作頌焉。』

【箋證】大行臺嚴公忠濟：詳卷十一《靈泉行》箋證。

惟天陰騭元命，降監下土，惟不嗜殺人能一天下，聿志於仁者是與，强有力者弗能奪，弱且賤者弗能辭。故秦、楚之際，大統卒集於漢太祖高皇帝。

在昔帝王受命，若舜若禹，皆以大德大功相其君數十年，天命人歸，不得已而後授受，弗與弗求，弗征弗伐，而天下泰定；若湯若武，皆積德累功數十世，千有餘年，天命人歸，不得已而後征伐，一戎一戰，不復更舉，而天下亦泰定。得之如是之難，定之如是之易。

至於漢祖則不然。初無大德大功，升聞丕顯；亦未積德累功，世修長發。崛起阡陌之間，裂裳斬竿，奮挺大呼，滅秦踣楚，誅鉏豪傑，卽受天命而有天下。然而四五年間，大小數百戰。稱帝之後，叛者四起，夷傷呻吟，始得粗定。得之甚易，而定之甚難者。堯授舜，舜授禹，天下無難，卽以天下與人，卽受人之天下，非有大德大功則不能。有大德大功而有天下，故不復有爲，恭己正南，垂衣裳而天下治。湯放桀，武王伐紂，夏有天下五百載，而造難者一人；殷有天下六百祀，而造難者一人。德澤在人，賢聖之君六七作。一旦暴君虐民，啓難毒世，非積德累功，基圖鞏固，仁義信於天下，則不能遽起而革命。旣積德累功，應天順人，以濟一時之難，而拯民于水火，故亦不復有爲，倒載干戈，包以虎皮，垂拱而天下治。是以得之則難，定之則易。

周自幽、厲，斬先王之澤，滅絕宗國。平王東遷，僅守虛器，號令不出京畿，侯甸采衞。撑裂王度，霸者五起。日以陵遲，禮樂征伐專於諸侯，僭以大夫〔一〕，竊於陪臣，帝王大統無所歸屬。故赧王無罪孽而西走，秦人無功德而東并〔二〕，八百餘年遂折入秦，虞、夏、商、周之世皆絕。而焚燒《詩》、《書》，坑戮學士，剷除先王。事首級，行刻薄，一以殺人爲事。於是陳、吳首難而復事殺人，項羽殘暴而又事殺人。秦人之殺未已，而楚人之殺尤甚。

獨漢祖寬大長者，仁而愛人，聖度豁如，知人善任，聽納無我，見幾成務。故雖至賤至弱，跌宕里舍，不事生産，不以功德稱，無先世之積累，而天命人歸，有不得辭。扶義而西，五星聚井，不殺秦降，不居秦宫，還軍灞上，約法除苛，固結人心，卽受天命。是以得之如是之易。然而六七百年，殺戮之難，積釁荏惡，鍾爲桀驁，布滿天下，不睥睨神器，則仍欲分割河山。故號令三壇，非大汛掃，不能清夷，遺黎之命，無與迓續。是以連戰劇鬪，窮極智計，始一海内，而大先王之統。故定之如是之難。

當是之時，中國亡矣，向無漢祖之寬仁，收擥羣雄而帝之，繼之以文景之恭儉，孝武之恢拓，孝宣之綜核，光武之德業，明章之問學，垂統四百年，傳世二十有四，公恕利澤，簡厚敦朴，愛養元元，補完瘡痍。則一秦未已，一秦復生，獸蹄鳥跡交而人之類滅矣。

嗚呼！三代而下，中國之復得爲中國，千有餘年，歷三國、五胡、七代、五季，遂至於今，遺民猶稱爲漢民，猶有君臣父子，三綱五常，衣冠禮樂，漢祖之力也。有功於中國甚大，廟食世祀，宜哉！

帝姓劉氏，唐堯之後。自秦徙於魏〔三〕，秦滅魏，遷魏於豐，今徐州豐縣是也，故帝爲沛豐邑中陽里人。既有天下，以爲湯沐邑，其後卽中陽里故居立廟，歷代祀之。廟之前後殿各一，其前殿則高皇帝居中，南向，爲太祖，以吕后、薄后配於神室，留文成侯張良爲佐命，配享于右，東向；其後殿則太上皇帝居中，南向，爲始祖，昭靈后配于神室，其左則孝惠皇帝至孝平皇帝，凡十有一帝，以次西向。其右則世祖光武皇帝至孝獻皇帝，凡十有二帝，以次東向。皆衮冕黻珽，登龍備章，藻火尚赤，仍有漢制。代爲崇飾，居民世守，恪恭寅畏，尊尊親親，如事父祖。故其靈貺昭著〔四〕，草木有神，亂兵劇寇，不敢樵采。海内莫不爲墟，而廟獨巋然。

國朝奄有區夏，豐隸東平道，大行臺嚴公忠濟，置官監視，給戶灑掃，有所廢缺，輒爲增賁，故常焕若一新。

經嘗以爲，漢祖非惟二漢之祖，乃三代以來吾中國之祖也。而史臣妄引神怪，侈大奇異，遠探自出，以爲授受之符，不足以鋪張耿光，蹈厲大烈。故序其所以受命而帝者，畀行臺公，使刻諸石，昭示中國之民，用揚漢休，乃作頌焉。詞曰：

漢承天統，奄有四方。生民有王，中國不亡。蠲除凶殘，蘇完瘡瘍。代虐以寬，視民如傷。虎氣龍文，屬天有光。爲民請命，師於咸陽。釋縛受璽，還軍灞上。纔舉孽秦，又突暴項。推功弗有，銷鑠倔彊。曾不芥蔕，宇宙在量。蠖居梁漢，潛構大象。建壇授鉞，有相有將。縞素百萬，討賊誅讎。從天而下，扼其襟喉。遂宏三綱，維繫九州。人謀鬼謀，轉圜如流。躓强踦頑，宛轉寬柔。卒活斯民，歸凉燠休。海内既平，猶不稱帝。既得弗名，襟度尤異。視彼汲汲，夸徒兒戲。天命人歸，始踐大位。圍魯弗誅，天下之義。親祠聖人，萬世之計。大明賞罰，讎封恩誅。祖述湯武，憲章唐虞。制作禮樂，稱説《詩》、《書》。興滅繼絕，論功剖符。盤石之宗，匪秦之孤。復見三代，大哉規摹。傳世數十，載祀數百。七制之主，鴻休龐澤。至今稱漢，炎炎赫赫。廟食世祀，中陽之宅。小子作頌，大書深刻。民末忘漢，式告罔極。

【校記】

〔一〕以，四庫本同，正德本作『於』。

〔二〕並，四庫本同，正德本作『弁』。

〔三〕徙，底本、正德本作『獲』，據四庫本改。

〔四〕其，底本、正德本作『有』，據四庫本改。

留城留侯廟碑

【編年】作於元世祖中統元年（宋理宗景定元年，一二六〇）五月，郝經使宋，途經江蘇豐縣期間。

【年譜】中統元年，『作《居庸關銘》、《讀書堂記》、《祭淮瀆文》、《禡牙文》、《立政議》、《備禦奏目》、《便宜新政》、《留城留侯廟碑》』等。

見文：『中統元年（宋理宗景定元年，一二六〇）夏五月，經持節使宋，由泗舟行，而留城在泗汭，遂頓於廟下。殿廡圮沒，荒基遺樹，覆茅半椽，香火蕭然，有斷碑泐蝕，駮不可讀。是夕至徐，徐邳道總管李侯某言：「先君嘗駐兵於留，欲修文成侯廟而弗及。今鳩工事材，將卒先志。而行府適至，敢丐文以揭侯之靈。」故諸其請，推本論著，以徵其成，而系之詩。』

【箋證】留城：漢代留侯張良封邑，故址在今江蘇沛縣東南，徐州西北，沛縣五段與銅山縣馬坡交界一帶。徐邳道總管李侯：李杲哥，時任徐邳總管。此後二年即中統三年二月，李璮反，宋將夏貴攻邳州，杲哥出降，貴既去，杲哥自陳能保全州城，史權以聞。五月，李杲哥等伏誅。命史天澤選考徐邳總管。《元史》卷五《世祖本紀二》。文成侯：張良（二五〇？—前一八六）謚號。張良字子房，漢六年正月封留侯，謚號文成，潁川城父人。漢高祖劉邦謀臣，漢朝開國元勳之一，與蕭何、韓信同爲漢初三傑。

帝王受命，以濟斯民，天必授之元聖，使與戮力，謂之佐命。故成湯革夏，則舉伊尹；武王伐紂，則用太公。至於漢高帝奮起亡秦，舉事之際，與留侯遇於留。留侯説以《太公兵法》，則輒稱善，謂爲天授，卒滅秦僨楚，而有天下。高帝則比迹湯、武，留侯之功烈與伊、呂並，而後世莫及。

雖然，留侯之事，又有重且難者焉。伊、呂之佐湯、武，伐一桀，誅一紂，拯民一時之難，底寧方夏而已。留侯之佐高帝，當王統綴旒七百餘年，血流四海，兵黷宇内，既爲宗國復韓之讎，又爲天下復生民之讎，又爲高帝復君父之讎。始則始皇爲一桀，而二世又生一桀，既而陳、吳、六國、項羽、英、彭，又生數十桀。皆乘機撫會，顧盻嚬呻〔一〕，使之自鬪自斃，卒以大義一天下。

不貪寵利，納履而去，非惟甚難，而又獨高。且夏、殷之季，中國未亡，而秦、楚之際，已無中國者數百年矣。一旦誅鋤滌盪，舉二帝三王之綱，大復讎之義，以尊君父，宏仁義，接續中國之命脉，使大漢爲後世中國帝者之首。嗚呼！留侯之功大矣哉！

高帝既定天下，剖符封功臣，使留侯自擇齊三萬户。留侯曰：『臣始起下邳，與上會留，此天以臣授陛下。陛下用臣計，幸時而中，臣願封留足矣。』乃封留侯。留，故沛國屬邑，今徐州沛縣留城是也〔二〕。由漢以來，廟祀不絕。

中統元年夏五月，經持節使宋，由泗舟行，而留城在泗汭，遂頓於廟下。殿廡圮没，荒基遺樹，覆茅半椽，香火蕭然，有斷碑泐蝕，駮不可讀。是夕至徐，徐邳道總管李侯某言：『先君嘗駐兵於留，欲修文成侯廟而弗及。今鳩工事材，將卒先志。而行府適至，敢丐文以揭侯之靈。』故諾其請，推本論著，以徵其成，而繫之詩曰：

智貴乎幾，用貴乎藏。勇貴乎怯，義貴乎彰。天畀留侯，握茲佐王。功並伊吕，中國不亡。中木運告衰，僭侯蹠民。折并屠割，鍾惡于秦。父肉未冷，子血復新。委積首級，仇寃孰伸。韓鞅斯，投稈下石。起蒭鶩恬，刳吭斧脊。共爲倀鬼，不顧宗國。盡反先王，孰能討賊。壯哉子房，獨爲復讎。蹈揚義烈，憲章《春秋》。折節進履，遂興炎劉。窮神知化，揭仁闡義。範圍情狀，縱横奇計。不怒而笑，徬徨辟易。總在吾術，卒令漢帝。獻璧燒棧，借箸躡足〔三〕。兔起鶻落，乾旋坤覆。雍容閒暇〔四〕，仇誅寃復。紛紛幾秦，坐使銷屈。功成不居，翛然而往。高風孤雲，邈絕天壤。偶來濟世，不罹世網。封邑有廟，宜乎世享。

【校記】

〔一〕眄，正德本同，四庫本作『盼』。

〔二〕沛，四庫本同，正德本作『市』。

〔三〕箸，四庫本同，正德本作『著』。

〔四〕閒，四庫本同，正德本作『間』。

郝經集編年校箋卷三十五

墓誌銘

遺山先生墓銘

【編年】作於蒙古憲宗七年(丁巳年，宋理宗寶祐五年，一二五七)秋九月，郝經寓居保定，讀書鐵佛寺，設館賈輔、張柔二府期間。

【年譜】蒙古憲宗七年，『四月，作《北風亭記》、《送張漢臣序》、《祭遺山先生文》、《墓銘》、《房山先生墓銘》，詠《義士》詩』等。

見文：『歲丁巳秋九月四日，遺山先生卒於獲鹿寓舍。十日，訃至，經走常山三百里，以馬舁歸葬，爇文酹酒，哭於畫像之前而已。先生與家君同受業於先大父，經復逮事先生者有年，義當敘而銘之。』

【箋證】获鹿：位於今河北石家莊市鹿泉區中部。遺山先生：元好問（一一九〇—一二五七），字裕之，號遺山，世稱遺山先生。太原秀容（今山西忻州）人。先祖相繼遷居洛陽、汝州、平定州等地；曾祖父元春移家忻州。祖父滋善，海陵王正隆二年（一一五七）任柔服（今内蒙古土默特右旗托克托附近）丞，父德明科舉不中，以教授鄉學爲業，著有《東岩集》。過繼於叔父元格，隨至掖縣、冀州任，得翰林侍讀學士路鐸賞識。十四歲隨叔父至陵川任，從郝天挺學。多次科考不中。二十一歲時返回故里，在定襄遺山讀書，自號遺山山人。兩年之後，蒙古軍襲秀容，舉家遷往河南福昌，後轉徙登封。貞祐二年（一二一四），宣宗遷都南京，好問夏赴汴京，與朝中權要如趙秉文、楊雲翼、雷淵、李晏等交好。興定五年（一二二一）進士及第。哀宗正大元年（一二二四），以宏詞科登第，授權國史院編修，官至知制誥。次年不滿冷官，請假回登封，三年任鎮平令。四年，改内鄉令。後丁母憂居内鄉白鹿原，應鄧州節度使移剌瑗幕僚。蒙古軍陷鳳翔，瑗降，辭幕。八年調南陽令。調尚書省令史，移家汴京。升任左司都事，轉任尚書省左司員外郎，官至翰林知制誥。天興二年（一二三三），蒙古軍圍汴京，哀宗逃至歸德府。崔立率兵請降獻城，脅迫朝臣歌功頌德，元好問、王若虚、劉祁等被迫參撰碑文。二年四月，蒙古攻破汴京，好問向中書令耶律楚材薦中原秀士王若虚等。金亡，被囚聊城數年。晚年重回故鄉，隱居不仕，潛心著述。其學問深邃，著述宏富。存詩千餘首、詞近四百首、散曲六首，文二百五十餘篇，編纂《中州集》十卷等。王湯臣：王中立，字湯臣，岢嵐（今山西忻州岢嵐縣）人。《中州集》卷九有小傳。元好問《劉景玄墓銘》：『故評者以爲，承安、泰和以來，王湯臣論人物，李之純玄談，號爲獨步。』路宣叔：路鐸，字宣叔，伯達子。明昌三年，爲左三部司正，遷右拾遺，改右補闕。出南京留守判官。出爲安化軍節度副使。承安二年，召爲翰林修撰，改監察御史。遷侍御史。因事解職。旋起爲泰定軍節度副使。除東平府治中，遷陝西路按察副使。因事解職。泰和六年，召爲翰林待制兼知登聞鼓院，累除孟州防禦使。貞祐初，城破，投沁水死。爲文尚奇，詩篇溫潤精緻，有《虛舟居士集》。《金史》卷一百有傳。元德明有《蓮葉觀音恩禪師所藏同路宣叔賦》，王惲有《賦燕子樓，用幹臣繼路宣叔樂府韻》，周昂有《和路宣叔梅》。趙禮部：趙秉文（一一五九—一二三二），字周臣，晚號閑閑老人。宣宗興定元年（一二一七）拜禮部尚書，兼侍讀學士，兼修國史、知集賢院事。詳卷十《閑閑畫像》箋證。東勝：東勝州（今內蒙古托克托縣雙河鎮）。九一六年契丹耶律阿保機建遼國，破振武軍，破勝州城（十二連城）。勝州民皆驅河東，置東勝州。金滅遼相沿。成吉思汗十四年（一二一九），爲蒙古汗國奪取。程端甫：程思溫。程震（太中）子，號河南處士，夫人元氏。見尚野《故尚鄉鎮三使司大使程公表墓碣銘并序》。虞集《程思溫墓碑銘》：『高唐之墟，貴顯列居。孰武而將，孰文而儒。陰德之門，治獄無枉。乃啓戎行，衆士之長。侃侃程侯，治朝能官。四十餘載，績著名完。追贈之榮，維侯維伯。有子有孫，奕世其澤。刻文貞砥，可信可傳。惟其信傳，是以永年。』

歲丁巳秋九月四日，遺山先生卒於獲鹿寓舍。十日，訃至，經走常山三百里，以馬舁歸葬〔一〕，爇文酹酒，哭於畫像之前而已。先生與家君同受業於先大父，經復逮事先生者有年，義當敘而銘之。

詩自《三百篇》以來，極於李、杜。其後纖靡淫艷，恠誕癖澁，寖以弛弱，遂失其正。二百餘年而至蘇、黄，振起衰踣〔二〕，益爲瑰奇，復於李、杜氏。金源有國，士務決科干禄，置詩文不爲，其或爲之，則羣聚訕笑，大以爲異。委墜廢絶，百有餘年，而先生出焉。當德陵之末，獨以詩鳴，上薄風、雅，中規李、杜，粹然一出於正，直配蘇、黄氏。天才清贍，邃婉高古。沈鬱大和，力出意外。巧縟而不見斧鑿，新麗而絶去浮靡，造微而神采粲發。雜弄金璧〔三〕，糅飾丹素。奇芬異秀，洞蕩心魄。看花把酒，歌謡跌宕。挾幽、并之氣，高視一世。以五言雅爲正，出奇於長句、雜言，至千五百餘篇。爲古樂府不用古題，特出新意以寫怨恩者〔四〕，又百餘篇。用今題爲樂府，揄揚新聲者，又數十百篇。皆近古所未有也。

汴梁亡，故老皆盡，先生遂爲一代宗匠，以文章伯獨步幾三十年。銘天下功德者盡趨其門，有例有法，有宗有趣，又至百餘首。爲《杜詩學》、《東坡詩雅》、《錦機》、《詩文自警》等集，指授學者。方吾道壞爛，文曜噎昧〔五〕，先生獨能振而鼓之，揭光於天，俾學者歸仰，識詩文之正而傳其命脉，繫而不絶，其有功於世又大也。

每以著作自任，以金源氏有天下，典章法度，幾及漢、唐，國亡史興，己所當爲。而《國史》、《實録》在順天道萬戶張公府，乃言於張公，使之聞奏，願爲撰述。奏可，方闢館，爲人所沮而止〔六〕。先生曰：『不可遂令一代之美泯而不聞。』乃爲《中州集》百餘卷，又爲《金源君臣言行録》。往來四方，采摭遺逸，有所得，輒以寸紙細字親爲記録，雖甚醉不忘。於是雜録近世事至百餘萬言，捆束委積，塞屋數楹，名之曰『野史亭』。書未就而卒。嗚呼！先生可謂忠矣。

先生諱好問，字裕之，太原定襄人〔七〕。系出拓拔魏〔八〕，故姓元氏。曾大父某〔九〕，大父某〔一〇〕，父某〔一一〕，妣某氏〔一二〕。先生七歲能詩，太原王湯臣稱爲神童。年十一，從其叔父官於冀州，學士路宣叔賞其俊爽，教之爲文。年十有四，其叔父爲陵川令，遂從先大父學，先大父卽與屬和〔一三〕。或者譏其不事舉業，先大父言：『吾正不欲渠爲舉子爾。區區一第，不足道也。』遂令肆意經傳，貫穿百家，六年而業成。下太行，渡大河，爲《箕山》、《琴臺》等詩。趙禮部見之，以爲少陵以來無此作也，以書招之，於是名震京師，目爲元才子。

登興定五年進士第〔一四〕，不就選。往來箕、潁間數年〔一五〕，而大放厥辭。於是家累其什〔一六〕，人嚼其句，洋溢於里巷，吟諷於道塗，巍然坡、谷復出也。正大中〔一七〕，辟鄧州南陽令〔一八〕。南陽大縣，兵民十餘萬，帥府令兼鎮府，甚有威惠。以太夫人衰疾辭，劇致養。轉內鄉令。丁艱憂，終喪〔一九〕，詔爲尚書都省掾〔二〇〕。天興初，入翰林知制誥。金亡，不仕而卒，春秋六十有八。卒之某月日〔二一〕，葬於定襄之先塋〔二二〕。前配太原張氏〔二三〕，再配臨清毛氏〔二四〕。子男三人，曰云云〔二五〕。女三人，長適進士程端甫，次爲女冠，次適張某〔二六〕。

銘曰：

士子賈技爭綴緝〔二七〕，僥倖寸祿奔走急。以爲詩文作無益，糞壤擲棄明月璧。先生卓犖有異識，振筆便入蘇黃室。開闢文源翦荊棘，大聲復完金玉擊。爛漫長醉思盈溢，瑞錦秋花亂堆積。險姤護前喘肝臆，羣犬兟兟共讒嫉。塵埃野馬爲鬼蜮，遺山巖巖倚天壁〔二八〕。國史興喪是吾職，義烈不負董狐筆。定襄高寒拓拔國，馬昇歸來反玄宅〔二九〕。有書有傳俱未卒〔三〇〕，嗚呼先生端可惜，嗚呼先生不可得。

【校記】

〔一〕以，底本、正德本作『已』，據四庫本改。

〔二〕衰，四庫本同，正德本作『襄』。

〔三〕璧，《山西通志》本作『碧』。

〔四〕恩，《山西通志》本作『思』。

〔五〕曀，四庫本同，正德本作『噎』。

〔六〕人，《山西通志》本作『武安樂夔』。

〔七〕定襄，《山西通志》本作『秀容』。

〔八〕拓，各本皆作『柘』，據下銘文改。

〔九〕某，《山西通志》本作『春，忠顯校尉、隰州團練使』。

〔一〇〕某，《山西通志》本作『滋善，儒林郎、銅山府君，贈朝列大夫』。

〔一一〕某，《山西通志》本作『格，顯武將軍、鳳翔府路第九處正將，兼行隴城縣令，騎都尉、河南縣開國男，邑食三百戶』。

〔一二〕某氏，《山西通志》本作『河南縣君張氏』。

〔一三〕屬，《山西通志》本作『倡』。

〔一四〕五，各本皆作『三』，據《山西通志》本及《金史・元好問傳》改。

〔一五〕問，各本皆作『者』，據《山西通志》本改。

〔一六〕累，《山西通志》本作『按』。

〔一七〕正大中，《山西通志》本此句前有『初筮仕，除鎮平令，再轉内鄉，遂丁艱憂，終喪』。

〔一八〕鄧，《山西通志》本作『中』。

〔一九〕『以太夫人衰疾』四句，正德本、四庫本同，《山西通志》此四句闕。

〔二〇〕詔爲尚書都省掾：《山西通志》本作『居無何，除左司都事，再轉爲中順大夫，行尚書省左司員外郎，兼修起居注，上騎都尉，河南縣開國子，食邑五百户，賜紫金魚袋』。

〔二一〕卒之，《山西通志》本闕。

〔二二〕定襄，《山西通志》本作『秀容』。

〔二三〕太原張氏，《山西通志》本作『同郡張氏户部尚書林卿之女』。

〔二四〕臨清毛氏，《山西通志》本作『榷貨司提舉飛卿之女』。

〔二五〕曰云云，《山西通志》本作『長曰拊，奉直大夫、汝州之州，兼管諸軍奥魯勸農事； 次曰振，仕至太原路參佐； 次曰摠，尚書都省兼印』。

〔二六〕『女三人』四句，《山西通志》本作『女五人，長曰眞，適進士東勝程思溫； 次嚴，女冠，詔爲宫教，號浯溪眞隱； 次順，早卒； 次適成和郎大都惠民司提點太原翟國才； 次適建德路織染局大使定襄霍繼祖』。

〔二七〕士，《山西通志》本作『才』。

〔二八〕璧，底本、四庫本作『壁』，據正德本改。

〔二九〕來，《山西通志》本作『葬』。
〔三〇〕有傳，《山西通志》本作『百卷』。

房山先生墓銘

【編年】作於蒙古憲宗七年（丁巳年，宋理宗寶祐五年，一二五七）春，郝經遊學燕京期間。

【年譜】蒙古憲宗七年，『四月，作《北風亭記》、《送張漢臣序》、《祭遺山先生文》、《墓銘》、《房山先生墓銘》，詠《義士》詩』等。

見文：『歲丙辰（蒙古憲宗六年，宋理宗寶祐四年，一二五六），復如汴，卒於旅次，年七十四，寓殯於蘇門。丁巳春，其子某改葬於燕京梨園頭劉氏先塋。房山，其自號也。』

【箋證】房山先生：名伯熙，字善甫，號房山，漢中山靖王之後，唐盧龍節度使劉仵裔孫，昌平（今屬北京）人。雷御史希顔：雷淵（一一八四—一二三一），字希顔，一字季默。應州渾源（今山西大同市渾源縣）人。父思，名進士，仕至同知北京轉運使，注《易》行於世。淵庶出。從名學者李之純（屏山）游。至寧元年（一二一三）考中詞賦進士甲科，調任涇州録事。後因牽連入獄，出獄後改官東平，尋遷東阿令，轉徐州觀察判官。興定五年（一二二一）任英王府文學兼記室參軍，轉任應奉翰林文字，拜監察御史。爲人所訟，罷去。久之，宰相侯摯薦，起爲太學博士、南京轉運司戶籍判官，遷翰林修撰。《金史》卷一百十有傳。蘇門：山名，在今河南輝縣西北。又名蘇嶺、百門山。晉孫登曾隱居於此。

先生諱伯熙，字善甫，漢中山靖王之後，唐盧龍節度使仵之裔孫也。自仵有幽州，傳姓授節數世。入契丹，爲王公數十人，如劉六符等尤其貴顯者也，終始契丹二百餘年。入金源氏，爲燕四大族，號劉、韓、馬、趙氏，其宗黨在仕塗者嘗數十百人。

先生年十六七入國學，喜爲詩文，卓犖有聲，與雷御史希顏齊名，號曰『雷劉』。崇慶之變，遂不就舉，游公卿間，跅弛自肆〔一〕，吟諷爲樂，視世事若不足爲者。貞祐初，從乘輿入汴。金亡而復歸燕，往來燕、趙之間二十餘年。歲丙辰，復如汴，卒於旅次，年七十四，寓殯於蘇門。丁巳春，其子某改葬於燕京梨園頭劉氏先塋。房山，其自號也。

先生資度瑰偉，面若頳玉，鬚髯奮張，貴氣郁郁。每花朝月夕，浩歌綿唱，音節豪宕，聲滿天地，觀者傾側，以爲異人。出於官族，而交一時鉅公，故王綱國體，大禮經制，無不洞練。每言唐、宋、五季、遼、金以來，廢興因革，亹亹有條，若所親見。如性理象數，經學文章，皆能道其抵要。

其書法出於二王，尤善眞行、小楷。嘗謂經言：『篆至於李斯，隸至於鍾繇，眞行、草、楷至於王羲之，此書法之本也。張長史、顔眞卿、柳誠懸、蘇子瞻、黃魯直、米元章，能盡其變者也。然祇當以二王爲法。學二王不至，不失爲顔、柳、坡、谷，所謂「刻鵠不成猶類鶩也」。不本二王，便學顔、坡，不至則遂無正筆，所謂「畫虎不成反類狗者也」。』

僕初學書，先大夫令臨眞武樓《黄庭》者近千紙，又令臨《樂毅論》者數百紙，其大字則令臨魯公《畫贊》、《磨崖》、《離堆》，更不許他學。數年之間，始令臨《定武蘭亭》、魯公《座位帖》，其草書則令臨張芝、索靖、二王而已。今五十年矣，不敢廢也。子今嗜書，其以是求之。嗚呼！雖無老成人，尚有典刑。學道廢缺，如先生者寧可復得耶！銘曰：

涿郡古廟桑蓋倚，幽州大墳近十里。龍文虎氣尚未已，笑傲一世還葬此。突兀又見筆冢起，玉骨清峻有驥子。《蘭亭》已臨數百紙，嗚呼先生乃不死。

【校記】

〔一〕蹠，底本作『蹢』，四庫本作『蹶』，據正德本改。

須城縣令孟君墓銘

【編年】作於蒙古憲宗五年（乙卯年，宋理宗寶祐三年，一二五五）四月，郝經寓居保定，讀書鐵佛寺，設館賈輔、張柔二府期間。

【年譜】蒙古憲宗五年，『作《須城縣令孟君墓銘》』。

見文：『將會葬，振文狀其事以請銘。予哀其孤而嘉其志，敘而銘之。』『三十二年乙卯夏四月某日，葬於保之西原』。

【箋證】孟升卿（一一七六——一二二四）：生平詳本文。孟振文：參卷十三郝經《哭亡友孟振文》自注。

甲寅冬十有一月，大雨雪。經在杞，戍人方警，孟君振文來，曰：『余生而孤，今三十有二年矣。汲汲遑遑，無他樹立。先君子又不克葬，何以爲人子？今將由汴、洛以求先君子遺櫬，跋履山川，蒙犯霜雪，餓體凍膚而不顧，箝口槁腸而不恤也。』遂去，獲於洛之登封以歸，而經亦北轅。將會葬，振文狀其事以請銘。予哀其孤而嘉其志，敘而銘之。

君諱某，字升卿，世爲保州人。大父諱興，字子昌，登大定十九年進士第，立朝莅郡，嶷嶷有政績。時方右文，而公復長於吏事，故遂掇膴仕，終振武軍節度使。父某，業進士，有聲場屋。母王氏，年甚富而失其天，介然有守，嫠居以終。伯父某，登進士第，摛藻挺秀，再賁天庭，鸞凰翻翥，遂爲國華，終同知順天軍節度事。君蚤失怙恃，子於伯父。既生鼎腴，能落紛華以自振，三赴廷試，特賜進士第，去不就，曰：『丈夫豈爲牛後乎！』以任子補保州錄事，攝順天軍節度判官。

貞祐初，北鄙用兵，乘輿遷汴。君爲供具，截截有紀律，民不擾而備。上嘉之，賜一官〔一〕，不受，曰：『臣子養君父，分也，何以賞爲？』已而北兵屠保，尸積數十萬，磔首於城，殆與城等。君率遺民聚瘞之，封十餘塚。兵饑荐至，託迹無所，猶與州學生數人，采稆食椹，講肄不輟也。

河朔亡，奔行在所，授滕州司侯，辟東平府元帥譏察，徙須城令，累官懷遠大將軍。知國運日蹙，不復中振，遂不仕。居偃師之大口，志崛氣阜，不忍自棄，遂感疾。正大元年秋七月辛酉卒，得年四十九，寓殯於登封龍潭寺左。三十二年乙卯夏四月某日，葬於保之西原，從先塋也。

娶李氏，同郡都轉運使李公之女。賢明有介操，自君之歿，撫其孤，襁負寇場，艱闞百至，卒底於成，人以爲難能。一子鐸，卽振文也。幼孤，自知爲學，通《春秋》。節節山立，雖落魄不偶，而不滓世汙。事業雖未見，已能挺身數千里葬其先人，以是而推，識者知其必復其先矣。銘曰：

先澤未斬，國步已蹶。本旣顚矣，況乃枝葉。埋志下泉，於焉可揭。君材不墮，君節不折。氣自杳杳，行自曄曄。有子而賢，自復先業。搖搖新楸，偃偃穉柏。三尺纍然，是爲君宅。文或不死，萬古斯烈。

【校記】

〔一〕賜，四庫本同，正德本作『以』。

許鄭總管趙侯述先碑銘

【編年】作於蒙古定宗后海迷失氏元年（己酉年，宋理宗淳祐九年，一二四九），郝經寓居保定，讀書鐵佛寺，設館賈輔、張柔二府期間。

【年譜】海迷失氏元年，『五月，有《怒雨賦》、《漢義勇武安王廟碑》、《許鄭總管趙侯述先碑銘》』。見文：『歲己酉，寓殯者皆舉而葬，將碑先塋，以賁下泉，謂經曰：「先兄不以椎魯，臨終而畀以後事，受命於危亡之際，竄身於兵刃之交，自惟涼菲，日夕汗戰，懼不負荷。今天誘其衷，既卒事矣，其敢自以爲功乎？先世之德也。銘之可乎？」經拜手曰：「兄之忠，弟之孝，先世之德之澤，其誰曰不可！」乃推本所自，題曰「述先」，敘而銘之。』

【箋證】趙侯：名輿，字伯玉。金末冀州（今屬河北）人。蒙古圍金都南京開封，與兄趙璧隨金哀宗出奔蔡州（今河南汝南）。蒙宋聯軍攻破蔡州，金朝滅亡。趙璧戰死，趙輿則突圍南奔降宋。宋任爲唐州司法參軍、簽判隋州軍事。後舉族北歸降蒙古，爲許鄭二州總管、行軍千戶。趙榮（一一六七—一二三八）：趙輿祖父。趙甫（一一八五—一二〇二）：字亨叔。趙輿父。趙璧：詳卷二十四《上趙經略書》箋證。

孔子曰：『可與立，未可與權。』權固處之難，去就死生之際，處之尤難。乾坤震蕩，宗社翻覆，去乎就乎？骨肉離散，宛轉决命，死乎生乎？惟識之明而養之素，中有主而不惑乎其外，雍容泰定，不僨不撓，不奪乎志，不愆于義，去不苟，就不屑，生不偷，死不傷，而後權得而處之盡。叔世板蕩，罕得其人，於趙侯一門見之。

大梁亡，天命去金，乘輿入蔡，侯與其兄從。時宗祧失守，將夷師熸，百司竄伏，至蔡者十一二。四郊皆壘，孤城彈丸，君臣誓死瀝血以戰，池戰而没則登陴，陴墮而圮則柵巷，柵拔而燼則負戶，短兵頓則張空拳，肉薄骨并，眥裂齒碎，氣數盡矣，於是君臣慟哭以自刃。

侯之兄謂侯曰：『吾荷國厚恩，叨玷仕籍十餘年矣，義不偷生，以自起穢。父、祖俾我受學，非爲祿養，爲忠義耳。如或苟免，非惟負君，又負父、祖。汝未服王命，有矻矻之勇，足以樹立。國難不可不死，趙氏不可無後，吾死國，汝存趙氏後，九原無憾矣。』言卒而戰以歿。侯號擗突圍，遂適宋。宋人官之，非素志也，乃舉族北歸，而仕國朝，倅二州，將千兵。封植松楸，糞除墟墓〔二〕，任恤宗族，生聚子孫，藹然之譽，稱於當世。嗚呼！去就死生之義，侯之門不既具矣乎！

歲己酉，寓殯者皆舉而葬，將碑先塋，以賁下泉，謂經曰：『先兄不以椎魯，臨終而畀以後事，受命於危亡之際，竄身於兵刃之交，自惟凉菲，日夕汗戰，懼不負荷。今天誘其衷，既卒事矣，其敢自以爲功乎？先世之德也。銘之可乎？』經拜手曰：『兄之忠，弟之孝，先世之德之澤，其誰曰不可！』乃推本所自，題曰『述先』，叙而銘之。

趙以國氏，本嬴姓，與秦同出於伯益。秦滅趙而趙散，故爲四方著姓。侯之先，河間之趙也，世業農，孝弟力田，稱於州閭。宋靖康末，遼金搆難，曾大父元遷於冀州，遂爲冀州人。大父榮，有志槩，爽拓不局。時方右文，天下靡然向風，掇膴仕，綰朱紫，顒岸炳燿，動炙耳目。顧謂其子曰：『閭閻皆進士，唫唫取富貴，吾子不可乎？大吾門閭，此其時矣。』遂執贄求師，俾受學，卽侯父也。諱甫，字亨叔，資警敏，謹於禮而勤於學，德既脩明，業日精富，三與春官薦書，而天嗇厥壽，泰和二年卒於家，春秋三十有八。端序則見，折於未騫，有識興嘆。子璧，字敏之。次子輿，字伯玉，卽侯也。時大父尚康寧，以未卒志爲恨，復命璧受學，振厲穿徹，年十九赴廷試，聞望軒朗，嶄嶄見頭角。而大父得疾，援其手而語之曰：『來，吾畀汝以志。吾令爾父讀書，欲大吾門閭，不幸蚤卒。成吾志者，惟汝而已，其惟勉之。第不見聳壑昂霄爲恨耳！』言終而逝，享年七十有二。璧感奮，泣血力學，泳今茹古，搯抉恣肆，蹬蹋羣倫，登興定五年進士第，釋褐泗州司侯，累遷朝列大夫、尚書省掾、權尚書戶部主事。方駸駸仕路，而鼎命已移。天興元年扈蹕入蔡，二年春正月城陷，死之，年四十有七。

侯靖深有謀，沈鷙老事，嗜書力學，重然諾，耿耿有介操，慮事審而舉必得機，故挺身禍亂，不跌不頓，卒成其志。尤高氣節，所交皆天下豪右，以義相許，故聲名嶷甚。其去蔡適宋也，宋以爲唐州司法參軍、簽判隋州軍事。及歸國朝，爲許鄭總管、行軍千戶。銘曰：

孰不爲死，義所則死。孰不爲生，幸偷不生。死生以之，義烈則榮。趙氏一門，業業言言。

義存君親，死生兩完。當地維之四絕，六鰲岌以驚奔。宗沈社僨，蜚血渾淪。莫不失守，遯如荒鷹。孰如彼二昆，臣節既盡，先祀亦存。一則奉君以死，如奔命之尚。一則冒難去國，如投吳之員〔二〕。千載烈烈，有若而人。蔡流湯湯，宛彼忠魂。松柏桓桓，蔭其子孫。兄不隕厥分，弟不隕厥問，先世不虛其教育之勤。爲人子，爲人弟，爲人臣，視茲貞珉，其書諸紳。

【校記】

〔一〕墟，四庫本同，正德本作『虛』。

〔二〕吳，四庫本同，正德本作『無』。

崔氏世德銘

【編年】作於郝經寓居保定，讀書鐵佛寺，設館賈輔、張柔二府期間。

見文：『高陽（今屬河北）崔仲溫，博陵之別脊也。某嘗與之游，其論議粹白，容止雅亮，每爲敬仰，想見世家風采。一日狀其世德，而請爲之銘，乃爲俶落之。』

【箋證】『燕都失守，河朔郡縣相繼降没』，一二一五年蒙古以金帝南遷爲由，再度率軍攻陷金中都，並佔領河北地區。

博陵崔氏，由漢、魏以來，與范陽之盧，爲河朔右姓。門地世閥，更負迭庇，高自擬絕，當世貴官要族，猶恥與聯昏匹。然其家皆能自修飾，世守禮義。爲朝貴，爲國士，爲士豪，嶽嶽樹立，卒不靡於流俗。蓋其先德先代，流風遺範，有以致然。故王謝子弟，雖文獻不足，而猶超人羣。

高陽崔仲溫，博陵之别脊也。某嘗與之游，其論議粹白，容止雅亮，每爲敬仰，想見世家風采。一日狀其世德，而請爲之銘，乃爲俶落之。

崔氏世遠族大，漫不可考。河間與博陵連壤，其先自博陵陟河間，故爲河間高陽人。仲溫之祖某，字種德，淹綜經術，方以經旨授鄉曲俊秀，而禮部設經童舉。君乃裂篇題，銓句讀，定闕例。童稚甫齔，語言猶啞吒，卽令明了，功近而力捷，其師法見稱於一時。

娶張氏，生某，字伯玉，業進士，有聲場屋。方摛藻翥秀，郁爲國華。而北鄙用兵，信安軍帥檄爲吏知管，尋以才幹辟按察司議事，居無何，遷提舉南河漕運。

時京師戒嚴，河渡梗塞，往往沉舟而去。君喻以禍福，曲爲防制，糧餉竟達。既而燕都失守，河朔郡縣相繼降没，惟信安爲金守，四郊皆壘，屹如面志。君與其帥誓與國斃，以戰多累授驃騎衛上將軍，遥領邢州節度副使，卒年六十。配溫氏，貞孝賢明，母儀婦德，中表宗之，卒年八十一。

初，君蚤喪其父，終身不茹葷肉，事母尤謹。及卒，信安猶被圍，乃僞爲殯，竊骸而瘞之家，三年與其子某冒重圍葬先塋，人以爲難能。某卽仲溫也，資純孝，篤於天倫，弱冠而孤。信安既潰，乃負母攜子，裹糧闢刃，隱垣墉，蔽蓬蓽，日數十徙。遇寇則戰，戰已則食其母而哺其子。展轉匍匐，完歸鄉社，掃除先人之廬，養老撫幼，益能托大其家。

萬戶張公知其綜實，授規運使，非所好也，去之。娶張氏。子杲，字晉之，業進士，卓犖不羣，嘗從余授《左氏春秋》。一女，適劉氏。男孫一，女孫一，尚幼。銘曰：

博陵族，藹世閱。先澤流，代不乏。惟種德，經作業。惟伯玉，挺完節。賢父子，孝奕葉。惟仲溫，志烈烈。力幹蠱，必也竭。負厥母，突寇穴。忍愈堅，歷百折。逃威奔，患難疊。鬱松楸，改顏色。子復孫，慶弗絕。我爲銘，照阡陌。九原光，萬古揭。

程先生墓銘

【編年】作於蒙古憲宗六年（丙辰年，宋理宗寶祐四年，一二五六），郝經寓居保定，讀書鐵佛寺，設館賈輔、張柔二府期間。

【年譜】憲宗六年，『八月，作《積慶堂記》、《程先生墓銘》、《毛君墓誌銘》、《二履辨》』。

見文：『丙辰春，改葬先塋，（程先生之子）伯祿爲經言：「先君子墓宜有銘，敢以累吾子。」經拜手曰：「斐文謏見，不以爲辱，又何敢辭。」乃序而繫之銘。』

【箋證】程先生：名良（一一六五—一二三二），字子美，金末鼓城（今河北晉縣）人。金章宗朝進士，金亡，逃於陳州，州陷而卒。

惟程氏系出於重黎，至伯休父，爲周宣王司馬，見於《常武》之詩，程之得姓，其昉於此。晉主夏盟，鄭爲悼公乘馬御。子華子著書立言，稱於仲尼，以趙孟殺贄大夫而去。厥後晉滅鼓，鼓折入於晉。則晉之程，先生之先也。

先生名良，字子美，世家於鼓。大父滋，父革，匱德不仕，鄉里以孝謹稱。先生資稟純亮，昭曠淵塞，振落紛華，篤於力行。明昌末，舉進士，兩與薦書。繼而有崇慶之變，乃辟地於河南。乘輿遷汴，再赴廷試，歸而嘆曰：『上不能匡時，下不能爲己，可較尋常以冒進乎？』於是反身閉關，無復世味，居溵水之上，聞望日著，邇以益耀，從而受學者甚衆。律身既謹，尚友論世〔一〕，與魏璠、麻九疇、王若虛爲道義交。常稱先生，以爲遠之如不可得，近之如不能去。問學淵深，行業純備，粹然一世之師儒，轅固、申公未足多也。壬辰，河南亡，逃威於陳州，州陷而卒，享年六十有八。

娶室同邑趙氏〔二〕。子男二人：鎮，字安卿；鑄，字伯祿。先生嘗語之曰：『鎮，汝執余之圖，幹余之蠱。鑄，汝繼余之志，述余之事。且禮罰醫藥不可忽，禮以閑邪，罰以厲行，醫以攝生，三者修身之要。』安卿以先生之故，學不爲仕，而史學淹長，工於詩，與北平王鬱唱和，甚有時名，亦亡於陳。伯祿舉進士，有聲場屋，才幹通敏。嘗爲諸侯卿，雖艱關百至，益能托大其家。一女，適同邑進士宋壽之。男孫二，曰大章，業進士；大有，尚幼。丙辰春，改葬先塋，伯祿爲經言：『先君子墓宜有銘，敢以累吾子。』經拜手曰：『斐文謏見，不以爲辱，又何敢辭。』乃序而繫之銘。曰：

北風吹塵，戈矛鬬紛，先生胡爲乎來。不爲千仞之鳳，而爲大野之麟。以道爲裳，以德爲紳。言中乎慮，行中乎倫。不爭尋常，自同于隱淪。潛以益振，退而益尊。不矜于文，惟德之純。雖爾時而屯，而以屈以伸。業以傳諸人，德以貽厥孫。與化同盡，亦異乎無聞。淮水湯湯，淪彼厚坤。古聖今贒，何皆厄陳。吾欲扣帝閽，而眞宰或嗔。壞運構凶，玉石俱焚。於乎先生，有不死者存。區區世塵，又何足爲先生云。

【校記】

〔一〕友，四庫本同，正德本作『有』。

〔二〕娶，底本、正德本作『同』，據四庫本改。

廣威將軍潞州錄事毛君墓誌銘 並序

【編年】作於蒙古憲宗六年（丙辰年，宋理宗寶祐四年，一二五六），郝經寓居保定，讀書鐵佛寺，設館賈輔、張柔二府期間。

【年譜】憲宗六年，『八月，作《積慶堂記》、《程先生墓銘》、《毛君墓誌銘》、《二履辨》』。見文：『壬辰（金哀宗天興元年，蒙古太宗四年，一二三二），河南亡，毛卒在汴。』『歲丙辰，將改葬公夫人，洎居仁請經爲之誌。經，張侯之門下士也，而與居仁爲道義交，其敢辭。序而誌之。』

【箋證】毛君：字伯朋（一一九〇—一二三九），世家臨清（今屬山東），靖康之亂，遷大名（今屬河北）。金章宗明昌中，以父任承奉班，歷監差。遷靈寶縣主簿，攝縣務者幾二年。衛紹王大安初，授昌平縣軍資庫使。宣宗貞祐初，調潞州録事，待官於大名。蒙古攻大名，城陷被俘，義不受辱，觸牆而死，封廣威將軍。

臨清毛氏，在宋熙豐間，成忠君瑜以力學起家，一舉而三子進士第，蟬聯華胄〔一〕，德業相望，郁爲鼎族。自宋迄金，百有餘年，至廣威君而復以名節著，終其令聞，子孫蕃衍，而毛氏益大。君諱某，字伯朋。曾大父瑜，宋成忠郎。大父珣，洎二弟評乙，同登進士第，終泗水令。父大壯，靖康之亂徙大名，金初仕爲永年簿，有惠政，人以佛稱。

君資孝謹，介然有守，嶷嶷樹立，不畏義死，不榮幸生，每以名節自期。明昌中，承父任，五爲監差，而皆以課最聞。赴靈寶簿，令有故去，攝縣者幾二年。髮櫛苗薅，愛利浹足，憲司以廉能舉之。方終，更太夫人李氏訃至，遂赴喪。老幼遮道號泣，展轉攀送，數十里不絕。禫服向闋，復丁永年君憂。大故疊複，哀毀骨立，言禮動禮，未嘗少替。

大安初，北鄙用兵，選授昌平軍資庫使。未幾，大敵至，庫所貯犒軍金帛億鉅萬，姦人乘我師潰，公爲攘奪，同官亦挾輕貲以遁。從者因以爲言，君厲聲曰：『不能守官，無所逃責，又可乘君父之難，爲盜竊計以自利乎？悖天負國，禍累子孫，吾不爲也。』

貞祐初，調潞州錄事，待次於大名。尹知其才幹，檄監漕赴燕都。戒嚴，乘輿遷汴，河朔震蕩，游騎充斥，道路阻絶，篙工役徒，蝟議曹逃。君束之以法，勉之以義，且戰且前，糧饟竟達。

己亥冬十有二月丙申，敵攻府急，尹委君計軍食，而城已陷。兵人脅君降，君不爲屈，曰：『余家世荐食國祿，無所圖報，國危而死，分也，又可偷生耶？』兵人怒，欲兵之，君盛氣憤激，義不受辱，大叫觸牆，立致殞絶，得年五十。兵退，葬之府城北三里吳莊原之先塋，累官廣威將軍。

夫人涿郡王氏，泰和名臣翛然之女孫，封滎陽縣君〔二〕，與君同日遇害。兵退，遂祔焉。子男四人：居謹，明威將軍、臨淮簿；居政，忠顯校尉、魏縣五星鎮酒監；居仁，進武校尉、通許醋監，既北渡，以名德被徵，參陝右宣撫司事；居喜〔三〕，早卒。二女：長適宣授千戶喬惟忠，次適順天路軍民萬戶張柔。男孫三：漸，業進士；渙、澄，皆尚幼。母弟一：僖，字仲和，定遠大將軍、渭南令；儀，字敬之，年未及君，遲之數年，竟同解而仕。敬之既仕，而數課殿，至於逮繫。君每營援，必令全釋。君昆弟未嘗别籍，丁壯六七輩。軍興，選募良家子，敬之一子被選。時征人往往陷没，其母行坐涕泣，君憐之，以己子代行，人以爲難能。二女及笄，鄉里名門競求姻對，君不許。夫人問之故，君曰：『吾女若而人，庸庸之徒何足辱之？』卒之，兩婿皆開國勳臣，鏘鳳乘龍，光賁外舍。

壬辰，河南亡，毛卒在汴。居仁白之張侯，侯力出之，護送北歸，而爲之保宥安集，本支滋蔓，日益腴茂。居仁以德度直諒，與縉紳先生游，爲時聘君，方須不次之用。諸孫嶄然露頭角〔四〕，伯仲祚胤，曄曄榮暢，其增大門閥，軼先德而霈遺澤也必矣！成忠君之志，廣威君之義，繼繼綿綿，無窮已乎。

歲丙辰，將改葬公夫人，洎居仁請經爲之誌。經，張侯之門下士也，而與居仁爲道義交，其敢辭？序而誌之。銘曰：

先德以爲基，孝友以爲資。細謹以自治，剛宏以自持。突兀瑰奇，頓而欲施。孰意其與之材，而不與時。金風告衰，日入崦嵫。塌翼乎卑枝，而莫能奮飛。于嗟乎君，古人與期。國步危而氣不危，鼎命移而志不移。崔嵬此心，死生以之。與國俱死，非死之私。義烈在天，子孫是貽。碩大蕃昌，其爲報也宜。幽墟冥冥，鑽石埋辭。君義不可埋，諸孫其篤之。

【校記】

〔一〕胄，四庫本同，正德本作『會』。

〔二〕滎，四庫本同，正德本作『熒』。

〔三〕居，底本、正德本作『喜』，據四庫本改。

〔四〕然，底本、正德本作『戢』，據四庫本改。

左副元帥祁陽賈侯神道碑銘 並序

【編年】元世祖中統元年（庚申年，宋理宗景定元年，一二六〇），郝經從忽必烈征宋自武昌歸來，在賈輔府作。

【年譜】蒙古憲宗四年（宋理宗寶祐二年，宋理宗寶祐二年，一二五四），『十月，左副元帥賈輔卒，公爲文祭之，並銘《神道碑》』。

見文：『歲甲寅（一二五四），諸侯會於朔廷，上必欲相侯，而侯得疾不起，內醫、中使問視相望。冬十月戊戌，薨於會，享年六十有三。……乙卯（一二五五）春正月庚辰，葬於祁之東原先塋，夫人安氏、王氏祔焉。』『歲庚申，經宣撫江淮，至自武昌。嗣侯某請碑諸神游之道。』

【箋證】賈侯：即賈輔，金元之際祁州蒲陰（今河北安國）人，張柔副帥。詳參卷一《渾沌硯賦》箋證。武仙（？—一二三四）：威州（今河北井陘舊威州）人，貞祐二年（一二一四），蒙古軍掠河北，聚守威州西山，金宣宗封权威州刺史。興定元年（一二一七），金將石海在眞定叛金，武仙降其部衆，權知眞定府事。四年，授知眞定府事，兼經略使，遥領中京留守，權元帥右都監。封恒山公。八月降蒙古，爲河北西路兵馬副都元帥。正大二年（一二二五），殺史天倪，歸金，敗走南京開封府。五年，哀宗復封恒山公，置府衛州（今河南汲縣）。七年，復潞州（今山西長治），旋敗，撤還衛州。調至胡嶺關，扼守金州路(今陝西安康市西北的西州故城)。八年十二月,赴鄧州與完顔合達、移剌蒲阿軍會師,阻蒙古軍。天興元年(一二三二)正月,金軍敗於三峰山(今河南禹州西南),武仙逃至南陽留山(今南召縣留山鎮。三月,開封被圍,哀宗以武仙爲參知政事、樞密副使、河南行省,詔與鄧州行省完顔思烈合兵救援。八月,敗於密縣東,退留山。再敗於柳河。遂徙軍鄧州、淅川。次年,哀宗逃蔡州(今河南汝南),遣使召其赴難,率軍自淅川溯流而上,謀取宋金州。三年,蔡州破,金亡,逃至澤州,被戍兵殺害。

昔李廣數奇不侯,及其卒,識與不識皆爲流涕。太史公謂:『桃李不言,下自成蹊〔一〕。』及傳大將軍青,則以爲有天幸而功烈不與。蓋論人者不以成敗,顧材品之何如,其得失之輕重,成就之淺深,特係夫用與不用而已。

近世河朔豪傑,跨州連郡,分民專土,莫不自以爲雄奇,至論長材偉人,必以祁陽賈侯爲稱首。聞其薨,噫嗚咄喈,痛惜不已。蓋侯以布衣崛起,而爲一方之侯伯,不爲不偶;位侯伯者四十年,不爲不榮。但其有戡定禍亂之略,而未賜以鈇鉞;有弼成至治之器,而不被以公衮;有處劇弭煩之智,而不吏於輦轂;有裕國阜民之術,而不踐於會府;有斡旋造化之手,而不典於機密。可以表則一世,冠冕當代,而不羽儀於朝廷之上。所以有識之士,重嘆恨於英賢也。

侯諱輔,字元德,中山之祁人〔二〕。曾祖某,皇祖某,皇考某,皇妣李氏。侯生六歲而孤,養於舅氏佟之家。自知讀書，卓犖山立，沈鷙善射，魁出輩行。貞祐初，將鄉兵萬，以功授祁之蒲陰尉，尋遷爲令。土豪王知以賂領州，大爲民害，州人逐之，推侯爲守，聞諸行臺，遂授宣武將軍、祁州刺史。

時諸方州皆事屠并，爭地殺人，不恤其民，且荐饑，更相啖噬。侯獨保境，教之耕戰，招徠四方賢士，制事約法，故民得安堵〔三〕，兵食足餘而戰有功，遷鎮國上將軍，遙領濬州防禦使，仍知祁。

恒山公武仙時鎮眞定，而挾智事詐，跳踉妬護〔四〕，憚侯膽略，密令所親取侯。侯挺身逸，州人從之，遂歸國朝，詔副萬戶張公，領州如故。居無何，仙窮蹙，亦降。時金源既棄河朔，在所寇攷，首鼠反側。侯將本兵略地，所向克捷，取慶都，攻蠡吾，還掇安平，取深州，近右諸縣鼓城、束鹿等，望風降附。於是踰滹沱，取冀州，兵勢大振，武義、寧晉、衡水、饒陽皆下，遂逼鎮、定，而仙復叛去，侯遂有鎮、定東南諸郡。

萬戶張公開都元帥府於滿城，侯行元帥事於祁，號南府，祁南皆隸焉。已而從定山東，屢立戰功〔五〕，遷左副元帥，副張公，開府於保州。築壘以合南北軍，兩府諸城并爲一道。張公將兵在外，侯常居守，故無巨細，一決於侯。乃鳩遺民，寬賦租，拔猾梗，剔姦蠹。資糧日富，士馬日盛。春施秋殺，恩威並著。黠守豪帥，帖汨懾服。於是有城數十，地方千餘里，節度之州一，刺史之州五，勝兵數萬，而戶不啻十餘萬。西盡常山之尾，繞出鎮、定〔六〕；左轉蜚狐之口〔七〕，東包河間，出九河，南入冀野，北盡涿、易，横絡上谷、盧龍之塞，而跨有燕趙、恒嶽之鎮，有滹沱、涞、易之浸，有桑麻魚鹽之利，棗栗五穀之饒，金鐵繊纊之産。河朔諸道，車轍馬足，皆出其間，四方之珍充羨，而貨泉川流，遂爲一大都會。

汴梁亡，朝省名士五十餘人會於保下，侯皆厚爲資給，盡禮延待，擢其英俊而加任使，其耆德則事之。由是四方賢士，翕然來歸，冠佩藹然，有平原、稷下之盛。故好賢之譽日隆，事之利病日益聞，政化修明，人有生賴，既富而教，駸駸乎治平之世。朝廷嘉之，璽書褒贊，賜以金符，升州爲府，錫名曰『順天』。丞相耶律公致書，稱述政績之美，仍以詩詠歌焉。官制行宣授行軍千戶，權順天河南等道軍民萬戶。自是聞望益重。每國家有大號令及大更革，諸侯大會同，必推侯爲首，俾應受焉。侯思致周給，嫻於辭令〔八〕，條析闓闓，聳動觀聽，故所言無不允諾。至於籍戶之式頒之諸道，子錢之蠹一本息止，貸逋租，薄重賦，陰賜及天下不可枚數。朝廷欲使自諸侯入爲卿士，侯輒辭罷。燕京道最爲攘劇，號稱難治，且與順天境土相呀，大行臺以詔旨命侯兼治之。侯力辭不從，遂聞諸朝，以所佩金符授其子文備，令襲爵爲行軍千戶。復授侯金符，與之商處行臺事，領順天等道如故。

歲甲寅，諸侯會於朔廷，上必欲相侯，而侯得疾不起，內醫、中使問視相望。冬十月戊戌，薨於會，享年六十有三。上聞震悼，曰：『朕方用之，而奪去遽邪！』乃賻廐馬五，俾輿歸以葬。乙卯春正月庚辰，葬於祁之東原先塋，夫人安氏、王氏祔焉。子男六人：文備襲侯爵，文兼襲祁州刺史、行軍千戶，文遠、文進蚤卒，文慶、文亮尚幼。女五人：長適行軍千戶劉克剛，次適參知政事王椅，餘皆適名族。男孫曰壽孫，嗣侯之嫡子也。

侯資瑰瑋，長八尺餘，精傴老事，志略深長，望之儼然，而其中甚仁。初籍戶，詔驅掠者私其主，侯之所有殆數千人，語之曰：『普天之下皆天民也，吾可奴爾而獨良吾乎？吾若不德，子孫覆亡不暇，其能久有若屬乎？』悉籍之爲民。其餘奇孤僮女數十，侯一日謂其夫人曰：『是皆良家子，彼無父母，則吾其父母也。可辨其族姓〔九〕，比其年質，使各爲伉儷。』乃爲築室，庀器具、妝奩、衣物，置大會而命之，且爲訓戒之辭，聞者皆惻然感泣。及疾革，又親書券，并其子息與故僕御十餘家，皆使爲良。其仁隱如此。生平喜爲學，聚書數萬卷。每令講讀，必爇香北向而聽之，跼蹐甚恭。或勸之少安，曰：『彼老、佛者凡出一言，則謂之説法，令人亟拜不已。今聞聖人之道，敢不致敬乎。』尤喜獎拔後進，歲時諸生卽賀，侯輒先拜。或止之，曰：『天下賤士久矣，士不知自重亦久矣。吾所以若是者，示不敢以位爲貴，使爲士者知道之在己，亦當自貴也。』

常置金帛於座右，曰：『今河南新破，衣冠狼狽，吾必有以待遇。』每戒門吏，有來謁者，雖當寢食，少報，則必倒屣出迎，厚爲燕勞，而重爲資給，其好賢如此。晚年惟讀《語》、《孟》，曰：『是聖賢傳心之要典，而世謂之小經，吾欲使與六經並爲大，可乎？』又能重自克治，嘗曰：『凡今諸侯，憑藉兵亂殺戮之餘以有今日，曾作何等事業，既享諸身，又欲貽厥子孫？斯民何辜，使汝世肆於上乎？ 吾叨玷仕祿五十年矣，刑戮之間豈無過濫？ 没身而已，敢望其後哉！』其存心如此。

當是之時，諸鎮侯伯往往爲嚚吏朋民，牙角囓猘，使長貳侵官，父子奪位，而兄弟相吞偪，刲剝黎庶，行賂傾軋，至於破家赤族而不已，故其兵民因以逃散困弊。 侯雖嘗蒙譏間，第爲隱忍，至死不起訟。 則其惠賚州人，甚厚幸也。 嗚呼！ 侯在州里，則庇護惟謹，而爲良將帥； 收斥土宇，所當穿徹，則爲雄方伯； 撫存遺黎，濟之以德，則爲循良吏； 應變處劇，創法立制，則爲材大夫； 樂賢下士，爲善不倦，則爲賢諸侯。 就義棄利，不貪寵榮，忠於所事，致死不易，則有古之遺直； 德澤在人，益久益深，死而不亡，則有古之遺愛。 方海宇横潰，不資於人，挺然自致，恢宏正大，停滙淵博，非豪傑之資有大過人者，能若是乎？ 惜乎未盡其用，而止於是也。

歲庚申，經宣撫江淮，至自武昌。 嗣侯某請碑諸神游之道，某應之曰：『向在許洛，聞諸父師曰： 河朔兵亂，而愛民好士者，有祁陽賈帥焉。』則知侯於童齓之時。 及其北渡，館於侯門。 侯一見待以國士，盡以所藏書見付，使之誦讀。 日夕周旋，聞其論議，見其施設，則知侯於問學之日。

侯之喪至，自朔庭，闔境士庶奔走以逆。 自涿、易，抵深、冀，旁午五百餘里，黎老扶杖，坌土衝雪，塵壓髽素，氷淚滿面，崩塌號慟，若喪所親，嗟隱之聲，道路不絕。 比襄事，凡十有五日，奠祭者倚疊而哭之，無不盡哀。某爲誌文，環視而泣者日數十百人，有所謂罷市而往弔，鬻衣以致奠，巷哭以過車者，則又知侯德澤之深也。故叙其事而爲之銘，曰：

三光五嶽之氣分，天下無全材；三綱五常之教廢，天下無實德。嗟嗟賢侯，元化之一。間世炳虚，萬夫之特。精金百鍊，天下之利器；良玉不琢，天下之美質。巍巍堂堂，爲時而出。乾坤破碎，元氣湮塞。溟涬茫昧，滑泥沫漆〔一〇〕。盜販髠黥，蹀血吞食。嗟嗟賢侯，嶷然而立。應龍騰驤，捧天開闢。激水轉背，垂雲矯翼。廓清氛祲，剗除荒棘。連燕跨趙，大啓封域。挈民囂爐，置之凉寂。我戰我守，爾稼爾織。瘡殘痏餘，始得蘇息。如焦斯濡，如槁斯植。髮櫛苗薅，去其螟螣。濯之以浹旬之雨，膏之以三春之露。動之以凱樂之風，晞之以陽和之日。尋以富教，歌謡盈溢。桑麻垂蔭，山河改色。不有君子，其何以國？曹子臧之守節〔一一〕，孔文舉之好士。卓侯清淨之化，寇君愛利之實。嗟嗟賢侯，乃見古昔。而止於斯，莫不痛惜。及門慟號，行道隕泣。大木斯久，中生蠹賊。磊落瑰岸，長材偉器。不害其爲，明堂太室。矧夫斷金之義，寧肯棄於鬼蜮？伊祁之南，滹沱之北。邱山巖巖，豐碑抑抑。大書特書，萬代是式。不朽惟德，不在兹石。

【校記】

〔一〕蹊，底本作『徯』，正德本作『磎』，據四庫本改。

〔二〕山，四庫本同，正德本闕。

〔三〕安，四庫本同，正德本作『按』。

〔四〕跳踉，底本、四庫本作『跳梁』，據正德本改。 姤護，底本、四庫本作『跋扈』，據正德本改。

〔五〕功，四庫本同，正德本作『多』。

〔六〕繞，底本、正德本作『繳』，據四庫本改。

〔七〕狐，四庫本同，正德本作『孤』。

〔八〕嫻，四庫本同，正德本作『閑』。

〔九〕辨，四庫本同，正德本作『辦』。

〔一〇〕沫，底本、正德本作『抹』，據四庫本改。

〔一一〕臧，四庫本同，正德本作『藏』。

公夫人毛氏墓銘

【編年】元世祖中統元年，郝經從忽必烈征宋歸來，在張柔府作。見文：『己未八月某日以疾薨於寢，享年六十有二。是月某日，權厝於府城東原。』『歲庚申，經宣撫江淮，至自武昌，則公夫人已薨矣。乃爲文奠哭，而其子某等致辭請銘，經何敢辭。』

【箋證】毛氏（一一九八—一二五九）：臨清（今北京順義區李橋鎮臨清村）人，順天路軍民萬戶張柔夫人。參卷三十五《廣威將軍潞州錄事毛君墓誌銘並序》。

順天河南等路軍民萬户、宋亳道行軍總管張公，其在國朝，樹元勳，開帥閫，分茅樹社，傳之子孫者。雖其英略有以自致，蓋得内外之助焉。

封之本根，隱然啓土，别作一道，跨有燕、趙，則左副元帥祁陽賈侯輔。先後禦侮，爲虎傅翼〔一〕，夾之以飛，則行元帥涿郡喬侯惟忠；智謀勇力，腹心爪牙，戰功獨多，則易州軍民總管何侯伯祥；覊威爲和，撫摩將校，使盡死力，屹爲内主，則公夫人毛氏也。賈侯三人者，皆先公卒，經皆文其碑。經自弱冠館於公門，教授諸子者七年，故受公夫人禮遇茂厚，知其内行爲悉。

歲庚申，經宣撫江淮，至自武昌，則公夫人已薨矣。乃爲文奠哭，而其子某等致辭請銘，經何敢辭。

按毛氏，周毛伯之胤，北京臨清人。宋熙豐間成忠君瑜以力學起家，一舉而三子進士第，以迄於金，遂爲鼎族。公夫人，泗水令珣之曾，永平簿大壯之孫，廣威將軍、潞州録事伯朋之女，大興尹、明昌名臣、涿郡王翛然之甥也。既出閥腴華胄〔二〕，而其少艾，郁有貴氣。與其姊皆及笄，鄉里名門競求姻對，廣威府君皆不許，曰：『吾二女若而人，必配豪傑，靡靡庸壻何足辱之。』及北京陷，張公納以爲夫人，而其姊則配喬侯焉。

公夫人資婉淑明徹，沈郁有策略。時門下將校百餘人，多與公故等夷，或刮金飲血之友，或布衣刎頸之交，或擒獲屈膝虓勇之士，或反覆變詐姦宄之人，皆方資之以爲用。而公以蓋世之氣，事多闊略，且日鏖戰，不暇存撫。公夫人則勞來燠休之，每詰旦，以醇酒數石置大銀甕中，設金銀斗盌，不置盃杓，褰簾徹幕，撾鼓鳴笛，命各劇飲。置大胾，不置挾，恣其臠啖。嘗製錦紵絺繡美衣，而時以公意賜之。其戰而被傷者，則親飲之藥，而爲良劑傅之。又各與膏腴田宅，而時以珍玩慰結其妻子，故無不感悅盡力。公常出征，軍中、府中雖賈侯總統，而於機要必取決焉。經營比次，嘗出資糧馬仗以給公，故公無内顧之憂，而攻必獲，戰必勝。

己亥□□□□□□□□己出〔三〕，教之書而勉以義，故皆有成資。喜爲學，陰陽圖傳，藥石之術，老佛之書，詩文之藝，皆能究竟。日讀佛書爲課，焚香靜坐，澹然若與世遺者。初自乙亥歲歸公，己未八月某日以疾薨於寢，享年六十有二。是月某日，權厝於府城東原。

一子某，蚤卒。二女：長適喬侯之子琚，幽閒執禮，有母氏之風，賦詩彈琴，窈窕物外人。元内翰以其姨女，嘗與之號曰『靜華君』。次適易州太守郭某。

竊惟婦德以順爲正〔四〕，而不在於才。故《易》曰：『坤道其順乎，承天而時行。』又曰：『在中饋，無攸遂。』《詩》曰：『無非無儀，惟酒食是議，無父母遺罹。』則不可有爲，其垂戒如此。而《春秋》謂『宋共姬女而不婦』，《易》復謂其『動也剛』。古今載籍，殉夫訓子，烈然有爲，凡著名節者皆著於篇，則與其有爲，以垂訓又如此。蓋以順爲正，不可有爲者，常也。開國承家，贊内叶外，紛拂而不失其操，顛沛而不改其度，卒能成大事業，有爲而靜專在焉，則變也。故正者德之本，變者德之用，二者兼備，公夫人有焉。銘曰：

高門夏屋兮婉娩周姬，玉虹蟬聯兮光生門楣。乘龍崛起兮邦家之基，宜爾室兮公之資。室有閑兮孰敢嘻？子孫奕葉兮而乃棄。而碧梧凋兮鳳于飛，春風花落兮百鳥悲。素琴生塵兮褰繐帷，老虎飲泣兮霜滿胔。百城縞素兮失壼儀，長紼十里兮攀靈輀。聲徹天兮淚成池，其德在人兮茲其可知。中堂蕭條兮門慘悽，覆玉盌兮反金巵。將士揮涕兮撫我其誰？賓客掩袂兮吾將安歸？松搖搖兮柳依依，魂一斷兮雞水湄。西園月照兮西堂西，星爲冠兮霞爲衣。玉女兩兩兮纏霜霓，天外珮響兮鳴珠璣。香霧冉冉兮煙霏霏，貞魂之來兮其惟此時〔五〕。

【校記】

〔一〕傅，四庫本同，正德本作『傳』。下同。

〔二〕閲腴，正德本同，四庫本作『腴閲』。

〔三〕己亥□□□□□□□□己出，底本、四庫本『己亥』與『己出』之間有注：『以下闕文，依明季本刊，惜無善本補正。姑闕疑仍舊，以俟博識者』，據正德本改。

〔四〕竊，四庫本同，正德本作『切』。

〔五〕貞，四庫本同，正德本作『真』。

故易州等處軍民總管何侯神道碑銘　有序

【編年】元世祖中統元年正月後，郝經從忽必烈征宋歸來所作。

【年譜】中統元年，作『《易州總管何侯神道碑》、《宣撫大使楊公神道碑》』等。見文：『歲己未（一二五九），方以疾歸第。今上南伐，詔侯參與帳前軍國事，奇謀秘計，多所獻納。秋九月，王師渡江。冬十月二日，侯故疾復作。壬寅，終於鄂州江上之滸黄洲，春秋五十有七。』『庚申春正月，葬公於易州馬頭砦麓之貯梁原。既卒事，其夫人及其孤，與其將佐任某等狀侯行，請文諸神游之道。』

【箋證】何侯：何伯祥（一二〇三—一二五九），易州（今屬河北）人。初仕於金，先後事金中都路經略使苗道潤與行中都西路元帥府事靖安民，後從張柔歸蒙古。在保定擊敗金將王子昌，後隨張柔攻汴梁，拔洛陽，圍歸德，破蔡州，參與滅金之戰，論功居多，授易州等處軍民總管。太宗九年（一二三七）從主帥察罕攻宋，賜錦衣、金甲。憲宗二年（一二五二），從忽必烈攻宋，參預軍事，多所獻納，卒於鄂州滸黄州軍中。《元史》卷一五〇有傳。靖安民：德興府永興縣人。貞祐初，充義軍，歷謀克、千戶、總領、萬戶、都統，皆隸苗道潤麾下。遥授定安縣令，遷涿州刺史，遥授順天軍節度使，充提控。興定元年，遥授安武軍節度使。二年，遷知德興府事、中都路總領招撫使。道潤死，代領其衆。三年，詔自易州以西爲中都西路經略使。四年，遥授知德興府事，權元帥左監軍，行中都西路元帥府事。封易水公。十月，出兵至礬山，復取檜車寨。元兵圍山寨，遇害。詔贈金紫光祿大夫。《金史》卷一一八有傳。口溫不花：又作昆布哈。成吉思異母弟別里古台次子。太宗二年（一二三〇），從太宗攻金潞州鳳翔。四年，率萬騎與拖雷會師三峰山（河南禹縣），大敗金兵。七年，攻宋，克棗陽及光化（湖北老河口）。九年，圍光州，降宋黄舜卿；又破黄州。察罕（？—一二五五）：初名益德，唐兀烏密氏。父曲也怯律，爲夏臣。武勇過人，及長，賜姓蒙古，妻以宫人弘吉剌氏。從帝略雲中、桑乾。拔金將定薛之白樓，爲御帳前首千户。從帝征西域孛哈里、薛迷思干二城。又從攻西夏，破肅州。攻靈州。還次六盤。太宗即位，從略河南。皇子闊出、忽都秃伐宋，爲斥候。從親王口溫不花南伐，乙未克棗陽及光化軍。未幾，召口溫不花赴行在，以全軍付察罕。丁酉，復與口溫不花進克光州。戊戌，授馬步軍都元帥，率諸翼軍攻拔天長縣，及滁、壽、泗等州。定宗即位，命拓江淮地。憲宗即位，以都元帥兼領尚書省事，賜汴梁、歸德、河南、懷、孟、曹、濮、太原三千餘户爲食邑。卒封河南王，謚武宣。子十人，長木花里。

朔龍起陸，眞人時乘，破蟄窟，奮氷天而蜚。其翻瀚海之波濤，震雪山之雷霆，瑰厲日月，推蕩風雲，布爲時雨，轉爲陽春，發育萬物，作新生人。雖曰聖神受命，運會所屬，俾之立極垂統，亦一時豪傑。相與比佽基構，鳩緝樹立，有以孱就者，於燕、趙之交，崛起雄鷙，羽翼元臣，開拓土宇，共成天功，智計則策士，勇力則名將，慷慨服義，忠於所事，千户何侯有焉。

公諱伯祥〔一〕，字世麟，易州淶水季路里人。曾大父泉，大父國清，世厚於德，爲鄉里望族。父淵，材武善射，智畧沉勇。貞祐初起家〔二〕，爲義軍都統，守清楊口，戍紫荊關，阨上谷諸道，濟流民，還生口，遏寇衝，威惠並著，終於易州刺史。母鄧氏，州里名門，以聖善稱。

侯資夙成，自童丱從其父，勇不自制，數嘗敵鋒，輒執俘折馘，衆皆異之。年十五，事中都經略使苗道潤。初，道潤與其副賈瑀有隙。一日，從數騎出，瑀伏甲射之，顛於道左，從者駭散，侯獨下掖之。道潤瀄絕不能乘，伏發前突，侯奮槍大呼，殺數人，賊乃遯去。遂取道潤所佩金虎符以出，令疾足間道聞諸朝，乃命易水公靖安民代道潤，因事之。初，侯之父嘗爲山西賊所襲，乃言諸靖侯，與十二人俱冒險捷出，以復父仇，殺掠數百里，破靈邱、奉聖、安水諸堡寨。時年十有六，衆以何郎目之。

是歲，靖公薨，侯以符節歸今萬戶張公，摧堅陷鋭，勇嘗冠軍。張公愛其材，常置左右，使之先後禦侮，每戰輒與之俱。侯亦以死力自效，迅厲穿徹，所當無前。

時河朔既定，惟保定王子昌與信安張甫犄角爲金守〔三〕，阻水出没，刼掠近右。子昌貌寢善戰，軍中號爲『墓裏鬼』，爲金經畧使，尤爲驍跋。萬戶張公一日命侯取之。侯厲水徑渡，薄其城，遂門焉，格鬬以入，旋戰而出。子昌窘甚，攜其妾以遯。侯追及之，子昌背左以射，中侯貫手於槍〔四〕，乃拔矢舍槍，縱所乘騎，張空拳而搏之，生獲子昌及所佩金虎符，偏裨數人束手就命。信安尋亦潰，甫出奔，河朔遂平。西山諸砦，餘寇所保，如軍市川、姑姑堝、紅花谷、閃堂、白虹、野貍、郎山等，尤險絕，皆攻下之。於是闢地千餘里，取三十餘城，南直滹沱，背盪幽陵，西塞蜚狐之口〔五〕，東跳瀛、博，鷹揚虎踞，隱然一軍，跨有燕、趙。

歲壬辰，從萬戶張公攻汴京，拔洛陽，圍歸德，破蔡滅金，第功嘗第一。

歲甲午，宋人畔盟，大舉伐宋。從萬戶張公破漢東諸城，屯曹武鎮。侯將一軍於安陸、郢、復，沿江上下，破三十餘柵〔六〕，得船數萬艘。又破芭蕉、望鄉、大洪諸寨，馘虜萬計。宋人出荆、鄂，選兵二萬救洪山。公逆戰，破之，獲統制、路分等一十六人，軍資器械不勝計。瞰臨江口，有長驅之勢，威震荆、楚。從攻光州，帥拔都軍二百先登，破其外城，遂急攻，并其子城拔之。會攻黄州，適有小舟來覘者。萬户張公曰：『是舟泛泛，伺吾隙耳。必暮夜來攻，不備必爲所乘。』命侯伏甲赤壁下以待。夜二鼓，果水陸俱出。侯令其徒按槍箕踞，俟其過中衝而横擊之，宋師大敗，溺水者不勝計。師還，又拔張家砦，俘獲數萬。大帥口溫不花、察罕等既厚賞拔，且以其功聞諸朝。

歲戊戌，張公入覲，陛奏曰：『臣之佐何某屢立戰功〔七〕，宜加旌異。』乃賜宣命、金符，充易州等處行軍千户兼軍民總管，仍賜廐馬、錦衣、金甲。自是萬户張公常命侯將行營，攝帥府事，軍中、府中事無大小，一取決焉。侯既佩恩遇，知無不言，有所不合，必犯顔以爭。萬户張公之樹元勳，開帥閫，兼統河南諸道，鎮遏江淮，侯之力爲多。

歲壬子，將行營會諸軍南伐，既入敵境，而大帥以故自他道遽還，諸軍不之知也，錯迕倉皇，莫知所適，至於江口。侯曰：『由所來而歸，必爲敵所遏。不若出其不意，深入巢窟，彼不我測，乃可出也。』遂突戰旁出，直抵司空寨。寨宋重兵所宿，衆十餘萬。逼寨而壁，疏布營壘，凌高伐木，爲合圍攻取勢。既夜，命人爲五竈，火十炬，選精鋭設伏於營之前後，先據險要。黎明，令軍士盡行而後鼓，敵下衆來追，伏發，敵駭亂，且疑其衆盛，遂奔。追擊，大破之，摩壘而還。轉鬭千餘里，他軍不能歸者并護以出。上聞之，下詔褒異，賜白金五百兩。

歲己未，方以疾歸第。今上南伐，詔侯參與帳前軍國事，奇謀秘計，多所獻納。秋九月，王師渡江。冬十月二日，侯故疾復作。壬寅，終於鄂州江上之滸黄洲，春秋五十有七。先夫人郭氏，萬戶張公之甥也，婉淑有禮，中表推其賢。子男二人：長瑛，襲行軍千戶，先侯卒；次瑋，卓犖有父風。孫德隆，襲行軍千戶。二女：長適鎮撫王林之子某，次尚幼。

庚申春正月，葬公於易州馬頭砦麓之貯梁原。既卒事，其夫人及其孤，與其將佐任某等狀侯行，請文諸神游之道。某嘗館於萬戶張公之門，與侯游而莫逆，故知侯爲詳。侯偉風儀，善辭令，膽力拳勇，輩行罕儔。沈鷙有幾衡，每戰輒先人而奪之心。御下嚴厲，束之不少縱，雖其同僚，至出令臨陣，必以聲色威之，渠亦慴服，故攻必克而戰必勝。疾惡尤甚，面數其姦而不靳。通書傳大旨，樂與士夫游，謙抑藴藉，不知其爲武人。渡江之役，與某會於武昌，釃酒臨江，跌宕懷古，論當世事，從横無窮。國家方將奄甸江、淮，混一區夏，而奪去之遽，可哀也已。既叙其事，又繫之銘以寓哀。文或不死，樹不朽云。辭曰：

大恒東馳，直入海涯。海山沉雄，故其人似之。趙韓王之智，曹武惠之賢。照曜有宋，亦如唐之山西。歌謡慷慨，借交報仇。流風至今，豈惟昔時。烈烈何侯，乃今見之。將門出將，而又過之。童稺虎舉，露食牛之氣；終乘龍運，有良將之規。目無全敵，而能全師。攻無堅對，而能堅持。握兵之符〔八〕，發兵之幾。如脱兔與處女，每紛紛而出奇。晚節方隆，遽與世辭。風蕭蕭兮易水湄，壯士一去兮不復歸。昔人送荊卿，吾以爲侯悲。

【校記】

〔一〕伯祥，四庫本同，正德本作『某』。
〔二〕貞，四庫本同，正德本作『眞』。
〔三〕猗，四庫本同，正德本作『椅』。
〔四〕貫，四庫本同，正德本作『關』。
〔五〕狐，底本、正德本作『孤』，據四庫本改。
〔六〕柵，各本皆作『湖』，據《元史·何伯祥傳》改。
〔七〕功，四庫本同，正德本作『多』。
〔八〕握，底本作『掘』，據正德本、四庫本改。

故中書令江淮京湖南北等路宣撫大使楊公神道碑銘

【編年】作於蒙古憲宗九年（己未年，宋理宗開慶元年，一二五九）冬十二月，郝經從皇弟忽必烈征宋，宣撫江淮，兵趨荊鄂期間。

【年譜】則記元世祖中統元年（宋理宗景定元年，一二六〇），作『《易州總管何侯神道碑》、《宣撫大使楊公神道碑》』等。

見文：『歲己未，今上總統東師，奏公爲江淮京湖南北等路宣撫大使，俾建行臺，以先啓行，宣布恩信，蒙古漢軍諸帥並聽節制。師還，冬十有二月某日，薨于蔡州，春秋五十有五。』『以經公之同僚，上介請文其事。經曰：「昔王儉碑褚淵，張説碑姚崇，同僚故也。矧公之德於斯民，有功於中國，甚厚幸哉？可無書乎。」序而銘之。』

【箋證】楊公：楊惟中（一二〇五—一二五九），字彦誠，西寧路弘州（今河北陽原）人。《元史》卷一四六有傳。參見卷十五《渡江中流贈楊宣撫》箋證。廓出：又作闊出（？—一二三六），窩闊台（元太宗）三子。貴由大汗、闊端太子弟，稱闊出太子。率軍佔領襄陽，後不久戰死。窩闊台指定闊出之子孛兒只斤·失烈門爲繼承人。谷幽皇帝：即貴由（一二〇六—一二四八），蒙古帝國可汗，史稱『貴由汗』，太宗窩闊台長子，母乃馬眞后。早年從征金朝，從拔都西征歐洲。一二四六年登基。至元三年（一二六六）十月，太廟建成，制尊諡廟號，元世祖忽必烈追尊貴由廟號爲定宗，諡號簡平皇帝。

皇朝誕膺天命，奄征區夏，經武海外，既一再傳，始究内治，用楊公爲相，與天下休息。公乃恢張規模，維繫綱紀，誅鉏兇渠，愛養黎獻，整領衣冠，收藏典籍。斯民得以迓續遺命，吾道賴以不亡，天下復見中國之治，繄公之力焉。

公諱惟中，字彦誠，洪州人。曾祖某，皇祖某，皇考某，皆用武貴金末。公以孤童子事太宗，自知讀書，有膽略，太宗器之。弱冠銜命，使西域三十餘國，宣暢威靈，敷布條要，俾皆籍戶屬吏。數年而歸，乃有大用意。廓出太子伐宋[一]，命公於軍前行中書省。克宋棗陽、光化等軍，光、隋、郢、復等州，及襄陽、德安府，得名士數十人，收集伊洛諸書，載送燕都。立周子廟，建太極書院，俾師儒趙復等講授，公遂知性理學，慨然欲以道濟天下。耶律楚材罷〔二〕，遂以公爲中書令，領省事。

太宗崩，太后稱制〔三〕，公以一相負任天下。谷幽皇帝卽位，平陽道斷事官斜徹橫恣不法，詔公宣慰，公按誅之，出一府繩擉，莫不健其决。金亡，恒山公武仙潰於鄧州，其餘黨散入太原、眞定間，據大明川，用金國開興年號，衆至數萬，出没刼掠數千里。詔會諸道兵討之，不克。公仗節開諭，降其渠帥，其黨悉平。

憲宗皇帝卽位，今上以太弟鎮金蓮川開府，承制封拜，奏公爲河南道經略使。初滅金，以監河橋萬戶劉福爲河南道總管，盡有金源故地。福貪鄙殘酷，害虐遺民二十餘年。公至，召福聽約束。福畏公，稱疾不至。公命設大挺於坐，復召之，使謂福曰：『爾不奉詔者，吾以軍法行事。』福以數千人執挺擁衛，下車見公。公卽握大挺擊踣之，方起，又連擊之，福匍匐褫魄而去。數日福死，百姓鼓舞稱快，河南大治。遷陝右四川宣撫大使，以諸軍帥橫侈病民，郭千戶者尤甚，殺人之夫而奪其妻，其子告，公馘之以徇，關中肅然。公語人曰：『吾非好殺，國家綱紀不立，致此輩賊虐良民，無所控告，不去不仁，何以爲仁乎！』

歲己未，今上總統東師，奏公爲江淮京湖南北等路宣撫大使，俾建行臺，以先啓行，宣布恩信，蒙古漢軍諸帥並聽節制。師還，冬十有二月某日，薨於蔡州，春秋五十有五。

公相三君，歷事四朝，出入柄用者三十年，天下畏其勇而懷其仁。夫人某氏。一子某，方爲諸生受學。以經公之同僚，上介請文其事。經曰：『昔王儉碑褚淵〔四〕，張説碑姚崇，同僚故也。矧公之德於斯民，有功於中國，甚厚幸哉，可無書乎？』序而銘之。銘曰：

赤氣竟天，北屬斗尾。殺伐用張〔五〕，貞人是啓。太祖取之，太宗治之。帳前異人，去殺有時。崑崙虞泉，仗節而往。飲馬河源，指揮酋長。滔滔江漢，伊洛淵源。北面降虜，遂傳中原。試可不違，爰立作相。始用漢人，斯民有望。化樞載轉，雷雨一新。日出冰天，萬象皆春。乃宏三綱，乃舉八柄。嘘枯爲生，活我遺命。天資嫉惡，誅去三兇。精金百鍊，莫當其鋒。斯文不喪，衣冠是賴。又一太極，天地不壞。伊予何人，一旦佐公。布宣王靈，附鳳攀龍。振旅凱入，際會千載。年未中壽，遽止於此。德能及人，施必在子。刻詩貞珉，以召信史。於千萬年，公乃不死。

【校記】

〔一〕廓，四庫本同，正德本作『廊』。

〔二〕耶，四庫本同，正德本作『邪』。

〔三〕太，四庫本同，正德本作『六』。

〔四〕褚，四庫本同，正德本作『楮』。

〔五〕伐，四庫本同，正德本作『代』。

河陽遯士荀君墓銘 有序

【編年】作於元世祖中統三年（宋理宗景定三年，一二六二），郝經出使南宋，被拘禁於眞州期間。

【年譜】元世祖中統三年，『九月始作《一王雅》，爲《陽遁士荀君墓銘》』。

見文：『中統元年（宋理宗景定元年，一二六〇），持節使宋，館儀貞者二年。河陽荀宗道以門生從行，爲行府都事，治書狀都管二事，繾綣淹抑，日夕相從。一日，書其先人之事以請，曰：「不孝瞢昧，不能備述先德，惟是先人之事所見聞者，敢請一言半辭，以賁冢木。」』

【箋證】荀君：荀士忠（一二〇〇—一二五八），郝經使宋書佐荀宗道之父，孟州河陽（今屬河南）隱士。荀宗道：參見卷四《新館秋懷贈正甫書狀》。老索（一一八八—一二六〇）：唐兀氏，世爲寧夏人。長以驍勇聞，屢諷國王失都兒（襄宗安全）忽率諸部降太祖。太祖俾入宿衛，妻以宮女康里眞氏。從征諸部克大水濼，拔烏沙堡，又破桓、撫等州。及分河南武宣王察罕那顔麾下，敗金將完顔九斤、萬奴等於野狐嶺。還定雲內，西徇地至涼州諸郡。太祖賜金符爲統軍。分討欽察、兀羅思、回回等國。太宗皇帝南征，從下河中，定南京。協助張柔重建保州。葬於清苑縣太靜鄉之先塋。詳歐陽玄《大元敕賜故順天路達魯花赤河西老索神道碑銘》（一九八五年發現於保定市頡莊，今存保定市蓮池書院）。

中統元年，持節使宋，館儀貞者二年。河陽苟宗道以門生從行，爲行府都事，治書狀都管二事，繾綣淹抑，日夕相從。一日，書其先人之事以請，曰：『不孝瞢昧，不能備述先德，惟是先人之事所見聞者，敢請一言半辭，以賁冢木。』余之先君子晚年與宗道之父游，處里閈，相得而甚相洽也。以余父之執，且其子受學於余，故嘗聞其論議而見其梗槩，於治亂情僞靡不洞練，而論皆愊臆〔一〕，蓋知幾之士，不犯難行，而能遯世以保身者。

嗚呼！乾坤龍戰，海宇橫潰，能爲時而起，樹勳名開治泰以濟斯人，則可也；如其不能，卷懷閉密，不與時角，以全其天，亦可也。不然，則冒難以進而不知止，鮮不爲暴虎馮河，徒靡身於世者。

君諱士忠，字信之，孟州河陽人。金源末，以貲食豪鄉土。知世將亂，乃俠游京都，結納豪右，以觀時變。及歸，而河朔已受兵矣。州募民團守，號義兵，推君爲都統，保青龍山。時金遷汴，限河以國，流民南渡，爲北兵所擠而阨於河。孟津渡尤爲要塞，而津吏因緣爲姦，名爲守法，而控勒納賄，積流民數十萬，蹈藉以死。君謂其人曰：『是不可坐視。』於是列津吏罪狀，請於機察使而聞諸朝，卽詔不拘常例，命曰『海放』，流民濟以全活。

歲壬辰，河南亡，君知不可爲，乃散所保，各歸鄉里。兵鋒方南，遂北首以辟之，居燕、趙之間。宣使老索來莅順天，知其材，欲引爲參佐，力辭不就。無何，告訐蝟興，更相誣陷，往往破家，惟君獲免。益稱疾不出，二十餘年不視戶外，以絕辟召。或者又欲相授，遂稱疾篤，舁歸河陽。先世之未葬者皆爲遷祔，其諸子昏配亦畢，乃曰：『養生喪死，餘無憾矣。汝曹有業足以樹立，有田足以衣食，我亦瞑於地下。』戊午春二月己亥，卒於河陽之沇河，春秋五十有九。從葬先塋，禮也。

同室劉氏，雲中大姓也，敬順不違，克盡婦道。二子：宗道、宗禮。宗道沉郁力學，已爲偉器。宗禮材勉克家，識者皆謂能大其後矣。作詩以告諸幽云：

昔曾拔劍倚太行，種花釃酒家河陽。濡如裘馬年少場，南入鞏洛東汴梁。任俠尚氣脩髯張，四方有志歌慨慷。大河誰意忽褐裳，沇濟一夜水滿箱。沸鼎不敢還探湯，長材逸器都卷藏。九牛欲挽從爾强，欲我妄動君荒唐。落日倒景明榆桑，桑梓奕奕生輝光。始終全歸計亦良，有子有祿君不亡。

【校記】

〔一〕腷，四庫本同，正德本作『偪』。

郝經集編年校箋卷三十六

墓誌銘

先曾叔大父東軒老人墓銘

【編年】作於蒙古憲宗六年（宋理宗寶祐四年，一二五六）春，郝經寓居保定，讀書鐵佛寺，設館賈輔、張柔二府期間。

【年譜】蒙古憲宗六年，『春，公自沙陀爲大父晉卿作墓銘』。

【箋證】郝經先曾叔大父東軒老人郝震、先伯大父郝源、先大父郝天挺、先叔祖郝天祐等去逝之時，郝經年尚幼，不能爲文。故而郝經應當在蒙古憲宗六年春，『爲大父晉卿作墓銘』時，同時爲先曾叔大父東軒老人郝震等先祖作墓銘。東軒老人： 郝震，字子陽，號東軒老人。陵川郝氏家族興盛始於郝震。郝經曾叔祖父。參見卷六《贈長沙公族祖四首》。

金有天下百餘年，澤潞號爲多士。蓋其形勢表裏山河，而土風敦質，氣稟渾厚，歷五季而屢基王業，而嘗雄視天下。故其爲學廣壯高厚，質而不華，敦本業務實學，重内輕外。宋儒程顥嘗令晉城，以經旨授諸士子，故澤州之晉城、陵川、高平，往往以經學名家，雖事科舉〔一〕，而六經傳注皆能成誦，耕夫販婦，亦恥謡詠而道文理，遂與齊、魯共爲禮義之俗而加厚焉。

陵川學者以郝氏爲稱首，郝氏之學，浚源起本而托大之者，自東軒君始。君諱震，字子陽，系出有殷。帝乙封支子太原郝鄉，因以爲氏。始祖儀自太原遷潞州，高祖祚又遷澤州陵川。曾祖善，祖從義，父璋，七子，君其季也。君資茂異，自知讀書，不爲章句謏學。宦學入京師太學，游公卿間，久之乃還，蓋厭棄凡近，不屑就之也。既歸，徜徉山谷，從而學者甚衆，講劘道藝，淵涯日邃，益有高世意，而無復世味。以經旨授學者，折之以天理人情，而不專於傳注，尤長於理學〔二〕。賦詩多警句，晚年益趨平實淡如也。彈琴得古遺音，每呻吟俯仰，趨節紆韻，超然若有所得。逢山水佳處，輒爲數日留，賦詩彈琴自樂也。

一日，過一道院，松竹茂蔽，坐於其下，彈琴而歌，睡鶴十餘驚起鳴舞，珊珊戛戛，終曲乃去，從者咸以爲異。事諸兄甚謹，篤於友愛。諸兄以族大，稱長兄之命異居，君乃涕泣三日不食，曰：『吾業儒而爲是，何以爲訓？不義而生，不如死。諸兄得欲而生，我將服義而死。』諸兄懼，復聚廬同食以終，年四十九。配侍某氏〔三〕。子男三人：天祐、天祺、天禎〔四〕，皆治經爲學，而天祐尤知名。君初名旦，後更今名，自號東軒老人。銘曰：

太行峩峩，天地之脊。吾家其顛，千載寥閴。箝以益固，噤以益默。惟君亢亢，矯首迅出。揮斥鴻荒，面目太極。搴玄圃之玉芝，剷荒除之夭棘。秋蘭兮青青，秋香兮滿庭。君翩翩兮下征，掇其實而餐其英。乃曳長裾，乃抱玉琴。明月清風，翛然此心。葱葱兮桂陰，慕其德音。人累益輕，天趣益深。夫復何爲，付之長吟。君其往矣，後來繼今。

【校記】

〔一〕事，四庫本同，正德本作『士』。

〔二〕理，四庫本同，正德本作『禮』。

〔三〕某，四庫本同，正德本作『其』。

〔四〕禎，底本、四庫本作『貞』，據正德本改。

先伯大父墓銘

【編年】作於蒙古憲宗六年（宋理宗寶祐四年，一二五六）春，郝經寓居保定，讀書鐵佛寺，設館賈輔、張柔二府期間。

【年譜】蒙古憲宗六年，『春，公自沙陀爲大父晉卿作墓銘』。

【箋證】參見本卷前文《先曾叔大父東軒老人墓銘》。

郝氏世業儒，以治經力行爲本，而篤於齊家之道。自曾伯祖以嫡長蒞家，已有法制，使子孫世守。至伯大父，復以嫡長蒞家，而昆季十餘族，長穉百餘口。既總家事，乃會諸宗戚而告之曰：『夫衣食足而知廉恥，倉廩實而知禮節。士所以忘義失守，至於沮氣墮節者，殆多逼於饑凍耳。故孟子以農桑爲王政之本，而其書數及之。今某以次爲家督，欲諸宗親子弟治生、爲學二者兼進。始則仰事俯畜，終焉立身行道。進而得則各大而家，退而失則必有所歸，不至於落魄無賴，亦足以爲善士。夫少有大志，不事家人生産，雖或成就有過人者，而爲書傳所稱，亦非教育之良法。泛駕破車，雖一日千里，曷若馴服，以進於道。』乃相其宗親子弟材器，曰：『畀汝田若干頃畝，汝率田夫而治之；桑若干本，汝率諸婦而治之；錢若干緡，汝率商人而治之；書若干帙，汝從某師、友某人而治之。余則均其有無，而治其勤惰。』

於是數年之後，貲食豐餘而學業日進，先祖及諸父文譽大振，而門下學者日盛矣。其在家也，則雞鳴而冠衣，杖而立於庭。諸房子弟婦姒〔一〕，皆闢門秉燭，盥漱笄總，黎明以次省於舅姑父兄，退而各執所業。或少有稽緩，則旦而問之故，責之庭。少廢禮者則加鞭扑焉，至於再，則會宗親中表，列其狀而加之罰。飲酒醉者有罰，冠衣不正者有罰，取友不端者有罰，事師不謹者有罰，惰於學者有罰，相惎間者有罰，譁於庭者有罰。中堂曰『棣華』，歲時燕集，上下肅然。又以孝友、睦婣、任恤等數條書於榜，曰：『有違此者，非郝氏子孫。』至於鄉鄰不法者，畏其聞知，輒自戢曰：『勿令大翁知。』有訟者，則相率而質其曲直。行於里巷，望者趨而避，不及則揖而拱以待，其爲人敬畏如此。縣令、丞每至縣，則輒就門禮謁。其諸弟姪，必一人教授縣學，故門第家法無不推重。

君諱源，字清卿，曾大父昺之長子也。卒年六十四。伯祖母王氏。二子：輿、輂。輿字正之，博學能文，三赴廷試，有聲場屋，歲壬辰没於兵，士林惜之。銘曰：

郝宗重承兩世嫡，方玉千仞斷鰲立。之綱之紀撫其室，支本蔓衍蕃宗戚。李廣簡易誠無敵，刁斗未若程不識。有身有家衣且食，晝吟夜誦簡與筆。原田每每日墾闢，繭絲爛爛充以殖。孝弟忠信脩行實，言笑顧步皆紀律。家道既正無敢逸，富貴在天吾豈必。凛焉高風誰可及，雲白天青太行脊。擬將傳聞作家極，再拜揮涕書貞石，子孫世守其勿失。

【校記】

〔一〕姒，四庫本同，正德本作『似』。

先大父墓銘

【編年】作於蒙古憲宗六年（丙辰年，宋理宗寶祐四年，一二五六），郝經應皇弟忽必烈之召，北行開平，返回保定期間。

【年譜】蒙古憲宗五年（宋理宗寶祐三年，一二五五）『世祖時在潛邸徵召賢士，諸公累薦。九月，遣使召公，不起。十一月，召使復至，公乃歎曰：「讀書爲學本以致用也。今王好賢思治如此，吾學其有用矣！」始應召而北。』蒙古憲宗六年，『春正月，公見皇太弟於沙陀。』『春，公自沙陀爲大父晉卿作墓銘。』

見文：『歲丙辰春，經至自沙沱，家君得風痺疾，遂在牀簣，臥以畀命曰：「吾齒已過吾父十年矣，雖疾病，夫何憾。惟吾父之事，先有子元子之表在，而壙中之文未具。且大節之灼灼者，而猶未既載焉。吾語汝，汝其論次。」乃再拜受命，敘其事而爲之銘。』

【箋證】先大父：郝經祖父郝天挺（一一六一—一二一七），字晉卿。早年曾舉進士，兩赴廷試，若得薦書，便能出諸公之右。因多疾早衰，遂不就選。教授鄉里，元好問即出其門下。貞祐之亂，金宣宗棄燕京南遷中都河南開封，郝天挺攜家南渡。後歸葬陵川。元好問爲作《郝先生墓銘》、《郝先生墓表》。參《金史》卷一二七《隱逸傳》。北舞：鎮名，在今河南省舞陽縣北，鄰近臨潁（今河南省臨潁縣）。

歲丙辰春，經至自沙沱，家君得風痺疾，遂在牀簣，臥以畀命曰：『吾齒已過吾父十年矣，雖疾病，夫何憾。惟吾父之事，先有子元子之表在，而壙中之文未具。且大節之灼灼者，而猶未既載焉。吾語汝，汝其論次。』乃再拜受命，敘其事而爲之銘。

惟郝氏繫出有殷，世於太原，一再遷於澤之陵川〔一〕，遂爲陵川人。高、曾而下，皆學不爲仕。先大父諱天挺，字晉卿，幼開朗，卓卓不羣，舉進士，兩赴廷試，以太學生頡翥縉紳間。崇慶之變，東載而去，曰：『時事如此，可區區冒進乎？』遂歸。遠近俊茂，多從之學。其教人以治經行己爲本，蒞官治人次之，决科詩文則末也。故經其指授者，往往有成資。河東元好問從之最久，而得其傳，卒爲文章伯，震耀一世。其餘鉅公碩士，出其門者甚衆，則其所學可知已。

時有金既棄燕、雲，河、朔隨亦不守，遂往來淇、衛間。貞祐初，人爭南渡而阨於河，河陽三城至於淮、泗，上下千餘里，積流民數百萬，饑疫荐至，死者十七八。先大父曰：『坐視天民之斃，仁者不爲。』乃貽書譏察使范元直，使聞諸朝曰：『昔昭烈當陽之役，既窘甚，猶徐其行，以俟荊、襄遺民。曰：「成大事者必資於衆，人歸而棄之，不祥。」君子謂漢統四百年，此一言可以續之。今國家比之昭烈不至於窘，河朔之民，獨非國家赤子乎？夫人心之去就，卽天命之絕續也。乞詔沿河諸津，聚公私船，寬其限約，晝夜放渡，以渡人多寡第其功過，以救遺民，結人心，固天命。中興之期，庶幾可望。』書奏，卽日中使告諭，令疾速放渡，河朔之民全活者衆。於是亦挈家南渡。興定元年冬十一月八日，遘疾，考終命於北舞寓舍，春秋五十有七。臨終浩歌，一不及他。

先祖妣張氏，前卒。繼祖妣司馬氏。一子，卽家君也。男孫三：經、彝、庸。女孫一，歸清苑陳氏。初，既遘疾，謂家君曰：『郝氏儒業，自吾叔父東軒老人始。我死，葬其墓側，庶得奉杖屨於地下。』既祥，家君將歸葬，諸父兄以河朔兵亂不許。家君乃夜啓殯，負其櫬以遯。而英靈屢見，於其所往，輒爲警覺，以導其行。雖徒步千里，渡大河，登太行，展轉寇穴，卒達於陵川。興定四年春二月二十四日，葬於先塋東軒老人之墓側，從其志也。

先大父美風儀，冠衣甚偉，閑於辭令，翛然物外人。而談王道，議國政，商處吏事，甚得體要，嶷然公輔之器。而適叔世，東背塵鬨，竟莫能用，卒於流寓，人憐其志云。銘曰：

郝世不競，枿其株根。赤立摮霜，藴華于春。一世于邁，天葩吐芬。晦以奕世，其氣益振。氤氳渾淪，其屈益信。萃于我祖，瀹蘭天津。篷其羽翰，嶷于青雲。巖巖盤盤，穹乾厚坤。玉山高寒，瑩徹無塵。雖事業不少見，而道義是存。繼其志，有千里負葬之子；述其事，有萬古遺山之文。滄海遺珠，長鯨怒吞。匱輝翳光，以耀其諸孫。嗟余諸孫，可汩其流而湮其源？志惟益堅，氣惟益完。以復九原，以慰乎下泉。

【校記】

〔一〕于，四庫本同，正德本闕。

先叔祖墓銘

【編年】作於蒙古憲宗六年（宋理宗寶祐四年，一二五六）春，郝經寓居保定，讀書鐵佛寺，設館賈輔、張柔二府期間。

【年譜】蒙古憲宗六年，『春，公自沙陀爲大父晉卿作墓銘』。

【箋證】先叔祖：郝經叔祖郝天祐（一一八四—一二三二），字賢卿。貞祐之亂，陵川郝氏南渡，隱居魯山，往來箕潁間。壬辰之變，歿於亂兵。趙内翰周臣：趙秉文（一一五九—一二三二），字周臣，晚號閑閑老人。宣宗興定元年（一二一七）拜禮部尚書，兼侍讀學士，兼修國史、知集賢院事。詳卷十《閑閑畫像》箋證。翰林侍讀學士稱内翰。元内翰裕之：元好問（一一九〇—一二五七），字裕之，號遺山，太原秀容（今山西忻州）人。官至翰林知制誥（内翰）。詳參卷三十五《遺山先生墓銘》及箋證。

先叔祖諱天祐，字賢卿，先曾叔大父東軒老人之子，先大父之從昆弟也。宇貌瑰托，器識高邁，日記數千百言，而下筆不能自休。初爲學，即不作决科文，務窮性理經術。而汎入佛、老者數年，以爲過高，無畔岸，復取六經、《語》、《孟》讀之，於是際天人之學，瑩如也。

大安末，知世有復隍之變，愈益遯默。貞祐初南渡，隱居魯山，往來箕、潁，超然欲以追巢、許也。作古文歌詩，往往散落世間，故雖隱而名愈顯。尤玩意書法。嘗以爲正書當以篆、隸意爲本，而鍾、王書之經也，顔、坡書之傳也，其餘則諸子百家耳。故其筆勢莊重秀勁，能作丈餘楷、草。嘗言大字雖大而小，小字雖小而大，正書須有草意，草書須有正筆，其論書如此。

趙内翰周臣見君《蘇墳》詩及書蹟，遂遺書欲致之京師。即挈家去，於山林幽阻人迹不及者而居。然無幾何，雖京都人亦知其處。後聞有欲薦諸朝者，曰：『大厦將傾，吾不能爲破家人。』又挈家去。元内翰裕之既受學於先大父，又嘗與君周旋文場，故特敬畏，聞其又遯去，乃以詩相招。君復詩絶之，而竟不出。壬辰之變，年四十九，没於兵。

先叔祖母宋氏。一子思直，字繼先，亦博學能文，亦皆殁於兵。

嗚呼！郝氏之學，大於東軒老而終於君，其嗣胤遂不復見，而諸父昆季亦皆汩汩焉，獨遺家君及經。天乎？何於吾郝氏若是之刻也〔一〕！先君既命經論次先世，故書此以列諸東軒老人墓側，以事不朽。銘曰：

文葉班班，賁于眾枝。道氣顛實，于君匱奇。初則亡羊，幾惑多岐。瑰詭譎怪，投瀾抵巇。番然而回，眞是之歸。明白開朗，冲融希夷。弄月吟風，獨樂良知。德充乎身，命違于時。收藏天光，滑于塵泥。每登琴臺，望元紫芝。千山雲沉，知音者誰？濯足于潁，振纓于箕。庖不治廚，何與祝尸。棟折榱崩，夫誰可楮。我其長往，山鹿野麋。君無我招，亦莫我追。我非絶世，不可有爲。大河絶流，商於雪飛。天狗墮地，蚩尤出旗。嗟嗟乎君，既往莫違。獨不慭遺，諸孫孔悲。伐石鑽辭，東軒之西。魂其一來，與不死期。

【校記】

〔一〕刻，底本、正德本作『剋』，據四庫本改。

子阿寶附殯誌

【編年】作於蒙古定宗元年（丙午年，宋理宗淳祐六年，一二四六）五月，郝經寓居保定，讀書鐵佛寺，設館賈輔、張柔二府期間。

【年譜】蒙古定宗元年，『春三月九日，公母許夫人卒，年四十九，寓莖於保之南原。五月三日，子阿寶殤，附殯焉』。

見文。

歲壬寅，余始醮於滿城徐氏。甲辰春正月，子阿寶生，廣顙方頤，眥目若畫，氣阜而聲宏。家君以爲類先大父，日夕抱弄，甚以爲慰。

丙午春，先妣委化，權厝於府南侯河之北原。術者默言：『君家喪氛未殄。』余在衰絰，重以爲憂。夏五月三日，童稚聚嬉，以氷屑置於阿寶之腹，觀其溶滴，以咍其駭。頃之寒氣入腹，暴下數升。入夜背弓搐搦而氣竭，生三年矣。明日，附殯於先妣墓之西側，哭而納銘於壙云。

屬余毛，離余裏，狀乃爾，嫡有子，而遽死兮。吾母之土未乾，而復竁于此兮。衹重余之戚，豈余之子兮。

子阿長附殯誌

【編年】作於元世祖中統元年（庚申年，宋理宗景定元年，一二六〇）春，郝經從皇弟忽必烈征宋，宣撫江淮，退兵歸來保定之時。

【年譜】蒙古憲宗九年（宋理宗開慶元年，一二五九）『春三月，子阿長殤，附殯靜直處士墓側』。明年，郝經宣撫江淮，自武昌還，作銘。見文。

歲戊午冬，先君告終，權厝於府西吴爺灣之北原。

庚申春，余宣撫江淮，至自武昌，哭墓而入。墓之東足，小邱附焉，不知其爲誰也。銜涕而去，及門，冢婦哭於室，乳媪之懷空矣，乃知向之邱，吾子之所也。因慟幾絶，既而嘆曰：『天乎？何天虐吾郝氏之酷也。』母氏之終再踰月，而吾子阿寶卒，附殯於墓側。吾父之終亦再踰月，而阿長復附焉。豈母氏之愛阿寶，而攜持之去耶？吾父之愛阿長，而抱弄之不忍舍耶？故各于其終之後而卒，卒而附於其墓。抑吾之不德不孝，致吾子之弗克昌耶？秖吾之不德，而禍吾子耳，可無殤乎？乃敘而誌之。

初，徐氏不婦，歸於家。再娶淇澳張氏，是生此子，五年而卒。生於乙卯春三月五日，卒於己未春三月十二日。尤慧而秀，發言如成人。以癖疹疾，殆將卒，謂其母言：『我死則已，奈我母憂何？』或問其父，則閉目擺手，曰：『我不得見矣。』聞者皆爲泣下。銘曰：

不子其父，孫于其祖。各附於墓，共爲宼土。欲問無所，于嗟天兮。

行狀

先父行狀

【編年】作於蒙古憲宗八年（戊午年，宋理宗寶祐八年，一二五八）冬十二月，郝經寓居保定，讀書鐵佛寺，設館賈輔、張柔二府期間。

【年譜】蒙古憲宗八年，『公居家侍父疾。靜直先生在牀簀已三年，十一月二十六日增劇，二十八日强爲之起，咄嗟曰：「發志氣。」遂瞑，不復語，卒年六十八。得遺藁一百二十篇。門人苟宗道、趙泰尚文等私謚曰「靜直處士」，權厝於保城之北原，公自爲行狀』。

見文：『戊午冬十有一月二十六日，增劇。……二十八日終於寢，年六十有八。』『十有二月一日，與先妣神宫同權厝於保城之西吳爺灣之北原』。

【箋證】郝經父親郝思溫。參見卷八《藜杖行》箋證。

郝氏本貫澤州陵川縣。曾祖章，祖昪，父天挺。先父諱思溫，字和之。資剛潔，迥迥不倚，不爲籧篨戚施疾，故與世不偶，然而人亦不敢以非義屈橫逆加。儀幹不及中材，而凛凛莫敢犯。以亮直自處，不億不信，中心充實，無所虧欠。

初成童，與河東元好問從先大父學，俶落六年，洞達邃匪，其所得者有所自，其所作者有所徵，天端理倪，首尾貫究，晦而蓄之，靳靳不妄發。年二十許，奉先大父下太行，往來淇、衛間。時河朔已受兵，有金疆理日蹙，慨然有志於功名。居無何，得腰股疾，志鬱抑不信，遂不就舉。貞祐初，南渡，館而師之者甚衆，誠法理意，籍籍馳播，所至席不煖。

先大父卒於舞陽，既免喪，謂諸父兄曰：『先君子卒於流寓，不克歸葬，安用子爲？子而委父，何面目天下？』諸父兄以河朔兵亂，不許。乃與先妣夜啓殯而負之去，渡河至長垣，資用皆爲盜敓，從行者因是亦散去，獨與先妣扶杖負骸，步登太行。中路，賊二人呵止之曰：『背負與我，不然則死。』乃啓之，賊愕異問故，曰：『是先君之靈，將歸葬鄉里。』賊慘然曰：『擾擾如此，而欲辨是，是癡子，不足道。』置火餅數枚而去。遂葬先大父於陵川之先塋，興定四年也。

元光元年，復渡河。河南亡，攜經北渡，居於保，聚俊秀而教之者十餘年。經年十有六，命治六經，先傳注疏釋，而後唐宋諸儒論議。必一經通，然後易業焉。壬子，館於萬戶張公府，教授諸子。丙辰，經被徵北上，及還，議歸鄉里，拜謁松楸。夏四月十有七日，得風疾，不起，在牀簀者三年。戊午冬十有一月二十六日，增劇。二十七日夜，忽命經等曰：『天地之道，恒久而不已。人惟恒久，乃有前程。天下事何嘗不因不恒壞了。』整衣冠，强爲之起，咄唶曰：『發志氣！』遂瞑，不復語。二十八日終於寢，年六十有八。

門生荀宗道、趙泰、尚文等相與謀曰：『先生不苟祿仕，困而不撓，臨終而猶以志氣爲言，不亦卓乎！可謚曰「静直」。其未嘗祿仕，可稱「處士」。』十有二月一日，與先妣神宫同權厝於保城之西吳爺灣之北原。三男：經、彝、庸。一女，適清苑陳咨。男孫二，女孫二，皆幼。

先父生平喜爲歌詩，徜徉跌宕以自樂，而多散逸，得遺藁一百二十篇。晚年尤邃性理學，手書《西銘》，畀經曰：『是入德之幾，造道之階也。』教人以小學爲本，以爲洒掃應對進退，即性與天道之端；致身行道，樹立事業，性與天道之功用；充實而大，大而能化，性與天道之成終者。人之始生，其醇未醨，其樸未散，其見解未出，其物欲未雜，先入者而爲之主，終身由之而不能去。古之人至於胎教，况髫齔之間乎？語言啞咤，肝膽緘固，神出入而未舍，識靄昧而未明，容妥娜而未莊，氣閃鑠而未定，謹其所習，政在於是。乃爲言坐行立、揖拜俯仰之節，誦記熟復、執筆爲書之制〔二〕，聲音笑貌、疏數疾徐之儀，一之以敬，而不使之惰。少長則爲解説義理，綴緝章句，簡直切律，力少而功倍之。成童則以性理經學爲本，决科詩文爲末，而寖致之大學。

嘗語人曰：『人見吾之規規孑孑，必以爲是區區致力於小者而小之也，吾不病也。夫事有小大，理無小大也。本末先後，吾不敢躐而欺之也。彼所見者以爲小，吾所見者以爲大，是吾所以積德而遺吾子孫者。世之人好高慕遠，以欺世盜名，未能洒掃應對，而便説性與天道，紊理踰分，枉探速成。戕本根，壞倫類，示不以常，而重爲之誑。敗德孰甚焉，吾不爲也。孟子曰：「大人者，不失其赤子之心。」赤子之心，良心也。其爲大人，保是心而已。棄赤子之心，卽爲大人，可乎哉？歐陽子謂「顏狀未離於嬰孩，高談已及於性命」者，殆亦爲是耶？』其設心如此，故所到輒見稱學者，往往終爲成人。

方臥疾也，一日語經曰：『汝祖父有言：士不能忍窮，一事不能立。汝曹毋以淺功近利，有速售之心也。慕利則敗義，欲速則不達。汝能勤則功自至，汝能儉則利自來。故立身行己，在夫堅忍而已。能堅忍則能任事，歷大患難，處大富貴，决若長河而不回，屹若泰山而不移，然後可謂大丈夫。凡爲亂略姦宄，不終其身者，皆不能忍耳。染指垂涎之氣不除，負鼎滔天之心常在。一旦肆欲，憒不顧義，殞身喪元，而及其宗。盜侈一時，遺臭千載，汝曹可戒也。』過庭之訓類如此。

嗚呼！先父身無一命之爵，史無一字之書，其於改葬先塋，壙無一辭之文，是大泯泯也。立言君子，苟爲稱述，銘佩之意，死且不朽。孤子經等謹狀。

【校記】

〔一〕熟，四庫本同，正德本作『孰』。

先妣行狀

【編年】作於蒙古定宗元年（宋理宗淳祐六年，一二四六）春三月，郝經寓居保定，讀書鐵佛寺，設館賈輔、張柔二府期間。

【年譜】蒙古定宗元年，『春三月九日，公母許夫人卒，年四十九，寓葬於保之南原。五月三日，子阿寶殤，附殯焉』。

見文：『丙午春三月九日，考終命於私室，春秋四十有九，寓神宫於保之南原。』『於是錄經之所聞所見者，立言君子，苟賜矜允，爲之譔述，使遺美不墜，光慰下泉。』

【箋證】上黨公：　昭義軍節度使完顏開，原名張開，賜姓完顏。金宣宗初年，蒙古兵攻掠河北，一二一六年領兵收復清州。興定三年（一二一九），權元帥左都監，郭文振權右都監，並行元帥府事，謀復太原。次年，以昭義節度使封上黨公（九公之一），管領澤、潞、沁三州。滴水場：　今名滴水寨，位於河南省新鄉市輝縣黄水鄉，坐落在南太行主峰王莽嶺腳下，海拔一千二百餘米，三面環山，一面臨崖，晉汴古道從村中經過。可通往王莽嶺、轎頂山、黄盤。

先妣姓許氏，澤州陵川人，與郝氏同里閈，世爲姻好，故既笄而適家君，逮事先大父。甫廟見，北鄙已用兵，遂從家君奉先大父逃威山谷間，推夷就險，羞精食疏〔二〕，采薇蕨，汲谿澗，樵薪蒸以養，備極艱苦而不憚也。

興定元年，先大父卒，既禫，家君曰：『養生不足以當大事，惟送死可以當大事。父死而不克葬，安用子爲？』遂與先妣決策歸葬。諸父兄以河朔兵亂不許，乃夜啓殯竊骸以遁。時金國棄河朔，限河爲守，諸津要皆禁，自北而南者則渡，有王事於北者則渡，非是則不渡也。久於河上，資糧懸罄。適有受業先大父者爲機察使，俾偕賜上黨公茶果船以濟，遂至於衛之長垣。

賊衆單重等行剽掩至，人皆入窟室，先妣獨不去，守骸以坐，曰：『寧死，可棄我翁之靈而求生乎？』賊至，將兵之，不爲之動。賊厲聲曰：『若何人，獨此不去？若所守者是何寶貨？』曰：『此我翁之靈，將歸塟先塋者。今幸得濟河，有死而已，其可去乎？』賊感愴，兇鋒少沮，詰姓居，曰：『陵川許氏也。』昔舅氏彪嘗爲澤掾，賊中有澤逮而得舅氏保宥者，因驚悟曰：『若，許某之妹也。』且語舅氏之恩，且壯其節，遺白金數兩而去。

遂登太行，時隆冬雪盛，天地晦冥，官兵盜賊，搶攘旁午。從行者因長垣之役皆散去，獨家君、先妣二人而已，而家君復目赤暴發。道滴水場，太行之至險也。盛雪冒之，蹊徑不辨，指峯巒爲的，攀緣嵌隙，循蹭崖磴，負骸導家君而進，纔半途已入夜矣。黎明始出山，再日達於陵川，乃克襄事。

元光元年，復渡河。冬十有一月，生經於許州臨潁之城皋鎮。天興元年，河南亡，攜經北渡，居於保，繼舉彝、庸二弟。經年十有六，欲以幹蠱自任。先妣謂家君曰：『郝氏儒業四世矣，名士如元遺山者，我之自出。故家淵源，當益浚之，可自我而涸乎？今宗族之在河南者皆盡矣，惟吾獨在，有三子焉，豈非天也？使是子也而有成，不隊家聲，吾儕凍餒無憾。其或不成，亦云命矣，於吾責何有？若以利責之子而不教〔二〕，是廢先世也。先世之靈，照之在上，質之在傍，將於誰而責也？』故家君感泣，爲之賦詩，有『日月儻隨天地在，詩書終療子孫貧』之句。於是命經就學，欲其先經也，乃命之曰『經』。經亦感奮，以夜繼日，或冠衣不釋，如是者有年。

一日，雞初鳴，經猶凭几伏誦，書帙紛紜，殘燈無焰。先妣竊視之，慨嘆良久，呼經語之曰：『能若是，吾有望矣。勿始勤終怠，喜而自足〔三〕，半塗而廢。吾見進鋭退速者多矣，力學而卒成者鮮也。汝自暴棄，一身小矣，先世之責之重，於汝大也。』經遂日益激勵，蟠錯刮磨，肆意經傳，砥礱抉剔，鉤昧蹈遠〔四〕。塊乎其若癡，茫乎其若迷。爝焉猶未光也，而天遽降割。歲乙巳冬十月十日，遘疾。丙午春三月九日，考終命於私室，春秋四十有九，寓神宫於保之南原。

先妣資稟淳懿，婉淑有守，識慮詣極。經所與游，一見之輒曰『某當交』、『某當絕』，經或不如訓，輒爲小人所累。所居既去，隣里思之，稱道不容口。待人以信，不疑人欺己。事家君敬慎不違，每勸以義。賓客至，盡力供具，資用闕，必假貸以給。經逮事十餘年，雖屋漏獨處，未嘗見其惰容〔五〕。束諸子以義，嘗語經曰：『吾忍窮使汝就學，非爲利也，欲汝知道義，負荷祖宗，不汙之而已。今世子弟，以一時之利敗終身之義者，皆是也。是豈子弟之罪？其父母不處以義，而責以利使之然爾。以貨財殺子孫，吾不爲也，汝其勉之〔六〕。』先妣雖終，言猶在耳。

嗚呼！旻天弗弔，經未底于成，不副母氏之意。母氏亦無一日之燕，終身艱厄，下壽而卒，孰爲之司而使之然也？一女未笄，二弟尚幼，宛然失怙。家君戴白，坎然而憂。何剝吾郝氏之虐也。惟母氏之節之德，固宜昭之金石，著之竹帛，不可昧没也〔七〕。矧昊天罔極之報，萬萬無一乎。於是錄經之所聞所見者，立言君子，苟賜矜允，爲之譔述，使遺美不墜，光慰下泉。雪終天之痛，報罔極之德。銘佩之意，死且不朽。謹狀。

【校記】

〔一〕疏，底本墨塗作『■』，正德本作『粡』，據四庫本補。

〔二〕以利責之，四庫本同，正德本作『利故之以』。

〔三〕喜，四庫本同，正德本作『熹』。

〔四〕鉤，四庫本同，正德本作『鉤』。
〔五〕惰，四庫本同，正德本作『墮』。
〔六〕勉，四庫本同，正德本作『敏』。
〔七〕沒也，四庫本同，正德本作『也沒』。

喬千戶行狀

【編年】作於蒙古定宗后海迷失氏二年（宋理宗淳祐十年，一二五〇），郝經寓居保定，讀書鐵佛寺，設館賈輔、張柔二府期間。

見文：『歲庚戌，將改葬先塋，文碑墓隧，故次第始終昭灼者於右。鴻儒碩筆，其諒於茲。孤子珪等狀』。

【箋證】喬千戶：名惟忠，金末元初易州定興（今屬河北）人，張柔副帥。參見卷十三《挽喬侯》及箋證。狼牙嶺：即狼牙口，在定州倒馬關（在今河北唐縣西北）西南六十里。彭義斌（？—一二二五）：原紅襖軍首領劉二祖部下。二祖死，同郝定等在滕、兗等州，建天齊政權，改元順天。郝定死，歸附李全。宋寧宗嘉定十一年（一二一八），隨李全降宋，官至統制，爲宋朝『忠義軍』將領。後二年，不滿李全，聯合山東各地紅襖軍攻青州、富州。嘉定十五年（一二二二）敗李全於河北恩州。鐵木眞西征，木華黎率軍歸漠南；收復汴京以東州縣，後二年佔領河北大名府，下恩州，敗史天倪。次年，攻眞定援助武仙，取邢、洺、磁等州。降東平府嚴實。後與孛里海、嚴實軍戰於內黄五馬山（今河北省贊皇縣境內、石家莊市東北），遭史天澤軍陣後襲擊，戰敗被俘就義。滕州牙山：在滕州东北，北與鄒城嶧山接。金義宗：即金哀宗完顏守緒（一一九八—一二三四），原名守禮，女真名寧甲速，宣宗第三子，自殺後，廟號哀宗，宋人稱義宗，金人亦稱義宗。衛紹王時爲金紫光祿大夫，宣宗時晉封爲遂王，並任秘書監，後改樞密使，貞祐四年（一二一六）正月立爲皇太子，四月，賜名守緒。一二二三年即位後，力行改革。然積重難返，天興元年十二月離汴京，往歸德。二年六月，往蔡州被圍。十一月，宋將孟珙、江海率軍二萬、運糧三十萬石出兵助蒙滅金，合圍蔡州。三年正月城破，自縊於幽蘭軒。近侍焚屍，收骨葬於汝水。丞相白撒：完顏白撒（？—一二三三），初名承裔。金世祖劾里鉢五世孫，太祖完顏旻（阿骨打）玄孫，梁王宗弼（兀朮）曾孫，芮王亨（孛迭）孫，羊蹄子。金末帝承麟兄。貞祐年間，知臨洮府事兼本路兵馬都總管。興定元年，爲元帥左都監，行帥府於鳳翔。詔令陝西行省伐宋，出鞏州鹽川，先後敗宋軍於皂效堡、天水軍。二年克西和州、成州。三年克興元、洋州。轉權參知政事，行省於平涼，擊敗夏軍於定西州。元光年間，克復大通城。正大五年（一二二八）八月，拜尚書右丞相，旋任平章政事。天興二年，攻衛州失敗，逮捕入獄餓死。《金史》卷一百一十三有傳。黄陵崗：古阜名，高數丈，周百餘丈。宋屬考城縣，金天興元年（一二三二）屬儀封縣。位於今開封蘭考縣東北五十里的宋莊，在黄河故道南岸，向爲黄河通塞要地彎之處，形勢險要。

高祖諱，曾祖諱，祖諱，父諱順。公諱惟忠，字孝先，涿州定興東王里人。世業農，爲大家。

母李氏，腹公七月而寡。公幼聚嬉，異於他兒。及長，有志略，捷勇善射。衛紹王遇弑，北鄙用兵，四海有改卜之兆。公慨然輟耕，長嘆曰：『時事如此，大丈夫樹立之秋也，何區區爾爲！』遂落魄，不事生理，俠遊燕、趙間。

貞祐初，宣宗南渡，河朔大擾，公以義軍從今萬戶張公起於定興，保西山之東流堝，樹義旗，招叛亡，跨山連海，威聲大振。北兵扼吭，盤桓而不得進。行臺聞之，便宜授公定遠大將軍、恒州刺史，受經畧苗道潤節制，從張公鎮撫西山諸保砦。張公勇而有謀，膽决善戰，燕、趙之豪附之者衆。每以方略授公使戰，輒中機會。嘗以少擊衆，由是威名冠張公之軍。

國朝悉兵南下，萬戶張公逆戰於狼牙嶺，馬跌被執。時公居守東流堝，北兵以張公至堝下，招諭使降，公拒之。諸軍既登，公猶拒守自若。進攻拔之，張公以腹心之舊，爪牙之用，能全節守義，義而釋之。公荷更生之庇，以死力自效，遂從下雄、易、安、保諸州。

宋人乘金之亂，使彭義斌將兵襲河朔，至澶、魏，建旆而北。公以一軍蹂其鋒，諸軍壯之。眞定武仙叛，並山諸州縣保砦皆拒守。萬戶張公會諸軍擊之，令公攝帥，將騎兵數百、步兵三千人鼓行而西。時敵兵將聚保於狼山砦，公召諸軍吏曰：『彼將歸其巢穴，我遏之，必殊死戰。歸師勿遏，軍志之戒也。不若覆諸山下，啓其歸路。彼既得歸，莫有鬭志，是獲獸於穴也。』衆從之，適兵既過，公鼓譟奮擊，大破之。

時有別部將陷敵者，公橫戈突陣而入，力戰救之，乃獲免。於是諸叛望風降附，遂入鎮州。

武仙奔，公會諸軍追之，馘虜甚衆。遂會攻彰德，轉戰至齊、魯，駐軍滕州牙山。中夜，敵出不意，襲壘而入。公獨騎追戰，奮戈大呼，横衝逆擊，諸軍始覺。譟以繼之，敵衆駭散，填山堙谷而奔，於是公名震河朔矣。

其圍益都也，援兵數萬幾及城，公掩擊，敗之，獲衣糧戰具甚多，遂閉其門。會内兵闢門突出，公嬰其鋒，短兵接戰，敵敗走，主帥旌公勇以勵諸軍。

先是，萬戶張公開都元帥府於滿城，以公爲元帥都監，遷副元帥。至是帥還，仍行二安州元帥事。未幾出鎮唐縣，行元帥事。復從張公鎮新衛州。辛卯冬，渡河，會戰於鈞州，遂會諸軍圍汴。金義宗北渡，丞相白撒圍衛州〔二〕，力戰卻之，追奔至黄龍崗，復會諸軍圍蔡。河南平，張公入覲，以公將行營征淮南。

歲甲午，朝廷論功，張公陛奏曰：『臣憑藉國家威靈，所向克捷，臣何力之有？亦臣有一二爪牙熊虎之助。臣之副將喬惟忠，戰功甚多，乞加寵異。』於是朝廷以璽書金符錫公，仍以千戶世其封。自是連年大舉伐宋，公感戴恩遇，益自奮勵。其破棗陽，攻光黄等州，功尤多。丙午夏，寢疾，五月二十七日薨於第，春秋五十有五，寓殯於順天府城之東原。

公美鬚髯，沈勇善戰，遇大克捷，恬無自得之色。其攻黄州也，敵兵夜襲諸柵，公率鋭卒戰。主帥舉火視之〔二〕，見青甲而黄馬者戰甚力。翌日，主帥懸賞求之，公竟不自陳，其不矜如此。雖奮起畎畝，藹然有閥閲簪笏之風。事母孝，每酣戰而歸，必頓整冠服，拜而問安。及居喪，過於毁瘠，遂感疾不起。治家有法，束諸子以義。節於自奉，爲千户侯而服食不過於華。

夫人毛氏。子男五人，孫三人，女孫一人。歲庚戌，將改葬先塋，文碑墓隧，故次第始終昭灼者於右。鴻儒碩筆，其諒於茲。孤子珪等狀。

【校記】

〔一〕白，四庫本同，正德本作『曰』。

〔二〕主，四庫本同，正德本作『王』。

郝經集編年校箋卷三十七

使宋文移

宿州與宋國三省樞密院書

【編年】作於元世祖中統元年（宋理宗景定元年，一二六〇）夏，郝經出使南宋，被滯留宿州期間。

【年譜】中統元年『六月，至宿州，移文於宋，以請接納。七月，進至五河口，宋遣朱寶臣、秦之才來接伴。八月，宋復遣潘拱伯來館伴，請登舟而南。公將入宋境，遣使上封事行次昭信，潘拱伯傳制使李庭芝欲見國書，公正色曰：「皇帝授使人國書，令見貴朝國君而與之。今伴使要我於半塗，其故何哉？」拱伯不敢復言。九月，至眞州，時賈似道方以鄂功自頌，恐奸謀呈露，館公於忠勇軍營，規模布置已成囚所，驛吏棘垣鑰戶，晝夜防守。』

苟宗道《故翰林侍讀學士國信使郝公行狀》：『六月，至宿州。以信使一行到邊，移文亡宋三省、樞密院、制置司，以請接納。宋之君臣會議，久而不報。』

【箋證】中統元年四月『丁未，以翰林侍讀學士郝經爲國信使，翰林待制何源、禮部郎中劉人傑副之，使於宋』（《元史·世祖本紀》）。山東淮南行省李公：李璮（？—一二六二）。即《班師議》、《再與宋國丞相書》所謂『李行省』。詳卷三十二《班師議》箋證。漣州總帥：此時田涓在漣州任元帥右都監。田涓，字潤甫，駢邑田村里人。癸丑（一二五三），授臨朐白沙巡檢管軍百戶。乙卯（一二五五）遷臨朐尉。戊午（一二五八）破東海，陞管軍千戶。己未（一二五九），下漣州，授宣威將軍、元帥右都監。中統四年，受本路行省大都督劄付充濰州兵馬鈐轄。宣授金符印信，充武衛軍千戶。至元三年，改授侍衛親軍千戶（张履《宣授千戶井公先塋碑》）。高翿：字文舉，号松巖貞隱，益津（今河北霸縣）人。曾『從事環慶』，壬子（一二五二）十二月同知秦安州事。善古篆，嘗寫《道德經》。《永樂大典》有其詠泰山詩《回馬嶺》、《太平頂》。張都統：憲宗六年（一二五六），忽必烈與鐵哥帶兒兵合，出烏蒙，趨瀘江，剗禿剌蠻三城，却宋將張都統兵三萬，奪其船二百艘於馬湖江，斬獲不可勝計。詳《元史》卷一二一《兀良合台傳》。王一清（？—一二五八）：金末元初道士。祠在清源（今山西省清徐縣）。道號洞淵普濟廣德眞人。憲宗六年，忽必烈開府於嶺北灤水之陽，『命上清大洞法師王一清作醮五晝夜，昭告上帝。復命一清及府僚李宗傑，以金鏤盒持香，導以寶幡，藉以重幣，於五嶽四瀆投金龍玉册焉，禮也』。詳王博文《創建開平府祭告濟瀆記》。河南經略使史公：史天澤（一二〇二—一二七五），字潤甫，大興永清（今河北永清）人。元太祖八年（一二一三），隨父降蒙古軍。二十年，兄天倪爲武仙所殺，襲兄職爲都元帥。太宗即位，爲眞定、河間、大名、東平、濟南五路漢軍萬戶，協從大軍圍追金哀宗，滅金有功。金亡，從皇子攻宋棗陽、襄陽。憲宗二年（一二五二），爲河南經略使。八年，從憲宗伐宋。世祖卽位，授河南等路經略使，尋兼江淮軍馬經略使。中統二年（一二六一），拜中書右丞相。隨世祖征阿里不哥。次年，領兵平李璮。至元三年（一二六六），爲樞密副使。四年，改中書左丞相。十年，與平章阿朮等下樊城、降襄陽。十一年，與伯顔大舉攻宋，至郢病歸，次年卒。贈太尉，謚忠武。後累贈太師，封鎮陽王。《元朝名臣事略》卷七、《元史》卷一五五、《元詩選癸集》乙集有傳。王磐撰有《中書左丞相史公神道碑》（《國朝文類》卷五十八）。王楫（一一五四—一二四三）：一作王檝，字巨川，鳳翔虢縣人。父霆，金武節將軍、麟游主簿。進士不第，金主俾給事縉山元帥府。特賜進士出身，授副統軍，守涿鹿隘。元太祖降之，授都統，從大軍破紫荊關，取涿、易、保州、中山，軍次雄州。甲戌，授宣撫使，兼行尚書六部事。從三合拔都、太傅猛安率兵南征，下古北口，攻薊、雲、順等州，圍中都。乙亥，中都降。招諭保定諸城，置行司於滄州，兼御史大夫，世襲千戶。兼判三司副使。丙戌，從征西夏。戊子，奉監國公主命，領省中都。庚寅，從征關中，長驅入京兆，進克鳳翔。壬辰，從攻汴京。癸巳，奉命持國書使宋，以兀魯剌副之。宋遣使以金幣入貢。檝前後凡五往，以和議未決，隱憂致疾，卒於南。宋遣使歸其柩，葬於燕。《元史》卷一五三有傳。宋子貞（一一八二—一二六二）：字周臣，潞州長子人。工詞賦。補太學生。金末，走趙、魏間。宋將彭義斌守大名，辟爲安撫司計議官。彭歿，歸東平行臺嚴實，用爲詳議官，兼提舉學校。拔名儒張特立、劉肅、李昶與之同列。七年，太宗命爲行臺右司郎中。實卒，授參議東平路事，兼提舉太常禮樂。作新廟學，延前進士康曄、王磐爲教官。中統元年，授益都路宣撫使。拜右三部尚書。請建國學教胄子，敕州郡提學課試諸生，三年一貢舉。與左丞相耶律鑄行山東，遷調所部官。還，授翰林學士，參議中書省事。俄拜中書平章政事。《元史》卷一五九有傳。王文統（一一九〇？—一二六二）：字以道，益都人。入李璮幕府，女妻璮。世祖卽位，立中書省，首擢平章政事。監修金史。李璮反，乃伏誅。《元史》卷二〇六有傳。劉肅（一一八八—一二六三）：字才卿，威州洺水（金屬彰德府，今邢臺威縣）人。金興定二年詞賦進士。爲省令史。金亡，依嚴實，辟行尚書省左司員外郎，又改行軍萬戶府經歷。壬子爲邢州安撫使。中統元年，擢眞定宣撫使。二年，授左三部尚書，兼商議中書省事。卒後贈邢國公，謚文獻。《元史》卷一六〇有傳。許衡（一二〇九—一二八一）：字仲平，號魯齋。懷慶路河內（今河南焦作中站區）人。金末元初著名理學家、教育家。元憲宗四年，應忽必烈之召任京兆提學，授國子祭酒。至元八年，拜集賢大學士兼國子祭酒。又領太史院事。謚號文正。著有《讀易私言》、《魯齋遺書》等。羊羅：羊羅渡（又稱洑、堡）。詳參卷三《青山磯市》箋證。

大蒙古國信使、翰林侍讀學士郝經等，謹再拜奉書於宋國三省、樞密使、相國公閤下：

經等欽奉聖旨，賫擎國書，前往宋國告登寶位，仍布弭兵息民意。比及啓行，卽還江上兵，告諭沿邊萬戶，俾各守故屯，撤去哨騎，不得挑亂生事。令山東淮南行省李公，遣劉仙等二人入楚州通報，而無來音。又令漣州總帥移公文會問〔一〕，云不知所在。五月十五日，經等一行至邊，於是再發關移，自漣州入楚州，以復前事，仍請入國日期，至今不報。以節次靄昧，至於差池〔二〕，不能明主上盛意，改途捷出，駐劄蘄陽。今副使劉人傑、參議高翿親往計議，敢布腹心於閣下。

竊聞明月之珠，夜光之璧，以暗投人，則必按劍，無因而至前也。疾雷破山，烈風振海而不懼，安於故常也。故無因而至者應之而不失，安於常者而知其變，惟智者能之。天下之事，幾而已矣，顧乘而處之者何如也。變故方殷，幾會鼎至。乘之而不失，則無因而至者不疑，安於故常者而知懼。處得其當，天下無事，而生民被其澤。不能乘而失之，則無因而至者而爲之疑，安於故常者而不知變，以至變故紛拂，不可救藥，而天下被其毒。

蓋天下之勢，治亂相尋，禍釁相紐，其幾無窮，而變故亦無窮。乘而處之者，宜重慎而審之也。天下之大亂必出於大治，天下之至危必出於至安，天下之大憂虞必出於無虞，戰之負出於勝，事之失出於得。惟其忽而不審，執而自蔽，不知倚伏之幾，安於常而不知變。是以至於是而不能復，一日雖悔，而莫之追也。

國家光有天下五十餘年，其用兵於江淮者幾三十年，兵勢之振，莫甚今日。取東海，下巴蜀，平大理，圍武昌，克漣水。穿徹二廣，至於湖湘，縱兵長驅，幾至吳會，有一天下之勢。鴻毛衡風，似有所不足舉。而一旦斂兵而退，又先之以信使，是無因而至前也。其飄忽振蕩，騰擲宇宙，忽去忽來，往年之常，而彼國亦以爲常。其中有非常者而不知，是安於故常也。無因而至而弗之信，安於常者而以爲常，是忽而不乘，過計而不審，閣下必不之知也。無因而至者，果無因乎？進退之常，果如常乎？幾會之來，所繫甚大，不可因仍苟且，執於一偏而泥於虚文，以爲我國情狀不可測，擯而不以信義待。是幾一失而暴國之禍復起矣，當國者宜重愼而審之也。

今日斂江上之兵，先輸平之使，豈師旅不及曩時歟？將帥不及曩時歟？甲兵車騎不及曩時歟？五十年之儲蓄不能一朝用歟？土地加於舊，而賦力倍於前。聯西海者五十萬，控東陲者三十萬〔三〕。自大理至於漣海，帶甲百萬，兵力崛阜，莫之與京。無故而斂兵，無故而先信使，此無他，主上如天之仁，曠世之義也。

往歲主上在潛邸時，先皇帝畀以東師，俾之東出。比師之行，其舊獲俘囚如張都統輩，及所在拘繫間探人等，皆縱歸之。渡淮而南，諸山堡砦所得生口，皆撫而安之而去。下不殺之令，使宣撫楊惟中出先前茅，布宣恩信。及其渡江，如滸黃洲、青山磯市〔四〕，初未嘗戮一人。至於武昌，先遣王一清開喻，而彼守臣執而殺之，又射殺一肺腑大官，於是始下令具攻具。以爲肉薄骨并，殺人盈城，實匪本心〔五〕。故雖合長圍，而攻之不急也。若彼國當時不殺信使，少加以禮，可退師成盟。經等侍從左右，聖意仁隱，好生惡殺，實所具知。大官元臣請長驅入臨安，主上以爲：『江南治平三百餘年，其民物繁夥，居室櫛比，吾若徑往，則皆躪藉矣。生靈何辜，而吾若是，是獨非吾民乎？』遂不往。

聞先皇帝上僊，乃置師而去，乘傳北歸。德澤既深，天命攸屬，親王四十餘人及藩方侯伯會於開平，共行推戴。既踐祚，謂諸王近臣曰：『朕欲息兵安民久矣，而弗克爲，今在朕矣。』

遂命河南經略使史公往江上，詔諸軍各還故屯。命山東淮南行省李公於楚州通國信，而命經等充國信使、副，奉國書以往。其書辭一依今國名分，未定與國平交例。南北睽裂，好聘不通五十餘年。天誘其衷，幸而集此，而乃不報，未知何如？必以爲如王楫矣。王楫挾兩國而庇一身，言於北則以爲降，使於南則以爲和，終於兩國交兵，而身以之斃。

今則不然也，以爲三十年間，佳兵毒民，禮義不通，信使先往，欲崇禮義而弭兵兇也，必以爲如朮速門、譚浩矣〔六〕。朮速門、譚浩逢迎徼倖，以不直之辭，要難行之事，貪汙跋疐〔七〕，啓釁重怨，以其不納歸而生事辱國，而傷來使。激萬乘之怒，使之投袂而起，連兵數年，屍骸委積，魚肉生民，長惡祟禍。今則不然也，以爲待人以禮而不以力，服人以道而不以勢，尊人而後自尊，安人而後己安。先之以敬讓而不以爭，導迎和氣，天必悔禍，至治可期也。是皆冀於曩時，有爲而爲，非無因而至也。且通好之利，不在於北，而在於南。非惟今日，振古已然〔八〕。

昔孫氏據有江東，僅能立國，稱臣於魏，而乃敢王。殷浩、桓溫連年北伐，終至敗折。宋高祖、文帝屢爲大舉，亦未嘗得志，足以自敝。王羲之謂：『江左立國，賴萬里長江，畫而守護，風寒之處，不過數四，大抵江北羈縻而已。』此誠至論。蓋江淮立國，以之自守則僅足，以之侵伐則不宜。故終之吳爲晉平，陳爲隋平，江陵爲唐平，往事則亦已矣。

自宋有國以來，西北二邊常爲祖宗患，寇準與契丹定盟，治平者百有餘年。宣、靖壞盟，終以失國。高宗渡江，善於處變，俾秦檜以盟，合神聖之子母，歸二帝之客柩，治平者二十餘年。

孝宗尋盟，治平者五十餘年。是其明效大驗，閣下所熟復而日省者也〔九〕。孰利孰害，孰得孰失，已事遄往，皆可爲監，無因而至，可不察歟？

今主上聖度優宏，開白炳烺，好儒術，喜衣冠，崇禮讓。踐祚之初，以爲創法立制，非耆舊英賢則不可，乃起宋子貞於東平，王文統於益都，劉肅於彰德，許衡於覃懷。其餘茂異特達，弓旌相望，使之論定統體，張布綱維。以爲善治必當偃兵，如金源大定之初則可矣，故特用經等，不以蒙古、回鶻參注。其將發命，會諸王大臣於齊宮，齋日告天，以明誠心。令經等乘馹速往，軍回使入，信國家明信。使麾之出〔一〇〕，莫不顒顒，以爲至治之君，開兩國之泰也。地廣兵雄，戰勝攻取〔一一〕，乃能遽爾霽威縮鋭，屈己伸義，先人以禮，是曠世之幾，不可失也。何乃再爲通信，邈然不報？

且彼國邇年以來，兩淮殘破，四川陷没，二廣透漏，江面綻缺，如開、達、夔門，施、黔、邕、桂，巖險之阸塞；沿江上下，羊羅、采石，舟師之出没；通、泰而下，新河料角，海道之徑捷。我之師徒將帥，莫不悉知。昔以爲憚，而今不以爲憚。曩以爲難，而今不以爲難。上流在所可以下，江面在所可以渡，斡腹在所可以出。如秋高馬肥，再爲之舉，兵釁一動，未可卒解。三百年之文物，數十世之累積，可爲憂已。

若剷去疑阻，以承天休，弭兵息民，申畫疆理，通天下之一氣，合南北之太和，蘇潤瘡痍，補葺傾敗，舒釋靈長，締結歡悦，明月、夜光，實爲彼國之寶，安於夏屋。破山之雷，振海之風不作。挈倚伏之幾，置泰山四維。三代可以四，歷年可以過漢，而不止於唐。閣下亦與先正比隆，而與享安寧之福矣。

如信矯誣，身而不國，以負爲勝，以危爲安，以有事爲無事，以誠爲詐，以變爲常。先來之使爲可疑，諸軍之回爲不武。北方遂可玩，南方眞可强，異日必有任其責者。故是行也，非爲我國，蓋爲彼國；非爲我生靈〔一二〕，蓋爲彼生靈。不宜疑貳遷延，牽於多議。利害明白，一言而決矣。

尤無以退師爲不武，而無意於取也。彼之將帥，多崇飾虛名，以徼爵賞。初以復讎攻蔡，金源氏滅，我師北還，又以收復兩京，灑掃山陵而犯河南，遂敗盟約，使江淮之民塗炭至今。崇虛名而受實禍，利歸將帥，禍及生靈，茅土相聯，節鉞相望，而遺民安在？抑可哀已。今師之退，又必自以爲功，而以我無意於取而無能爲也。昔國家破金師於澮河〔一三〕，遂斂兵而去。金人以爲無意於取，中興可期，恬不爲慮。既滅西夏，平西域，旋旆東指，一舉而取之。今之師還使入，果無意乎？倚伏之幾，不可不察也。

崇明信，昭大義，乘時挈會，安民而固社稷。成不世之盛事，掞鴻烈於無窮。挽回元氣，春動山河。離析分崩，幽厄憔悴。盡爲改色，可不爲乎！

經等不佞，敢肆騰口說，張布鼓於雷門。蓋疆理限越，區區茅塞，不能縷悉。故罄竭狂斐，冒於一言，惟閣下乎照。

暑勇方盛，萬望永綏鈞履，膺受厚福。不宣。

【校記】

〔一〕令，四庫本同，正德本作『泠』。
〔二〕差，四庫本同，正德本作『茬』。
〔三〕陲，底本、正德本作『夷』，據四庫本改。
〔四〕市，四庫本同，正德本作『布』。
〔五〕非，四庫本同，正德本作『匪』。
〔六〕术，四庫本同，正德本作『述』。
〔七〕汙，底本、四庫本作『于』，據正德本改。
〔八〕已，四庫本同，正德本作『以』。
〔九〕省，底本、正德本作『星』，據四庫本改。
〔一〇〕之，正德本同，四庫本作『遄』。
〔一一〕勝，底本、四庫本作『盛』，據正德本改。
〔一二〕我，四庫本同，正德本作『吾』。
〔一三〕澮，四庫本同，正德本作『會』。

宿州再與三省樞密院書

【編年】作於元世祖中統元年秋，郝經出使南宋，被滯留宿州期間。

【年譜】同上一篇。

見文：『僕等自離輦轂，幾踰三月，未見次第，已被責問。』『秋暑未艾，萬望惠綏鈞履，膺受厚福。不宣。』

【箋證】何道寧：臨安（今浙江杭州）人。爲宣差宗玄大師。元憲宗四年（一二五四），終南山重陽萬壽宫無欲觀妙眞人羽化，道寧代之，提點陝西五路興元路教門，兼領重陽萬壽宫事。此随郝經爲副使。劉君等既入：指前文『禮部郎中劉人傑親往計議』。

大蒙古國信使、翰林侍讀學士郝經等再拜，奉書於宋國三省、樞密使、相國公閣下：

經等欽奉聖旨，賫擎國書，入宋國告登寶位，仍布弭兵息民意。自四月終至邊，漣、楚上下，累移文牒。至於宿州，又具書縷悉，寂無來音。禮部郎中劉人傑親往計議，亦不爲報，使居河麋，露宿茇舍，甚非所以待使人之意。我以禮義奉辭而往，而彼擯蔑鄙外，一不以禮義答。古者兵交，使在其間。今退師輸平，墮讎崇好，不審高明，何故之以而爲若是？昔晉、楚列國，欲弭兵而安諸侯，猶兩釋纍囚，鍾儀如楚，荀罃如晉，各使求成。矧於堂堂兩朝，鏖兵聯戰，久無期日〔一〕。今日之事，幸而集此，方之晉、楚，不既大矣乎？而乃不報，如石投水，如矢搭地。蘊蓄疑慮，必有所在。以僕規測，殆無藏覆，特遷怒重怨，欲爲孑孑報復之計。

夫搖蕩疆埸，撑裂藩垣，荼毒生靈，互爲吞噬，皆已事既往，於今日何有？使麾臨境，拒而不納，漫爲閼塞，第使得以窺爲國淺深〔二〕，而示人以不廣。僕等非汲汲求入，亦非貪仕冒進，徒爲口説者。以爲兩國暴骨幾三十年，遺黎殘姓，殆欲殲盡。上天悔禍，主上踐祚，首用僕等，畀以和議，康濟瘡痍，於是振衣束髮，慨然啓行。副使何道寧，本臨安人。既入我朝，著道士服。主上在潛邸時，卽以議和爲請，主上許之，曰：『俟一日當行。』既踐祚，遂命與僕偕行。僕等若知其不可，亦非妄行者。

近朝廷聞猶未入境，有詔北還，且言秋高馬肥，當整六師，載爲南伐。僕卽上章，以爲劉君等既入，必不可行，而後旋旆。蓋以朝廷初發二使，一入高麗，一入宋國。使高麗者未入其境，而使者兩輩繼至，項背相望，一賀登寶位，一請復故疆。主上嘉之，而許其請，且於北京、遼東搜括高麗人戶，送還本國，於是高麗遣子入侍。僕等自離輦轂，幾踰三月，未見次第，已被責問。區區之心，以爲此幾一失，邊釁復動，兵連禍結，何時而已？寧負稽緩罪戾，堅爲之待，庶幾有成。明主上之意，活兩國之人，雖斥逐戮辱，死且無恨。

僕等久聞高議，是其利害，白日正中，不必蓋覆，牽於多議。奉天子之恩命，而久於河上盤桓而不進，豈爲僕等之辱，亦閤下之所惡。不免喋喋，再爲具此，以重干瀆。

秋暑未艾，萬望惠綏鈞履，膺受厚福。不宣。

【校記】

〔一〕日，底本、正德本作『已』，據四庫本改。

〔二〕第，底本、四庫本闕，據正德本補。

與宋國兩淮制置使書

【編年】作於元世祖中統元年冬，郝經出使南宋，被拘禁於眞州期間。

【年譜】同本卷第一篇。

荀宗道《故翰林侍讀學士國信使郝公行狀》：『九月，至眞州，館於忠勇軍營，宋人規模布置已成囚所矣。』

見文：『自到五河，及移沙洲，綿歷五月，書劄闗移，一無所報。』『冬律權輿，萬望對時綏育，膺受厚福。不宣。』

【箋證】宋國兩淮制置使：李庭芝（一二一九—一二七六）：字祥甫。其先汴人，後徙隨州。荊帥孟珙以之權施之建始縣。淳祐初舉進士。辟珙幕中。珙卒，遺表舉賈似道自代，而薦李於賈。賈鎭京湖，起爲制置司參議，移鎭兩淮，與賈議栅清河五河口，增淮南烽百二十。繼知濠州。開慶元年，似道宣撫京湖，留庭芝權揚州。尋知峽州。主管兩淮制置司事。多次破李璮兵。咸淳五年（一二六九）冬，命以京湖制置大使督師援襄陽。大元兵圍揚州，起制置兩淮。十年，築清河口。德祐元年加庭芝參知政事。宋亡，不降，死於國難。《宋史》卷四二一有傳。五河：五河口。位於安徽蚌埠五河縣南三公里，今名舊縣灣。紹興十二年（一一四二），宋金議和，以淮河爲界，地屬金國。開禧北伐，二年（一二〇六），收復五河口。旋敗歸金。端平元年（一二三四），金亡入宋。後爲蒙古軍佔領。淳祐五年（一二四五）七月，宋收復。宋咸淳七年（一二七一），置淮安軍及五河縣，屬淮南東路（治揚州）。朱、秦二君：朱實臣、秦之才。苟宗道《故翰林侍讀學士國信使郝公行狀》：『七月，進至五河口。宋人遣揚州制置司幹官朱實臣，遙授陳州通判秦之才來接伴。』賈公：賈似道。寶祐二年（一二五四）加同知樞密院事，臨海郡開國公，後晉參知政事、知樞密院事。詳參本卷《班師議》箋證。

經頓首再拜啓：

邇者欽承朝命，猥備行人，荷仁綸，奉信函，乘馹而至境上〔一〕。疆場之吏不時達，於是駐泊於五河。朱、秦二君至，云執事開閫，而國信始達，且揄揚高議。於是願見之心益切，以爲鍧鍧之金聲，炳炳之玉光，輝映蕩洞者有日。乃今舍舟而騎，蹈陸去水，徑移儀眞。天啬厥幸，而莫之見也。雖然，義同氣合，則楚越肝膽；背馳殊趣，則對面九疑。胷中之所茹塞，將以俎豆於左右者，敢自靳乎？

嘗以爲士之爲學，期於有用，不區區於浮末。天之與己者大，而己自小。賦畀者皆有用，而己自棄之也。夫道以用而見，天地萬物皆是也。其或無用，則天地萬物息。人所以裁成輔相，使天地萬物各盡其用，而不使之息者也。生生而不窮，化化而不已，任重道遠而不斃，特立獨行而不撓〔二〕，嶷崿自致，不與草木腐而埃塵蜚。爲有用之學，待有用之幾，行有用之事。或遇或不遇，或成焉或否焉。命與時不可期，故有一時之用，有一世之用，有萬世之用。不虛生，不妄爲，則建一時之事業，建一世之事業，建萬世之事業。事業雖殊，而期一有用，一也〔三〕。學而有用，而終不遇，則亦命焉耳矣。學而無用，與遇而不能以自用，事幾去而功業墮，失道左見，安視天民之斃而莫之顧，使天地萬物壞而俱不能以用，可以爲士乎哉？

僕始知爲學，則以是自淬厲，憤悱以崛起，嘗自誦曰：『不學無用學，不讀非聖書，不務邊幅事，不作章句儒。』以爲不屈則無以信，不積則無以用。乃束髮頓脰，箝以益密。索太極之蘊，鑿混沌之竅。閉關塞隊，絕彼柔道。進明以晦，續晝以夜，求夫體以致夫用。奪造化者有年，而無幾與時，不可用也。乃剗欲樹志，削去世蔓。累九鼎以不移，挽萬牛以不回。以天下之至靜，觀天下之至動，必可行可用也而後起。

今主上在潛開邸，以待天下士，徵車絡繹，賁光邱園，訪以治道，期於湯、武。歲乙卯，下令來徵，乃慨然啓行。以爲兵亂四十餘年，而孰能用士乎？今日能用士，而能行中國之道，則中國之主也。士於此時而不自用，則吾民將膏鈇鉞，糞土野，其無孑遺矣。故主上踐祚，首有是舉，卽命僕以行。將以彗積年之凶釁，頓百萬之鋒鋭，存億兆之性命，合三光五嶽之氣，一四分五裂之心，推九州四海之仁，發萬世一時之機，盡天地萬物無窮之用，建天下後世無疆之事業，以正人極，以承天休〔四〕。是以主上以是命僕而不疑，僕亦受之而不辭。

四月維夏，冒暑而南，既至邊，方爲憤憒。朱、秦二君繼至，聞執事開閫，賈公爲相，乃指天而賀，以爲有用之學今眞有用矣。於是開露肝膽，觸忌冒諱，作爲一書，言當世事，達於賈公。以其不報，又繼以書，及再爲公移於執事。非敢妄意狂斐，以爲二公之德之懿，作新政治，乘幾與時，其措置云爲，必大有以異於前日。主上踐祚於北，二公登拜於南，而僕有是行，一世之事業與萬世之事業，可由此而建，生民自是而生矣。於是忘其固陋，不自量揆，蕪辭蔓語，勇不自制，喜而爲之多，激而爲之切，倒廩傾囷，無所藏蓋。似大而誇，其實懇惻昭著，至盡而明也。

凡辨天下之大事〔五〕，必立天下之大節，而一之以誠。豈區區小智，孑孑小數，掩匿蔽昧而襲取之者所能哉？故僕不敢竭盡也。二書既備，又屢言於關移。關移既切，又誓言於書式。越行人之例，負僭易之責。裯複周悉，期於一悟。在僕者亦既盡矣，其成與否，則在執事與賈公〔六〕。執事顒面正朝，賈公秉鈞當國，合符應契，中外持衡。天開此幾，爲二公用，治亂安危，實此乎在。其保合太和，使羣生咸遂，濡龐澤於不竭，張鴻休於不朽。致君於堯、舜，躋民於仁壽。干戈不試，朔南無虞。遺黎殘姓，復見慶曆、大定之治。天地萬物各盡其用者，惟所命。挑怨興禍，使鋒鏑餘民殲盡而無孑遺者〔七〕，亦惟命。

僕之事業，業已如是，使卒有用，對揚主上知遇，不負於初心與所學者，惟所命。使之疐跋顛沛，學於有用而卒無用者，亦惟命。雖然，賈公與執事學際天人〔八〕，爲一世元氣，致位將相，生民休戚之所繫，其所負任者亦自重矣，又何俟僕淺淺之言哉！

嗟夫！士之所患，無時與不遇，故有終身不能立一事者。無時與不遇，猶不忍自棄也，猶著書垂世，託之空言以自見。至於孟軻之距詖行，放淫辭，以承三聖。議者猶以爲功不在禹下，矧於得時行道，撥亂世反之正〔九〕，厝天下於治安者哉！

天道循環，無往不復。金亡以來，兵亂極矣。極而必治，理勢然也。故《剝》之上九稱『碩果不食』。桓公無王，而十年書『王變風，終陳而繼以豳』。聖人立經陳紀，以爲治極必亂，亂極必治也。今北朝則主上踐祚，急於爲治。南朝則二公登拜，咸與惟新。事幾鼎來，和氣荐至，則僕之所學，果有用矣。

自到五河，及移沙洲，綿歷五月，書劄闕移，一無所報。今始南轅，大懼鄙外，不能自進於門牆，於是又爲喋喋。顧瞻江淮，風濤滿筆，胷次餘波，亦爲從臾。不知江淨天澄，徹去藩垣，兩無猜阻，竟在何日？賈公望崇地絕〔一〇〕，已重干瀆，不敢復載〔一一〕。區區之心，惟執事是望，未卜良晤。

冬律權輿，萬望對時綏育，膺受厚福。不宣。

李制置回書

庭芝頓首拜啓奉使翰讀大學士：比勞徒御，來次淮壖，知使指雅在弭兵。綣惟我朝以仁立國，儻信義交孚，南北息警，此聖主所樂爲者。一再承問，備認輸情。第信使以美意而來，松壽乃懷姦以逞，修南城，闖北鎮，幸我先備，得以勝之。以此而和，殆類欺我。今閫外方且飭備，於行人之事未敢轉聞，且令潘鎮參具白此意。必使松壽無害於成，然後執事始可御命造朝也。冬寒，更冀珍嗇。不宣。十一月日，庭芝頓首拜啓奉使翰讀大學士。

【校記】

〔一〕馹，底本、四庫本作『驛』，據正德本改。

〔二〕撓，底本作『挑』，四庫本作『搖』，據正德本改。

〔三〕期一，正德本同，四庫本作『期于』。

〔四〕承，底本作『正』，四庫本作『迓』，據正德本改。

〔五〕辦，底本、正德本作『辨』，據四庫本改。

〔六〕與，底本、四庫本作『於』，據正德本改。

〔七〕殲，底本、四庫本作『殘』，據正德本改。

〔八〕與，底本、四庫本作『於』，據正德本改。

〔九〕撥，底本作『揆』，據正德本、四庫本改。

〔一〇〕崇，底本、四庫本作『重』，據正德本改。

〔一一〕載，正德本同，四庫本作『陳』。

再與宋國兩淮制置使書

【編年】作於元世祖中統二年(宋理宗景定二年，一二六一)春，郝經出使南宋，被拘禁於眞州期間。

【年譜】中統二年，作『《再與宋宰相書》、《上宋主請區處書》、《瓊花賦》』。見文：『庶幾與此新歲，共成陽和，發育萬物，咸躋仁壽。』

【箋證】天基節：唐張説、源乾曜上表請求以玄宗皇帝的生辰定爲千秋節，是皇帝誕辰節日之始。至宋代最爲繁複。《宋史》卷一百一十二《禮·嘉禮·聖節》詳列諸帝耶誕節名，理宗趙昀(一二〇五—一二六四，一二二四年即位)誕辰正月初五爲天基節。該日各國互派使者賀壽。李公：李璮。塔察國王：詳參本卷《班師議》箋證。

經頓首拜啓：

自到境内，既蒙改館，復令幕中名德致書置燕，敬佩至意。兹承朝命，宣賜銀絹，而加恩禮。雖朝廷推仁，實惟執事孱就之自出，益爲感刻。然自陛辭南轅，星窮歲易，束臂舍館，坐縻饔牢。近過天基節，方具劄拜辭，而有是命，馮馮翼翼，以爲便當束載，而復寂然，益爲踧踖不寧。事非難處，不知何故之以而淹遠如是？

前書以淮安之役相訝，今見省劄，猶斥而不置。淮安之役，經等何與？政所謂魯酒薄而邯鄲圍者也。夫邊將之事，行人之禮，初不相干。況我輩乃主上之使，非李公之使欸兵之計。殆不其然，第恐歲月淹久，聘使不出，中間蘊蓄，別起端倪。李公素號驍雄，而又驟勝。一旦折辱，不能寸克。則乘驛而上，以拘信使平南城，激怒廟堂，移檄諸鎮，而起忿兵。東務方作，啚人在野，飄忽而入，再爲揚塵，則貴朝必起應兵。兵端一交，禍亂何時而已？使人何日而歸乎？且青齊，塔察國王之分土；而李公，王之妹壻也。伯姬雖没，叔姬復來。今王有定策之功，而士馬精彊，必相率而致怒。

故宜早令我輩北還，經雖不武，亦能以理譬解，而抑其鋒。其修南城，襲北城，戰淮安，亦得敷奏，明其師之曲直。顧惟方今之事，無大於此，而無急於此者。宜急而反緩，何也？抑又思之，以堂堂大宋，而與區區一鎮將校短量長，而屢以爲辭，得無使人得以窺其淺深而擬議之乎？

嗚呼！中州遺士，鋒鏑之餘，收其驚魂，引其餘息，營緝鳩贊，締和圖安。回生意於寒原，泮氷天於雪國。發爲陽春，再立元氣。而有主上斷然行此，雖云天意，亦人力也。治亂之幾，於是乎在。後來之英俊，一世之豪傑，斂羽毛待風飇，伺隙而投間者，莫不引領拭目，共觀此舉。頓兵鋒之鋭，服豪傑之心，塞覬覦之意，老悍健之師。雖不墮都銷甲，使之戢縮自退而無所施，厝天下於治安，此其時矣。

議者必曰：北方有故，姑留信使，吾當收卞莊之利。或以爲故境可復，中原可圖。聽玄謨所陳，豈無封狼居胥意？以是而稽遲，殆必誤國。

夫南北之事，漢晉以來至於今，其成敗皆可考。親仁善鄰則治，締怨連禍則亂，無出此二者。自非大亂滅亡，一彼一此，徒以斃民。羲之之書，蔡謨之議，藥石之言也。矧於自古易代之際，不無小梗，骨肉之間，豈皆安和？周之管、蔡，漢之吳、楚，唐之巢、隱，皆是也。雖或稱亂，終以殘滅，詎可以是爲利，而墮好崇讎乎！

今主上應期開運，資賦英明，喜衣冠，崇禮樂，樂賢下士，甚得中土之心，久爲諸王推戴。稽諸氣數，觀其德度，漢高帝、唐太宗、魏孝文之流也。故宜先於此復，以成歡盟。

夫内交於牽聯有故之際則易，求成於安彊無事之時則難。此經所以披露肝臆，不避僭易，借箸而爲籌者也。事至今日，處置云爲，在君相與執事。君相則不敢干瀆，以重取罪。故又振凌滯氣，撼搖枯舌，彊爲一鳴，而復於執事也。

庶幾與此新歲，共成陽和〔一〕，發育萬物，咸躋仁壽。

【校記】

〔一〕共，四庫本同，正德本作『供』。

上宋主請區處書

【編年】元世祖中統二年春，郝經出使南宋，被拘禁於眞州期間上宋理宗書。

【年譜】中統二年，作『《再與宋宰相書》、《上宋主請區處書》、《瓊花賦》』。見文：『前歲三月，主上踐祚，命經等奉書，告登寶位，輸平繼好……六月初至境上，於五河，於濠梁，於儀眞，今凡九月。』『陽靈扇和，伏願對時育物，大庇生民，允屬塵望。』

【箋證】濠梁：　卽卷三十八《再與宋國丞相書》所謂『及朱制幹、秦通判相邀登舟，乃拜表闕廷，移文邊鎮，以爲順流東下，便當成行。而復泝流而西，置之沙洲者一月』之『沙洲』。王楫：　詳參卷三十七《宿州與宋國三省樞密院書》『必以爲如王楫矣。王楫挾兩國而庇一身，言於北則以爲降，使於南則以爲和，終於兩國交兵，而身以之斃』並箋證。李彝興（？—九六七）：　本名彝殷，避趙匡胤父弘殷諱改，夏州人，本拓跋氏。唐末，拓跋思恭鎮夏州，統銀、夏、綏、宥、靜五州，討黃巢有功，賜李姓。卒，弟思諫代爲定難軍節度使。思諫卒，思恭孫彝昌嗣。梁開平中，彝昌遇害，將士立其族子蕃部指揮仁福。仁福卒，子彝超嗣。彝興，彝超之弟，初爲行軍司馬，清泰二年，彝超卒，加定難軍節度使。晉初，加同平章事。開運初，授契丹西南招討使。漢初，加兼侍中。周初，加中書令。顯德初，封西平王。世宗卽位，加太保。恭帝初，加太傅。宋初，加太尉。太祖贈太師，追封夏王。《宋史》卷四百八十五有傳。

大蒙古國信使、翰林侍讀學士郝經等謹昧死載拜獻書於大宋皇帝闕下：

前歲三月，主上踐祚，命經等奉書，告登寶位，輸平繼好，弭兵息民。經等草芥，固不足以奉揚明命，然亦不敢貪冒行李，昧於一來。以久聞陛下仁聖，而主上亦以仁行。竊不自揆〔一〕，庶幾兩朝之仁，因是以達於天下。於是沛然而行，而不忌也。六月初至境上，於五河，於濠梁，於儀眞，今凡九月。

夫以兩朝之大，兩國之重，生民之事之多，敢自以爲淹而私憚煩，有欲速之心乎？初未入境時，見陛下批答王楫等事，有云：『中孚信及豚魚，忠信行乎蠻貊，彼以善意而來，朕秉至誠。若夫成功，則天也。』以爲仁聖如此，而主上又先以信使，申以忱辭，下臣獲考，其無疑矣。乃今綿易歲月，縻耗饔牢〔二〕，積委賚予，迄無成命，實爲不寧。顧惟經等，鄙外疎遠，重以羈旅，宜乎頓滯，卒不自露蒭蕘，則皺蔑之面，終無異於滅明。

竊惟王者王有天下，必以天下爲度。恢弘正大，不限中表而有偏駁之意也。建極垂統，不頗不撓，心乎生民，不心乎夷夏而有彼我之私也。故能奄有四海，長世隆平，包并遍覆，如天之大，使天下後世推其聖而歸其仁。故孔子贊堯曰『大哉，民無能名』，贊禹曰『吾無間然』，言其君人之度如此，其道其德乃如此也。

故貴朝高宗皇帝有曰：『國家兵不及漢，地不及隋，民不及唐，所以維持人心者，風俗也。』風俗者何？仁也。仁者何？愛利而不殺，公普而不偏，犯而不校，遜而不爭。不以地以道，不以力以德，不以衆以禮。上下薰陶，守之如一，所以爲三百餘年之命脉也。

太祖皇帝初受推戴〔三〕，入京師，兵不血刃，嗚咽流涕，感人心而服天命，仁之原也。親平三叛，置燕雲而不取，授李彝興以節鉞，仁之度也。創業垂統，闊略宏遠，立廣大之規模，使聖子神孫儀刑世守。至於太宗皇帝，剗拾諸僭，平有河東，威靈大震，益務德教，期於休息。眞宗皇帝澶淵之役，從綏弗及，反窮守約，而與其成，圖惟安治。仁宗皇帝推明信義，再爲定盟，由是海内乂安，隆於禮義，民物滋殖，教化盛行，遂成風俗。高宗皇帝所以推本而言，爲之力行，知鞭之長不及馬腹，匿瑕藏疾，再造區夏，奉安列聖，保宥下民，積德累功，祈天永命，多歷年數，而中興之主也。

聖聖相承，罔有逸德，故能見遼、金、夏人之滅，以至於今。而紀綱正，君臣和，風俗厚，文物盛，藹然仁愛之治，遠軼漢、唐，駸駸乎三代比隆也。

恭惟陛下久御宇内，仁聞四塞，積德而化，内恕以仁〔四〕，故能遇警不聳，釁禍不鑠〔五〕。今當天人厭亂，碩果不食，接續元氣，迓衡弭亂之時，政陛下恢弘正大，撤去藩垣，親仁善鄰，墮讎崇好，張皇一仁〔六〕，大明公恕，以天下爲度之日也。

夫貴朝之與本朝，初無大故，三十年間，雖事之殷，累承通好。而本朝多故，卒無有成。蓋天方開亂，聯戰鏖兵，彗撲鼎，亨大有，以革其曲直之責，亦有自任之者。本朝立國五十餘年，天將韜戢鋒鋭，而底安治，故令聖德集於主上。資賦仁明，樂聞善道，喜衣冠，躬禮遜，樂賢下士。自在潛邸，已符人望。於是致之先帝，而退守藩服，聘起儒生，論講書史，究明理學，問以治道。嘗以爲創法立制，乃可底平，弭兵息民，其先務也。

先帝嘗爲大舉，主上力諫，諫而不從，致有合州之役。受詔東出，至於渡江，實匪本心〔七〕。十餘年間，遵養時晦，將以大賚於民者，今始得行。故卽位之初，首命經等奔走致書，此亦曠古希闊之遇，南北二朝罕有之幾也。以爲揚鞭而入，挂席而出，卽見二境玉帛交馳。於是經等握其機，汲汲而來。豈意貴朝牽於疑，置而不急。必有橫議以移天聽，蝟起事端，各陳便利，自以爲公〔八〕，私而不國，荏釁種禍，因爲交亂，大見鄙外，以誤某等。

夫較短量長，欲圖報復者，淺淺之謀也。姑留信使，坐以觀變者，孑孑之計也。交亂輸欵，以圖夾攻者，良嗣之徒，誤國之人也。貴朝以仁立政，陛下以仁存心。夫豈必爾爲寇讎，無容爲善自新，必爾於擯蔑而絕之，無乃亦有所失，非聖人先王維持人心之意乎。且某等之來，斷然爲之，以行夙心者，主上也；合謀啓迪，對揚天衷者，欲親諸王也；經營比次，計安遺黎者，六七儒生也。

夫狡焉思啓封疆，以亂爲利者，何國蔑有？燕嶺之北，河湟之西，姑置勿論。藩方侯伯，牙錯棋置，各土其地，各分其民，擅賦專殺。父死子沒，今一再傳，年皆未及四十，書傳方略，時務情僞，莫不明練。而各握重兵，多者五七萬，少者亦不下二三萬。比年以來，鏖戰長征，山川險易，靡不周知。以經觀之，其寧甘於束臂，坐老歲月，志富貴而已哉？

以主上英明，統御有方，懷服有道，故皆雲從景附。若今信使交通，相與報聘，申畫疆理，要結好事，講睦修文。數年之間，紓餘舒徐，鎮壓解弛，使其壯健衰，猛厲弊，干戈朽，鈇鉞鈍，强雄之氣，潛以消沮，殺戮之運，庶得少回。貴朝祖宗仁愛風澤，亦得流諸華而濟諸人，以引以翼，傳之無窮，則自陛下始。不然，則事幾差繆，威武再奮，各得信其藴隆，鞲鷹柙虎，掣去突出。際風飈之會，起雲霄之志，相與牽聯，共爲飃颻。北朝有事，則南朝不能無事。一塵河朔，載波江淮〔九〕，則誰復誰何。聘而不報，使而不入，某等何惜，第恐異日有以歸曲，而或傷累朝之仁，累聖政之萬一也。

昔韓愈述破蔡之功曰：『凡此蔡功，惟斷乃成。』今日之事，某亦謂在陛下斷之而已。夫天爲剛德，人君體之。剛故明，明故不惑，不惑故能斷，斷則天下大事無不行，亦無不成，天下恃之以安也。牽於多議，優游不斷，漢祚所以中衰，天下亦因以亂也。《詩》曰：『發言盈庭，誰敢執其咎？』《書》曰：『惟克果斷，乃罔後艱。』陛下聖學高明，英偉夙著，何待疎遠之臣之言哉？

某等自啓行南轅，至於入國，南北之事，一無聞知，其間變故，已與初終錯迕不同。兩朝之事，朝夕之間，變不可必，一日則有一日之變，一月則有一月之變。某等之歲月有限，兩朝之變故無窮。以有限之歲月，待無窮之變故，某等何辜哉！

伏望陛下仁覆矜閔，察其螻蟻，體太祖一仁之本原，太宗一仁之涵養，眞宗一仁之要約，仁宗一仁之風俗，高宗一仁之命脉。不限中表，不爲鄙外。不心乎南北，心乎生民。答主上之盛意，允遺黎之傒望。乘機趣會〔一〇〕，攄抉潛慝〔一一〕。保合太和，使天下後世稱陛下之仁，曰五十年之兵亂至是而止。經等亦得因依末光，守先世之弊廬，涵泳太平，感恩佩德，死且不朽。

聘而不報，使而不入，因仍苟且，遂成變故，締和圖安，反以稱亂，陛下之仁不能及天下，主上之命不能達，則經不能共職，遂墮好事，負君負國，自怨自艾，永以自責，亦死且不朽。如申命下吏，畀一明命，無庸此輩玷污壤土，姑緩其死，俾完守以歸，使主上治其無才無術，曠日淹久，卒無有成之罪，亦死且不朽。

自至境内，已嘗致書於執政及制閫，又因給賜，上表陳謝，因以陳情。顧惟經等之技之心亦已傾盡，而猶未白也。故有申飾固陋，罄竭悃赤，剸劃肝胇〔一二〕，觸忌冒諱。天威不違，顧豈敢有藉襲，而或靳隱。

貴朝元老碩德，如雲如林。陛下聰明神智，幽遐罔蔽。其處置云爲，必大有以允當也，何待經言。雖然，言之重，辭之複，其間必有大善惡，故《春秋》有屢書載書〔一三〕。聖人定書，則夏之書四，商之書十有七，周之書三十有二。非故如是之少，如是之多也。君臣之間，信則言簡而略，不信則言重而繁。矧於二國之間，風俗不同，好使不通，信義不孚，大兵之後而濟以言，又閼塞頓阻，不能成行。故鬱於中而有不能已焉者，所以喋喋弊弊，知其獲戾而不顧也。

陽靈扇和，伏願對時育物，大庇生民，允屬塵望。

經等謹昧死載拜以聞。

【校記】

〔一〕竊，四庫本同，正德本作「切」。

〔二〕糜，四庫本同，正德本作「麋」。

〔三〕戴，四庫本同，正德本作「載」。

〔四〕仁，四庫本同，正德本作「及」。

〔五〕不，正德本同，四庫本作「自」。

〔六〕仁，底本、四庫本作「人」，據正德本改。

〔七〕匪，底本、四庫本作「非」，據正德本改。

〔八〕公，四庫本同，正德本作「功」。

〔九〕波，底本、四庫本作「渡」，據正德本改。

〔一〇〕趣，正德本同，四庫本作「趨」。

〔一一〕抉，底本、正德本作「扶」，據四庫本改。

〔一二〕胇，正德本同，四庫本作「肺」。

〔一三〕載，正德本同，四庫本作「再」。

與宋國丞相書

【編年】作於元世祖中統二年春，郝經出使南宋，被拘禁於眞州期間。

【年譜】中統二年，作『《再與宋宰相書》、《上宋主請區處書》、《瓊花賦》』。

苟宗道《故翰林侍讀學士國信使郝公行狀》：『初，公之在宿州，李璮潛師侵宋，宋人敗之淮安，故以欸兵之事誣我。公答書，大略開陳聖主通好美意，中間別無蓋藏。至於邊將用兵啟釁，彼自不遵詔旨，何與使人事？仍上表宋主，有云：「願附魯連之義，排難解紛。豈如唐儉之徒，欸兵誤國？」宋人見公辭直理順，遂不復言。自後，公等移文制置司，請入見，不報；請歸國，亦不報。乃牒宋三省、樞密院，致書平章賈似道，上書宋主闕下，反復辨論古今南北戰和利害，並今次遣使止是告登寶位，布通好弭兵息民意，前後凡數十萬言，皆不報，伴使等但云朝廷已有定議矣。』

【箋證】宋國丞相：此指賈似道。景定元年四月，特授少師，依前右丞相兼樞密使，進封衛國公，七月兼太子少師。二年正月，自太保、右丞相以進書加太傅。除太師在咸淳元年四月。見《宋史》卷二百一十四《宰輔表五》。

經頓首載拜啓太師、丞相、國公閣下：

自啣命造境，授館儀眞，累蒙燕勞，敬佩至意。近又傳宣撫問，而加給賜，不能隨卽裁謝，是懼是惶。

經居燕、趙之交，在馬牛下風，天淵海山，懸邈限越。而於是時，已聞執事之議，渢渢灝灝，從臾一時，私相告語，以爲必相天子，而底南北之平一日，亦槩受其賜。

及主上踐祚，經承乏使人，則聞執事果膺登拜。符枚寧之幾，會隆平之運，大允南北之望。

龐艾輝炳，瑞日祥雲，賁增天光。於是趯趯而喜而莫之勝也。昔遼主聞相溫公，乃敕邊吏曰：

『無或生事，中國相司馬矣。』今執事爲相，而主上適命輸平之使，宛然翕合，不無以司馬公之事業望於執事也。

夫天之所以賦畀於人，不偶然也。有是君則畀是相，有是相畀是事業。人之所以荷天之畀，亦不易也。相是君則行是事，所以事天也。政有所未立，吾相矣，吾當爲立也。事有所未行，吾相矣，吾當爲行也。以至亂有所未弭，民有所未寧，君子有所未用，小人有所未去，吾君之未遑，吾法之未備，吾相矣，吾其能已哉？乃汲汲焉，弊弊焉，不敢少有暇逸，必去必行。而後廢者舉，缺者備，弊者革。然後取古之人相君而未嘗格之君者，舉而行之，爲一王法，增益前人之光，而爲日新之政。則相業至矣，事君盡矣，事天謹矣。

嘗以爲周公相武王，有未下車而行者，有下車而行者。至於『仰而思之，夜以繼日；幸而得之，坐以待旦』，奚爲如是之急哉？一有所未行，則民有所未靖也。而或自暇自逸，豈先王相我後人，『日昃不食，咸和萬民』之意哉？蓋亦不得已也。故溫公作相曾不幾年，新法之未便，舊典之當舉者，更易殆遍，至於憂老以終，天下至今稱爲賢相，不敢以急遽責。去民之虐，底民之寧，當如是也。

竊惟方今之勢，禍天下者兵，福天下者和。相君而宅人者，當何如哉？去其所禍，就其所福，可也。夫爲禍福者在於北，成禍福者在於南。且如北朝不肯休兵，夫孰能止之？雖南朝欲休，而莫能休也。南朝欲和，而北朝不從，雖欲和而豈能和也哉？故爲之計者，北人好用兵，因其欲止而止之，鮮於和，因其欲和而和之，則亂可弭，而天下被其福也。好用兵而激之以兵，鮮於和而拒而不和，則亂無期已，而天下被其禍也。故曰：『爲禍福者在乎北，成禍福者在乎南。』

本朝與貴朝初無大故，無故而交兵者幾三十年，未知孰主張，是而使至此極也？天哀遺黎，濟剝以復，主上踐祚，下止兵之詔，發輪平之使，導迎嘉貺，去天下之禍，集天下之福。適執事登拜於南，是天贊之，使大有以成，變兹福於無窮也。以爲貴朝几不及布，庭不及灑，僕等有以得道路稽遲之罪，匍匐一拜，啓鑰進書。合兩朝之和，爲一元之氣，洋洋之幾，波湊鼎集。措天下於萬世一時，出生民於萬死一生，使天下後世稱之，曰：『雖北朝仁愛之心，而成之者執事也。』由是以開維新之務〔一〕，裨益相業，翼明中興。而乃館留儀眞，淹易歲月，宜急而緩，實有所未解也。

自陛辭入境，南北之事，一無所聞。每與一二介佐自責自咎，無乃主上舉之之失？而未見也；行之之速？乃宜速也。無乃僕等委之之非？而不知也；命之之違？而弗敢也，何至於是也？

方今之事，莫大於此，莫急於此，而淹緩如是，反而求之，既不在於主上，又不在於僕等，不知孰爲之而孰致之？抑其天欲未福於民，而猶將以禍之也？抑其爲人階禍，而不欲其福也？推明其故，而莫之知也。抑其不無望於執事，抑其不敢蔽於執事，而敷心腹而自獻也？其或是也，與或非也，惟執事處也。其使進見，以達主上之命，而復書遣使，以成其好，固所望也；其使進見，復書於僕等，不遣使而命之回，亦可也；其不使進見，具書遣使，俾與僕等卽此俱回〔二〕，亦可也；其不使進見，不具書不遣使，命僕卽此而回，亦可也。

是豈執事欲爲之，或其事勢一出於此有不得已者？抑僕等嘗亦受教於君子，固非生事而交亂者也。其卽此而回，則亦平心易氣，告諸主上，以爲貴朝與執事非故爲此，有不得已焉者，方圖後舉，汲汲而至也。主上聖度優宏，旣先以禮，夫豈增忿，返以自違？亦必恭己而待矣。第恐執事牽於多故，念不及此，僕等不能進不能回，而猶在於此。方春疫起，或有變故，虛其望而失其期，莫能追悔，僕等何恨，第恐有以瑕纇於相業也。

嗚呼！僕等兵亂之後，束髮志學，期於有用而行之也。遭遇主上樂賢下士，卽受弓旌之聘。及其卽位，而有是命，慨然而行。如或籍賴脫民於兵，而底於成，使南北少見安治，則執事之賜也。疐跋顛躓，水益深，火益熱，坐視天民之斃而莫之援，所學所志卒無有用，貽天下後世之非。則僕之責也，於執事何有哉！

竊觀河朔自金亡之後，碩士大老，英偉之人，流落殆盡，而一二憖遺，收緝殘墜，致之主上，乃有今日。其發詔命使之時，莫不扶杖引領，惻然沾涕，曰：『不圖今日復見盛事，更須忍死，以覩其成。』厭亂者則如是也。

後生晚進，無科舉之羈束，無學校之礲錯。自其童丱，便習兵革，其肯如是乎！瑰岸突兀，隱隱自負，莫不自以爲王猛、高允、崔浩、蘇綽，將自致霸王之略，姑刮目視此，以爲進退也。積日累月，久爲茹突，感於德度，爲慰老成之望，服英俊之心，在兹舉矣，執事必有以處之也。惟亮其淹抑而加恕，蚤賜區決焉。

有上大宋皇帝一書，更望敷達，以白塵悃。未遂參覲，惟冀惠時珍攝，燮和元化，光慰輿望。至祝，不宣。

【校記】

〔一〕維，四庫本同，正德本作『惟』。

〔二〕俱，正德本同，四庫本作『而』。

郝經集編年校箋卷三十八

使宋文移

再與宋國丞相書

【編年】作於元世祖中統二年夏，郝經出使南宋，被拘禁於眞州期間。

【年譜】中統二年，作『《再與宋宰相書》、《上宋主請區處書》、《瓊花賦》』。見文：『前歲三月二十四日之事也。』『暑勇方盛，萬望對時珍育，膺受厚福。不宣。』

【箋證】王楫：詳參詳參卷三十七《宿州與宋國三省樞密院書》『必以爲如王楫矣。王楫挾兩國而庇一身，言於北則以爲降，使於南則以爲和，終於兩國交兵，而身以之斃』並箋證及《上宋主請區處書》。譚浩：又见卷三十七《宿州與宋國三省樞密院書》：『朮速門、譚浩逢迎徼倖，以不直之辭，要難行之事，貪汙跛躉，啓釁重怨，以其不納歸而生事辱國，而傷來使。』王元善：本卷《復與宋國丞相論本朝兵亂書》：『主上令發回王元善等，因以修好，此輩則故爲沮壞，以之激怒，致令先帝有合州之役、武昌之舉、交廣之師。』清畢沅《續資治通鑑》卷一七四：寶祐二年，蒙古憲宗四年：『壬午，王元善自北歸。元善凡三使蒙古，留七年，至是始歸。』魏璠：詳參卷十三《哭魏先生》箋證及卷二十一《祭魏先生文》。王鶚（一一九〇—一二七三）：字百一，曹州東明人。工詞賦。金正大元年，中進士第一甲第一人出身，授應奉翰林文字。六年，授歸德府判官，行亳州城父令。七年，改同知申州事，行蔡州汝陽令。天興二年，起復，授尚書省右司都事，陞左右司郎中。三年，萬戶張柔輦歸，舘於保州。世祖卽位，首授翰林學士承旨。立翰林學士院，鶚薦李冶、李昶、王磐、徐世隆、高鳴爲學士。復奏立十道提舉學校官。謚文康。著《論語集義》一卷、《汝南遺事》二卷、《應物集》。《元史》卷一六〇有傳。眞定之北牛鎮：眞定獲鹿北牛山（今河北石家莊鹿泉區宜安鎮牛山村）。丞相趙公：趙璧（一二二〇—一二七六），從忽必烈攻宋，任爲江淮荊湖經略使。元世祖卽位，授燕京路宣慰使，旋拜燕京行中書省平章政事。《元史》卷一五九有傳。詳參卷二十四《上趙經略書》箋證。經略史公：史天澤。李行省：李璮。葉安撫：葉再遇，松陽（今屬浙江省麗水市）人。《至順鎮江志》卷十二：『安撫葉再遇宅在大圍橋南餅場巷今爲萬壽宮。』卷十：『安撫使葉再遇府內常有歌舞演出，爲繁華歌舞之區。』朱熹嘗講學松陽，咸淳間建明善書院以祀朱文公，院址在城西二十里。苟宗道《故翰林侍讀學士國信使郝公行狀》：『夏五月，公至濟南，璮以書來止公，云：「近遣劉仙等二人至淮安，已爲知州葉再遇所殺，宋人意殊叵測，公等可無行也。」』朱制幹、秦通判：朱、秦二君：朱寶臣、秦之才。苟宗道《故翰林侍讀學士國信使郝公行狀》：『七月，進至五河口。宋人遣揚州制置司幹官朱寶臣，遙授陳州通判秦之才來接伴。』

經頓首載拜啓太師、丞相、國公閣下：

曩者南北定盟，國有定命，使有定辭，禮有定數，使來如歸，往反之間不過三數旬，無出疆之專，無請覿之私，無僭易之言，周旋禮律，加之以敏而已矣。故禮無不答，行李不淹，國家安其利，生民被其澤，而使人亦擅皇華之美，振耀一世，而以爲榮也。若夫盟好未定，約言未成，變故相仍，梗塞猶在。則大夫出疆，有可以安國家利社稷者，專之可也。請覿不以爲私，多言不以爲僭。故張溫使蜀，未見而先抗表；鄧芝使吴，見拒而卽通書，論者以爲得，而不以爲失。

經等自到境上，至於授館，如無阻遏，卽得成禮。自視區區兵亂之餘，糠粃土苴之學，將觀禮慕儀，焜煌未見〔一〕，瞻顧之不暇〔二〕，安敢輒自振暴，露短於三百餘年文物禮樂之朝乎？以爲疆場交兵幾三十年，宿憾蘊隆，怒氣旁魄。一旦欲使委餒銷鑠，舒徐安緩，而底之平，非大爲剖白則不能也。於是弊弊纚纚，忘其固陋，不計辭之工拙，時之忌諱，而枵然傾盡。苟能解鄉閭之鬭，則雖被髮纓冠而亦往。虎害可除，則攘臂下車，從爲士者之笑。果可濟人，濡乘輿而不愧於無術也。

既朝廷不得造，執事不得見，制使不得接，於是作爲表書、關移、公牒，而皆不見答。經等如是之無所靳，汲汲切切，而誠且盡。而貴朝乃鄙外不急，置而不問，如是之擯蔑也。必議者之不察，以爲此輩不識時務，大兵之後，敢涉吾地，而踵王楫、譚浩之故計，必爾乎拘之。雖執事高明正大，横議之多，不能無搖於中，而亦有意乎督過之也。不然，何錮滯淹抑之如是？

經等亦頗受教於君子，不畏義死，不榮幸生，夫豈一旦臨小利害，遽有所惜。第恐傷貴朝積累之仁，失遺黎傒蘇之望，啓豪傑覬覦之心，種南北殺戮之禍。中州遺士經營啓沃之勤無所濟，主上兼愛好生、屈己通好之美意無所成。此所以重爲之惜，懇懇灌灌，猶以爲言也。

夫天下之安危，幾而已矣。一失猶可，不可再也。再失猶可，不可復再也。主上自在潛邸，貴朝奉使王元善等至朔廷，所持書幣，實在貴朝皇帝。主上以爲國家用兵歲久，議和通好，此其時矣。雖前朝事，今日猶可行也。乃聘師儒魏璠、王鶚以議之。及先皇帝踐祚，遂命送還貴朝奉使，遣朮速門等報聘。以不使入見，歲月淹遠，姦人藉以激怒，於是有合州之役。主上每爲咄唶嗟惜。當時主上方御西師，南平大理，不見處置使人之事。向使主上在先帝左右，必不至於是。故生此厲階，至今爲梗，是事幾一失也。

歲戊午，主上行營至眞定之北牛鎮，謂經曰：『今師之出，皇帝所命也。一日事定，汝爲吾使宋，講信通好，以安百姓。』經拜手曰：『經不佞，不能奉承明命。弭兵息民，天地人神之福也，其何敢辭？』主上曰：『一日便當行耳。』乃知主上通好弭兵之心有素也。及其渡江，得合州凶聞，乃議班師。令丞相趙公於鄂州東北隅萬人敵下與貴朝約言，曰：『如辭順，便可許和退師。』而言者忽略不一，竟不得底要，是事幾再失也〔三〕。

雖然，猶命緩攻退師，喻蒙古、漢軍諸帥曰〔四〕：『我今北定大事，汝輩勿復攻擊，總攝諸軍，濱江駐劄，無得侵掠，以俟後命。』遂乘驛而北〔五〕。不意蒙古、漢軍諸帥不遵約束，攻城侵掠，備極凶暴，大傷和氣。主上既至開平，受諸王推戴，即下詔於順天，起經於病中，畀之書命，授以金虎符。今奉使貴朝，告登寶位，布弭兵息民意，命經略史公賫詔往江上，諭旨言有信使，仍還江上兵，適蒙古、漢軍諸帥棄師北歸，而史公不得前。主上即欲治諸帥方命擅回之罪，而值即位大赦，雖貸而未釋也。

時經等已在路月餘，既至東平，而李行省連三致書，言：『近遣人於淮安，報信使之至，仍先奉書，要結好事，爲葉安撫所殺。且聞毁都亭驛，下詔告喻，誓不與北和，公等毋入不測也。』既而又令一幕官來邀令回。經等以爲主上美意有素，今日甫行，千載一時，不可中止。

宋國禮義之邦，專務德化，事循典則，寧有不測？苟盡吾誠，以奉吾君之仁，迓續兩朝遺黎既絶之命，其成與否，繫之於天。且仗節即路之日，百姓無不遮馬快覩，至有涕泣者，曰：『不圖今日復見盛事。』人情如此，天意必從，吾輩豈可懷私偷安，半塗而廢？乃移文告諭沿邊守將，不得無故興師，搖蕩疆埸。西至雲南，東傳於海，鐫戒諄複，重爲約勒。遂自蘄、宿至於五河，貴朝果遷延不納，一行介佐三節人員，莫不請回。

經等以爲事至今日，更爲少忍，露宿茇舍，泥飲糲食，蚊蚋之與居，狐狸之與伍，枕凷籍蛇，暴冒氛霧，嘔泄並作，瘧癘交攻，而不憚也，如是者三月。及朱制幹、秦通判相邀登舟，乃拜表闕廷，移文邊鎮，以爲順流東下，便當成行。而復泝流而西，置之沙洲者一月。

儀眞授館以來，雖恩禮加厚，坐享饔牢，而使人之事，竟莫區處，今復九月。初謂本朝有故，請回而不許。及得蘄、宿回文，復無他故，而又不放還。如稽留我輩，有益貴朝，雖老死片天之下，不以爲憾。如其無益，徒役人衆，耗糜禀餼，箝口束臂，塊處株守。面四壁而不聞，無一人而與問。事勢淹遠，人情憚煩。多言而必謂之躁，催請而必謂之急，不言而必謂之怒，喟嘆自艾而必謂之怨，積日累月，必得罪於衆左右矣。不能成事，而反生事，此焉是懼。

且朮速門之事〔六〕，合州之役，武昌之舉，江上之師，皆先朝之事，非主上之所欲爲。主上之心，經等所奉行者，前歲三月二十四日之事也。迄今乃復周歲，其間事勢，與國書所言，詔命所授，必皆不同。貴朝難以處置，經等何由入見？

惟執事加察，曲爲聞奏，卽賜區處。如信及經等，成禮遣使，保於無虞。兼以與蘄、宿文字，已言貴朝具禮遣使，達之本朝矣。如猶有疑，必於難處，放令歸國，以爲後圖。不然，則寖以生變，進退不能，李行省之言爲驗，經等獨受窒蔽迂闊之責。事幾復再失之，則南北永無好合之事，天下後世無復有爲生民横身負任者。

主上必謂汝輩嘗謂此事宜行，今乃如是，責其僞妄，則皆得罪，中州遺士，無復孑遺，是最可痛也。事勢如此，關係重大，雖有雷霆之怒，斧鉞之威，必復再干瀆而不顧也。

久在舍館，從輿下風，屢聞執事之議，善處大事，能弭大變，出御藩方，入總庶政。始則有陶士行之敏，而威名則過；中則有謝安石之賢，而德度則優。將以導迎和氣，弘大信於天下，以成其終。經等之事，所以動天下之幾，而莫有大焉者，宜乎執事之謹處之也。束裝荷擔〔七〕，拜書鶴立，佇聆明命。

暑勇方盛，萬望對時珍育，膺受厚福。不宣。

【校記】

〔一〕焜煌，底本、四庫本作『䊐䊗』，據正德本改。

〔二〕瞻顧，四庫本同，正德本作『顧瞻』。

〔三〕再，底本、正德本作『載』，據四庫本改。

〔四〕帥，正德本同，四庫本作『師』。

〔五〕驛，四庫本同，正德本作『馹』。

〔六〕朮，四庫本同，正德本作『木』。

〔七〕荷擔，四庫本同，正德本作『何檐』。

復與宋國丞相論本朝兵亂書

【編年】作於元世祖中統二年夏，郝經出使南宋，被拘禁於真州期間。

【年譜】中統二年，作『《再與宋宰相書》、《上宋主請區處書》、《瓊花賦》』。

參見本卷前文《再與宋國丞相書》。

【箋證】太母：　此指乃馬真后。先帝：　此指元憲宗蒙哥。合丹大王（？—一二九〇）：　太宗窩闊台六子。早年隨拔都、貴由等第二次西征（即長子軍遠征）。一二四〇年底隨拜答爾統領北路軍攻打波蘭，於萊格尼察之戰全殲波蘭、日爾曼、條頓騎士團聯軍。封於別失八里（今新疆吉木薩爾北破城子）。憲宗卽位，偏向拖雷系，追隨忽必烈戰勝阿里不哥。封爲太常卿、左丞相，指揮淮西戰役、合川釣魚城戰役等。在瓦法被鐵穆耳痛擊，兵敗身亡。摩哥：　王惲《中堂事記》稱『皇弟摩哥大王』。塔察国王：　詳參卷三十二《班師議》箋證。倏烈大王：　又作旭烈大王，卽旭烈兀，蒙哥之弟。阿里不歌：　又作阿里不哥。詳參卷三十二《班師議》箋證。骨利幹：　古部族名。在瀚海（今貝加爾湖）北。貞觀二十一年遣使來獻馬，唐以其地爲玄闕州。龍朔中改名餘吾州，隸瀚海都督府。《新唐書·回鶻傳上》：　『回紇，其先匈奴也，俗多乘高輪車，元魏時亦號高車部，或曰敕勒，訛爲鐵勒。其部落曰袁紇……骨利幹……凡十有五種，皆散處磧北。』《太平廣記》卷四八〇引《神異錄》：　『骨利國居回紇北方，瀚海之北。勝兵四千，地出名馬。晝長夜短，天色正曛，煮一羊胛才熟，東方已曙，蓋近日入之所也。』大石林牙：　尹志平《過大石林牙契丹國》詩題注云：　『大石是契丹語學士名，林牙是小名。中原呼大石林牙爲國號。』白霫：　古部落名，鐵勒別部，唐時遊牧於拔野古東獨洛河（今圖拉河）東北一帶。先後曾爲突厥、唐朝、回鶻汗國、契丹征服。遼代，霫亦稱白霫，與奚混居。遼壽昌三年（一〇九七）賈師訓墓誌載：　『自松亭（今河北寬城縣西南）已北，距黃河，其間澤、利、榆（今朝陽淩源縣）、松山（今赤峰松山區）、北安數州千里之地，皆霫壤也。』樂浪、玄菟：西漢武帝元封三年（前一〇八）置樂浪、玄菟等四郡。後代指東北邊塞之地。濊貊：古老的地區部族，又稱貉、貉貊，由濊人和貊人匯合而成。分佈於南起朝鮮半島北至松花江流域中游的廣大地區，後被漢四郡故地女真人同化。史：史天澤。李：李璮。嚴：嚴實。張：張柔。劉：劉肅。汪：汪世顯家族。汪世顯（一一九五—一二四三），字仲明，鞏昌鹽川（今甘肅省定西市漳縣）人，蒙古族汪古部，金朝、蒙古國大臣。官至鞏昌便宜都總帥。中統三年，追封隴西公，謚義武。子七人：忠臣，鞏昌便宜副總帥；次德臣；次直臣，鞏昌中路都總領；次良臣；次翰臣，奥魯兵馬都元帥；佐臣，鞏昌左翼都總領；清臣，四川行樞密院副使。脱里赤：阿里不哥心腹。詳參卷三十二《班師議》箋證。施、黔：施州、黔州。黎、雅：黎州、雅州。嘉、定：嘉州、定州。太祖陳吉思皇帝：即成吉思。鐵木真（一一六二—一二二七），大蒙古國皇帝。《蒙古秘史》（一二五二年成書）蒙文音譯作『成吉思合罕』，旁譯『太祖皇帝』。至元二年（一二六五）十月，元世祖追尊廟號爲太祖。『成吉思汗』首次見於拉施特《史集》、志費尼《世界征服者史》等史籍，後爲沿用。汪罕（？—一二〇三）：名脱里或脱斡鄰，景教徒，克烈末代首領，金承安元年（一一九六）金國冊封爲王，故稱王汗。認鐵木真爲義子，多次聯同對抗韃靼、劄木合和乃蠻。金泰和三年春，遣子桑昆攻鐵木真部落。鐵木真初請和，後突襲。秋，被擊敗，逃至乃蠻而死。金源章宗：完顔璟（一一六八—一二〇八），世宗雍之孫，顯宗允恭子，宣宗珣之弟。大定二十九年（一一八九）正月卽位。稱明昌之治。葬於道陵（今北京房山大房山東北）。烈祖脱鸞皇帝：卽拖雷（一一九三—一二三二年），鐵木真四子，窩闊台繼位，拖雷監國。辛卯（一二三一）春，『破洛陽、河中諸城。總右軍自鳳翔渡渭水，過寶雞，入小潼關，涉宋人之境，沿漢水而下。期以明年春，俱會於汴。遣搠不罕詣宋假道，且約合兵。宋殺使者。乃分兵攻宋諸城堡，長驅入漢中，進襲四川，陷閬州，過南部而還。遂由金取房，前鋒三千人破金兵十餘萬於武當山，趨均州」（《元史·睿宗本紀》）。長子憲宗立，追謚曰英武皇帝，廟號睿宗。二年，合祭昊天后土，以太祖、睿宗配享。世祖至元二年，改謚景襄皇帝。金、房：金州、房州。

經頓首再拜啓太師、丞相、國公閤下：

久在舍館，累塵清聽，知以數瀆獲戾，而國家利害，生民休戚，茹塞填梗，不能自制，故不復計其煩疊。若貴朝疑而不處，僕等默而不言，則差池更端，錯迕兩置，日益背左，睽離乖隔，何時而已？使人之事，當變故非常之時，則竭盡忠赤，力爲剖白，開陳利害，萬折不衄，職分然也。豈箝口從諛，以常自處，靡靡碌碌，坐制於時，甘爲賤丈夫，則非惟僕等之辱〔二〕，亦執事之所惡也。

今日之事，固知進退在於執事，徙死在於執事，使之榮，使之辱，皆在於執事，固惟所處也。抑其有誤於執事者，可靳忍閉密，從其誤而不辨乎？非惟誤於執事，顧亦誤於僕等；非惟誤於僕等，顧亦誤於二國。僕等之死徙進退之事小，二國之治亂安危之事大。雖不見信，尤當論列也。昔孟軻去齊，三宿而後出晝；韓文公三上書宰相，豈去之不勇，求之太切乎？君子濟世之心，天地生物之心也，豈有一不見信，則悻悻而去，遂自棄絶哉！

僕等啣命造境，歲月淹遠，言之不爲不盡，待之不爲不久。初以李行省之事相訝，今則不復犯邊，復以訛言變故相動。今則萬安無事，而猶不放還。無乃説者以西王之梗，指擬爲辭，將以僕等爲藉手之具，以之幸災觀變乎？是所謂誤於執事者也。夫貴朝億料之見，豈若僕等之親見？間探不根之説，豈若僕等之親説？説者必謂北方有故，西王爭衡，主上之立有可議，西王之勢反可興。如此而稽留，如此而待變，如此而誤執事，如此而誤兩國，豈可不爲之辨，遂使卒有誤乎？

夫主上之立固其所也。太母有與賢之意，先帝無立子之詔。主上雖在潛邸，久符人望，而又以親則尊，以德則厚，以功則大，以理則順，愛養中國，寬仁愛人，樂賢下士，甚得夷夏之心，有漢、唐英主之風。加以地廣衆盛，將猛兵彊，神斷威靈，風蜚雷厲，其爲天下主無疑也。故屬籍之尊而賢者，合丹大王，先帝之終，率先推戴。摩歌大王，主上庶弟也，在諸王中英賢亞於主上。嘗處大事，不動聲色，先帝臨終，畀以後事，先歸推戴。塔察國王，士馬精强，嘗代主上帥東諸侯，亦先推戴。倏烈大王，總統西師，奄征西海，鎮壓西域三十餘國，主上母弟也，去中國三萬餘里，亦遣使勸進，言：『兄亡弟及，祖宗法也。長兄旣没，次兄當立。兄若不立，吾誰與歸？』

主上乃集大統應天人也，卽位之初，首發信使，通好貴朝，弭兵息民，聘起諸儒，更定制度，則賢主也。不意一二懼罪不逞之徒，糾合奴隸，間離骨肉，刼立阿里不歌大王，締起兵端，拒命漠北。以次則幼，以事則逆，以衆則寡，以地則偏，兵食不足，素無人望，一時跳踉，終就擒滅。

夫開平至和林四千餘里〔二〕，彼所據之地，又去和林西北三千餘里，在金鐵山外〔三〕。其極北則骨利幹等，西南則大石林牙〔四〕，諸回鶻也。乃漢西突厥北偏，地窮荒徼，陰寒少水，草薄土瘠，大抵皆沙石也。其所從之人，惟是西域近左小小部族，爲所脅制者。如爲必死之寇，并命衝突，不過乎闖瀚海，窺河湟，搖蕩遐裔。而波斯外五大食、安息等，皆西域强國，與相犬牙，亦足相制。矧於倏烈大王統御西土，其容大肆僭逼？縱使刼制其子，詎肯以兄臣弟？且其兵勢足以自帝一方，又詎肯以衆從寡，以順從逆，以强從弱〔五〕？則彼卒無所成，無所疑也〔六〕。

今主上既以正立，一時豪傑，雲從景附，全制本國，奄有中夏，挾輔遼右、白霫、樂浪、玄菟、穢貊、朝鮮，面左燕、雲、常、代，控引西夏、秦隴、吐蕃、雲南，則玉燭金甌〔七〕，未爲玷缺，藩牆不穴，根本强固，倍半於金源，五倍於契丹。縱彼小有侵軼，則塔察國王一旅足以平盪，其餘三十餘王，猶卷甲牧馬，從容營衛。矧於中國諸侯，如史、如李、如嚴、如張、如劉、如汪等，大者五六萬，小者不下二三萬。虓將勁卒，荏習兵革，騎射馳突，視蒙古、回鶻尤爲猛鷙。則前日北方之强，轉而爲中國，其肯使蠹國害民之尤者，復肆虵豕？彼雖死寇，此亦死敵也。彼之崛强，祇足以自斃，而不足以爲害，明矣。説者豈可以便小本朝，謂秦無人，以先遣使，便謂怯弱，拘留待變。夫三百餘年禮義之朝，論議之多，當如是乎？

且先帝卽位，此輩挑亂起釁，各肆窺窬。主上令發回王元善等，因以修好，此輩則故爲沮壞，以之激怒，致令先帝有合州之役、武昌之舉、交廣之師，南北生靈，頓斃數百萬。先帝既終，意猶未已。前歲二月，復令脱里赤等，大起蒙古漢軍，十丁内再起兩名，以之西行。部籍既定〔八〕，方行點數。主上乘馹禽縛〔九〕，卽罷其役。

向使此輩可量也，初主上未立，中國無備之時，此輩乘之，先人奪人，或因可入。今中國之備日修，彼之力日憊，宛轉頓斃，寖以朘削，何所從入？第恐窘急奪命，穿捽西偏，迆迆而南，一日或爲貴朝之憂。則政當講信修睦，通好合勢，守衛中國，計安元元。貴朝備施、黔以西，交趾以南，塞黎、雅之險，增嘉、定之戍。本朝備漠北、河右，瓜、肅、涼、隴，倏烈大王蟠亘西域，扼其吭，拊其背，不能有爲，則中國之禍庶幾乎息。何乃覊持信使，坐以觀變？貴朝之策，果安在乎？

昔朝太祖陳吉思皇帝初并有諸部，與汪罕連戰，言者謂金源章宗曰：『彼之相攻，中國之利。他人之恤事〔一〇〕，不在己家，不爲之謀。』卒以失國。本朝烈祖脱鸞皇帝自金、房穿出，貴朝襄陽守臣以爲『是將圖金，何與於我』，不爲之拒，四川、荊、襄，隨以陷没。凡守經事而不知權，忽於近幾而無遠慮〔一一〕，鮮有不敗者。

且天下之勢，如一人之身，使心廣體胖，丰容無故，則可共爲安泰。如一處受病，則舉身不寧。焉有斷一臂，去半身，從其潰腐，不爲砭焫，謂未至腹心，以爲無疾，可乎？使主上萬安，中國無事，則貴朝可以安坐，説者可以待變。姑行譏憝，以昧執事。如天未悔禍，萬一有梗，南北牽連，相與鴻洞，貴朝豈能常如今日？　則説者之誤，非爲觀變，是自待變也。　故契丹之滅，禍延及於貴朝；　金源之滅，禍復及於貴朝。　以及於今，其可再令北方有故乎？　如其有故，可以爲懼，而不可以爲幸也。

故爲貴朝計者，急於北復，保合太和，亟謀脣齒，葺護藩籬，修理邊防，奬率將士，却浮搖之議，定堅凝之盟，逐生事之人，必力行爲，無所藉惜，南北兩朝，庶底安定。　僕等此言，擬於面進，既無入見之理，亦無交際之期，故規規反復，瀝血刳肝，又至此極。　説者又必以爲狂爲愚，一日或有驗，則渠亦必復以爲知言也。

竊惟執事，高明正大，練達事幾，慷慨服義，必以爲此惟説者之生事，小智自私，不與利害，咸於頰舌，恣爲營惑。　指近利以爲功，引遠事以爲證，曲牽合以爲辭。　知常而不知變，見迹而不見理，蔽俗而不知權。　或有誤於執事，亦并誤於僕等。

惟加亮察，幸甚！　幸甚！

【校記】

〔一〕惟，底本、四庫本作『爲』，據正德本改。

〔二〕至，四庫本同，正德本作『去』。

〔三〕金鐵山，疑當作『金鐵山』。

〔四〕大石林牙，底本、四庫本均作『火石林牙』。　按，大石林牙，即虎思斡耳朵，西遼國都，因國主耶律大石曾任翰林（遼人稱林牙），故名。　在今吉爾吉斯坦楚河州南岸托克馬克東南二十里布拉納古城遺址。

〔五〕强，四庫本同，正德本作『疆』。下同。
〔六〕所，四庫本同，正德本闕。
〔七〕燭，四庫本同，正德本作『獨』。
〔八〕籍，底本、正德本作『藉』，據四庫本改。
〔九〕馹，底本、四庫本作『驛』，據正德本改。
〔一〇〕恤事，底本墨塗作『■』，正德本作『恤』，四庫本作『事』，徑補。
〔一一〕於，四庫本同，正德本作『也』。

過總管回降與賈丞相書

【編年】作於元世祖中統三年春，郝經出使南宋，被拘禁於眞州期間。

見文：『而二年之間，四壁之外，一無聞知，塊處株守，如幕上之燕，釜中之魚。凡諸文移，如石投水，隻字片紙，不與交關，使之局脊無聊，號呼宛轉，而卒莫之問。』『惠風扇和，萬望對時茂育，膺受厚福，光慰輿望。不宣。』

參見本卷前文《再與宋國丞相書》。

【箋證】王楫：詳參卷三十七《宿州與宋國三省樞密院書》『必以爲如王楫矣。王楫挾兩國而庇一身，言於北則以爲降，使於南則以爲和，終於兩國交兵，而身以之斃』並箋證。

云云。

自接納以來，禮意隆茂，以國事限越，望崇地絕，不能屢通音敬，惶愧惶愧。然再更冬，歲月深久，累爲祈請，不見區處，未知何故之以而艱阻如是？

僕等奉承明命，通好弭兵，計安元元，以入貴朝。其進退可否，則定於接納之初。邀之以入，不使之出，竊惟貴朝必不其然。貴朝三百餘年，仁政是行，禮義爲治，不爲駁雜之事，純務王化，以崇明信。豈於通好使人，亦既接納，無故而不使之見，有故而不使之還，固爲羈留，不與明降，大爲擯蔑，終於不遣。如夏人之拒命，契丹之敗盟，金源之仇敵〔一〕。使人之來，貴朝處置，逆則益推之以恩，悖則益加之以禮，不校尤分曲，天下莫不稱貴朝之義。至於本朝王楫之往反無成，朮速門等要以難行之事，貴朝皆置度外，不重怒復怨，禮而歸之，天下莫不稱貴朝之仁，豈獨於僕等而特有以異乎哉？

顧僕等之事，非有大難處者。如事體之不定，變故之不虞，横潰之衝隔，藴畜之蠹壞〔二〕，徒重恩禮而誤於接納，别有牽制而疑於發遣。事至今日，亦宜通情相告，諸所藏蓋，一皆開剖，撤去藩籬，掃平畦畛，豁堂奥之深邃，敞宫府之洞達〔三〕。使僕等舌茹心服，雖賜之鈇鉞，亦含笑入地，何用如是之重且難乎？委如本朝有故，至於分裂壞亂，不能以國。貴朝欲圖報復，則下一明詔，却還其使，命將出師，無施不可。貴朝酌進退之禮，僕等全所守而歸；貴朝得義理之當，僕等盡臣子之節，則於事體兩無虧損。

貴朝建極垂統，保衛宗社，維持人心〔四〕，忠臣義士，節節山立，以至於今，名教之力也。豈忍使僕等束臂兀坐，失守喪節，隕辱君命，背棄名教，則亦貴朝之所惡。夫復讎者不折莫干，矢惟射者之發，故交兵亦行其使。使人通好，必有何罪而拘留不遣？至竟貴朝有可乘之幾〔五〕，又焉用僕等而爲疣贅以相梗礙？必本朝可與，又焉用僕等淹遠歲月以稽好事？至若貴朝長驅底定，捷奏交馳，版圖麇至〔六〕。則自貴朝事，僕等亦當復命，無遂留之理。必本朝不幸，果如貴朝所言，復隍之變，迄無所歸，則僕等亦當壇帷致使〔七〕，三踊盡哭，在我者盡，而後事天待命，必不偷生，因仍苟且以自穢。縱使貴朝不以爲戮，復何面目以見中州遺士？

僕等之事，止於是而已，而日益昧没，漭無津涯。反復思惟，蝟起百端。絜天斟海，都所未解。而二年之間，四壁之外，一無聞知，塊處株守，如幕上之燕，釜中之魚。凡諸文移，如石投水，隻字片紙，不與交關，使之局脊無聊，號呼宛轉，而卒莫之問。生平之所踸踸，初心之所焰焰，一朝磨滅，晦蝕殆盡，而竟無矜閔者，則亦命焉耳。國事稽遲而家不能恤，志力衰塞而親不能養，未知何以獲戾而至此極？

既言本朝兵亂，再報異聞，不接國書，却言入見事體違左，必不可行。今又坐待數月，復及回降引見之期，亦無明降，不能復自噤默。故又一鳴，激切之罪，有所不避。初望執事而來，不請於執事，則將焉往？執事方隆相業，遂底雍熙，協贊中興，巍然當國。政爾駕馭英賢，慰允人望。豈獨使不幸使人沈頓於此，以傷和氣？望賜矜察，斷爲區處，卽此發還，終貴朝曠蕩之恩，全僕等區區之節，幸甚！幸甚！

惠風扇和，萬望對時茂育，膺受厚福，光慰輿望。不宣。

【校記】

〔一〕源，四庫本同，正德本作『原』。

〔二〕畜，正德本同，四庫本作『蓄』。

〔三〕敞，四庫本同，正德本作『敝』。

〔四〕人心，四庫本同，正德本闕。

〔五〕竟，正德本同，四庫本作『意』。

〔六〕稟，正德本同，四庫本作『廩』。

〔七〕帷，底本、正德本作『惟』，據四庫本改。

與賈丞相書

【編年】作於元世祖至元二年（宋度宗咸淳元年，一二六五）春，郝經出使南宋，被拘禁於眞州期間。

見文：『經等之事，本自易處，數年之間，不克進退，是用喋喋，以重速戾。』『而復遭遇貴朝大故，墮甑解瓦，復無所望，是天靳福衽禍。』『今既數年，新朝肆眚，亦冀昭雪。』『太簇布氣，惟冀惠綏鈞履，膺受厚福。不宣。』

參見本卷前文《再與宋國丞相書》。

【箋證】貴朝大故：　當指景定五年（一二六四）十月宋理宗趙昀駕崩。新朝：　當指度宗即位。趙禥（一二四〇——一二七四），榮王趙與芮之子，理宗無子，收爲養子，景定元年（一二六〇）立爲太子。五年十月繼位，次年改年號爲咸淳。廟號度宗，葬會稽紹陵。

經頓首再拜啓太師、丞相、國公閤下：

一自授館，屢易星歲，竟不獲瞻望輝光，漫爲傾佇。邇者牒請，亦無回音，不免再爲干瀆。經等之事，本自易處，數年之間，不克進退，是用喋喋，以重速戾。蓋不敢欺貴朝，亦不敢負本朝，復不敢自欺，亦不敢欺天下後世，以誤生靈。終不見報，且屢爲有司扞格，必其陳說不合事體，而徒致干聒。是以歲月益遠，變故益深，睽離孤隔，置而不問。

夫主上之命使人而不忌，經之奉命而不疑，皆以素聞執事之議，指擬而來，以爲好事必成。不知孰爲厲階，至今爲梗？　一室之内，旁薄抑塞，顛連宛轉。天所賦予，己所固有，平昔之負任，及今之所奉行者，沮撓銷鑠，漸欲澌盡。而復遭遇貴朝大故，墮甑解瓦，復無所望，是天靳福祚禍，未欲天下平治，阻遏之極，又重以此。非惟貴朝之不幸，其於使人尤大不幸。

嚮者事勢乖張，今復氣數翻覆，則經等安用仍在舍館？　執事方處伊、周之任，佐重光之命，百官以聽，四海仰成，大聲轟磤，正氣崛皐，興滯補弊，革訛飭陋。事有壅而必行，釁有積而必彗，理有暗而必燭，勢有悖而必回。蕩滌振厲，烜赫一世，咸與惟新。

經等之事，既久且廢，屯艱亦極，亦望賜一區處。如本朝可與，不替好事。經雖不佞，亦足付畀。如其有故，終於無成，亦望縱遣，以間館吏。經等貪冒，不識事幾，以入貴朝，同夫俘執，固所甘心。今既數年，新朝肆眚，亦冀昭雪。

昔魏武之於關羽〔一〕，梁高祖之於賀拔勝，孔明之於徐庶，皆謀臣猛將，反覆去就，知其無留意，猶不固止。矧於通好使人，斷無不歸之理，而貴朝亦無終止之義。區區一介，留之不足以爲益，去之不足以爲損，焉用耗糜饔牢〔二〕，幽閉嘆嗟，以傷和氣。曩時無故，弼成阿衡，亦在執事。只今有故，轉斡剖決，尤在執事。執事爲之接納，執事爲之區處，保宥終全，以禮進退，則更生之賜，皆執事之自出。銘佩之意，永永不朽。

太簇布氣，惟冀惠綏鈞履，膺受厚福。不宣。

【校記】

〔一〕羽，正德本同，四庫本作『侯』。

〔二〕糜，底本、正德本作『縻』，據四庫本改。

郝經集編年校箋卷三十九

使宋文移

上宋主陳請歸國萬言書

【編年】作於元世祖中統四年（甲子年，宋理宗景定四年，一二六三）秋，郝經出使南宋，被拘禁於眞州期間。

見文：『今旣綿歷四年，荐更寒暑。』『累爲文移，儘自陳説，而皆不報。一室之内，顛連宛轉，不覩天日，綿歷數年。』『伏惟陛下……在位兮四十年。』『秋律西成，伏願對時育物，大庇生民，允屬塵望。』

參見卷三十八《再與宋國丞相書》。

【箋證】廣西帥臣：李曾伯（一一九八—一二六五至一二七五間），字長孺，覃懷人，後居嘉興。嘗疏奏三事：『答天心，重地勢，協人謀。』淳祐九年（一二四九）至寶祐六年（一二五八），知靜江府、廣西經略安撫使，兼廣西轉運使。陳守邊之宜五事。進京湖安撫制置使、知江陵府，兼湖廣總領，兼京湖屯田使。授四川宣撫使。知福州兼福建安撫使。爲湖南安撫大使兼知潭州，兼節制廣南，移治靜江。景定五年，起知慶元府兼沿海制置使。詳《宋史》卷四二〇本傳。著有《可齋雜稿》三十四卷、《續稿》前八卷後十二卷。交趾之變：寶祐元年（一二五三），蒙古軍滅大理，進交趾。

大蒙古國信使、翰林侍讀學士郝經等謹齋沐昧死再拜上書於大宋皇帝闕下：

竊惟經愚鄙外使人，信函未入，天顏未覩，而不揆荒蕪，輒重塵瀆，惶懼惶懼。

經聞使人受命不受辭，啣命出疆，無他事變，兩君辭命之外，固不容使人私言。啣命出疆，遭遇事變，則必造命，使綸綍不致縮絕而信義克著，雖煩贅稠疊，有不敢已焉者。經自入境，向使都無閡塞，以禮進退，則經豈敢踰閑越制，於君命之外，復置私言於二國之間哉？由其以天下之至信[一]，獲天下之至疑；以天下之至利，蒙天下之至害。本欲澤加於四海，而乃禍叢於一身。所以觸雷霆，犯鈇鉞，傾蠡於萬尋之底，側管於九地之下，撞寸莛於洪鐘，舉爝火於太陽，覬天日之一見，曖昧之一白也。於是始踰年時，卽上書闕下，不報；復上書宰相，又不報。

經愚瞢昧，不識忌諱，以爲奉揚君命，負任二國，提挈希邈之幾，輸納和平之美。當不諱之朝，遇聽言之主，一有阻絕，卽依違顧望，自同寒蟬，輒遂噤默，則懷姦辱命甚矣。雖以爲愚且妄、狂且惑，不命之進退，屏蔽其耳目，儘其號呶而不聽，從其狘猖而不顧，而不少自沮撓。益爲刮劘，刳肝瀝血，盡智畢慮，比佽以進，至疎而爲至親，至離而爲至合。乃一表，復表，再表，一書，復書，再書，牒省院，闕制府。

陳說者非一，一皆不報，今既綿歷四年，荐更寒暑，禍變外鑠，中熱自焚，抱臂蹙額，氣息縷縷，必漸以澌盡。豈能捫舌以坐盡，又當引領而快吐。明天子、賢宰相，或一感悟，昭降大命，終成好事，使之歸骨，以見主上，則銘佩之意，死且不朽。至於盡言取怒，或賜死於館下，則九原不敢憾。

夫天下之禍，始於天下之不一。自兩日並照，海宇分裂，各土其地，各分其民。事乎此者則遺乎彼，謀於北者則不及南。一元之氣散，而兆人被其害。相與爭奪並滅，而公天下之義廢。必有兼愛無私，一視同仁之君，復有保合太和、道濟天下之臣，視彼猶此，視北猶南。撤天下之藩籬，破天下之畦町，曠然一德，充實無妄。卓爾而立而不惑，斷然而處而不疑，一以忠恕公普待天下。天下雖不一，而其義固自一；天下雖不合，而其義自脗然而無間也。方乾坤破碎，角立瓜剖，而乃對面齊秦，肝膽楚越，弊弊焉自營之不暇，戕生人，禍天下，何時而已乎？

夫天下有定理而無定勢，聖人馭天下之大柄，本夫理而審夫勢，不執於一，不失於一，而惟理是適，是以舉而措之，成天下之事業。以天下之至靜，御天下之至動；以天下之至常，應天下之至變；以天下之至無爲，而爲天下之至有爲。勢莫能定，而理無不定，推理而行，握符持要，以應夫勢，天下無不定也。

賈誼有言：『湯武之定取舍審，而秦王之定取舍不審。』審者何？審夫勢也。定者何？定夫理也。取舍者何？理勢之間也。見夫勢必求夫理，輕重可否，不相違戾，而後權得而處之定。天下之大柄不去，而行夫臨制之道，故不以一己之勢易天下之勢，不以天下之勢易一己之勢，不以已然之勢累本然之勢，不以當然之勢累未然之勢。定於中審，取舍於外，操存其理，而曲盡其勢，王者之事備矣。夫一己之勢，如是而便利，如是而遂樂，而理有未安者，寧違於己以狥夫理〔二〕，是不以一己之勢，易天下之勢也。天下之勢，如此而可以有爲，如此而可以得志，而理有所不可者，必反諸己以求夫理，是不以天下之勢，易一己之勢也。

天下之事業已如此，屹然不可移也，判然不可變也，而理不可焉，必棄之而不爲也，是不以已然之勢，累本然之勢也。方今之勢當如此也，而一時則可，異日則不可，不爲也，是不以當然之勢，累未然之勢也。如是則審勢求理無不盡矣。故曰，天下有定理而無定勢也。

若夫聖人在位，大一統以安天下，際海内外，靡不臣屬，有天下之全勢，行天下之正道，無復有事矣〔三〕。不幸而紀綱衰微，遂底頽敗，則迹夫所以衰，求夫所以興，此自一勢也。修而安之，以復其初，亦自一理也。又不幸而豪傑並起，割裂河山，相與爲敵，莫能相尚，此又一勢也。撫而安之，各保其有，此又一理也。故大一統以安天下，三代、漢、唐及貴朝之盛時是也。修而復之以安天下，周宣王、漢世祖之時是也。不能有天下之全，而各安其所有，六朝、五季之際是也。南北並起，中分天下，以交際之道共求安治，貴朝中葉以後及今日之事是也。不計夫勢之强弱，兵之勝負，時之利病，事之得失，一之以和，而本之以理，此貴朝之所以爲得也。抑不知當今之勢其當然〔四〕，而理亦當然耶？當今之勢已然，而理亦已然耶？

竊惟貴朝今日之事，有似乎狥夫勢，而於可否之間，有未盡夫理者。貴朝自太祖受命，建極啓運，創立規模，一本諸理〔五〕。其取淮南，平三叛，滅唐蜀，校其武功，有不逮漢、唐之初；而革弊政，弭兵兇，弱藩鎮，强京國，意慮深遠，貽厥孫謀，有盛於漢、唐之後者。嘗以爲漢氏之治似乎夏，李唐之治似乎商，而貴朝享國之久則似夫周，可以爲後三代。

然而貴朝國體則以正爲大，國勢則以弱爲强，而維持人心，曼衍國脉，鞏固疆理，孱葺基圖，則和平舒緩，寬柔將就，犯而不校，不以力爭，以惜兵愛民爲本。故有夏后氏之質而不華，有商人之敬而不肆，有周人之文而不蕩，有漢氏之公恕而不疎，有李唐之德義而不雜。度德而處，量力而用，逡巡退遜，保宥安全。無赫赫甚大之名，有皥皥治安之實。致力於綱紀、文物、禮義，不侈於甲兵、土地、人民。不爲孟施舍之守氣，而一以曾子之守約。其勢常屈，而其理常信。故能祈天永命，踵三代而軼漢、唐。是以聘契丹，交金源，待本朝。不愛重幣厚禮，而使者冠蓋，相望於道。使顯德之民，增羨數倍。雖靖康之難，而資東南之富庶，足以立國安疆，徙都定鼎，以及於今，其勢益屈，而其理益信。或者亦嘗棄理而事勢矣，圖惟未成，而禍變輒至。或者又嘗惡屈而求信矣，勢或少信，而禍變輒至。一再有爲，徒爲厲階，至今爲梗。一理之定，必不可違；一時之勢，必不可成者，亦可見矣。蓋自石氏失馭，耶律氏入汴，天下便有南北之勢。以周世宗之英武，僅能取關南數縣，終不能復有燕、雲。太祖受禪，則姑置北漢，使藩翰契丹。席周人之威，遂平諸僭，終不以燕、雲爲事，但畀邊將以權，使專制生殺，捍禦疆埸而已。創業垂統，保大定功，卒安中國，殆深見夫理而不拘夫勢，此其所以聖也。聖子神孫，繼繼承承，世爲儀刑，與之定盟，至於金源，信誓愈固，是以南北樂生，幾三百年。一理之定，用之不盡，而享之無窮者，又可見矣。

夫有天下者，孰不欲九州四海，奄有混一，車同軌，書同文，行同倫，息貫革之射，而包干戈以虎皮，德著刑措，幽遐罔間，端委垂衣，而天下晏然穆清也哉。理有所不能，勢有所必不可也，亦安夫所遇之理而已，必不悖禮妄動，以自速咎。故湯以七十里，文王以百里，不隘夫地，惟篤夫道，安於所遇，卒王有天下，而大其世。至于勾踐之棲會稽，高祖之王漢中，文帝之卻走馬，光武之閉玉關，皆見理審勢，安於所遇，得動静之幾者也。故能高提霸王之器，應時致治，功烈著於時，而名聲昭於後。

貴朝祖宗，深見夫此，持勒控約，不肯少易。是以太祖開建大業，國勢方張，可以有爲而不爲。太宗丕承基統，國勢益固，可以有爲而不爲。眞宗親卻大敵，國勢益盛，可以有爲而不爲。仁宗治效浹洽，國勢益彊，可以有爲而不爲。神宗大有以革，國勢益新，可以有爲而不爲。高宗坐弭彊對，國勢不蹙，可以有爲而不爲。至德盛烈，輷輷殷殷，在人耳目。皆有其勢而弗乘，安于理而不妄者也。

今乃或者欲於遷徙戰伐之極，三百餘年之後，不爲扶持安全之計，欲斷生民之餘命，棄祖宗之良法。不以理以勢，不以守以戰，不以和以惡。以一己之勢，易天下之勢。收奇功，取幸勝，爲詭遇之舉。見手末之瑣屑〔六〕，忘肩背之擁腫，輕泰山而重鴻毛，不亦誤乎！

伏惟陛下之與本朝，初欲復前代故事，遣使内交，越國萬里，徑達一脉。天地人神，皆知陛下之仁，計安生民之意。而氣數未合，兵鋒搶攘，小人交亂，事體不一，雖行李往來，徒費道路，迄無成命。非兩朝之不幸，生民之不幸也。有繼好之使，而無止戈之君。有講信之名，而無脩睦之實。有報聘之命，而無輸平之約。是以藉藉紛紛，不足以明信，而適足以長亂。至渝、合、交、廣之役，而禍亂極矣。

天祚明德，而有主上，轉斗極之氣，透氷天之春，藴降仁惠，以福天下。自謂諸王，聖敬日躋，即有濟世之心，弭兵之意。蟠見藩服，延致儒生，訪以治道，議和止殺，期於必行。於是語經於沙陀，命經於常山，約言於武昌，畀書於開平，下詔於江上。即位之初，過以相與，惟恐不及。聖度優宏，尤爲慈愛，樂聞善道，篤於濟衆。有魏孝文之賢〔七〕，周武帝之義，金世宗之純，極其至，則三代名君不是過也。不知貴朝何故之以而接納其使，拘於邊郡，蔽冪蒙覆，不使進退。一報兵亂，告之以無所歸；再報異聞，扼之使不能處。山東之事，本不相干，以爲欵兵。及其降附，底裹進見，則又擯而不問。累爲文移，儘自陳説，而皆不報。一室之内，顛連宛轉，不覩天日，綿歷數年。主上何罪？經等亦何罪？而窘逼至是耶？

夫重兵鋒以相圖者，先朝之事也；伺釁隙而生事者，疆埸之吏也；推兼愛以弭兵者，主上之心也；委身命以奉行者，經等之義也。必貴朝欲以曩時之事行之於今，以爲主上不當通好，經等不當妄來，始至境上，卻之可也；誤於接納，逐之可也；欲加之罪，戮之可也；邊將犯邊，指爲欵兵，狥而後戮可也。必欲錮滯窮蹙，使之皇惑自裁，不知其罪，且有君命，亦自不敢也。

伏惟陛下，聖德天縱，造道立極，存神過化，銷鑠大變，在位今四十年，享國之永，與商周聖王、貴朝祖宗，並世比隆，將使萬物各得其所。豈獨於通好使人，使至此極乎？經等之來，一自入境，貴朝卽有定處。況復耆英滿朝，俊德在列。宰弼陪貳，謀之不爲不深；臺諫侍從，議之不爲不熟；學館髦異，貢之不爲不多；邊閫將帥，察之不爲不精。交際之道，故典具在，上下井井，條綱不紊，總萃如一。觀本朝之盛衰，視本朝之虛實；體本朝之强弱，酌本朝之可否。則經等之事，爛乎其覩，亦易處也。而乃置之舍館，數年不問。

或者必以爲本朝兵亂，有隙可乘，小信未孚，不足與錄。敵有釁不可失也，彼之相攻吾之幸也。大變之後，是吾大利之日也。必有范山語楚子之言，以爲晉君不在諸侯，而北方可圖。祖逖誓江之志〔八〕，擊楫中流，以爲中原可定。桓溫進取之計，灑掃山陵，以爲函夏可有。王玄謨北伐之説，從入橫出，以爲居胥可封，天方祐吾，吾可有爲。進據山東，則河朔可圖；檄出關南，則燕雲可復；直扼天塹，則故京可收；泝江而上，則兩川可舉。

以貴朝積累之盛，蓄養生聚，三百餘年，恢復故疆，固所當爲，辦此一事〔九〕，儘有餘力。固宜不藉使人，鼓行而前，以爲大舉。然而大河南北，秦隴東西，海岱表裏，名城數百。縱使本朝有故，委而不問，諸鎮侯伯，亦未易取。中間或有魏太武斂戍之計，縱令入境，一旦抄騎百千爲羣，則或者之論，適足以病國，不足以有成。其次則不過乘其有故，奪據要害必守之地，進取必取之地。方其有釁，焉問使人，闖隙攻瑕，冒利以進。縱使得一城取一寨，未能償數世之所失，而徒棄二國之明信，墮壞禮義之國體，結起邊釁，以爲背脅疽根，則或者之論，又足以病國，而不足以有成明矣。蓋惟計天下之勢，而不計天下之理故也。

若燕雲可復，則太祖復之矣；舊京可圖，則高宗圖之矣；淮北可取，則寧宗取之矣；山東可收，則陛下收之矣〔一〇〕。又豈直俟今日之有隙而後乘之耶？蓋非不能也，勢不可也。非惟勢不可也，而理固不可也。

是以祖宗知理之然，寧失之弱而不爲强，寧失之守而不爲戰，寧失之棄而不爲取。不以地以道，不以力以德，撫有人民，奉安宗祧，至於今而烈烈也。故凡天下之事，無有出於理之外者。以理而觀，得失自見也；以理而處，勝負自知也；以理而行，通塞自見也〔一一〕。苟不計夫一定之理，而求夫不定之勢，欲以一己之勢，而易天下之勢，天下之勢卒不可易，而一己之勢自窮，未有不貽禍於天下者。

故熙豐之間，有意於强國矣，而卒莫能强，新法之弊，遂至黨人之禍。宣、政之間，有意於恢復矣，百年之力，漫費於燕山之空府，而因致復隍之變。開禧之間，有意於進取矣，而隨得隨失，反致淮南之師。端平之間，再事夫收復矣，而徒弊師徒，漫爲拾瀋，遂失蜀漢。

是皆貴朝之事，且陛下所親見者。旁薄横潰，至於今日，以陛下之德勝，卒自解弛，委餒而去，又可復有爲耶？而議者不規夫古之理，惟狗夫今之勢；不懼夫遠禍，惟嗜夫近利；但顧一己一時之事，不顧天下後世之事。此經所以昧死强僭，必言之而不靳也。苟惟狗天下之勢，不規天下之理，則又必謂遼、金、夏人，吾見其滅，彼今有故，氣數可測。委如貴朝所報，本朝兵亂異聞等事一皆不妄，豈宜遽以爲玩？

本朝立國，根據綿絡，包括海宇，未易搖蕩。太祖皇帝倡義漠北，一舉而取燕遼，再舉而取河朔，又再舉而滅西夏，遂乃掇拾秦雍，傾覆汴蔡，穿徹巴蜀，繞出大理，東、西、北皆際海，而南際江、淮。且自周、漢以來，雄肆勁猛，瞰臨中國，况又如是之大且强乎？而其風俗淳厚，禁網疎略，號令簡肅，是以夷夏之人，皆盡死力。委如所報，豈能一向卽無君主？有中國以來，纔四十餘年，豈能一向便至淪棄？金源氏既失燕、秦，又棄河朔，限河以國，僅有河南一道，猶作一軀茲，貴朝不與之絶者殆二十年。本朝縱有一時之變，豈可遽爲輕蔑，而遂不與乎？無金源氏之世讎，有金源氏倍半之勢，殆亦未可輕也。况復禍亂之際，天所以開聖人也。至如所報，本朝骨肉睽鬩，諸侯背叛，則或有之。以主上之仁聖，必能享國而文治太平〔一二〕，豈能遽至是耶？

夫一時之禍亂，天所以啓主上也。日將旦則必有陰沴之翳，龍將飛則必有雲雷之鬱，將底於極治，則必厭以大難。乾坤而後必繫以屯，屯而後終之以履，萬物各有其道〔一三〕，而後繫之以泰也。故晉有里丕之難而文公以興，齊有無知之難而桓公以霸〔一四〕，夏有澆、羿而少康以王，周有管、蔡而成、康以治，諸呂所以啓文帝，巢、隱所以啓太宗，豈獨至於主上，使卽不幸於禍亂之間乎？是無天也。

至如所報〔一五〕，非惟本朝之不幸，抑亦貴朝之不幸也〔一六〕。主上萬安，必能弭兵，遂成好事，使南北之民免殺戮之禍，而共躋仁壽。不然，則戰爭方始，而貴朝可憂矣。

事至今日，貴朝不再爲報，前日之事未可必也〔一七〕，則宜汲汲遑遑，以應主上美意，講信修睦，計安元元，而乃仍自置而不問，實有所未解者。抑天未厭亂，將由是以締起兵端耶？抑由是以別有所藴蓄耶？抑其間有主張是者，必不使之成耶？皆不可得而知也。

竊嘗思之，本朝用兵四十餘年，亦休息之時也。天畀仁聖而有主上，亦治平之世也。貴朝受兵三十餘年，亦厭苦之時也。保有天命而有陛下，亦非生事之君也。卽位之初，先遣信使，輸平繼好，弭兵息民。置之舍館，綿歷歲月，久益不問，此尤所未解者。抑其間有不得已焉者耶？抑得已而有故欲不已者耶？抑天未許二國之成，故令梗踣隔越耶？何昧昧如是也。必或者之論，以爲其勢可乘，而不顧夫理，有以惑陛下者。

夫南北之勢，一定之勢也。南之不能有於北，一定之理也。理之所在，非人力之所能强，又非一時之勢可以軋，蓋本然不易之道也。天下之勢，始於北而終於南；一氣之運，建於子而屈於午。動本於靜，陽本於陰。日北至而陽生，南至而陰生。屈者，信之本也；死者，生之原也。所以死而不厭，而爲北方之强；寬柔以教，則南方之强也。

故凡立國者，莫不自北而南也。是以周自戎狄遷豳，去豳國岐，而都豐鎬，至於成周，則極矣。平王東遷，於是不能復古，蓋自西北而入於東南也。秦人自汧、渭覇關中，并六國，最後滅楚，亦自西北而始也。漢自關中取韓、魏、梁、趙，蹙項氏於彭城，亦自西北而至於東南也。至世祖都洛，而漢氏極矣。昭烈入蜀，輔以孔明之英賢，關、張之忠勇，仗義復漢，攻樊城，震許都，屢出岐山，久駐渭濱，終不能有關洛一郡。孫氏立國江東，據三州以虎視天下，有陸遜之沈鷙，呂蒙之謀畫，出濡須，下皖口，攻合肥，以戰爲守，終不能得淮北一民。元帝渡江，有王導之懿，陶侃、溫嶠、謝安之賢，亦嘗經略中原，取河南，入關中；出彭城，勝淝水；而山桑、代陂、枋頭，折敗相繼，終不能救江沱日車之側。當是之時，蔡謨之言，羲之之論，最爲見理審勢，而竟不見用。宋武帝舉江淮之眾，平廣固，滅姚秦，入長安，其勢甚張，竟不敢登大河北岸，而其所得棄不旋踵。文帝以元嘉之盛，欲恢復河南，兩爲大舉。到彥之敗還，而王玄謨退走，遂使代馬飲江，建康震駭，兩淮郡縣，赤地無餘，春燕來歸，巢於林木。至於齊、梁，出入於彭城、懸瓠之間，爭奪於雍、豫、青、兗之地，錯迕紛拂，殆無寧歲。陳慶之乘魏之亂而納元顥，未幾而狼狽以歸。梁武帝以妖夢之故，思中原牧伯之朝，卒自貽侯景之禍。祇爲揭其本根，而以之召亂。是數朝數君者，夫豈不欲帝中華而奄北海哉〔一八〕？理不可也。見夫勢而不見夫理，欲以東南之衆，爭衡於西北，頓擲人命，違易天常，是以卒不能有成，而自致折敗也。

夫終南、劍門在乎西，長淮、大江在乎東，首尾相呀，重險相蔽，而天地之形勢定，所以隔區宇而限南北也。且其土風不同，材技不一。河朔之人，豪勁猛厲，長於騎射，善於馳逐，而重厚耐久，故能去國而遠鬭。江淮之人，剽勇輕疾，長於舟楫，利於速戰，上岸殺敵，洗脚入船，故能憑險而善守。四海混同，南北爲一，則都無所用。苟爲分裂，各恃所長，好聘不通，則卒相折並。康節有云：『自北而南則治，自南而北則亂。』蓋其氣數使之然也。如此則南北之理，天下之勢，灼然見矣。

伏惟貴朝，肇基王跡則自夫燕趙之交，一時將相皆幽、薊、常山之豪傑，二祖功德則著於淮南，受命啓土則始於汴宋，是亦自北而南也。既正皇極，平唐蜀，滅楚漢，自江南至於嶺南，則又自北而南也。江淮之間，至於閩越，戶口滋殖，十百諸夏，文物學校，盛於上國，亦氣數使然，應夫萬物相見南方之卦，所以開後王而有今日也，是亦自北而南也。

是以太祖不取燕、雲，眞宗不戰澶魏〔一九〕，仁宗不伐靈夏，高宗不絕金源。義理之疆，巍巍蕩蕩，所以不害其繼三代，踰漢、唐，致治享國之美，禮樂文物之盛，仁愛忠厚之俗，直壯克己之道，公普便利之澤，正大高明之域，結人心，固天命，非晉、宋、六朝，偏駁雜亂，敢望其萬分之一者也。

蓋祖宗神聖，創業垂統，深見夫理，爲一定規模，使子孫世守，不敢少有變更踰越。一或違之，則禍敗輒至。是以大本一定，基緒延遠，對越上帝，光臨大寶，至於三百餘年。有漢氏之中微，而無漢氏之大亂；有李唐之中微，而無李唐之大亂。漢氏之有天下四百餘年，而唐有天下者幾三百年，自三代以來，享國之久，不過是也〔二〇〕。而貴朝則近踰於唐，遠幾於漢。漢氏則大綱舉而細目疎，故其弊則禍起於外戚，而國竊於大臣。李唐則細目舉而大綱頹靡，故其弊則禍起於衽席，而位移於藩國。

貴朝則大綱正而不頽，細目舉而不紊，漢、唐之所以致亂者一皆無之。而或有漢、唐之中微者，何也？祖宗交鄰之義，有時而違之也。小違之則小變，大違之則大變，又大違之則其變有不可勝言者。所以有遷國違難之事，不能全有中華，校其國勢，則反有不及漢、唐者。且承五季之後，元氣蠹蝕，契丹、西夏，已據西、北二邊，故其國勢頗弱。祖宗神聖，而能安靖，不致力於兵，而致力於禮，屈己交鄰，計安中夏，故能以弱爲强，語地語兵則不及漢、唐，曰禮曰義則大有以過之。故講信修睦，弭兵安民，不以力爲强弱，以禮爲强弱者，貴朝三百年之命脉也。

推而行之，不使壅底，以玉帛爲干戈，以使人爲將帥，行李往來，不動聲氣，二國之間，迭爲賓主，其所役不過數十人，所費不過一州之賦、一郡之貢，而天下帖然。是以祖宗以來，紆餘委曲，略其細故，而存其大體，修飭明信，而不敢墜也。非惟其勢當然〔二一〕，而理亦固當然也〔二二〕。

故凡有天下者，必有所事，與基圖並，而爲一國之盛衰，使爲國者業業焉持之而不敢失也，奉之而不敢違也，修之而不敢怠也。其隆平安治，則自夫其事之得；亂略阽危，則自夫其事之失。必由之而莫能去。爲天下者，必謹之而不敢忽也。三代以來，可以喻貴朝者，漢、唐而已。雖其爲治則不同，而其享國則相類，經所以援擬之而不置也。夫母后、外戚、宦官、大臣，二漢之事也。文、武、昭、宣能謹之，是以不能爲禍，元、成、桓、靈不能謹，是以受其禍而莫能違也。宫闈、藩鎮，李唐之事也。自宫闈有故而入於藩鎮，相因而然也。天皇以來，或謹其始而不謹其終，或始終俱不能謹，是以病國家，禍生人，而莫能已也。

貴朝之建國也，家法之美，體統之正，治内者甚備，御下者甚嚴，唐末五季之弊一皆革之，純乎其一王也。故母后之聖號爲女中堯、舜，而外戚不與政，宦官不典兵，而不殺大臣，此又漢、唐之所不敢望，與三代可以比隆者也。而其所事，則在於邦交之一事，關國體，繫民命，本盛衰，乃漢、唐之所無，而貴朝所獨有。

是以祖宗以來，曲意勉强，要結好援，斂戢國勢，維持國體，不與校量，圖惟安静。與其忿然而舉萬衆，曷若藹然而馳一介，一以和議邦交爲國，此貴朝之事也。夫邦交之事，非惟貴朝，振古以然，至貴朝而後盛爾。

經按《小雅・鹿鳴》之三遣使、勞使，則使人之事，前乎此已有矣。又按《周官・大行人》時聘、間問、歸脤〔一三〕、致禬，是天子所以交諸侯也。諸侯間於王事，則相聘、相朝，是諸侯所以交諸侯也。

周室之衰，齊、楚、秦、晉治大行人之事〔二四〕，始重申其辭命，致其曲直，邦之安危，師之利鈍皆繫焉，是列國所以交列國也。至於六國，締從連衡，奉毛遂之盤，進田文之幣，合沓蘇秦之車騎，搖撼張儀之脣脗，而列國之交極矣。至乎漢氏〔二五〕，遣使四出，陸賈、唐蒙、張騫、蘇武，遠至數萬里，久至十餘年，中國所以交外國也。至於蜀漢、吳、魏，各據一面，自帝一方，兵之勝負則繫乎交之離合，故其使人往來，皆腹心大臣，孔明、魯肅、鄧芝、張溫等，皆一時之傑。故漢、吳一合，而勝赤壁；漢、吳再合，而取漢中；吳、魏一合，而取荆州；吳、魏再合，而勝猇亭。當是之時，行人之事益重，是敵國所以交敵國也。至劉宋、元魏，裂天下爲南北，行人往來，兵亦不已，沈範、吉常、李彪、周邵、徐陵、庾信等，紛紜參錯，歷七代二百餘年，而離合不一。大抵合則俱安，離則俱危；合則生民受福，離則生民被禍。至於李唐，始舉義師，首命劉文靜使突厥。及其季年，內交藩國，外聘諸夷，疊疊旛旛，莫適所定，卒僨以亡。至於五季，中國微弱，耶律氏起於松漠，而復有南北之勢。自朱氏簒逆，袍笏梅老來聘，而高頎報之，南北之交始通。晉高祖受其冠帶，而事之甚謹，南北之勢始定。

至貴朝啓運，剗平諸僭，有沛然混一之勢，乃置燕、雲而不取。一再傳後，遂肆憑陵。眞宗不免親屈萬乘，以幸澶淵。寇準、高瓊，相與勠力，以卻大敵。而聖慮深遠，不爲從綏之計，遂與定盟。慴之以天威，臨之以大信，餽之以重幣，示之以明約，而南北之交始定。好聘往來，甲兵不試，安天下者數十年。其後盟約浸弛〔二六〕，再侵河朔，仁宗則又屈己信義，而富弼遂能負荷，復再定盟，好聘往來，甲兵不試，安天下者百餘年。至於宣、政，盟約遂壞，靖康之末，因棄都邑。高宗南幸，墮讎崇好，遂安金源，再定盟誓，好聘往來，甲兵不試，安天下者又數十年。而海陵兇虐，妄爲大舉，以瀆明神，而貫盈自斃。高宗猶示大信，不爲追奔，遂與金世宗定盟，好聘往來，甲兵不試，安天下者又數十年。生事之人，妄啓邊釁，而寧宗增修德政，復與章宗定盟，好聘往來，甲兵不試，安天下者又數十年。由是觀之，以交鄰爲國，而能計安天下者，莫盛於貴朝也。故曰：『以和議邦交爲國者，貴朝之事也。』天子之所持守，大臣之所輔相，百僚之所論議，以爲社稷之大經者，惟此而已。

至於本朝，適與陛下相當，而陛下使命不一，卒無有成，蓋本朝方極兵威，奄征方國〔二七〕，而天未厭亂，每爲差池，是以陛下之聖意不能達，祖宗之成規不能合，生民之命莫與救藥，太和之氣將遂殄絶。天地設位，必有對待，陛下有此意，則主上啓此心，蓋其氣數亦當然也。契丹與貴朝定盟，亦數世數十年之後也。金源與貴朝定盟，亦數世數十年之後也。今主上之世數年數，亦金源氏之世數年數也。大定、明昌之盛，將復見於今。卽位之初，先遣信使，輸平繼好，弭兵息民。而貴朝置之舍館，綿歷數歲，儘自陳説，擯而不問。

故經反復思惟，以爲必有横議之人，將以弊貴朝誤陛下者。必爲此事，於經何有？於本朝何有？妨經何事？害本朝何事？所惜者貴朝之國體，陛下之盛德也。此事必行，經不過失一身，本朝不過失一臣，太倉耗一粒，滄海揚一波，鄧林飄一葉，泰山落一石，於國何損〔二八〕？至若貴朝所舉皆中，圖惟皆獲，返舊京，奄山東，取河朔，平關中，剗白溝之界，上盧龍之塞，而本朝亦不失故物。若爲之而不成，圖之而不獲，復欲洗兵江水，掛甲淮壖，而遂無事，殆恐不能。一有所失，則不既大矣乎！

且貴朝光有天下三百有餘年矣，盛治洋溢，大業崇極〔二九〕，方當白日之正中，不趣羲和之馭，可也；將安將樂，恬處易守，不自搖動，可也；不棄其輔，員於其輻，以固皇輿，可也。經聞貴朝廣西帥臣以交趾之變有言曰：『國家紀綱正，君臣和，百姓安。若其有故，天亂宋也，宋不亂宋〔三〇〕。』經每爲稱道。蓋有國者不畏夫有亂，畏夫自致其亂。自致其亂則人也，横逆而來則天也。天欲亂人之國，其如彼何哉？盡其在我者而已。己無所致，都所不計也；己自致之，覆亂不暇也。

經嘗以爲養生之術，足以爲壽國之道。人之一身，制嗜欲者，心志也；固筋骸者，血氣也；爲資養者，飲食也；爲節宣者，起居也。故起居以時，飲食以節；血氣周流，無有墊隘；心志安彊，無有沮撓，則一身安而可以有爲矣。在童穉時，則致夫童穉之事；壯浪之時，則致夫壯浪之事〔三一〕；耆艾之時，則致夫耆艾之事。矯揉於顓蒙之際，騁騖於方剛之年，存養於耆艾之日，以引以佚，則可以延出年數之表，而無札瘥夭折之患。苟怠忽恣肆，不知理身之道，拂其心志，勞其血氣，飲食不以節，起居不以時，誑幼子以不常，賈餘勇於中年，肆侈哆於衰暮，往往損其天年，自致中下之壽。故省事者養生之本，生事者傷生之源。由穉以壯，由壯以衰，由衰以老，由老以盡，理勢然也。少不爲壯者之事，老不爲少者之事，亦理勢然也。善養生者，循夫理而已。

夫爲國者亦然。啓基圖者，道也；結人心者，義也；維持統體者，紀綱也；培植本根者，風俗也。創業之時，則爲創業之事；守成之時，則爲守成之事；寖明寖昌之時，則爲寖明寖昌之事；寖微寖弱之時，則爲寖微寖弱之事。闢國創制於建極之初，張皇崇飭於盛明之日，擁衛固護於微弱之時。亦猶人之一身，相其年數而時其所爲，老不爲壯，而穉不爲老。故其取以治，治以安，安以久。强不爲弱，弱不爲强，亦本然之理也。都無所逆，而一順夫理，則世卜可踰，祚胤可永，而無覆敗自絕之禍矣。苟失道廢義，爲於不可爲之時，可爲之時而不爲，禍敗之事，咸其自取。可以盛大蕃昌，傳世永久，而自致傾覆，亦理勢然也。故周過其曆，秦不及期。善爲國者，亦循夫理而已。

伏惟貴朝道盛德至，無疆惟休，累聖奕葉，瓜瓞綿綿，昭宣重光，賁若草木。然而以理而推，傳世歷年，既盛且遠，殆如龐厚耆艾之人，精通事變，練歷多故，義理之强，混涵亢矯，精神折衝，久而益壯，然而血氣則衰矣。政爾具膏粱，奉酒醴，供藥餌，湛靜簡默，深居高拱，以壽國脉，而固天命之時也。或者乃欲添足於蛇，置魚於木；委棄廟筭，經營野謀。進廉頗之米肉，觀馬援之矍鑠；獎厲充國，牽率陶侃，與新進少年力競一時。雖方叔元老，克壯其猷〔三二〕，方之萬全坐勝，應時居易，不既背馳左顧，有以誤天下國家乎？

夫往歲交廣之師，渝合之變，武昌之役，是天所以大警於貴朝，深眷於陛下也。備禦嘗疎缺矣，因是而申治精緻；圖惟嘗簡緩矣，因是而密勿深切。玩易者因是而畏難，恣肆者因是而斂戢。怠者激之而於是乎悚以壯，懦者逼之而於是乎强以力。如器之方弊且漏，因是而湘濯釘錮。如事過之後，不爲生事以求夫異，要結好援，蔽之以信，蘇潤瘡痍，鎮之以靜，閉關息商〔三三〕，以待元氣之復，求吾之所以未備者於内，不求夫所以不當爲者於外。本夫理而不狥夫勢，則景定之元，乃建隆之初也。周、漢、晉、唐之中興者再，貴朝則至是而三也。《詩》所謂『周雖舊邦，其命維新』者，不止於文王〔三四〕，復見於陛下。而或者乃狥夫一己之勢，狃於一時之利，不忌天之所警，欲於大變之後抵巇投罅，拘滯使人，而别作爲，舉祖宗三百年之成烈，再爲博者之一擲，遂以干戈易玉帛，殺戮易民命，戰爭易禮義，苟得志焉，而都所不恤，果能必無誤乎？

貴朝有國以來，鄰並之間，得失之故，不爲不多矣；利病可否，不爲不熟矣；勢之當然，而理之本然，不爲不久矣；不待監之他人，皆可自監也。國步萬折，一安一危，至於今日，而復可爲是耶？陛下聰明睿智，彰往察來，周乎萬物而不過，濟於天下而不遺。可以進則進，可以止則止。得聖人之時，顧豈從此以危二國？蓋有不得已焉者。

誕妄迂疎之輩，徼功生事之徒，偷貳苟且之人，自用怙亂之士，蝟起横議，相與沮撓。經等如鹿，衆爲犄角。雖天子仁聖，宰相賢明，鑠金之言，不可奪也。誕妄迂疎者，則無有遠慮，不識時務，敢爲大言高論，視天下之事皆不足爲，自以爲子房、孔明復出也。翹然自喜，惟欲多事。己不能持寸刃，惡人之不復讎；己不能取尺土，惡人之不恢復。笑夫登牀告病，而勇於背城借一。聞其欲和，則忿然而怒，卽指爲秦檜之流，必爲之梗沮而使之不行。徼功生事者，則不知國家長久之利，惟以爵賞爲志。今日一戰可以進某階，明日一出可以掇某職。是以以敗爲勝，以怯爲勇，不用其所長，振暴其所短。幸而俘獲，則列上首虜，多張其數。不幸而一僨委地，使生靈肝腦盈野塗城，則恬不爲怪，若己無所與。聞其欲和，則曰：『卷甲休兵，置吾徒於何地？』必爲之梗沮，而使之不行。偷貳苟且者，則脂韋阿違，不與負荷，固陋營寵，惟恐其失，幸得且爾〔三五〕，儘自遷延，有少利害，輒遽推避。或以爲當和，則曰『姑爲接納其使』；或以爲當戰，則曰『姑爲命將出師』；至於兩相背戾，則曰『姑兩廢置』。稽誤日深，畏難日重，則惟恐陛下聞知，而益爲緘錮，必爲之梗沮，而使之不行。自用怙亂者，則喜同惡異，樂爲徼倖。某等之來，倡義拘留，始焉觀變，中則待變，既而一切差池，而無以應變，則曰：『事勢若此，與之絶亦戰，與之和亦戰，執其使無以已其兵，而終當與之戰。』始可以和而不爲之應，自致其禍，而歸咎於人，再起兵端，不自悔悞，棄疾於某，益爲誣染，必爲之梗沮，而使之不行。是特橫議相與沮撓者而已。

二國之間，誤國欺君，又有甚者焉，彼間探造釁之人，反復姦宄之徒是也。夫間探造釁之人，大抵皆爲弱彼强此之説以取容悅，又惡知夫國家利害、生民休戚哉！必曰：『彼方有故，彼必亂，彼骨肉必離，彼臣子必叛，彼民思吾君，彼必慕吾化，彼之輸平也僞，彼之命使也詐，彼畏吾而爲是，彼欸兵而爲是，彼不足與，吾可折箠長驅而取之矣。』聞之者必喜而必信。死於北。

夫反復姦宄之徒，尤所以誤二國而深禍本也。或得罪於北而逭死於南，或得罪於南而逭一旦乘幾投會，蔽匿以進，而重爲交亂，懷鬼蜮之計，扇迎合之辭，苟可以得志，而無所不爲。奇發陰中，巧爲營惑，與夫所謂誕妄迂疎、徼功生事、偷貳苟且、自用怙亂、間探造鑿者，焰焰而飈煽，哄應而翕合。前者倡于而後者和喁，其勢可以回天轉極，掛南斗於天山，潑湖、湘於瀚海，決江、漢之波以洗濯天下，雖陛下神聖，特立獨行，斷然不惑，亦未能有以卻彼。經所謂然，彼則以爲不然；某方反復其辭以自明，彼則倍蓰其誣以必壞；所以誤某之事〔三六〕，至於今日，譸張爲幻，皆此輩也。

彼誕妄者大言惑上，掇膴仕擅榮耀而自肆矣；徼功者積勞累多位上將、綰侯印而自得矣；偷且者容身苟簡，遠得失持兩端而自便矣；自用者文過重怒，肆强執安殘忍而自若矣，造鑿者取重賞獲厚祿而自營矣，姦宄者戢羽翼俟風飈而自憙矣。四海之内，被無窮之禍者，兵民也；二國之間，蒙迍邅之難者，某等也；九重之内，貽社稷之憂者，陛下也。抑將終從彼之言，而必爲乎？抑亦將采芻蕘之論，舍彼而從此乎？

昔富鄭公奉使契丹，謂契丹主曰：『和則利歸國家，福及百姓；不和則利歸將帥，而禍於國家。』契丹主大悟，於是定盟。蓋理到之言，不得不從也。貴朝祖宗良法美意，一主於和，維持宗社，以及於今。豈可行之外國，而不行之本國，使此輩一時得志快意，以害二國，而種無窮之憂哉？此其所以誤陛下之甚者也。非惟誤之於陛下，而又誤之於經等；非惟誤之於天下，而又誤之於後世。經所以熟數亟論，而莫能已也。

經本布衣，教授保塞，主上聘起，問以治道，即以議和止殺爲請。其後對揚之間，敷陳不一。是以即位之初，先遣信使，即命經行。入境以來，綿歷四年，凡有藴蓄，無不傾盡。經寔何人，敢如此過涉猛浪，與人家國事？蓋不敢欺天，不敢欺君，不敢誤國家，不敢誤天下後世。已然之事則既備言矣，未然之事亦既先言矣，將然之事亦既亟言矣。本朝之事無不盡言也，貴朝之事無不僭言也，兩朝之事無不並言也，先朝之事無不兼言也。推本一世之利害，究竟萬世之利害，無不欲貢之貴朝，以成好事也。抑之而其氣愈厲，挫之而其志愈堅，鬭之而其辭愈切。經之所以不負於國而忠於君者，惟此焉在。

經等今日之事，止是告登寶位，布弭兵息民意，其餘無他蔽匿。必貴朝以爲不可，必不能從，何用置經於此？下一明詔，數其好事難成之故，梗礙牽制之由，稽留使人不爲無故，或別有蓋藏之跡，明白指陳，使天下四海知本朝之所以命使臣而欺貴朝，貴朝之所以留使人而責本朝。

至若貴朝所報本朝兵亂異聞等事一皆不妄，今皆數年，長淮以北，一切事勢，必皆非曩時，通好使人，亦宜區處。或貴朝終於疑阻，已別遣使，無用經等，亦宜賜一明降。或欲與本朝校量，疇昔必決勝負，一主於戰，通好使人，尤爲無用。而乃仍自拘留，擯而不問，陳説不答，表請不報，差官不從，告歸不許，老天長日，寖以銷鑠，必自斃館下。經等之辱，固自遺臭，通好使人至於如此，亦非貴朝美事，所以惶惑無聊，而又致夫此也。墜乎千仞之下，仰天而呼，高下疾徐，都所不知。過之者睨而不視，聞之者掩耳而走，彼横議反覆之徒，必又瞰臨而下石，惟恐其不忠也。區區使人，不足忌惡，陷誤至今而猶不已，必使之死而不出，二國之民靡有孑遺，然後爲快也。

夫天下之大忌，必出於所不忌。但恐貴朝之事，不在於好生之君，講信之臣。和氣致祥，乖氣致異，有意慮之所不及者。伏望陛下奮乾綱，操獨斷，以大禹之智，行其所無事。體主上之本心，閔經等之愚昧。本夫理而不狥夫勢，以天下爲度，以生民爲念。卻夫横議生事，反覆誤國之言，用夫祖宗導迎和氣愛利之道。畀經以二國之事，使經展布四體，披露一心，有以不負陛下者。

今氣數將周，甲子改元，政二國迓續惟新之日也。雖誤之於始，不誤之於終。主上行之於北，陛下成之於南，經等數年之戚一旦得信，則事體仍在，釁雖積而可消，兵雖交而可弭，億萬之性命可存〔三七〕，挽回元氣，春動諸華，天地人神之福也。

觸忤聖聽，不勝戰懼之至。秋律西成，伏願對時育物，大庇生民，允屬塵望。使臣郝經等昧死載拜上大宋皇帝闕下〔三八〕。

【校記】

〔一〕以，底本、四庫本作『於』，據正德本改。

〔二〕狥，正德本、四庫本作『徇』。下同。

〔三〕有，正德本同，四庫本作『餘』。

〔四〕其，正德本同，四庫本闕。

〔五〕諸，底本、四庫本作『夫』，據正德本改。

〔六〕末，正德本同，四庫本作『指』。

〔七〕孝文，四庫本同，正德本作『文孝』。

〔八〕逖，底本作『狄』，據正德本、四庫本改。

〔九〕辧，四庫本同，正德本作『辨』。

〔一〇〕收之，底本、正德本作『之收』，據四庫本改。

〔一一〕自，四庫本同，正德本作『日』。

〔一二〕治，四庫本同，正德本作『致』。

〔一三〕有，四庫本同，正德本作『由』。

〔一四〕桓，四庫本同，正德本作『威』。

〔一五〕如，底本、四庫本作『於』，據正德本改。

〔一六〕抑，底本、四庫本闕，據正德本補。

〔一七〕必，底本、四庫本作『定』，據正德本改。
〔一八〕夫，底本、四庫本闕，據正德本補。
〔一九〕眞，四庫本同，正德本作『貞』。
〔二〇〕過是，四庫本同，正德本作『是過』。
〔二一〕惟，底本、四庫本作『爲』，據正德本改。當然，底本、四庫本作『當然也』，據正德本改。
〔二二〕亦，四庫本同，正德本闕。
〔二三〕間，底本作『閆』，據正德本、四庫本改。脈，底本作『振』，據正德本、四庫本改。
〔二四〕治，底本、正德本作『始』，據四庫本改。
〔二五〕乎，底本、四庫本作『于』，據正德本改。
〔二六〕浸，底本、四庫本作『寖』，據正德本改。
〔二七〕征，底本、四庫本作『正』，據正德本改。
〔二八〕於國，底本、正德本作『國於』，據四庫本改。
〔二九〕業，四庫本同，正德本作『蒙』。
〔三〇〕亂宋，正德本同，四庫本作『亂而』。
〔三一〕浪，正德本同，四庫本作『盛』。下同。
〔三二〕猷，四庫本同，正德本作『猶』。
〔三三〕商，四庫本同，正德本作『商』。
〔三四〕於，底本、四庫本作『與』，據正德本改。

〔三五〕得且，正德本同，四庫本作『其得』。
〔三六〕某，正德本同，四庫本作『經』。
〔三七〕性，四庫本同，正德本作『姓』。
〔三八〕載，底本、四庫本作『再』，據正德本改。

附録

附録一

序跋提要　咨文劄付

郝文忠公陵川文集序

元　李之紹

國初未遑文治，不階教育，奮然自勵，致海内盛名，文章事業，耆舊推重，時輩莫敢與角，若國信使、贈昭文館大學士、榮禄大夫、司徒、冀國公，謚文忠，郝公眞豪傑之士哉！

公諱經，字伯常，上世澤州之陵川人。八世義居儒行，師表一鄉，至公恢大素業。蔡國張公館於家，世皇聞之，首加禮聘。奏對屢稱旨，益奇之。南征挈以偕行，授江淮宣撫副使。中統初，選充宋使，留十有六年。不辱君命，天下戶知之，詳見隧銘洎神道碑。今集賢大學士郭公貫，幼從公學，其任禮部尚書也，請刊其遺文，朝廷從之。事屬江西行省，以序見徵。

惟公挺不世出之才，蘊大有爲之志，氣剛以大，學博而充。陳時政兵事，綽見經濟之能；傳《周易》、《春秋》，深探幽隱之趣。正《蜀紀》，刊前史之繆誤；移宋朝，悉和議之利害。雜著歌詩，涵泳古今，本原《騷》、《雅》，不失爲奇作。使之參與廟謨，黼黻王度，斯民被澤，吾道增重也必矣。方群賢彙進之秋，乃遠涉江淮，投身虎口。及歸，年德耆劭，區宇混一，宜享安榮之樂，而大故遽及，生平抱負竟不獲展萬一，可哀也已！然其終始大節，日光玉潔，焜耀無窮。述作之夥，刻示永久，斯可以下慰九泉矣。崇儒報功，國家盛典，獲紀其實，託名簡編之末，又何敢辭？敬爲之書，以諗來者。

延祐丁巳四月日，國子祭酒、東平晚生李之紹謹序。

郝文忠公陵川文集後序

元　馮良佐

《詩》有韻語，《易》亦有韻語。《春秋》敍事，《書》亦爲敍事。《春秋》褒貶甚嚴，《禹貢》義例尤密。爻象章什之協，比其音者，又明良喜起之濫觴者也。人言六經無文法者，非也。六經爲學者之日用飲食。然自後世之以辭章爲文者，視先秦、西京已邈乎不可及。是故唐之初，陳子昂變六朝纖靡而爲唐之文；宋之初，歐陽永叔變五代軋茁而爲宋之文。雖若闊畧於道德仁義，然於洗腐理棼之功爲不賞矣。宋之季與金源氏，競以明經爲文，其弊至於附會蔓衍。弊極必變，則挽淳風，而古之明良，亦繫乎其時與其人哉！

欽惟皇元，以神武開國，聲應氣求，功能咸奮。時則有若陵川夫子郝文忠公，以雄文雅望爲中外所仰。其於五帝三王之事業，口之不置，方劇論時，四座傾屬，公亦無所推讓。會有使宋之行，館留之累歲。歲月閑永，窮經修史之暇，遂得肆力爲文。韻語則有賦、頌、歌、行、古律詩、箴、贊，敍事則有狀、疏、序、說、記、誌、論義，蓋多儀眞館中之筆也。長江大河其思也，移鼎拔山其力也，龍光牛斗其氣也，武庫之□隨取隨足也，此愚所謂其時其人也。

武功載定，文教鼎興，遄欲大用，而公逝矣。當時及門壽俊，護襲遺藁，迄今餘五十年。延祐戊午春，集賢陳大學士上聞聖明，軫動崇舊，嘉惠斯文，遂繡梓行世。微臣良佐，職領江廣儒學，且董役竣事，率儒人胡元昌等，詳正其字，庶無訛矣！然不可以辭語淺陋爲解，敬述梗槩，以識家傳興誦之盛，幸無俾陳、歐二子專美前代，庶昭於方來云。

是年冬十月吉日，臣馮良佐頓首百拜。謹識。

——以上原在元延祐五年刻本，今附明正德刻本卷首

郝文忠公陵川文集序

明　劉　龍

斯文在天地間，未嘗一日磨滅，雖否剝之極，亦必陰有禪續，以需復而開泰。蓋天地之命脉，吾人所恃以生者，其得而喪乎？自古夷狄之禍，未有如勝國者。溷我神器，腥我皇極，天常人紀，宜若壞爛而無餘。然豪傑之士，奮起北方，文章行義，炳炳相望，足以用夏變夷，推而使繼唐宋之後，有六朝五季所不及者，豈非天意之有在哉？

吾鄉陵川郝先生，自少力學，博極羣書。其爲文豐蔚豪宕，詩奇崛俊逸，而卒澤於道德仁義，誠一

代宗匠，非區區模寫篆刻者比也。顧兵燹之餘，其集失傳。龍垂髫時，卽慕先生名，僅聞其詩一二，求全集不得者，數年而未置也。迢承乏史職，憲副沁水李公叔淵，篤學好古，凡先達制作有未顯者，輒爲表章，亦以是屬龍，始獲抄諸閣本。及公轉湖廣憲使，遂付諸梓，龍得校而序之。

惟陵川學有淵源，不徒文而已。蓋自明道令晉城，澤人遂知程氏之學。郝氏世以儒顯，至先生益務恢拓，故其學邃於理而精於《易》。自伊洛以溯鄒魯，而上窺羲文，期於有用，不爲俗儒。聘起使宋，慨然以弭兵安民爲任。不幸拘留十有六年，因辱備至，方舍命不渝，從容著述。爲書凡數百卷，皆闡精示微，窮高極遠，擴前賢所未發，此吾儒之澤所以不斬，而生民卒免於左衽也。

嗚呼！自有元得罪萬世，後之議者往往以仕元病諸公，不知天生賢才爲斯道計，賢才處世亦惟以道自任，不敢有負於天。天下雖亂，於是存吾道而生吾人，亦庶乎其可也。叛如公山，僭如楚子，而夫子皆欲往焉，況生其地，爲之民，將奚所逃哉？以夷狄之暴而君諸夏，非諸賢維持而救正之，則人道之滅久矣，豈能復待聖明之出乎？因序先生集而併及之。

正德二年丁卯秋八月朔，賜進士及第、翰林院國史編脩、文林郎上黨劉龍序。

郝文忠公陵川文集序

明　陳鳳梧

文所以載道。道一也，而文則隨時而變焉。有唐、虞、三代之文，有先秦、兩漢之文，有魏、晉之文，有唐人之文，有宋人之文，有元人之文。唐、虞、三代之文，簡古不可尚已；秦漢而下，愈變則愈繁；

至於元，而文之變極矣。文雖以時異，而道未嘗不寓焉。其言比於道者，文之粹者也；其言盭於道者，文之駁者也。若陵川郝公之文，其元文中之傑然者乎！

公生於冀，而仕於元。少穎敏，有大志。自六經、諸子、歷代史傳，以至天文、兵律，無不淹貫洞達。其學博，其才贍，故發而爲文也，汪洋滂沛，如大河東注，一瀉千里；抑揚起伏，如太行諸峯，層見叠出。蓋積之深而發之盛，理固然也。

公嘗以元世祖卽位，奉使輸平於宋。適理宗末季，賈似道誤國，遣人幽公於眞州者十有六年。公處困而裕，方且日以著述爲事。初無抑鬱無聊之態，則其所養，又可知已。文集凡若干卷，板行於元，久而散逸，見者鮮焉。吾大憲長李先生叔淵，博學好古，以公鄉先哲也，景慕之尤深，求其集，踰二十年始得全帙，如獲拱璧，遂手校而刻之梓以傳。

嗚呼！宋開、慶間，公從元世祖次師於鄂，登高弔古，其詠武昌三節婦詩，實載集中，則鄂固公所嘗遊覽之地也。距今二百餘年，而文集迺刻於兹，夫豈偶然也哉！抑公之所著，有《續後漢書》及《易》《春秋》內外傳，皆卓然自成一家，惜乎無傳焉。安知是集一出，不有因之而旁求者乎？

公名經，字伯常，謚文忠，世家澤之陵川，其履歷顛末，具在銘誌，兹故得而畧云。

正德二年，歲在丁卯春正月吉，賜進士出身、奉議大夫、湖廣等處提刑按察司僉事、奉勑提督學政、前翰林院庶吉士廬陵陳鳳梧謹序。

——以上見明正德刻本卷首

郝文忠公陵川文集序

清　陶自悅

明道立教之謂文，何代蔑有？其間升降隨乎運會，而顯晦因之。六經道言無意成文，文之至也。先秦、兩漢下，由文溯道，叠更盛衰。後或弗逮夫前，變而不失其正。其人類皆嫻經術，貫百氏，大放厥辭，力迴瀾倒，中流一壺，如馬、班、賈、董、韓、李、歐、曾之徒代興者，是情有各深，才非相借，雄長一時，群遂奉之爲宗。而旁出唐子，末由竄入正統，則古今一轍。援此以定南渡、金、元之文，莫不然矣。

陵川郝伯常先生崛起冀南，奉使不辱，中誠大節，載在《元史》。間嘗取其世論之，當干戈俶擾之秋，齊盟早渝，邾莒不狎，寧復知有通經學古之事？先生蒙難艱貞，不夷其明，藴釀載籍，發爲贍博宏肆之言。理性得之江漢趙復，法度得之遺山元好問。而獨申己見，左右逢源，固自有其文，以之驂驔前哲何愧！嗣後姚氏燧、虞氏集、揭氏傒斯、戴氏表元、黄氏溍、柳氏貫、歐陽氏玄、吴氏萊，咸以其文成一家言，有名元代，非先生導其先路哉？

蓋作者難，識者尤不易。歷下李攀龍創論『不讀唐以後書』，貌《史》、《漢》皮毛者靡然從之，以故近世遺文放失，間脱蠹口，則煙煤皮閣者多在。昔昌黎起衰八代，必俟二百年後，六一居士得舊本韓文，爲之演繹，其學始昌，他可知已。故明三數巨儒，講求復古，不以世限，往往掇拾標舉，疏通證明，若所稱牧菴、道園諸君子之書，次第昭布。先生所著《續後漢書》暨《易》《春秋》內外傳、《太極演》等書，不下數百卷，俱不傳。其文集三十九卷，曾一刻於元。迨明武宗朝，沁水李司農叔淵官楚，復鏤諸板，江右陳司空文鳴爲之序。其本行於北，東南學士罕藏之。余願見既久，購不獲。會移知澤州，歲乙酉纂修郡志，遍搜得李刻全册於陵，大喜逾望，惜魯魚漫漶。訪他邑，又見一前本似初刷者，頗明晰，較其可知，餘則姑付闕如。因歎先生之文，宜冠元儒。遭逢不偶，至宋被留眞州十六年。當時其地守臣，請與張壂、吳澄並祀曰『三賢祠』，訖今不可問。陵川故里廟亦頹廢，製作迨將澌滅。此大闕軼事，忝守先生鄉，責不在我乎？檄屬鼎新其祠，爰舉前集，命刊梨以行。敢謂先生異世之桓譚，聊志私淑，且厭求者心爾，然後知處晦之必有時而顯。

先生實大聲宏，光芒終不可掩。曠在易代，一遇於余，則表而出之。彼雷同剽竊，龐無一物者，即汗牛充棟，初何異水火之投？撫先生集，於是乎有感。詩文具在，卓爲諸大家後勁，固也。余覽其《論兵議》及《上宋主萬言書》，通達國體，指陳利害，務俾守以持重，答天心，惜民命，於和議拳拳三致意，非空言無實可比，其見超矣。經濟專門，望洋徒歎，孰云文士弗適於用哉？發微者當自得之沾沾，源流派別，又可置弗論焉。

澤州牧武進陶自悅譔。

郝文忠公陵川文集序

清 朱樟

竊聞明道先生之令晉城也，剏建學校，擇鄉之秀俊而教育之，親爲正句讀。澤之士大夫承風嚮化，被儒服者四野相望。逮乎金元，其流風遺俗，日益隆茂，大儒輩出，濟濟洋洋，有齊魯之風而加厚焉。

攬今追昔，鄉校之故蹟已湮，卽當日之被其化而昌明其教者，有所撰述，以微言傳後，其文詞亦不槩見矣。如郝文忠公者，澤之陵川人也。其生平忠誠大節，載在史册，彪炳千古。第知其人，必讀其文章，究其軼事，以想見其爲人，聊志私淑，以慰素心耳。

甲寅春，來守濩澤，知爲郡之先賢，訪其遺集，罕有知者。在郡三年，僅於陵川諸生武氏得其藏本。家已世守，不輕假人。爰效古人抄書之例，隨閲隨錄，始得全書。

考公之崛起冀南，隨先人避兵許昌，既而北遷滿城。當是時，河朔之間，兵鋒充斥，黎民播遷。公克承家學，執業於鐵佛寺中，晝庇家事，夜入書堂，冠衣不釋，雒誦徹旦，如是者五年。受知於祁陽賈侯，居之萬卷樓中，而其學業益粹。故其所著詩文，閎中肆外，含英咀華，抽思逞辭，汪洋浩瀚，靡有涯涘。復皆準乎聖賢之精義，而左右逢原，脗合於道；其詮釋性理諸圖說，暨五經辨微等論，道徹天人，學該今古，更爲淵邃。蓋根柢於周程，而獨造其微妙。且嘗自誦曰：『不學無用學，不讀非聖書，不務邊幅事，不作章句儒。』慨然以天下爲己任。方當南北多故，人民瘡痍，勤勤於仁民愛物之義，以感動人主，洵非託諸空言者可比。

公之先世業儒，至曾叔父東軒老，以先人及明道先生之門，教授鄉曲，講劘道藝，淵滙日深，得太極、先天之旨。其教後昆，以治經行己爲本。思夫紹興而後，明道之教自北而南，伊洛墜緒僅在河東，郝氏之宗師，蓋淵源有自矣。

及公之奉命使宋，館留眞州者十有六載。覊愁抑鬱，人不堪其憂，而處之泰然。其道益昌，其文益肆。中懷道義，有足多者。惜所著《周易》《春秋》外傳、《續後漢書》、《原古錄》、《一王雅》等書皆不傳。其敍載在集中，九鼎一臠，令人朵頤。索之不得，徒增浩歎。至若鴈足帛書，使人異舉，臨文歎詠，迄今猶想見風姿。齧雪咽旃，節旄盡落，屬國之精誠，先後相媲美矣。遐思往蹟，能無慨然？前者武進艾圃陶先生曾牧是邦，亦錄是集去。欲爲重鋟，僅冠以序，未遂其志。後松坪王少司空，郡之鄉先哲也。勤求掌故，有志重刊，會督餉秦川，亦未竟其事。今其令嗣涵紫，好學稽古，承先人志，付諸梨棗，閱三月而告竣。裒然成帙，問序於余。

嗟乎！公之文章節義，冠冕金元，歷亘古而彌新。然時移代遷，去古日遠，鴻章傑作，其不與謏學鷽鳴同歸澌泯者，曾幾何哉！其集一刻於元，迄明再刻於楚，即今得武氏本也。魯魚亥豕，重難校讎。又得孝廉興鈞孔君輩勤加檢閱，得成完書。因思河東文物自古勁豪，其有企郝氏之流風，不負明道先生之遺澤，倡明實學，繼軌前賢，以復當時之盛。余忝郡守，能不登棣華之堂而興嘆羨也耶！

乾隆三年戊午初夏，澤州守錢唐朱樟序。

郝文忠公陵川文集跋

清　王　鏐

余憶髫年追隨先大夫松坪府君側，論次前賢，講劘學業，即聞所稱郝文忠公者，吾澤先賢也，有文集若干卷。先大夫欲付之梨棗，以其集刻於明季正德間，沁水李叔淵先生宦鄂州，一刻於鄂，而澤之有是集，亦鄂州舊本也。魯魚帝虎，漫漶殘蝕。問之藏書之家，亦並罕有，非重梓不可。夙有是志，已鳩工集事，嗣以督餉西陲，青天運粟，其事中輟。厥後，晉秩司農，薦階水部，政務賢勞，未遑及此。荏苒迄今，已廿餘年事矣。

今歲早春，以公事至郡城，謁太守朱鹿田先生，共論吾邦文獻，則首舉郝文忠公。且云購其遺集，重費經營。復言是集宜亟付雕鐫，庶不湮沒。蓋以文忠公之忠誠大節，彪煒炳烺，載在史册。至其理學，文詞閎深灝博，溯源伊洛，繼軌韓、歐，以文傳道，爲後賢程式。或鮮有知者，必得重梓，傳播四方。非第爲澤郡文獻之光，其有功於好學深思之士，非淺鮮矣。予恍然若失，曰：『是吾先大夫之志也！勞攘馳驅，初心未遂，非予後人之責耶，又何敢辭？』退而畀繕書者，重付剞劂，并延郡中宿學，重加校勘，閲三月告竣。呈諸太守公，請弁其端，謬加奬許。

是集也，先大夫之夙志存焉。誠未忍忽捧讀之餘，非敢云克承先志，亦聊以向慕古人之著作。俾成完書，使後學之輩知有津梁，非徒藏之名山而已。他日裝潢成帙，用呈告廟。先大夫知之，庶稍慰於九京矣。

乾隆戊午夏日，高都王鏐敬跋。

——以上見清乾隆刻本

郝文忠公陵川文集序

清　朱　鏴

郝文忠公爲元初理學名儒，文章事業彪炳宇宙，迄今垂四百年，海内操觚之士咸仰若山斗。先曾伯祖鹿田公守澤時，嘗撫其後裔，蒐其遺文。慨然曰：『史册所載，紀其大畧而已。求文忠公之心源者，其在斯乎！』會鄉先生涵紫王公，以舊版漫漶，檢其殘缺，序其顛末，重授梓人氏；且愬先曾伯祖弁言於端。

是文集一版，先曾伯祖曾幾費心血，罷官後攜以俱南。嘗謂先祖曰：『《郝文忠公文集》談理論事，必衷至當；詩文詞賦，亦不肯作秦漢以下語，其殆登吾考亭之堂而欲入其室耶！』爰摹刻成帙，以公同志，版藏諸家，今幾六十載矣。

小子鏶少承祖訓，嘗奉爲圭璧。數年來奔走京塵，宦游四方，終無定所。癸丑春，服闋南旋，啟視家笥書卷，半飽脉望，惟《文忠公文集》一版，依然無恙。因船載以北，比至鄴，適友人魏夢熊偕張公梅南造鏶搆觀焉。

公，郝公里人也。居平所志所學，咸以文忠公爲師承。其重斯板也，與鏶有同心焉，因解篋遺之。庶讀其書，如見郝公乎！噫，斯版也，自北而南者，復自南而北，迢迢數千里，仍歸故土，是豈張公愛慕之誠感而致耶？抑文忠公有靈有以呵護其間耶？因走筆書之，以誌其事。

時乾隆甲寅孟春月，錢唐朱鏶敬序。

梅南氏郝文忠公陵川文集序

清　張大紱

是事也，實倡於余。而余友范君匡來，自爲啟一通，與家渭田有徵資約，余特未預知也。越數月，匡來過余，握手而飲，言志適合。余因恿渭田，合乃兄湘若，裒金若干，余力裒金若干。時鹿田太守裔孫鑠市版漳南，余親往納直，捆載以歸。凡以成余友志，而弗敢自爲功也。版計四百餘片，共耗金若干數，今貯余家之我書樓。

嘉慶戊午夏日，高都張大紱梅南氏謹序。

郝文忠公陵川文集敘

清　强上林

自古不朽有三，立德、立功、立言並重。惟倜儻非常豪傑之士，足以一體用兼本末，統三者而卓然樹立於其閒。然功德著於一時，至於歷世久遠，傳之無窮，則又視乎其言，以考其功，知其德，而因想見其爲人，於是立言尤足賴焉。

嘗考《郝文忠公文集》，載於《四庫》，而獨以『陵川』名，不忘其所自也。觀其學問純篤，志節堅忍，挺然特立，實爲有元一代偉人。惜乎遭時遇主，不獲大展。厥用出使宋廷，十餘年而歸，歸不逾年而卒也。然安知非天之畀以斯文之統，任以斯道之傳？窮阨困頓，益肆力於學問文章，深造自得，成一家言，以上追古作者之林。嗚呼！其眞足以傳世而不朽矣。

前因舊板漫漶，錢唐鹿田朱公守澤時，重授梓人，剞劂一新，是固公之靈不忍斯板之剝蝕，而假手於積學好古之士，以振刷而流傳之也。而朱公攜以南，其裔孫鑠復載以北，梅南張君見之漳南，因納值載歸鳳臺之黃石村，是又烏知非公之神不忍斯板之淹沒於異地，默令自浙而豫，自豫而歸於陵之鄰封，使之去陵逾近，而豫爲陵人購贖之地也？迄於今二十餘年，陵之人咸思有以歸之。

林自承乏茲土，嘗登棣華之堂，謁文忠之廟，未嘗不傾心嚮往，慨然想見其生平。夫蒞茲土，猶仰其人，矧世處於陵者哉！以公之未嘗居陵，而猶以名其集，有惓惓故國之思，矧陵之人，有不惓惓於公者哉！秦君恒山、王君松舟，篤志士也，考之國史，參之文集，傳之故老，輯爲年譜，張君雪塘又從而增訂焉。既已，斟酌賅備，裒然成册，而終以不獲文集一板爲憾。適高邑皇甫君基、郜君丕協倡捐公項，從張姓買出，謀貯郡學。鳳邑趙君爾愜悉其事，謂『貯府不如歸陵』。陵人承其意，與皇甫君商，即慨然舉櫝相贈，使數百年斯文之脉，復歸故土，貯之公祠，責之掌守。林固嘉諸君子之篤志惓惓於公，有不負公惓惓於陵之意者。事既成，因述顛末而爲之記，亦以誌嚮往之心也。

時道光八年戊子孟夏，賜進士出身、前翰林院庶吉士、知陵川縣事溧陽强上林謹記。

——以上見清道光刻本

江西等處行中書省劄付

延祐五年五月初九日，奉江西等處行中書省劄付，准中書省咨集賢院呈：

延祐四年十二月初五日，也可怯薛第二日，嘉禧殿內有時分，對速古兒赤、明里董瓦、學士喜春等，有來本院官陳大學士奏：『郝伯常學士做國信使入宋講和去時，於眞州拘留了十六年間，做了一部《續後漢書》，並他平日作來的文章《陵川文集》。這兩部書，中書省交江西行省，有管下學校錢糧內，開板去了也。奏。』

呵奉聖旨：『您與省家文書交疾忙了者麼？』道：『聖旨了也。欽此。』具呈。照詳得此，咨請欽依施行。准此。省府仰依，已行開刊施行。奉此。

中書省移江西行省咨文

皇帝聖旨裡，中書省禮部呈，奉省判：

翰林國史院呈，照得先據經歷司呈奉禮部符文，承奉中書省，判送本部，呈准尚書郭嘉議貫。竊謂『士遇則致君澤民，功被一時；不遇則著書立言，名垂後世。』故翰林侍讀學士、國信使、贈昭文館大學士、資善大夫文忠郝公，以命世之才，爲世祖皇帝所知。潛邸召見，置諸侍從。中統御極，即命講好使宋，拘留十有六年，至元乙亥始得歸國。凜然風節，遠配古人。將被大用，以宿瘴而卒。其平日著述，如《三國志》，黜曹魏而主劉蜀，使正統有歸，脗合朱文公《通鑑綱目》筆法，一洗前書之謬誤，是誠有補於世教。又如《春秋外傳》、《一王雅》、《陵川文集》等書，學者願見而不得。似此遺藁，家藏尚多。不幸其子山南江北道肅政廉訪使文徵早卒，伏慮前書，久而散失，良可惜也。如蒙朝廷允許，於懷州本家取發前來，付翰苑披詳，發下板行。庶使一代儒宗雄文傑作不至湮沒，傳之將來，以見聖治文明之盛。是則非惟死者之幸，實後學之幸也。請轉呈都省，照詳施行。本部參詳，如准所言，將郝文忠公遺文哀集梓行，誠有補於世教。具呈照詳。

覆奉都堂鈞旨：『送禮部，依上施行。』奉此，行據懷孟路申，今將《陵川文集》并《三國志》，申解前去，乞照驗事，省部仰照驗，議擬施行。承此具呈。照詳得此，除將發到《陵川文集》一十八册，《三國志》三十册，送付編修官蒲道源等考較。

去後，今據待制趙穆、編修官蒲道源等官連呈：『文忠公郝經所著文集，筆力雄深，議論該博，忠義之氣藹然見於言意之表。其《續漢書》得先儒之至論，黜晉史之帝魏，使昭烈上繫漢統，扶立綱常，有補世教。其間敍事典贍核實，多前史所未及者。若蒙呈達都省，行下書坊，版行傳後，非惟使斯人生平精苦之志，有以表見於世，亦示我國朝之有人焉。呈乞照驗。』得此，翰苑議得：『如准待制趙穆等所言，相應除將前項文集，依數發付禮部，依上施行。』

外，得此，奉都堂鈞旨：『送禮部，照擬施行。』奉此，本部參詳，郝文忠公著述《三國志》、《陵川文集》等書，既翰林國史院考較，得堪以板行。相應得此，南行省所轄儒學錢糧多處刊行。相應得此，今將前項文集，隨此發去都省，合行移咨，請照驗行下。合屬，依上委官提調，如法刊畢，各印二十部，裝褙完備咨來。

——以上原附元祐刻本卷首，今見正德本卷首

續後漢書後序

元　馮良佐

人有恒言，曰經史。史所以載興亡，而經亦史也。《書》紀帝王之政治，《春秋》筆十二公之行事，

謂之非史，可乎？蓋定於聖人之手，則後世以經尊之而止，及乎興亡，則謂之史也。

古史分十七。東漢而下，西晉而上，有《三國志》，亦十七之一也。出於陳壽之筆，不可謂失三國之實，獨帝魏而不知蜀之正統，爲史筆之玷。又，前史紀傳外有書志，所以載三才之奥，禮、樂、食貨、兵、刑、官職之異，而壽皆未及，尤史筆之欠，此紫陽朱文公詩云『後賢合更張，感歎所繇發』也。後紫陽百餘年，徒增閲史者之慨。

中統庚申，郝文忠公以行臺宣撫持節使宋，而留滯儀眞，進退維谷，乃繼先志，修舊史，破槁發凡，首帝昭烈，魏、吴止筆其實。表外有紀、傳，以辨崇卑，而復爲八録，以補陳闕，各冠以序，述其從起結，以議、贊會其指歸，考前言，徵後史，而損益之。儀眞受一時之抑，而史書流百世之芳，公之榮遠矣。公之先世，詩書之澤，鍾陵川清粹之氣，嬉笑怒駡，鋪張吟諷，皆成文章。由賦、詩而至移文，復三十有九卷，公之文博矣。若夫《續後漢書》暨《陵川集》，則今所定稱也。

延祐戊午，集賢陳大學士以公書敷奏，聖天子念故臣之可憫，喜藏書之有傳，睿旨恩潤，俾江西行省繡梓。一哉王心！繼今以往，天下後世，有以誦習而資德業矣。

臣良佐，時職寄江西，提衡儒學，省堂孜孜，欽承就委董役，率儒人胡元昌等詳正其字，庶無訛矣。工畢，念不容已，用紀歲月云。是年秋七月既望，臣馮良佐頓首百拜謹識。

續後漢書新注序

元　苟宗道

三國事涉漢、晉，參出互見，百有餘年。諸所記注，不啻數十百家。其行於世者，漢史則華嶠《漢書》、謝承《後漢書》、司馬彪《續漢書》、袁宏《漢紀》、袁暐《獻帝春秋》、張璠《漢紀》、樂資《山陽公載記》、王隱《蜀記》、孫盛《蜀世譜》、郭沖《五事》，魏史則王沈《魏書》、傅玄《魏書》及《傅子評斷》、孫盛《魏氏春秋》、魚豢《魏略》、孔衍《漢晉春秋》、陰澹《魏紀》，吴史則韋曜《吴書》、虞溥《江表傳》、胡沖《吴曆》、虞預《會稽典録》、環氏《吴紀》，於晉則干寶《晉紀》、虞預《晉書》、王隱《晉書》、謝沈《晉書》、孫盛《晉陽秋》、傅暢《晉諸公贊》、徐廣《晉紀》，皆各著一國之事，以自名家。獨陳壽合魏、蜀、吴，總爲《三國志》，號稱良史。然其事多疎略。故宋文帝命裴松之爲注，大集諸家之書，補其遺闕，各具本文下，且爲考正，辨其得失。其諸書疎，援引事類出異書者注之，事顯者則不注。

今宣相陵川先生，更正陳《志》，凡裴注之事，當入正文者，則爲删取其乖戾不合，不可傳信者，則置之。命宗道掇拾具注新書本文下。陳《志》之評，裴注之論，亦爲具載。其義理悖誤者，則以所聞於先生餘論，爲之辨正。凡書疎論議，所引古今事類，裴注之未備者，皆爲補苴。事已見者不重出，無所考者則闕之。先生比爲新書，先作義例條目，以明予奪之旨，今各具本文下。其書法則復發凡舉例，以見其義。宗道初事先生之父靜直先生，既又受學於先生。先生之開府南陽，辟宗道爲屬掾。奉使入宋，又辟充典書狀。繾綣患難，十有三年。故不敢不承命，亦庶几附驥尾而厠名於大典之末云。

宣撫司都事、充國信書狀官、門生河陽苟宗道序。

——以上見元郝經《續後漢書》卷首

四庫全書總目·陵川集提要

《陵川集》三十九卷，元郝經撰。經有《續後漢書》，已著録。其生平大節炳耀古今，而學問文章亦具有根抵。如《太極》、《先天諸圖説》、《辨微論》數十篇，及論學諸書，皆深切著明，洞見閫奥；《周易》、《春秋》諸傳，於經術尤深。故其文雅健雄深，無宋末膚廓之習；其詩亦神思深秀，天骨挺拔，與其師元好問可以鴈行，不但以忠義著也。

延祐五年，經門人集賢大學士郭貫，請以是集與所作《續後漢書》官爲刊版，付待制趙穆、編修官蒲道源等詳定，得旨允行。卷首所載江西中書省劄付、咨文，蓋卽其事。後官版散佚。明正德丁卯，沁水李叔淵重刻於鄂州，陳鳳梧序之。康熙乙酉，武進陶自悦守澤州，得李本於州民武氏家，欲鋟木，未果，僅爲製序弁其首。乾隆戊午，鳳臺王鏐始校刊之。今所行者，皆鏐此本云。

四庫全書總目·續後漢書提要

《續後漢書》九十卷，元郝經撰。經字伯常，陵川人，官至翰林侍讀學士，贈昭文館大學士、榮禄大夫，追封冀國公，謚文忠，事迹具《元史》本傳。

經以中統元年使宋，爲賈似道所拘，留居儀眞者十六年。於使館著書七種，此卽七種之一也。時蕭常《續後漢書》尚未行於北方，故經未見其本，特著此書，正陳壽帝魏之謬。即《三國志》舊文，重爲改編，而以裴注之異同，《通鑑》之去取，參校刊定。

原本九十卷，中間各分子卷，實一百三十卷。升昭烈爲本紀，黜吴魏爲列傳。其諸臣則以漢、魏、吴别之。又别爲《儒學》、《文藝》、《行人》、《義士》、《高士》、《死國》、《死虐》、《技術》、《狂士》、《叛臣》、《篡臣》、《取漢》、《平吴》、《列女》、《四夷》諸傳。復以壽書無志，作《八録》以補其闕。各冠以序，而終以議贊，别有義例，以申明大旨。持論頗爲不苟，而亦不能無所出入。如士燮、太史慈，皆委質吴廷而入之漢臣。李密初仕漢，終仕晉，《晉書》以《陳情》一表列之《孝友》，而入之《高士》，則於名實爲乖。又黄憲卒於漢安之世，葛洪顯於晉元之朝，而皆入此書，則時代竝爽。其他漢晉諸臣，以行事間涉三國而收入《列傳》者不一而足。又《八録》之中，往往雜採《史記》、前後《漢書》、《晉書》之文，紀載冗沓，亦皆失於限斷。揆諸義例，均屬未安。然經敦尚氣節，學有本原，故所論説多有裨於世教。且經以行人被執，困苦艱辛，不肯少屈其志。故於氣節之士，低徊往復，致意尤深。讀其書者，可以想見其爲人，又非蕭常、謝陛諸家，徒推衍紫陽緒論者比也。

是書與經所撰《陵川集》，皆延祐戊午官爲刊行。然明以來絕少傳本，惟永樂大典所載尚多。核以原目，惟《年表》一卷，《刑法録》一卷，全佚不傳。其全篇完好者，猶十之六七。其序、文、議、贊存者，亦十之八九。今各據原目，編輯校正。所分子卷，悉仍其舊。閒有殘闕，其文皆已具於陳《志》，均不復採補，以省繁複。又經所見乃陳《志》舊本，其中字句，與今本往往異同，謹各加案語標明，以資考證。書中原注，乃書狀官河陽荀宗道所作。

經《集》載《壽正甫詩》，有『新書總付徐無黨，半臂誰添宋子京』句。正甫卽宗道之字，《元史》所謂經留宋久，書佐皆通於學，苟宗道後至國子祭酒者是也。宗道《序》中有『繾綣患難，十有三年』之語，考經以庚申使宋，則是序當作於壬申歲，而書中不書至元九年，蓋時南北隔絕，尚不知中統之改爲至元也。其注於去取義例，頗有發明，而《列傳》中或有全篇無注者，殆傳寫有所佚脱歟！

附錄二

祭奠題詠

贈答郝經伯常 伯常之大父，余少日從之學科舉

金 元好問

故家珠玉自成淵，重覺英靈賦予偏。文陣自憐吾已老，名場誰與子爭先。撐腸正有五千卷，下筆須論二百年。莫把青春等閑了，蔡邕書籍待渠傳。

——金元好問《遺山集》卷九

壯士吟 題郝奉使所書手卷

元 王 惲

使節駐淮海，人望兩好熙。宋人足變詐，觀望占成虧。不知破武事，中伏混一機。壯士死則已，不

死將有爲。宋琚凜風槩，天馬不受羈。拘隔一館間，激之見連雞。事久變乃生，勢去心恫疑。奄奄十六年，慘悴甘湘纍。内閧既首鼠，外侮宜紛披。盛氣屈使降，壯心終不移。睨柱欲碎首，忍見王人微。松巖操愈厲，草綠秋更萋。蕭爽隱霧豹，脱略觸藩羝。老賊主一殺，幽憤將何施。庭芝一援手，所惜良不貲。兵交使其間，天理或可期。于卿才屬國，所報亦以卑。至今郎山塚，突兀空蟠螭。兩行清汝帖，只有老天知。

——元王惲《秋澗集》卷五

送郝伯常歸保塞

元　王　惲

書劍南辭杞國天，一歡傾倒酒壚邊。鳳麟瑞質驚千古，江海詞源浩百川。吾道莫傷今日否，新文將付後來傳。驪駒歌斷青山暮，愧未長遊從馬遷。

——元王惲《秋澗集》卷一四

哭郝内翰奉使

元　王　惲

大河東匯杞連城，之子南來氣宇盈。義契重於平昔友，新文公與後來盟。苦心問學唐韓愈，全節歸來漢子卿。十六年間成底事，長編惟見使華名。

——元王惲《秋澗集》卷一五

祭郝奉使墓文

元　王　惲

大元國至元十七年，歲在庚辰二月十有二日甲申，朝列大夫燕南河北道提刑按察使友生王惲，謹以清酌之奠，致祭于故翰林學士國信大使陵川郝公之墓。嗚呼！

甲寅之冬，仲月之尾。公自杞來，道出墉邶。始覿清揚，重於夙契。把酒論交，笑談遊藝。顧睞回翔，吾子可誨。臨别之時，一何勉慰。維中元春，雲龍交際。我時游梁，與公再會。東館相遇，四并同醉。所學所行，盡發其秘。北次龍崗，嘔血而癘。書來及予，愈見友義。我車北轅，公已南逝。自兹及薨，凡十六歲。追憶平生，潸焉出涕。公之問學，閎肆汪濊。公之文章，豹炳虎蔚。萬斛淵泉，出不擇地。太史與倫，皇墳可媲。浩浩江漢，萬古不廢。發爲忠貞，見諸行事。著書垂聲，諒非本意。匪予得私，乃世公議。今我想公，令人短氣。斯文綫如，忍復殄瘁。直筆疇歸，大册孰畀。偉蹟鴻休，光濳揚厲。而最傷公，爲國出使。初館儀眞，主成和計。奉持國書，以死自誓。方介外侮，群狵内猘。節落瘴煙，精誠益勵。屬國平原，同歸一致。長星墜芒，使軺還轡。玉上青蠅，何啻一二。惟皇聖明，見萬里外。録勞棄瑕，予豈汝罪。士無賢否，入朝見忌。膚愬再行，與病交劇。一僨不起，萬事瓦棄。感時懷人，憂來拊髀。昔賢有言，當論我輩。大概無差，節目或滯。如公之才，如公之志。雲夢九吞，曾弗芥蔕。俯掇勳名，高視一世。意廣思長，反爲物制。豈惟公傷，因以自識。茫茫太鈞，形流萬彙。幾世幾年，生此偉器。贄用漶宗，誼逢漢帝。百未一施，胡奪之易。雞水淪光，郎山斂翠。隱然一丘，保之西遂。車過腹痛，我懷曷既。黄鳥聲悲，助我歔欷。臨風拜公，哭而載酹。嗚呼哀哉！孤忠伊鬱，幽憂憔悴。生罔能伸，死而永閟。寓哀斯文，庶昭枉昧。公如有靈，恐予言爲。知己也，尚饗！

——元王惲《秋澗集》卷六四

讀國信大使郝公帛書 有序

元　王　逢

『霜落風高恣所如，歸期回首是春初。上林天子援弓繳，窮海纍臣有帛書。中統十五年九月一日放鴈，獲者勿殺。國信大使郝經書于眞州忠勇軍營新館。』書蓋如此。公字伯常，仕世祖皇帝，庚申歲使宋，爲賈似道拘幽十有六年。此書當在至元十一年（元世祖至元十一年，宋度宗咸淳十年，一二七四），是時南北隔絶，但知紀元爲中統也。先是公覊旅日，有以鴈四十餉公，内一鴈體質稍異，命畜之于後。鴈見公，輒張翮引吭而鳴。公感悟，擇日率從者三十七人，具香北拜。二人舁鴈跽其前，手書尺帛，親繫鴈足，且致祝曰：『纍臣某，敢煩鴈卿通信朝廷，鴈其保重！』欲再拜，鴈奮身入雲而去。未幾，虞人獲之苑中，以所繫帛書託近侍以聞，上惻然曰：『四十騎留江南，曾無一人鴈比乎？』遂進師南伐。越二年，宋亡。書今藏諸秘監。河南王客劉澹齋云。

西北皇華早，東南白髮侵。雪霜蘇武節，江海魏牟心。獨夜占秦分，清秋動越吟。蒹葭黄葉暮，苜蓿紫雲深。野曠風鳴籟，河横月映參。擇巢幽鳥遠，催織候蟲臨。衣攬重裁褐，貂餘舊賜金。不知年號改，那計使音沈？國久虛皮幣，家應詠稾砧。豚魚曾信及，鴻鴈豈難任！素帛辭新館，敦弓入上林。虞人天與便，竒事感來今。

——元王逢《梧溪集》卷一

憶郝伯常

元　劉　因

一檄期分兩國憂，長纓不到越王頭。玉虹醉吸金陵月，玄鶴孤遊赤壁秋。漠北蘇卿重回首，天南王粲幾登樓。飛書寄與平南將，早放樓船下益州。

——元劉因《靜修集補》卷二十《拾遺二》

送郝季常赴正陽幕

元　劉　因

上黨清涼界，超然慕白雲。名家得之子，勝境苦平分。鼓角生新壯，詩書失舊勤。江淮古形勢，有樂在從軍。

——元劉因《靜修集補》卷二十《拾遺二》

題郝陵川鴈足繫詩後

元　吴　澄

忠貞信使早許國，覊旅微臣晚見詩。追憶當時如一夢，濡毫欲寫淚交頤。

——元吴澄《吴文正集》卷九二

疎齋盧學士和郝奉使立秋感懷余亦次韻二首

元　吴　澄

斧威直指可能禁，鼓吹從容翰墨林。公館月簾秋濟濟，誰家霧閣夜沉沉。喚回千古南樓興，付與兩翁東楚吟。休道鐵心猶解賦，要人識取愛梅心。

政爾煩歊不可禁，秋聲忽忽動鴞林。好懷恰與清風值，浮翳俱隨驟雨沉。江上清楓頻入夢，淮南幽桂又聽吟。閑雲淡漠元無繫，來去常如見在心。

——元吴澄《吴文正集》卷九五

郝思溫大字歌 號東山，雪菴高弟

元　何　中

東山手提雪菴筆，筆中出此萬鈞力。重如岱嶽鎮坤維，竒如古鼎躍泗側。點如滄海之碣石，直如參天之古柏。曲如老龍恣盤拏，橫如方城立鐵壁。快如大澤斬蛇劍，妖夔幻魈俱辟易，巨靈引指太華擘。三千獅子座，舉臂可移得。偶然揮毫鋒世間，世間壯士不能擲。《瘞鶴銘》，摩崖碑，後來者誰誰繼之？我嘗見龍溪之字大如箕，五百年間無此奇。雪菴老，東山子，傳鉢曇花重現世。崑崙以爲筆，東溟以爲硯，青天以爲紙，爲我寫『太平』兩大字。持獻天皇九九八十一萬歲，我歌爾字我老矣。

——元何中《知非堂稿》卷四

題郝伯常鴈足詩

元 袁 桷

深羈孤館鬢毛斑，猛虎搖鬢障海寰。玉樹已歌歸逝水，羽書難射隔平山。不須羝乳終回漢，肯學雞鳴詐度關。一寸蠟丸憑鴈寄，明年春盡竟生還。乙亥四月放還。『霜落風高恣所如，歸期回首是春初。上林天子援弓繳，窮海纍臣有帛書。中統十五年九月一日放鴈，獲者勿殺。國信大使郝經書于眞州忠勇軍營新館。』中統十五年，乃至元十一年。明年，奉使還。

——元袁桷《清容居士集》卷一二

題仗節圖

元 胡祇遹

皇皇使節久彌堅，一死看來不直錢。辛苦郝經今健否，蠻煙瘴雨十三年。

——元胡祗遹《紫山大全集》卷七

題郝内翰書所作夢觀瓊花賦後

元　張　翥

釣魚山前龍上天，武昌城外走蜀船。老姦欺國馳露布，使者坐囚吞雪氈。潰兵一夜甲填水，血汙木棉花下鬼。豈知老仙方臥遊，鶴背天風扶夢起。頹雲抉月光西沵，玉簫聲斷江聲愁。露華泣盡瓊樹死，廣陵春色寒於秋。百年遺賦人爭重，勁墨遒毫精爽動。節旄零落喜生還，回首江南已如夢。花神換根春更芳，想像月色扃餘香。楚招無人青鳥去，公不少留涕泗滂。

——元張翥《蛻菴詩》卷二

讀郝陵川使宋集因題其後

元　張之翰

我從少年見陵川，筆力扛鼎思湧泉。中流飛龍飛上天，黄金虎節光赫然。豈期宋人羈留十七春，仰面見天不見人。大兵問罪壓江瀆，片帆纔離古儀眞。白頭歸來孰當國，上有花門下刀筆。九重無由表忠赤，更比子卿堪歎息。乾坤英氣死彌烈，明月夜光留此册。夜來燭下讀未徹，一陣黑風吹燭滅。

——元張之翰《西巖集》卷四

題郝文忠公墓

元 李晏

仗節江南羡此行，眞州猶稔使君名。佳城鬱鬱埋西滸，恨不生還蘇子卿。

——《山西通志》卷二二六《藝文》

登泰山 有引

元 王蒙

余過奉高，謁嶽祠，見郝伯常三詩，刻於廡下。明日登日觀峰，下瞰滄海，塵世蒼茫，青徐在袵席間耳。因成此詩，以補郝公之所未道者云。

飛仙挾我遊天門，足躡萬壑雲雷奔。凌虛直上數千尺，適見混沌分乾坤。巨鰲左折蓬萊股，鯨波東注扶桑根。地高俯瞰滄海日，天近仰叩清都閽。古帝何年辟下土，九點青煙散寰宇。翠旍孔蓋此登封，盛德神功照今古。人間瞬息三萬年，七十二君何茫然。秦皇漢武踵遺躅，鏤玉坎瘞山之巔。金宫翠陛苦不樂，遣使碧海求神仙。羲和龍轡不稍貸，豈料海水成桑田。試向封中一回首，六合坱莽空雲煙。千秋誰識當時事，五松大夫知此意。巖前長揖大夫松，數子胡迺干秦封。高標直下魯連節，避世不及商山翁。雪髯霜幹如屈鐵，濤聲瑟瑟吟悲風。松本無心偶然耳，人情好惡多彌縫。欲傾箕潁一瓢水，爲汝浄洗羞慚容。爲君解嘲君勿怒，萬事轉首成虛空。帝子絳節朝丹穹，神靈婀娜羣仙從。噓呵紫焰開芙蓉，光景上屬超鴻蒙。玉女夜降騎青龍，鸞匏鳳笙聲嗈嗈。霓裳舞袖飄長虹，瓊音間作鳴絲桐。白露清謡曲未終，冷風命駕歸崆峒。千峰萬峰浸明月，恍惚身在瑶池宫。明朝稽首下山去，翠嵲突兀青霞中。

——清陳焯編《宋元詩會》卷九五

郝文忠公經

明　宋　濂

瞻彼郝公，上師孔顔。挺然一氣，立天地間。銜命出使，仗節弗屈。十有六齡，有如一日。楗門塹垣，不翅獄庭。臣節甚重，萬死實輕。吐其崛奇，見於直筆。奸雄雖亡，誅之則力。漢有蘇武，囓氈海上。郝公繼之，雙璧相望。

——明宋濂《宋景濂未刻集》卷上

題郝陵川瓊花賦後

明　王　翰

后土祠前春未歸，揚州城下塞鴻稀。仙人種玉雲迷洞，使客揮毫露溼衣。共道肝腸如鐵石，誰知咳唾有珠璣。茂陵屬國詩雖好，空向羊群看雪飛。

讀郝經繫鴈帛詩偶成

明　丘　濬

北鴈曾聞繫漢書，又看南鴈遞還胡。迎鑾鎮上修書處，還似蘇卿雪窖無。

——明丘濬《瓊臺會稿》卷四

河陽懷古

明　薛　瑄

武王曾此奮天戈，繼世其如出狩何。兩岸綠楊遮澳水，滿汀芳草際黄河。郝經墓古聲名大，潘岳花殘歲月多。遮馬堤邊重回首，紫金山色鬱嵯峨。遮馬堤，卽唐李光弼取史思明馬處。

——明薛瑄《敬軒文集》卷七

題郝經續後漢書

清　乾　隆

身充信使被拘留，兩國恰逢奸計投。願附魯連未遂志，空言思託著書酬。

元太祖既立，欲與宋修好。王文統素忌郝經有重名，請遣經。乃以經充國信使，至宋告卽位，且徵前日請和之議。文統復陰屬李壇潛師侵宋，欲假手害經。經至宿州，遣副使請入國日期，不報。遺書三省樞密使及兩淮制置使，亦不報。先是，賈似道爲元兵圍於鄂州，懼而請和，且請稱臣納幣。元人許之，鄂圍始解。似道匿其事，以大捷聞。及還朝，使其客廖瑩中等，撰《福華編》頌鄂功，通國皆不知所謂和也。恐經至泄其謀，因拘經於眞州之忠勇軍營。經上表請入見，又數上書極陳和戰利害，皆不報，遂留眞州十六年，因著此書。《魯山琴臺詩》。

陳壽寧稱史筆人，續之尊漢見誠醇。獨嫌董卓仍列傳，卽未叛臣亦亂臣。

陳壽《三國志》帝魏寇蜀，論者非之然。司馬光作《通鑑》，尚不能訂其誤。至朱子作《綱目》，始爲改定。經所著《續後漢書》，獨以蜀漢紹炎劉正統，其識甚正，彼蓋已見朱子之書也。經此書於叛臣篡臣，皆各爲分類，而董卓則仍置尋常列傳中。夫東漢之禍，實由董卓，其篡逆之謀久萌，特未及逞耳。縱不別爲篡臣，獨不當另列爲亂臣乎。

褒貶從來不可誣，要公千載賞和誅。篡臣仲達祇篡魏，篡漢寧非孟德乎。

經列司馬懿爲篡臣，而轉不及曹操。夫懿乃魏之篡臣，若曹操實篡漢之賊。貶懿而舍操，春秋之義，有未當矣。

《福華編》撰鄂功陳，羈絆眞州十六春。未免南方君子笑，笑他不叛北方人。

帛詩或者假前題，學術忠誠孰可齊。設使子卿逢地下，著書差勝娶胡妻。

《元史》經本傳載：汴中民射鴈金明池，得繫帛書，詩有云：『霜落風高恣所如，歸期回首是春初。上林天子援弓繳，窮海纍臣有帛書。中統十五年九月十一日放鴈，獲者勿殺。國信大使郝經書于眞州忠勇軍營新館。』蓋經以久留，音問不通，不知中統之爲至元也云云。此蓋好事者，因蘇武事假爲之。然經久羈宋地，仗節不屈，僅以著書自遣。視蘇武在匈奴，娶婦生子，不可同日語，奚藉鴈書，方表其忠乎。

——《御製詩四集》卷五一

魯山村郝文忠公故里

清 朱 樟

青氣洩窯煙，迤西勝地偏地接西溪。雞鳴三晦宅地名。雞鳴鄉，見金碑，鹿角一刀田。疎族繁枝衍村中郝姓皆公遠族，孤忠衆口傳。過溪松韻落，覽古企前躄。

香艸深林色元遺山《魯山琴臺詩》：「香草空深林」，風流接汝南郝文忠避地河南魯山，見《元史》本傳。鴈池人不見公宅有落鴈池，菹汁飲猶甘公九歲避地魯山，母病，以蜜和寒菹，決母齒飲之而瘳。擘絮殘春柳，驚眠淺夏蠶。從人訪遺跡，來往恣幽探。

陵川城南謁郝文忠公祠仍叠前韻

清 朱 樟

晚巷閉寒煙，榱題一徑偏。已凋池上樹，誰拜墓門田？桃梗人難辨，蟲碑字失傳廟石二通，俱無字。上丁陳俎豆，幸躋頖宮躄公祀典，在春秋上丁。

鏡薌亭外路，寄恨與淮南公留眞州新館，有鏡薌亭。大節人難及，孤忠死已甘。祝詩因愛鴈，惜帛更憐蠶中統十五年九月，公帛書博二尺高五寸附鴈足。元仁宗時，詔裝潢成卷，集賢文臣題識之。見宋文憲書後。棣萼春何晚？堂成許共探祠卽公棣華堂故址，宋巡察欲重修，故有落句。

——以上見道光本《郝文忠公陵川文集·附錄》

過郝文忠公祠

清　王汝楫

老去蘇卿葬霸州，空瞻遺像故鄉留。魯山零落雲礽在，楊阪荒涼石碣愁。池跡欲尋秋水涸，堂基難認野花稠。解梁舊冢湯陰廟，一樣英雄未首邱。

——光緒本《陵川縣誌·藝文》

伯常先生年譜題辭

清　王汝楫

故家珠玉妙玲瓏，才器非常類若翁。剩有遺山老門下，一時賞識到宗工。

河東元好問，金源一代宗工，爲公大父晉卿先生門人。一見公，奇之曰：『子貌類祖，才器非常。勉之。』其贈答詩有『故家珠玉自成淵』之句。

關山明月杜鵑魂，阿慶香閨舊句存。十六年來淮海繫，羈愁領略付吟樽。

阿慶爲汝南張忠武王第八女，公幼時所聘，日誦數百言，善屬對，十歲而夭。見遺山《續夷堅志》，首句卽其詩也。

風流異代悵淪亡，茂宰南來祝瓣香。癡絕全椒王叔子，殷勤親手種甘棠。

江南王九亭先生篤祐，全椒人，自號太原叔子，先君庚辰同年也。乾隆戊子（一七六八）宰陵川，重新公祠，遷其族人於河南，名之以棠，使奉公香火。

小牕風雨讀遺編，寥落文章五百年。譜出行藏標大節，枌榆爭不重鄉賢。自元世祖至元乙亥（一二七五），至今嘉慶庚午（一八一〇），計五百三十六年矣。

——道光本《郝文忠公陵川文集·附録》

郝伯常先生祠堂詩

清　周勤誥

在昔宋元時，天下苦戰鬥。中原半淪棄，民各散鳥獸。攘臂戕父母，誰復問黔首？公獨矢樸誠，不避欲拯救。爲言宋無罪，奚必逞暴寇。毅然任國使，往解民顛覆。億萬生靈生，何暇顧身後。其如誤國姦，十六載覊候。隱志不得伸，痛若獨負疚。歸來望太行，頭白氣昏瞀。可憐棣華堂，天半滴殘霤。愴怳鬱不蘇，那更縈交繡。身亡道弗泯，作史正陳壽。尚冀延宋脉，帝蜀存漢舊。庸庸樂宋亡，謂公惜未覯。公心如天仁，誰與發扃敂？徒令向火人，出語顫公脰。偶然鴈足書，初不計病詬。荒草落鴈池，説破牛馬走。載拜視公像，有淚泣晴晝。時詢伐宋之計於先儒趙復，復曰：『宋，吾父母之國，安得引他人伐父母？』

落鴈池懷古

清　楊長達

六節侔蘇武，中途困使車。奸謀眞蠹國，孤墳見鴻書。息戰心難遂，住兵禍不虚。木棉菴可在，視此竟何如？

金明傳繫帛，落鴈此爭名。地藉人斯重，身歸國以傾。著書尊蜀漢，絶學紹周程。池畔獨惆悵，茫茫今古情。

謁郝文忠公祠

清　雷　正

瞻向城南路，先生有舊祠。棣華留往蹟，蔓草發春時。右社供香火，諸生候庋㢈。老諸生李焕日供灑掃。慚余邑令尹，薦菊采東籬。

落鴈池

清　馬承周

鴻鴈何時到，悲懷繫帛餘。一泓秋水碧，千載使臣書。指爪當年認，荒煙半畝虚。金元遺蹟在，回首意何如？

拜郝晉卿先生墓

清　馮　魏

愛山羞捷徑，文獻重吾鄉。跡隱名彌著，身埋道自芳。殘碑留夕照，孤冢發清光。仰止風斯在，山高與水長。

過郝晉卿墓

清　秦懋效

老成已不作，孤冢自秋原。地僻荒榛合，碑遺斷字昏。一鄉文獻重，千古姓名存。松院著書處，人傳高士軒。

憶棣華堂有感喬林

清　秦懋效

棣華堂外漏初殘，更有何人倚石欄。寂寞城南今夜月，白楊秋老雨聲寒。

落鴈池懷古

清　張又華

一泓春水綠，猶是昔賢居。池擬金明舊，人歸患難餘。橫波浸翠黛，倒影入青虛。終古隨陽鴈，年年泣帛書。

讀郝陵川集題後

清　張又華

曾擬詞章步後塵，秋來燈火況相親。中原濂洛同千古，窮海氷霜又一人。汴水每年歸還鴈，維揚幾度賦殘春。淋漓忠義毫端湧，始信文從患難眞。

落鴈池

清　王希曾

帛書繫足事何奇，此地人傳有鴈池。十六年留淮海上，老臣辛苦望歸期。

落鴈池

清　王臨池

落鴈風何古，於今尚有池。書傳天使信，淚是老臣詩。棠棣花仍謝，飛鴻跡遠離。盈盈惟一水，終古靜寒陂。

棣華堂

清　王臨池

幸有連枝樹，堂開棣萼新。文章千載業，兄弟一家春。姜被應同夢，田荊不厭貧。文中祠下過，風雨落花頻。

落鴈池賦

清　武彭齡

維陵章之城南，實文忠之故第。因金明以立名，依棣華而創製。江頭持節，思問信於中原；鴈足繫書，爰作亭於後世。詩亘古而常留，池於今以勿替。原夫充國信於一時，秉精忠於無兩。身困鎖闈，神馳鞅掌。懷天子兮莫歸，悵窮海兮安往？儀眞鬱鬱兮賈相之姦，書帛惓惓兮蘇武之彷。爾乃徘徊江渚，擊目天涯。望幽燕而不見，顧衡陽以情奢。恣所如於天高兮，冒功難禁；念歸期於春日兮，使信彌賒。影既翔於千里，書自達於中華。爰是行人返旆，鴈落金明；弋者已獲，上之神京。封館人以躑躅，千秋昭大義；呼童子以細看，萬古振英名。效解紛以排難，豈誣國而欵兵？翳此落鴈，聿昭臣忠。東觀業留佳句，上林不必援弓。帛書永傳，爭誇雲間之足；鴈池不朽，堪羞湖上之翁。所以緬前徽之不再，而流連於冥鴻。乃有文苑名人，臨流思慕。景先哲之高風，恨我生之遲暮。睹溶溶之層浪兮，橫斜連天；想朗朗之明亭兮，遺址如故。爰搦管以抽思，遂揮毫而就賦。歌曰：

文忠義烈昭汴梁，彷彿金明別留芳。有亭翼翼臨祠傍，幾字帛書日月光。何幸生同君子鄉，低徊清波憶伯常。池存落鴈人云亡，杳杳忠魂映迴塘。

——以上見光緒本《陵川縣誌·藝文》

附録三

年譜

校箋者案：此過録《郝文忠公年譜》（清王汝楫、秦萬壽輯，張翥補編），對年譜中所載幾位蒙古帝王名號，稍有整理，統一改爲通行名號，並補加公元紀年（敘、凡例等亦補）。其他蒙古人名及地名等，皆遵年譜。

郝文忠公年譜敘

清　王汝楫

公爲陵川人，其生其歿皆不於陵川，而當流移轉徙，幽囚拘繫之時，其著書立説，必揭『陵川』於姓名之上者，蓋以先人邱壟所在，未忍一日忘也。

歲庚午（一八一〇），予館上黨郭氏，置公集於書簏中，每落花滿徑，時鳥變聲，輒向旅窗展誦，公之生平歷歷在目。公生當金源末造，中原日尋干戈，二親攜之流離於戎馬閒，刻無寧晷。至十六歲，始得保之僧舍讀書焉。假令躬際承平，安居樂業，其造詣又不知何如，此不得不爲公惜者。然公之學由是成，而公之節卽由此著。迨後館於賈、張者幾十稔，兩家蓄書甚富，公日擁萬卷，愈肆厥力。其於天人之際，性命之微，盛衰之理，興亡之跡，無不探根躡窟，至是學益粹而節益堅。

公時年甫三十有一，迄今誦其詩，讀其書，想見其爲人，又不覺高山仰止，心嚮往之矣。又二年，始應金蓮川之聘，再徵而起，意謂明良遇合，千載一時，坐而言不難起而行，公之讀書爲有用矣。乃沙陀一見，公雖剴切敷陳，當宁傾聽，而遽爾寂寂。復經三年，竊歎人生遭逢何如此之難也。洎乎荊鄂多事，奪情起復，方有宣撫之命，豈公志哉？

蓋自是公初入仕於元，賈卽秉政於宋矣；賈還朝進爵，而公入宋拘留矣；遲之十六年之久，賈以有罪免，公始奉使還朝矣；公疾作，尋卒，而賈貶置被誅矣。天生似道，若故與公始終爲難者。嗟乎！讀史至此，未嘗不裂眥扼腕，且爲之泣下沾襟也。

噫！公之節固不能屈，而公之學更不可泯。其文章節義卓卓可傳於後世者，全集具在。予忝公桑梓，謭陋無聞，原不足以表揚先哲，姑就集中所載出處、著述，其歲月有可按稽者，具隸於分年之下爲譜以繫之。且題四截句於帙端，以誌私淑之意云。

伯常先生年譜題辭

清　王汝楫

故家珠玉妙玲瓏，才器非常類若翁。剩有遺山老門下，一時賞識到宗工。

河東元好問，金源一代宗工，爲公大父晉卿先生門人。一見公，奇之曰：『子貌類祖，才器非常。勉之。』其贈答詩有『故家珠玉自成淵』之句。

闕山明月杜鵑魂，阿慶香閨舊句存。十六年來淮海繫，羈愁領略付吟罇。

阿慶爲汝南張忠武王第八女，公幼時所聘，日誦數百言，善屬對，十歲而夭。見遺山《續夷堅志》，首句即其詩也。

風流異代悵淪亡，茂宰南來祝瓣香。癡絶全椒王叔子，殷勤親手種甘棠。

江南王九亭先生，篤祐全椒人，自號太原叔子，先君庚辰同年也。乾隆戊子（一七六八）宰陵川，重新公祠，遷其族人於河南，名之以棠，使奉公香火。

小牕風雨讀遺編，寥落文章五百年。譜出行藏標大節，枌榆爭不重鄉賢。

自元世祖至元乙亥，至今嘉慶庚午，計五百三十六年矣。

嘉慶庚午（一八一〇）穀雨前六日，同里後學王汝楫松舟甫識。

凡例

清　張　翥

一、公文集行世，未有年譜。嘉慶己巳（一八〇九），秦恒山攷《陵川集》，始序爲譜。恒山歿後，鈔本失落，僅獲其草册。庚午（一八一〇），王松舟亦著公年譜二集。合校閒有異同，遂取金、元、宋三史，參互考證，補輯斯譜。卷首仍列其名，不敢掠美。

一、秦王二譜，每歲總序閒入時事，似賓主不分，因仿王漁洋年譜，分紀年、時事、出處、著述，列爲四格，庶縱横考核，眉目清楚。

一、公始終元室，其生時，陵猶屬金，宋爲正統，又出使覊留之地，故紀年先元次金，又次宋，非徒於時事，易於考證，亦見公之一身實關三朝興廢也。

一、南北興亡之際，時事叢雜，其無關公事者，概置不録。然興廢大故，於公之出處可以印證者，采入譜中，非侈談史，亦知人論世宜然耳。

一、公之使宋，與公爲難者，賈似道也。似道之生不止亡宋，亦所以玉成我公也。向非似道，公歸輔有元，不過如耶律、姚廉諸公相業炳蔚耳，詎遑作述哉！今獲讀公文集，則似道之巧設牢籠，公之仇，正後人之福也。故於似道始末備載之。

一、天地正氣，隨在而見。天生郝公，所以開元之始；天生文山，所以結宋之終。二公易地則皆然耳。故於文山出處，亦詳載於譜，非喧賓而奪主，存正氣也。

一、公之世系雖有碑記，漫漶難識。就可認者，按公文集補列篇首。聞公覇州後裔子姓貴盛，惜未能訪求以成全璧，容俟異日。

一、公之出處光明正大，非廣爲蒐羅，殊難殫述。身處僻壤，所見甚寡，僅守正史數部，掛漏必多，尚望鴻博匡我不逮。

道光八年（一八二八）歲次戊子春日，雪塘張翥謹識。

世系

始祖儀自太原遷潞之龍莊。八世祖祚自潞遷陵。七世祖善。六世祖從義。高祖璋。

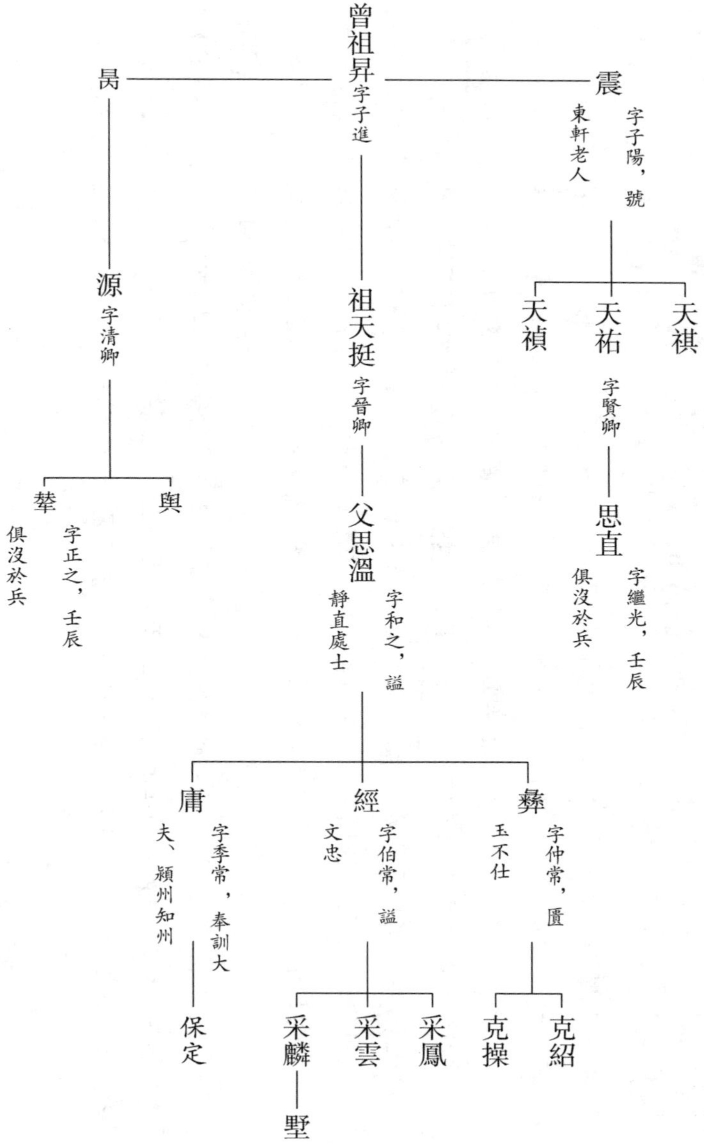
曾祖昇字子進
震
字子陽，號東軒老人
昺
天祺
天祐
字賢卿
天禎
思直
字繼光，壬辰俱沒於兵
祖天挺
字晉卿
父思溫
字和之，謚靜直處士
源
字清卿
與
犖
字正之，壬辰俱沒於兵
彝
字仲常，隱玉不仕
經
字伯常，謚文忠
庸
字季常，奉訓大夫、潁州知州
克紹
克操
采鳳
采雲
采麟
野
保定

世系記

清　郝采麟

郝氏繫出有殷帝乙，支子封於太原郝鄉，因以爲姓。十世祖諱儀，值五季之亂，自太原遷潞之龍莊。九世祖諱祚，復自潞徙澤之陵川，遂爲陵川人。八世祖諱善，七世祖諱從義，六世祖諱璋，字□。公高祖諱昇，字子進。曾祖諱天挺，字晉卿。祖諱思溫，字和之，金貞祐之亂避兵河南，金亡寓居保，卒而權厝郭外，門人誄曰『靜直處士』。父諱經，字伯常，夙負海内重名，終翰林侍讀學士，嘗奉命使宋，拘執一十六年，全節而歸。二叔父諱彝，字仲常，匱玉不仕。三叔父諱庸，字季常，奉訓大夫，知潁州。昆季三人没而權安厝保定。不肖孤采麟暨克紹，伏因陵川故居淪没，惟松楸宛然，且塋原湫隘，遂置田孟州西北虎山之原，遷祖父母以下合葬焉。一則取其水土深厚，二則距鄉先不遠，歲時往來便於拜掃，特伸霜露之感。大德己亥（一二九九）月初吉，集賢直學士、朝請大夫采麟謹識。

右世系及記，在陵川縣東北三里楊大阪郝氏祖塋晉卿先生之墓碑。面刻元遺山志，銘文載邑志；碑陰上截列世系圖，下刻記文字，皆漫滅難識。謹就可識者，按公諸志、銘補次成帙，以資考鏡。

道光戊子（一八二八）正月，雪塘輯録。

郝文忠公年譜

同里後學王汝楫松舟、秦萬壽恒山甫輯，張纛雪塘補編

癸未（一二二三）一歲，蒙古太祖十八年，金宣宗元光二年，宋寧宗嘉定十六年。

時，河北、河東俱屬蒙古，惟潞澤尚屬金。夏四月壬午，蒙古兵攻陵川縣。七月丙辰，上黨公完顔開復澤州。十二月，金宣宗卒，太子守緒立，是爲哀宗。

冬十一月，公生於許州臨潁之城皋鎮。

甲申（一二二四）二歲，蒙古太祖十九年，金哀宗正大元年，宋寧宗嘉定十七年。

八月，宋寧宗崩，太子昀立，是爲理宗。

公隨父母在城皋。

乙酉（一二二五）三歲，蒙古太祖二十年，金哀宗正大二年，宋理宗寶慶元年。

丙戌(一二二六)四歲,蒙古太祖二十一年,金哀宗正大三年,宋理宗寶慶二年。

是年,五星聚於西南。

丁亥(一二二七)五歲,蒙古太祖二十二年,金哀宗正大四年,宋理宗寶慶三年。

蒙古兵自鳳翔侵京兆,關中大震。時,金人盡棄河北、山東、關陝,唯併力守河南、保潼關。七月,蒙古太祖成吉思汗卒於六盤山,少子拖雷監國。

戊子(一二二八)六歲,蒙古拖雷監國,金哀宗正大五年,宋理宗紹定元年。

己丑(一二二九)七歲,蒙古太宗窩闊臺元年,金哀宗正大六年,宋理宗紹定二年。

秋八月,蒙古耶律楚材以太祖遺詔,奉太宗卽位於和林東庫鐵烏阿剌里之地。時庶事草創,楚材始定册立、禮儀,定筭賦。

是月,金移剌蒲阿再復潞澤,遣使聘於蒙古,不受。遂議伐金。冬十月,圍金慶陽。

庚寅(一二三〇)八歲,蒙古太宗二年,金哀宗正大七年,宋理宗紹定三年。

辛卯（一二三一）九歲，蒙古太宗三年，金哀宗正大八年，宋理宗紹定四年。

案：是年蒙古克金鳳翔，攻洛陽、河中諸城，下之。十一月，拖雷入饒風關，由金州而東，將趨汴京，民皆入保，城壁險阻以避之。蒙古遣使假道於宋，會兵伐金，至沔州，統制張宣殺之。拖雷曰：「宋自食言，今曲直有歸矣。」

公父避地河南之魯山。河南亂，居民匿窖中。亂兵以火熏灼之，民多死，公母許亦死。公匍匐索得黃齏一瓶，蜜一器，用母所佩剪刀決其齒，以蜜和齏汁飲之，卽蘇。靜直先生異之，雖奔走瀕死者數，不忍棄公也。

壬辰（一二三二）十歲，蒙古太宗四年，金哀宗天興元年，宋理宗紹定五年。

蒙古太宗由白坡渡河，及金師戰於鈞州之三峰，大敗之，獲金將蒲阿克，鈞州遂下，尚號嵩、汝、陝、洛、許、鄭、陳、亳、潁、壽、睢、永等州。金遣曹王訛可質於蒙古請和，太宗退軍河洛，遣唐慶使金諭降，金殺之。十二月，復遣使於宋，議夾攻金，宋許之。金主守緒出奔河北，蒙古蘇布特復圍汴。

是年，河南亡。公父母攜公北渡，居於保，後徙順天，繼舉公彛、庸二弟。是年，郝氏之流寓河南者，公叔祖天祐及堂叔輿、輦、思直，俱沒於兵。

癸巳（一二三三）十一歲，蒙古太宗五年，金哀宗天興二年，宋理宗紹定六年。

春正月，金主濟河與蒙古戰，大敗，走歸德。金元帥崔立作亂，以汴城降於蒙古，蘇布特進至青城，崔立以金太后、后妃、諸王送蒙古，蘇布特殺諸王，以后妃北還。金主守緒奔蔡，蒙古率師圍之，宋使孟珙等來助，合兵攻蔡州。

公在保時，亂後生理狼狽。靜直先生聚俊秀而教之，欲令次子讀書，俾公專治家事，以紓目前之急。許夫人曰：『吾觀是兒，志貌不凡，他日必大吾門。忍令廢學以墜家聲？不過我輩忍窮數年耳。』靜直先生以爲然，命公就學，欲其先經也，故名之曰『經』。

甲午（一二三四）十二歲，蒙古太宗六年，金末帝承麟元年，宋理宗端平元年。

春正月，金主傳位於宗室承麟。宋孟珙與蒙古兵入蔡州，金主自經於幽蘭軒，承麟爲亂兵所殺，宋人取金主餘骨以歸，金亡。

三月，宋以賈貴妃弟似道爲藉田令。宋謀復三京，會兵趨汴。金故將李伯淵誅崔立，以降蒙古，復引兵至洛陽，趙葵等棄汴而歸。蒙古使王檝於宋，責以敗盟。

公在保振勵讀書，晨給薪水，晝理家務，少隙則執書不輟。靜直先生感泣，賦詩有云：『日月儻隨天地在，詩書終療子孫貧。』

乙未（一二三五）十三歲，蒙古太宗七年，宋理宗端平二年。

春正月，宋以程芾爲蒙古通好使。三月，蒙古主使其子庫騰等分道侵宋。

丙申（一二三六）十四歲，蒙古太宗八年，宋理宗端平三年。

蒙古張柔等拔郢州、襄陽，叛宋降於蒙古。宋文天祥生。

丁酉（一二三七）十五歲，蒙古太宗九年，宋理宗嘉熙元年。

是冬，蒙古口溫不花圍光州，命張柔等攻蘄、隨等州，畧地至黄州，宋請和，乃還。

戊戌（一二三八）十六歲，蒙古太宗十年，宋理宗嘉熙二年。

是歲，静直先生館於保之滿城。適蒙古試諸路儒士，公遂爲決科文。時僦廬託處，乃假屋於鐵佛寺僧張仲安，得其南堂，聚童子而教之，以佐生業。夏四月一日始入而從事，日誦二千言爲課，夜則考其傳注。始入夜，往庀家事，舂粟治蔬。二鼓入於書堂，龕燈隱几，不解衣帶，閲誦輟録，昏怠則仰就背枕以假寢。五鼓往家負薪汲水，黎明入於書堂，以是爲常，雖盛寒大暑不替也。

己亥（一二三九）十七歲，蒙古太宗十一年，宋理宗嘉熙三年。

公讀書於鐵佛寺。一日，雞初鳴，公猶凭几伏誦，殘燈無焰，許夫人來竊視，呼公語之曰：『能若是，吾有望矣！』公益激勵，肆意經傳，坐徹明者五年。每遇疑難則沉思良久，期於必得必悟而後已。

庚子（一二四〇）十八歲，蒙古太宗十二年，宋理宗嘉熙四年。

蒙古張柔等分道侵宋。復使王檝於宋，前後凡五至。以和議未決，隱憂而卒。宋歸其柩於蒙古。

公讀書於鐵佛寺。

辛丑（一二四一）十九歲，蒙古太宗十三年，宋理宗淳祐元年。

十一月，蒙古主窩闊臺卒，第六后乃馬眞氏稱制。十二月，蒙古使月里麻思等於宋議和，至淮上，守將囚之。

公讀書於鐵佛寺。是年秋，元遺山先生爲公大父晉卿先生作墓銘。

壬寅（一二四二）二十歲，蒙古乃馬眞氏稱制，宋理宗淳祐二年。

秋七月，蒙古張柔自五河口渡淮，攻宋揚、滁、和州。

公讀書於鐵佛寺。始娶滿城徐氏。

癸卯（一二四三）二十一歲，蒙古乃馬眞氏稱制，宋理宗淳祐三年。

春正月，蒙古張柔分兵屯田於襄城。

公讀書于鐵佛寺。冬，順天左副元帥賈輔辟公教授諸子，始去寺堂，館於萬卷樓之中和堂，如是者七年。

八月，有《送常山劉道濟序》。

甲辰（一二四四）二十二歲，蒙古乃馬眞氏稱制，宋理宗淳祐四年。

公館於賈府。正月，子阿寶生，卽采雲。

作《唐宋近體詩選序》、《萬卷樓記》、《再送劉道濟序》。

乙巳（一二四五）二十三歲，蒙古乃馬眞氏稱制，宋理宗淳祐五年。

蒙古察罕會張柔掠宋淮西等州。至揚州，宋制置趙葵請和，乃還。

二月，有《答高雄飛書》。八月，作《醉經記》。十一月，作《鄰野堂記》、《唐帝廟碑》。

丙午（一二四六）二十四歲，蒙古定宗貴由元年，宋理宗淳祐六年。

秋七月，蒙古太宗長子卽位於汪吉宿滅秃里之地。九月，宋漢東公孟珙卒，以賈似道爲京湖制置使。十二月，蒙古侵宋京湖江淮之境。

春三月九日，公母許夫人卒，年四十九，寓壂於保之南原。五月三日，子阿寶殤，附殯焉。

是歲冬十一月越十有五日辛未，五星會於亢，作《緯亢行》。

丁未(一二四七)二十五歲，蒙古定宗二年，宋理宗淳祐七年。

爲趙氏作《種德園記》，爲喬德玉作《臨漪亭記》。《含元殿瓦硯記》、《手植檜復萌文》、《送太原史子桓序》。

戊申(一二四八)二十六歲，蒙古定宗三年，宋理宗淳祐八年。

三月，蒙古定宗卒，后海迷失氏稱制。諸王大臣不服，國內旱災，內外離心，法度不一，太宗之政衰矣。

《與漢上趙先生論性書》、《送鄉先生宋君還燕序》，爲楊春卿作《庸齋記》，《喬千戶行狀》、《題芙蓉盆》。

己酉(一二四九)二十七歲，蒙古定宗后海迷失氏稱制，宋理宗淳祐九年。

五月，有《怒雨賦》、《漢義勇武安王廟碑》、《許鄭總管趙侯述先碑銘》。

庚戌(一二五〇)二十八歲，蒙古定宗后海迷失氏稱制，宋理宗淳祐十年。

宋以賈似道爲兩淮制置大使。冬，宋余玠出兵興元，遇蒙古兵而還。

春，公去賈館，擬南邁，自是聲名籍甚。遺山元先生學於公大父，仕金爲翰林知制誥，金亡不仕，往來燕趙間。一見公，奇之曰：『子狀類先生，才識間出，家世淵源有所積而然也。』遂相與論作詩作文法，復勉公以百世遠大之業，公從先生學者蓋有年。

春，作《渾源劉先生哀辭》。八月，作《皇極道院記》。十月，會杜叔通於保下，爲作《天地括囊圖說序》。十二月，《上紫陽先生論學書》、《送柴梓材序》。

辛亥（一二五一）二十九歲，蒙古憲宗蒙哥元年，宋理宗淳祐十一年。

蒙古定宗卒。久未立君，中外洶洶。夏六月，諸王大將共推拖雷長子蒙哥卽位於闊帖兀阿蘭之地，政始歸一。七月，命皇太弟忽必烈總治漠南，開府金蓮川。冬，忽必烈置經畧司於汴，分兵屯田。

正月，有《祭徵君魏先生文》、《送道士申正之序》。五月，作《儒行序》、《四賢祠碑》。

壬子（一二五二）三十歲，蒙古憲宗二年，宋理宗淳祐十二年。

蒙古萬户蔡國張柔聞公名，禮請館於帥府，授諸子學。張復有書萬卷，付公管鑰，恣其搜覽，乃大足平生之願，卒成偉世之器。後張、賈子孫多爲將相名臣，以顯於世。

癸丑（一二五三）三十一歲，蒙古憲宗三年，宋理宗寶祐元年。

夏，公入于燕，由萬寧故宮登瓊花島，慨然有懷，乃作賦焉。

爲賈仲明作《休復亭記》，爲王良臣作《恒齋記》。

甲寅（一二五四）三十二歲，蒙古憲宗四年，宋理宗寶祐二年。

蒙古忽必烈以姚樞爲京兆勸農使，廉希憲爲宣撫使，張柔移鎮亳州城而戍之。

春，公客於杞。

作《須城縣令孟君墓銘》。五月，作《瑞麥頌》，作《萬竹堂記》。十月，左副元帥賈輔卒，公爲文祭之，并銘《神道碑》。

乙卯（一二五五）三十三歲，蒙古憲宗五年，宋理宗寶祐三年。

春，蒙古忽必烈征河内，許衡爲京兆提學。

春三月五日，子阿長生，即采鳳。公初娶徐氏，不婦，歸於家。再娶淇澳張氏，自是生子。秋，東行，由趙魏以適魯。八月，入於東原。九月，濟汶自鹿門入於曲阜，藩帥交辟，皆不就。

世祖時在潛邸徵召賢士，諸公累薦。九月，遣使召公，不起。十一月，召使復至，公乃歎曰：『讀書爲學本以致用也。今王好賢思治如此，吾學其有用矣！』始應召而北。

爲淄川先生作《素菴記》。春在燕，作《時中齋記》、《日觀銘》、《曲阜懷古》諸詠、《遊靈岩寺》詩，有《去魯記》，登泰山作賦。

丙辰（一二五六）三十四歲，蒙古憲宗六年，宋理宗寶祐四年。

五月，宋賜禮部進士文天祥及第。六月，蒙古請伐宋，憲宗亦以宋人違命囚使，會議伐之，忽必烈城開平府，劉秉忠營之。

春正月，公見皇太弟於沙陀。問以帝王當行之事，公援引唐虞三代治道以對，自朝至晡，喜溢不倦，連日引對論事，甚器重之。且命條奏所欲言者，公乃上《立國規模》二十餘條。復問當今急務，遂舉天下蠹民害政之尤者十一條上之，切中時弊，皆以爲善，雖未即用，至中統後更張制度，用公之言蓋多。公遂還燕，議歸鄉拜謁松楸，未果。公父靜直先生夏得風痹疾，公爲書請命。

春，公自沙陀爲大父晉卿作墓銘，爲郭仲偉作《横翠樓記》。五月，有《爲靜直先生請命書》。八月，作《積慶堂記》、《程先生墓銘》、《毛君墓誌銘》、《二履辨》。

丁巳（一二五七）三十五歲，蒙古憲宗七年，宋理宗寶祐五年。

蒙古罷忽必烈開府，侵宋襄陽，入其郛。八月，蒙古主分道侵宋，自將由蜀以入，先命張柔從忽必烈攻鄂趨杭州。

公自壬辰春渡河居於保，凡十一年，僦廬而徙者十。甲辰徙南里，凡十四年，於居爲最久。夏四月，始作北風亭。子阿壽生，即采麟也。七月四日，元遺山先生卒於獲鹿寓舍。訃至，公走常山三百里，哭之，爲文以奠，壟於定襄，並銘其墓。

正月，作《心菴先生陰符經集解序》。四月，作《北風亭記》、《送張漢臣序》、《祭遺山先生文》、《墓銘》、《房山先生墓銘》，詠《義士》詩。

戊午（一二五八）三十六歲，蒙古憲宗八年，宋理宗寶祐六年。

冬，宋以賈似道爲樞密使，宣撫兩淮。

公居家侍父疾。靜直先生在牀簀已三年，十一月二十六日增劇，二十八日强爲之起，咄唶曰：『發志氣。』遂瞑，不復語，卒年六十八。得遺藁一百二十篇。門人苟宗道、趙泰尚文等私謚曰『靜直處士』，權厝於保城之北原，公自爲行狀。

作《一貫圖》、《漢義士田疇碑》、《殷烈祖廟碑》、《順天孔子新廟碑》。

己未（一二五九）三十七歲，蒙古憲宗九年，宋理宗開慶元年。

七月，蒙古蒙哥卒於合州城下，餘衆解圍北還。八月，蒙古忽必烈將兵渡淮，九月渡江，遂圍鄂州。宋拜賈似道右丞相，軍漢陽以援鄂，遂密遣宋京乞和於蒙古，忽必烈解鄂圍引還。

春三月，子阿長殤，附殯靜直處士墓側。

夏，公外伯父陵川牛君視公於曹南。

九月，皇太弟總兵趨荊鄂，遣使召公從行，駐軍於濮會。有以宋臣植齋奏議呈獻者，言宋邊防沖要忌吾者七處。王召諸臣共議，公乃具奏。王見公儒生論兵事剴切，愕然曰：『是汝與張拔都共議耶？』公曰：『經少館於其家，嘗聞其議論。此特經之臆說，柔不知也。』退而著書，義名曰『七道』，凡七千餘言。

乃以楊惟中爲江淮、荊湖南北等路宣撫使，以公爲副，將歸德軍先至江上，宣布恩信，招納降附，所活不可勝紀。惟中欲私還汴，公曰：『我與公同受命南征，不聞受命還汴也。』惟中怒，弗聽。公反覆辨爭，楊不與公會面者三日。公乃率麾下揚旌而南。楊懼，謝曰：『公之執守，讀書之力也。敢不從命？』遂與公俱行，會王師於江上。

公聞憲宗在蜀，師久無功，遂進《東師議》，王稱善者久之，然與帝已定約，不獲中止，遂渡江圍鄂。宋人懼，請和，會憲宗凶訃至，王召諸將屬議，公復進《班師議》，王以爲然，遂班師。

作《東師議》、《班師議》、《新野光武皇帝廟碑》、《周子祠堂碑》、《渡江書所見》、《題東坡先生畫像》、《巴陵女子行》、《武昌詞》、《棣華堂記》。

庚申(一二六〇)三十八歲，蒙古世祖忽必烈中統元年，宋理宗景定元年。

春三月，世祖至開平。諸臣勸進，辛卯即位，復召竇默、許衡至開平，初定官制，以王文統爲中書平章政事，撤江上軍，以史天澤爲江淮經略使，頒即位詔於天下。

四月丁未，以翰林侍讀學士郝經爲國信使，翰林待制何源、禮部郎中劉人傑副之，使於宋。初，蒙古兀良合台解潭州圍至鄂，宋賈似道使夏貴等殺其殿卒百七十人，匿和議稱臣納幣之事，以所殺殿兵奏諸路大捷。召似道還朝，封少師衛國公，並官其將士。似道使廖瑩中撰《福華編》，稱頌鄂功，通國不知所謂和也。至是，似道恐信使至國泄其謀，遂設計拘留於眞州之忠勇軍營。後，宋帝聞有北使，謂宰執曰：『北朝使來，事體當議。』似道奏曰：『和出彼謀，豈容一切輕狥？倘以交鄰之道來，當令入見。』淮東制置李庭芝亦奏蒙古使者久留眞州，不報。

春，公宣撫江淮，至自武昌。哭靜直先生之墓而入，蓋公之服尚未闋也。見墓側有小邱，始知阿長之殤，因慟而爲誌。

三月達順天，鐵佛寺僧張仲安來謁，公至讀書之所，顧二親不見，因涕泗横集，揮淚爲記。

四月，世祖遣使召公，平章王文統素忌公有重名，世祖欲修好於宋，文統請遣公。王本李璮幕屬，乍被親幸，復陰囑李璮潛師侵宋，欲假手害公。時或爲公言：『宋人譎詐叵信，盍以疾辭？』公曰：『吾讀書學道三十年，無大益於世。今南北搆難，困弊已極，倘弭兵靖亂，活百萬生靈，吾學爲有用矣。』遂赴召見於開平，以公爲翰林侍讀學士，賜佩金虎符，充國信大使，齎國書入宋告登寶位，布通好弭兵息民意。及陛辭，公請與一二蒙古偕行，帝不許。將出，帝賜葡萄酒三爵，且命公上所當言者，公具十六條新政以上，俱切，至後皆節次行之。

夏五月，公至濟南，李璮以書止公行，公曰：『吾受命朝廷，持節而出。若以邊將之言遽回，罪也。遲疑顧望而不進，亦罪也。』乃以璮言聞于朝而行。

六月，至宿州，移文於宋，以請接納。

七月，進至五河口，宋遣朱寶臣、秦之才來接伴。

八月，宋復遣潘拱伯來館伴，請登舟而南。公將入宋境，遣使上封事行次昭信，潘拱伯傳制使李庭芝欲見國書，公正色曰：『皇帝授使人國書，令見貴朝國君而與之。今伴使要我於半塗，其故何哉？』

拱伯不敢復言。

九月，至眞州，時賈似道方以鄂功自頌，恐姦謀呈露，館公於忠勇軍營，規模布置已成囚所，驛吏棘垣鑰戶，晝夜防守。

十月，李庭芝致書於公，云：『信使以美意而來，松壽乃懷姦以逞，以此而和，殆類欺我。』仍械李璮敗將以爲口實。公答書以『邊將違詔啟釁，何與使人事』，仍上表宋主，有云：『願附魯連之義，排難解紛；誰知唐儉之徒，欸兵誤國！』又移文制司請入見，不報。請歸國，亦不報。復牒宋三省致書賈似道，上書宋主，凡數十萬言，皆不報。伴使止云『朝廷已有定議』，顧窮極變詐，欲以撼公。介佐或不能堪。公語之曰：『一入宋境，死生進退聽其在彼。屈身辱命，我終不能。汝等不幸，宜忍死以待。揆之天時人事，宋祚殆不遠矣。』衆感其言，皆自振勵。

作《居庸關銘》、《讀書堂記》、《祭淮瀆文》、《禡牙文》、《立政議》、《備禦奏目》、《便宜新政》、《留城留侯廟碑》、《冠軍樓賦》、《易州總管何侯神道碑》、《宣撫大使楊公神道碑》。

辛酉（一二六一）三十九歲，蒙古世祖中統二年，宋理宗景定二年。

五月，蒙古遣崔明遠、李全義爲詳問官，詣宋淮東制司訪問國信使郝經等所在，仍以稽留信使、侵擾疆場詰之。公弟庸請介行人以問罪，遣之，宋人不納。

七月，蒙古下諭將士舉兵攻宋，有曰：『朕卽位之後，深以戢兵爲念，故年前遣使於宋，以通和好。宋人不務遠圖，伺我小隙，反啟邊釁。朕以兩國生靈之故，猶待信使還歸，以成和議。留而不至者今又半載矣。彼嘗以衣冠禮樂之國自居，理當如是乎？』

公在儀眞，宋伴使朱寶臣等僞報蒙古異聞，公弗聽。復累言之，欲貳公心以降，公厲聲曰：『此事斷無。若有之，當遣我輩還國。』乃與介佐束裝露次於庭者月餘，以請歸。宋人知公不可屈，乃請復入。後果虛妄。

《再與宋宰相書》、《上宋主請區處書》、《瓊花賦》。

壬戌（一二六二）四十歲，蒙古世祖中統三年，宋理宗景定三年。

冬十月，以郝經、劉人傑使宋未還，廩其家。

公在眞州所居之館，故總制廳事也。院中舊有大樹數株，守人盡斫去。牆高丈餘，上樹以蘆柵，下荐以棘，外掘壕塹，置鋪兵，防閑挫抑者無不至。

九月始作《一王雅》，爲《陽遁士苟君墓銘》。

癸亥（一二六三）四十一歲，蒙古世祖中統四年，宋理宗景定四年。

二月，蒙古以王德素充國信使，劉公諒副之，使於宋，致書宋主，詰其稽留郝經之故。

公在眞州，御下頗嚴，介佐人員見宋以長久羈縻，時有怨言。公謂之曰：『吾一介書生，蒙主上兩徵而起，一命爲宣撫使，再命爲國信大使，捨忠與義，其何以報？吾祖宗以來，七世讀書，寧肯不忠不義，以辱中州士大夫乎？』衆皆悅服。

元旦，作《邀窮文》。二月，《一王雅》成，得二百三十一人，共二百五十篇，小者十餘韻，大者六七十韻，抑揚刺美，反覆諷咏，大一統，明王道，以補前人之所未及，越十有五日序之。

甲子（一二六四）四十二歲，蒙古世祖至元元年，宋理宗景定五年。

八月，蒙古劉秉忠請定都於燕，從之，仍號中都，以中統五年改爲至元元年。公集中仍用中統年號，蓋南北隔絶，公不知也。

十月，宋理宗崩，太子禥卽位，是爲度宗。

公在眞州，與門人苟宗道整頓綴緝其所著，爲《甲子集》。七月一日長星見，九月十六日始歿，作記記之。

十一月，宋人來報其國喪，無縱釋之命，作《幽懟賦》。

作《鏡蘅亭記》、《退飛堂記》、《蘆臺記》、《窞池記》、《江石子記》、《春秋制作本原序》、《秋懷》詩、《後園秋色四首》。

乙丑（一二六五）四十三歲，蒙古世祖至元二年，宋度宗咸淳元年。

四月，宋加賈似道太師，封魏國公。

二月，作《春秋外傳》畢，《章句音義》八卷、《制作本原》十卷、《比類條目》十二卷、《三傳折衷》凡五十卷，又著《三傳序論》、《列國序論》一卷，自序冠於首。名所居之室曰『是是堂』，記以文。

丙寅（一二六六）四十四歲，蒙古世祖至元三年，宋度宗咸淳二年。

春，三節人有因鬬毆相殺死者。賊登門索公於室，公乘黑出，蔽樹而匿，賊乃抽戈，公遂踰牆，賴伴使來救，得免。國信使行府提控都管成玉死焉，公爲文以祭。乃謂幕僚曰：『若輩拘囚歲久，殆無生意，是不可與久處此困厄也。恐別生事端，玷吾大節。』遂與苟宗道等六人築館別居於外，位於東序，是爲新館。片天之下，四壁之內，秋霖夏暑，不勝其苦。公處置一定，萬折不衂，著書吟詠自若也。宋人知公志節終不屈，亦不忍加害，反畏而敬之，日給廩餼有加。

三月，作《祭成玉文》、《原古録序》。六月，作《密齋記》、《新館秋懷》詩、《烈士吟》、《新館八月三日雨》、《新館重九》詩。

丁卯（一二六七）四十五歲，蒙古世祖至元四年，宋度宗咸淳三年。

春，蒙古許衡謝病還懷孟。

元日有詩，《孟春新館望南極》詩、《春日夜飲見月》詩、《夏六月大雨震電》詩、《新館寒食無花》詩四首、《九月五日念母》詩。十二月，修《易外傳》畢，記夢有詩，《牡丹菊賦》。

戊辰（一二六八）四十六歲，蒙古世祖至元五年，宋度宗咸淳四年。

正月，成《周易外傳》八十卷、《太極演》二十卷，皆爲序。

十月晦，《一貫圖》成，有《圖説》。《寒食》詩、《七夕》詩、《新館守歲贈正甫書狀》。

己巳（一二六九）四十七歲，蒙古世祖至元六年，宋度宗咸淳五年。

作《三月二十六日》詩二首。

庚午（一二七〇）四十八歲，蒙古世祖至元七年，宋度宗咸淳六年。

正月，宋李庭芝督兵援襄陽，賈似道命范文虎從中制之。

四月，宋賈似道以去要君，帝命直學士院文天祥草制留之，不滿似道意，使劾罷之。時襄樊圍急，似道日坐葛嶺，作半閒堂，與博徒縱博，復建多寶閣登玩。有言邊事者，輒加貶斥。十月，詔范文虎援襄樊。

是年，公弟庸又請介行人問罪於宋，下大臣會議，以爲不可。公在新館。

作《夏至夜雨》詩。

辛未（一二七一）四十九歲，元世祖至元八年，宋度宗咸淳七年。

十一月，蒙古改號曰『元』，取《易經》『乾元』之義。

是年，公弟庸復請於朝，不得已復遣之，至建康而還，幾死者凡十數。

五月，公令伴使西珪借書於兩淮制使印應雷，得二《漢》、《三國》、《晉書》，遂作正史，以裴注之異同，《通鑒》之去取，《綱目》之義例，參校刊定，歸於詳實，以昭烈纂承漢統，魏吳爲僭，號曰《續後漢書》。

作《和陶》詩百餘首。

壬申（一二七二）五十歲，元世祖至元九年，宋度宗咸淳八年。

十月，《續後漢書》成，年表一卷，帝記二卷，列傳七十九卷，錄八卷，共九十卷，别爲一百三十卷，序之。四月二日，詩四首。

癸酉（一二七三）五十一歲，元世祖至元十年，宋度宗咸淳九年。

公在新館，推本六經、三傳、諸子史，自漢、魏晉、隋、唐諸天官書志，及所齎宋、金源氏與蒙古燕都臺司秘書爲《曆象錄》，具述歷代星曆，傳之以理。既成，書狀官苟宗道爲之音注。宗道請别爲一書，乃更論次，復加損益，益之以圖像、細行、曆變、異事應等類，凡十二卷，名《玉衡眞觀》。

《玉衡眞觀序》、《閏六月十三日夜病中聞笛二首》。

甲戌（一二七四）五十二歲，元世祖至元十一年，宋度宗咸淳十年。

六月庚申，元降詔問罪於宋，有曰：『自太祖以來，與宋使介交通。憲宗之世，朕奉命南伐，彼賈似道請罷兵息民。朕卽位之初，追憶是言，命郝經等奉書往聘，蓋爲生靈計也。而乃執之，以致師出連年，死傷相藉，皆宋自禍其民，罔有悛心，問罪之師有不能已者。』命大丞相巴延將兵伐宋，又命兵部尚書廉希賢洎公之弟庸，行樞密院都事，齎詔赴杭州，問以執行人之故。

七月，宋度宗崩，皇子㬎卽位，時年四歲，是爲恭宗。

十月，元巴延攻宋郢州，張世傑力戰禦之，遂潛兵入漢，屠沙洋，陷新郢。

十二月，遂渡江，宋夏貴棄師走。巴延會阿朱趨鄂州，鄂州降，遂引兵東下。宋詔賈似道督師開府臨安，李庭芝遣兵入援。

公在儀徵已十五年，音問久不通。先是，有以鴈獻者，命畜之，見公輒鼓翼引吭，似有訴。公感悟，以九月甲戌率從者具香案，北向拜，舁鴈至前，用蠟丸帛書親繫於鴈足，祝而縱之，詩曰：『霜落風高恣所如，歸期回首是春初。上林天子援弓繳，窮海纍臣有帛書。中統十五年九月一日放鴈，獲者勿殺。國使大使郝經書於眞州忠勇軍營新館。』五十九字，博二寸，高五寸，背有陵川郝氏印，方一寸，文透於背，可辨識。

明年三月間，虞人始獲鴈於汴梁金明池。會公北歸，故獲者不以聞，後帛書爲王時中所得。延祐五年，學士郭貫見之，奏於朝，敕中使取之，詔裝潢成卷，文臣各題識之，藏諸東觀。

乙亥（一二七五）五十三歲，元世祖至元十二年，宋恭宗㬎德祐元年。

春正元，劉整卒於軍，宋范文虎降元。

二月，宋賈似道出師，次於蕪湖，夏貴引兵會之。賈似道復使宋京請和於元巴延，不許。宋孫虎臣、夏貴之師潰於江上，似道奔揚州，元盡陷江淮州軍。宋張世傑將兵入衛，江西提刑文天祥起兵勤王，始詔總管段佑以禮送元行人郝經歸。賈似道有罪免，尋貶循州安置，監押官鄭虎臣誅之。明年，宋亡。

春二月，公自宋歸，在途嬰疾。

三月，世祖知公至且病，遣近侍太醫迓公者相次於道。所過郡、邑，不遠數百里來觀者如市。父老見公全節不屈，龍鍾皓首而歸，往往有泣下者。

四月，至燕入見，世祖嗟，慰勞來懇至，賜燕畢，復召入賜坐論事。適大臣呈奏諭宋詔，草不稱旨，俾公改作，公援筆立就，世祖稱善，行之，至晡乃出。翌日，車駕發上都，令醫就公診視。無何，宿疾復作，七月十六日，公子采麟問以後事，仍以紙筆呈公。公執筆，目半瞑，但書『天風海濤』四字，餘無所言。少頃，卒於所居之正寢，天下聞而哀之。越二十有八日，采麟奉柩，都省差官護送，權厝於保定府西郭外静直先生之墓側。

後朝廷憫公忠節，凡從公歸者，各命官有差，特命公子采麟以奉訓大夫，知林州。成宗大德三年春，遷窆於孟州河陽縣虎頭山之原。大德九年（一三〇五）六月，詔贈公昭文館大學士、資善大夫。延祐四年（一三一七），加贈推誠保節功臣、昭文館大學士、榮禄大夫、司徒柱國，追封冀國公，謚文忠。

同里後學王汝礪硯農、楊豫成立之校字。

郝文忠公年譜跋

跋一

清　秦萬壽

嗚呼！先生之生也，金以亡；先生之歿也，宋以亡。先生之身，固關三朝廢興哉！始則忍窮以殖學，終則忍窮以植節，所謂動心忍性者，先生其備矣。天之降大任者，如是已乎？道則達矣，天其以先生開有元九十年之統歟？世之隕獲充詘者徒紛紛也，烏知所謂道哉！有志之士何從焉？輯先生年譜畢，復贅數語以自警。

嘉慶己巳（一八〇九）八月下浣，恒山秦萬壽。

跋二

清　楊豫成

將梓文忠年譜，客有過而問曰：『譜以備國史之采擇也，今反捃摭諸傳誌，疑贅，又以詳敘其生平也。今輯於五六百年之後，除落落大節外，僅就詩文之載於本集者，補綴之，疑疏。疏與贅，匪適文累也。勿亦因文以累人實甚。』余曰：『唯唯否否。夫公氣節如蘇武、洪皓，才略如馬周、王樸，貧而力學如茅容、黃憲，而文章經術又幾合鄒、枚、鄭、賈爲一人，不待譜而傳也。事蹟之湮沒，詩文之散失，如煙雲過眼而不可復聚，又譜而仍不傳也。顧公爲陵人，實終身未一至陵，乃必揭「陵川」以名集，公之意可知也。集雖名「陵川」，一再刻者，皆與陵風馬牛不相及，陵之人乃必亟亟謀所以歸之，陵人之意又可知也。在公爲不忘故土之思，在陵人爲景仰先賢之志。諸君子不惜搜羅、考核，以共成此譜，夫亦猶斯意也。且亦思公可無譜，公之集實不可無譜乎！其指陳時事，動關三朝，參之於譜，固將融會貫通，而洞其治亂興衰之迹。至於文見於此，意注於彼，又或義兼比興，如《風》詩之寓規諷於揚水椒聊，《離騷》之寄忠愛於美人香草，不有斯譜，奚以知水中之鹽味、聆絃外之遺音者？然則譜公也，即譜公之集也，以譜爲集之提要可也，以譜爲集之注脚亦可也。矧後人之譜少陵、譜東坡，孰非就詩文而捃摭補綴之者？何獨於陵人於公疑之也？』客默而去。適剞劂甫竣，因備錄其言於簡末，俾後之閱者，無更疑其贅與疎焉。

道光丙申（一八三六）清明後二日，後學楊豫成跋於都門客寓。

附録四

朝廷封贈

封贈

翰林國史院呈

皇帝聖旨裏，翰林國史院謹呈：

照得故翰林侍讀學士郝經始於丙辰年，世祖皇帝召赴闕庭，己未年欽授宣命江淮荊湖南北等路宣撫副使。至中統元年，欽授宣命授前職，佩金虎符，充國信大使使宋。宋人輒留一十六年，逮王師入境，始得北歸。無幾，宿毒暴發，身故。至元二十四年、元貞二年，禮部、御史臺俱爲本官封贈事，舉呈都省，至今未蒙聞奏。

本院參詳，本官抱幽鬱之憤者一十六年，其風節耿耿，始終不移。向非彼取滅亡，必無生還之道，興言及此，良可哀也。且江南未平之前，朝廷惟以拘留使人爲宋朝之罪，蓋視奉使爲甚重也。及其幸免而來，則不暇行賞而歿。歿既有年，而封贈之典尚闕，此尤可哀者也。抗孤身之危而待一國之斃，方之蘇武，功則過之，禮宜優加爵謚，表異忠賢，以彰聖朝崇義報功之美。合行具呈，中書省照詳施行。

大德七年七月　日

封贈　御史臺呈

皇帝聖旨裏，御史臺據監察御史呈：

伏惟剖符析爵，崇德報功，加謚定封，褒忠勸善，匪徒誇觀美而飾虚文，將以表勤勞而歛實用也。如唐贈白起，周封比干，苟著忠勳於異代，猶加寵命以旌之，況捐軀竭節，宣力當世乎！

竊念故翰林侍讀學士郝經，負匡濟之略，荷特達之知。方世祖皇帝龍飛之初，歎殘宋之未服，生靈糜爛，方域繹騷，亟欲保境寧民，戢兵講武，擇公卿將以遣之，見大夫無可使者，遂授公以前職，充國信使，持璽書往喻旨。屬僞主孱懦，邪臣擅朝，絶不爲通，拘弗令反，屢欲加害，略無改容，守節益堅，抗言彌厲。我朝以其執使拒命，阻兵安忍，故一怒興師而長江失險，勢將銜璧，危若綴旒。國至臨亡，公始得釋，被拘十有六年。蹈禍患而弗撓，觸威武而弗懾，忠義肝腸，始終如一。雖蘇屬國之持節漠北，顔平原之禍笏淮南，殆無以過也。因奉命無辱，莫顧一身；　致伐罪有辭，遂混六合。歸朝未幾，以疾不祿，褒崇之典，咸謂闕然。

欽惟聖主，嗣登寶祚，動遵憲度，禮遇忠賢，或生封以酬其勳，或死贈以獎其魂，莫間幽冥，均霑寵渥。唯公服勞今世，不媿古人，封贈未加，寔孤衆望。若蒙錄其忠勳，錫以贈謚，庶幾陳力就列之臣，益思勉勵也。乞照詳得此，本臺合行具呈，中書省照詳施行。

大德七年十月　日

封贈誥詞　元成宗

大德九年六月，成宗皇帝制曰：

鄂渚之役，彼因紓難以匄和；中統之初，首議遣書而通好。故翰林侍讀學士、國信使郝經，毅然銜命，志在息民，往諭聖祖，一視之仁。卒被僞相姦謀所梗，雖蒙假館，遂見拘留。鴈書未達於中原，龍棹已横於江上。閉儀眞者十六載，臣操益堅；訖宋籙之三百年，兵端自此。甫遂生還之願，遽傳哀訃之音。永懷忠亮之風，宜舉褒崇之典。

於戲！請纓象闕，既酬終軍繫粤之心；圖像麟宫，式表子卿歸漢之節。可贈昭文館大學士、資善大夫，謚曰文忠。主者施行。

大德九年六月　日

追封敕文　元仁宗

延祐四年四月，今上皇帝加贈：

推誠保節功臣、昭文館大學士、榮祿大夫、司徒、柱國，追封冀國公，諡文忠。

——以上見正德本《郝文忠公陵川文集》卷首

追封昭文館大學士諡文忠郝經制

元順帝

鄂渚之役，彼固紓難以匄和；中統之初，首議遣書而通好。故翰林侍講學士、國信使郝經，毅然啣命，志在息民，往諭聖祖，一視之仁。卒被僞相姦謀所梗，雖蒙假館，遂見拘留。鴈書未達於中原，龍棹已横於江上。鬮儀眞者十六載，臣操益堅；訖宋籙之三百年，兵端自此。甫遂生還之願，遽傳哀訃之音。永懷忠亮之風，宜舉褒崇之典。

於戲！請纓象闕，既酬終軍繫粤之心；圖像麟宫，式表子卿歸漢之節。可贈昭文館大學士、資善大夫，諡文忠。主者施行。

——成化本《山西通志》卷十一

附録五

碑銘史傳

郝先生墓銘

金　元好問

泰和初，先人調官中都，某甫成童，學舉業。先人思所以引而致之者，謀諸親舊間，皆曰：『濩澤風土完厚，人質直而尚義。在宋有國時，俊造輩出，見於黄魯直季父廉行縣之詩。風俗既成，益久益盛，迄今帶經而鉏者，四野相望。雖閭巷細民，亦能道古今，曉文理。爲子求師，莫此州爲宜。』於是先人乃就陵川令之選。

時鄉先生郝君，方聚子弟秀民教授縣庠。先生習於禮義之俗，出於賢父兄教養之舊，且嘗以太學生游公卿間，閲人既多，慮事亦審，故其容止可觀而話言皆可傳，州里老成宿德，多自以爲不及也。某既從之學，先生嘗教之曰：『學者，貴其有受學之器。器者何？慈與孝也。今汝有志矣，器如之何？』又曰：『今人學詞賦以速售爲功，六經百氏分裂補綴外，或篇題句讀之不知；幸而得之，且不免爲庸人，況一敗塗地者乎？』又曰：『讀書不爲文藝，選官不爲利養，唯知義者能之。今世仕宦，多用貪墨敗官，皆苦於饑凍，不能自堅者耳。丈夫子處世不能饑寒，雖一小事，亦不可立，況名節乎？汝試以吾言求之。』

先生工於詩，嘗命某屬和。或言：『令之子欲就舉，詩非所急，得無徒費日力乎？』先生曰：『君自不知，所以教之作詩，正欲渠不爲舉子耳。』蓋先生惠後學者類如此，不特於某然也。

先人既罷官，某留事先生，又二年，然後歸。先生歿於成皐，其子思溫歸葬鄉里，以書抵某，言：『吾子往年赴弔成皐，曾以墓銘爲請。今卒事矣，願有以慰不肖孤之心。』某謝不敢當。六七年之間，思溫之請益堅。辛丑之秋，又屬其外兄牛元偉來，致辭曰：『先子生無一命之爵，歿無十金之産。賫志下泉，有識興嘆。授業得如吾子者，且不能一言半辭以見於後世，其命之矣。』某再拜，曰：『僕有罪。』乃敘而銘之。

先生諱天挺，字晉卿。先世有自太原遷上黨者，宋末又遷陵川，遂爲陵川人。曾祖諱元，祖諱璋，考諱昇，以選擇爲縣功曹。至先生之伯父東軒先生始，官學蔚爲聞人。先生少日舉進士，預春官氏薦書，便能出諸公之右。多疾早衰，厭於名場，遂不就選。貞祐之兵，避於河南，往來淇、衛之間。爲人有崖岸，耿耿自信，寧落薄而死，終不傍貴人之門，故時無料理者。以某年月日遘疾，春秋五十有七，終於寓舍。臨終浩歌自得，若不以生死爲意者，其平生自處爲可見矣。前娶同縣張氏，繼室高平司氏。子男一人，卽思溫也。女一人，嫁進士侯公佐。男孫三人，曰經，曰恒，曰彝。經最知名。女孫一人。弟天禔，從弟天祐，猶子思忠，皆有聲場屋間。

銘曰：篤於其資，誠於其思。行可以士矩，政可以吏師。奉璋峨峨，其誰曰我私？畀鎡基而奪之時，操利器而莫施。穹巷抱書，在涅而不緇。曳履商謳，長與世辭。寧以一寒暑往來之暫，槩細人而怨咨。良璞含光，平價不貲。棄擲泥塗，識者涕洏。孰物之尸？孰命之司？吾欲問之。有如先生者而止於斯，有如先生者而止於斯！

——金元好問《遺山集》卷二三

郝經傳

元　劉秉忠

郝經字仲常，其先陵川人，後徙河北霸州。世祖即位，以經爲翰林侍讀學士。王文統素忌其才德，乃遣使宋。或謂經：『盍以疾辭。』經曰：『自南北搆難，江淮遺黎，弱者被俘畧，壯者死原野，兵連禍結，斯亦久矣。聖上一視同仁，務通兩國之好。雖以微軀蹈不測之淵，苟能弭兵靖亂，活百萬生靈於鋒鏑之下，吾學爲有用矣。』遂行。王文統陰諷李璮侵宋以阻撓之，欲假以害經。

經踰淮，賈似道懼奸謀呈露，遂以李璮爲辭，拘經於眞州之忠勇軍。驛吏防守嚴於獄，從行介佐，或不能堪。經曰：『將命至此，死生進退，聽其在彼；守節不屈，盡其在我。豈能不忠不義，以辱中州士大夫乎！』宋帝大臣聞經言，遂請入見，皆不報。

驛吏棘垣鑰戶，從人怒而鬭死數人。居七年，徙經別館，與從者六人。又居九年，巴延南侵，宋懼，乃以禮送經歸。似道之謀泄，亦竄死矣。經歸，世祖賜宴大庭，官加國子祭酒，爲朝列大夫。秋七月，經卒，年五十二。

經之爲人，尚氣節，爲學思致用。及被留，撰《續漢書》、《易》《春秋》外傳，文集數百卷。其文豐蔚豪宏，善謀議論，詩多奇崛。當時感其言目其事，各爲振勵者甚多。子二，長景文，官給事；次子景和，官廉訪使。

——《畿輔通志》卷一百三《傳》

故翰林侍讀學士國信使郝公行狀

元苟宗道

公諱經，字伯常，姓郝氏，系出有殷帝乙之支子，封太原郝鄉，子孫爲世。八世祖祚，自潞州徙澤之陵川縣，故世爲陵川人。曾大父諱昪，字子進，母某氏。大父諱天挺，字晉卿，母某氏。父諱思溫，字和之，既歿，門人謚曰『靜直處士』，母許氏。自八世祖以下，皆同居業儒，匱德不仕，教授鄉里，爲一郡望族。靜直君生三子，長卽公也，次曰彝、曰庸。公幼不好弄，沉厚寡言，始知讀書，能强記不忘。

歲辛卯，靜直君與夫人許氏攜公避亂於河南魯山，與衆數百皆匿於窟室。居無何，敵人索知，氣熏穴而死者殆盡，太夫人亦因咽塞而絕。時，公甫九歲，匍匐摸索，得黄虀一瓶，又得蜜一器，隨用太夫人所佩翦刀抉其齒，以蜜和虀汁飲之，少頃而蘇。靜直君異之，雖奔走瀕死者數，愛公，不忍棄也。

歲壬辰，河南亡，徙居順天府。亂後生理狼狽，靜直君欲令次子讀書，俾公專治家事，以紓目前之急。太夫人曰：『吾觀是兒，志貌不凡，他日必大吾門，忍令廢學以墜家聲。不過我輩忍窮數年耳。』靜直君以爲然，命公就學。公亦自振勵，鷄鳴而起，執薪水之役，晝則營幹家事。少隙，執書讀之而不輟也。會鐵佛寺僧張仲安者，識公茂異，以寺之南堂居。公聚童子而教之，公遂刻苦力學，肆意窮討，衣不解帶，忘寢與食，坐徹明者五年。每遇疑難，則沉思良久，反覆諷誦，期於必得必悟而後已。嘗自誦曰：『不學無用學，不讀非聖書，不務邊幅事，不作章句儒。達必先天下之憂，窮必全一己之娱。賢則顔孟，聖則孔周，詎如韋如脂爲碌碌之徒而已耶！』故慨然以興復斯文、道濟天下爲己任。讀書則專治六經，潛心伊洛之學，涉獵諸史子集，以窮理盡性、修己治人爲本，其餘皆厭視而不屑也。故世之爲決科干祿、纂組詞章之學者，始則群聚訕笑，終亦拱視而服之矣。

既冠，順天路左副元帥賈侯一見，待以國士，辟公教授諸子，以書萬卷俾公讀之。數年，公聲名日盛。萬户蔡國張公聞之，禮請公館於帥府，授諸公子學。張公復有書萬卷，付公之管鑰，恣其搜覽。公乃大足平生之願，卒成偉世之器。厥後，張賈子孫比皆爲將相名臣，以顯於世。

初，遺山元先生學於公之大父，亂後往來燕趙間，一見公，奇之曰：『吾子狀類先生，才識間出，家世淵源，有所積而然也。』遂相與論作詩作文法，復勉公以百世遠大之業。江漢趙先生愛公文筆雄贍，練達性理，謂之曰：『江左爲學讀書如伯常者甚多，然似吾伯常挺然一氣立於天地之間者，蓋亦鮮矣。』自是而名益重焉。諸鎮侯伯馳書交幣，各欲聘爲己用，皆拒而不答。

歲壬子，今上以皇太弟開府於金蓮川，徵天下名士而用之，故府下諸公累薦公於上。乙卯秋九月，上遣使召公，不起。十一月，召使復至，公乃歎曰：『讀書爲學，本以致用也。今王好賢思治如此，吾學其有用矣！』歲丙辰正月，見於沙陀，上問以帝王當行之事，公援引二帝、三王治道以對，且告以『親親而仁民，仁民而愛物』之義。自朝至晡，上喜溢不倦。自後連日引對論事，甚器重之，且命條奏所欲言者。公乃上《立國規模》二十餘條，以爲創法立制，必有一定規模，然後可行，故有一國規模，有天下規模，有萬世規模。當今依仿前代，建立萬世規模，皆當時天下國家大事。上復問當今急務，公舉天下蠹民害政之尤者十一條上之，切中時弊，上皆以爲善。雖不能卽用，至中統後，凡更張制度，用公之言十六七。

歲己未，憲宗皇帝帥天下兵大舉伐宋，自西川入。今上總兵直趣荊鄂，遣使召從行，上駐蹕於濮。會軍師有以宋臣植齋奏議呈獻者，言宋邊防沖要，忌吾者凡七處。上召諸公共議，公乃具奏，以爲：『古之一天下者，必己之德澤深厚，紀綱完具，彼之荒淫亂虐，敗亡有釁，天命人歸，一舉而取之。其地醜德齊，驕肆妄動，輕則見沮而還，重則覆亡之不暇。我國家開創以來，彎弓躍馬，窮征遠討四十餘年，紀綱未立，民不聊生。彼之君臣輯睦，政事修明，無釁可乘。我乃空國而來，僥倖一舉，諸侯窺伺於內，小民凋弊於下，故人之攻吾者，不啻數十百。道而不備乃利人，久備之道而攻之，臣見其危矣！願王整兵修武，以俟西師，藏器於身，待時而動，與帝修帝德以應天心，明王道以慰人望，簡賢良以尊將相，親宗室以壯基圖，撫諸國以消僭慝，制諸道以防窺竊，實屯戍以嚴武備，結盟好以弭兵鋒，興學校以育英才，恤瘡痍以養元氣，如是則禍變可弭，社稷無虞，我無釁而宋可圖矣。』上見公儒生談論兵事剴切，愕然曰：『是汝與張拔都共議邪？』公曰：『臣少館於張侯之門，亦嘗聞其論議。此特臣臆說，張侯初不與知也。』公退而著書，義名之曰《七道》，凡七千餘言。

會以前中書令楊公惟忠爲江淮荊湖南北等路宣撫使，命公爲副使，以歸德路一軍聽二公節制。行至棗陽，楊公以私故，欲還汴梁。公曰：『嚮者奉命令我輩布宣恩信，以先啟行。傳聞王師已踰淮蔡，我若背馳還汴，是大不可。』楊公弗聽，公反覆辨爭，楊公怒而起曰：『事當從長。』遂不與公會面者三日。公乃率戲下擬建旃而南。楊公悔懼，抵暮詣門而謝曰：『某誤矣！公之執守，讀書之力也，敢不唯命是聽？』翼日，遂與之俱會王師於江上。此又足以見公之不爲阿諛詭隨有如此者。公等存恤遺黎，聽納降附，所至，民皆聚拜馬首，故遠近降者如歸，所活不可勝計。繼而聞西師果以萬乘之威，綴於一寨，數月不拔，死傷甚眾。公急上奏，曰《東師議》，大略以爲『且當按兵觀釁，以全東師，所以防禍於未然』者，周至懇到，上稱善者久之。然與帝業已定約，不獲中止，遂渡江圍鄂。未幾，憲宗凶問至自合州。鄂人乃據城堅守不下，師竟無功而還。

明年庚申三月，上即皇帝位於開平。四月，遣使召公，欲令使宋。公適自江上回，或勸公稱疾勿行，公曰：『吾讀書學道三十餘年，竟無大益於世。今天下困弊已極，幸而天誘其衷，主上有意息兵，是社稷之福也。儻乘幾挈會，得解兩國之鬬，活億萬生靈，吾學爲有用矣！』遂赴召。夏四月，見於開平，以公爲翰林侍讀學士，賜佩金虎符，充國信大使，齎國書入宋，告登寶位，布通好弭兵息民意。仍詔沿邊諸將，毋得出境侵抄。及陛辭，公請與一二蒙古偕行，帝不許，曰：『只卿等往，彼之君臣皆書生也，且賈似道在鄂時，已嘗請和於我矣。』將出，帝賜蒲萄酒三爵，且命公曰：『朕初即位，凡事草創。卿今遠行，所當言者可亟上之。』公乃具草，言帝臨御之初，當大有爲，以定萬世之業，皆佐王經世之略，凡十六條。其言備禦西王、罷諸道世襲，尤爲切至，帝皆節次行之。

初，朝廷將遣公等，命益都路行省李璮先差人達知亡宋。夏五月，公至濟南，璮以書來止公，云：『近遣劉仙等二人至淮安，已爲知州葉再遇所殺，宋人意殊叵測，公等可無行也。』璮意實不喜和議，故因此以止公。公曰：『吾受命朝廷，持節而出，若以邊將之言而遽回，罪也。遲疑顧望而不進，亦罪也。』乃以璮言聞諸朝而行。

六月，至宿州，以信使一行到邊，移文亡宋三省、樞密院、制置司，以請接納。宋之君臣會議，久而不報。時邊帥有侵略宋境，俘獲生口而去者，公遣人追及之，責以不遵約束之罪，仍將生口數十，護送各歸本業。

七月，進至五河口，宋人遣揚州制置司幹官朱實臣，遙授陳州通判秦之才來接伴。

八月，復遣懷遠軍招撫司參謀潘拱伯來館伴，仍請登舟而南。公將入宋境，憂朝廷初政，治具未完，事有未善者，遣使上封事言闕失，以爲『國家振舉綱維，修明禮樂，雖不能便如三代，亦當期致漢唐，不宜苟且參用憸人，以蠹國政』，又極論『風俗者，天下之命脉，方今最爲敗亂，當速修理』。行次昭信，伴使潘拱伯傳兩淮制置使李庭芝欲一見國書，公正色曰：『皇帝授使人國書，令見貴朝國君而與之。今伴使要我於半塗，其故何哉？』拱伯不敢復言。

九月，至眞州，館於忠勇軍營，宋人規模布置已成囚所矣。

十月，宋遣吉州刺史、兩淮制置司諮議官衛司愈來傳宣撫問，云：『蒙國遣使通好，實出美意，爲李松壽一再犯邊，故且館留儀眞。』又出李庭芝一書，云：『信使以美意而來，松壽乃懷姦以逞，以此而和，殆類欸我。』仍械繫李璮敗將劉軍判者以爲口實。

初，公之在宿州，李璮潛師侵宋，宋人敗之淮安，故以欵兵之事誣我。公答書，大略開陳聖主通好美意，中間別無蓋藏。至於邊將用兵啟釁，彼自不遵詔旨，何與使人事？仍上表宋主，有云：『願附魯連之義，排難解紛。豈如唐儉之徒，欵兵誤國？』宋人見公辭直理順，遂不復言。自後，公等移文制置司，請入見，不報；請歸國，亦不報。乃牒宋三省、樞密院，致書平章賈似道，上書宋主闕下，反復辨論古今南北戰和利害，并今次遣使止是告登寶位，布通好弭兵息民意，前後凡數十萬言，皆不報，伴使等但云朝廷已有定議矣。

初，公之爲使也，雖出於聖上本意，平章政事王以道忌公威望軋己，乃力贊之，仍親作國書以促公行，蓋欲排置於外也。宋人既定議，留公不遣，見公辭氣曾無少沮。明年，伴使朱寳臣等偽報本朝異聞，公弗聽。復累言之，欲離貳公心，以起降意。公厲聲曰：『此事斷無，設若有之，更當發遣我輩還國。』公乃與介佐一行束裝露次於庭者月餘，以請歸。宋人知公終不可屈，乃堅請復位，後果虛妄。

公在眞州所居之館，故總制廳事也。館門扃鐍牢固，無故不復啟鑰。院中舊有大樹數株，盡皆斫去。牆高丈餘，上則樹以蘆柵，下則荐之以棘，外則掘壕塹，置鋪屋，兵卒坐鋪者恒百餘人。晝則周圍覘伺，夜則巡邏擊柝，所以防閑挫抑者無所不至。公皆不以爲意，益振其剛大之氣，不作委靡乞憐之態。公御下頗嚴。介佐人員見宋以長久之計羈縻不遣，時亦有怨嗟者。公謂之曰：『吾一介書生，蒙主上兩徵而起，一命爲宣撫使，再命爲國信大使，捨忠與義，其何以報？鄕在淮北猶豫顧望，畏避不前，我之罪也。一渡長淮，宋既接納，盡其在我者而已，其死生進退在於彼國，吾惟有一守節不屈耳。吾祖宗以來七世讀書，寧肯爲不忠不義以辱及中州士大夫乎？但君等不幸，同在患難，且宜忍死以待。吾以天時人事測之，宋之氣數不遠矣。』衆皆悅服。故雖被拘執十有六年，除物故三數人外，皆能與公俱歸。蓋以公平生忠義之氣，有以激勵而然也。

歲丙寅春，三節人有因鬭毆相殺死者，公曰：『若輩拘囚歲久，殆無生意，是不可與久處此困厄也。恐別生事端，玷吾大節。』乃與幕僚苟宗道等六人築館別居於外者，又九年。片天之下，四壁之內，秋霖夏暑，不勝其苦。公處置一定，雖萬折而不衄，著書吟詠自若也。宋人知公志節終不可奪，亦不忍害，反畏而敬之，日給廩餼頗有加焉。

至至元十一年甲戌，大丞相伯顏將兵伐宋。既渡江，帝命兵部尚書廉希賢洎公之弟行樞密院都事郝庸等，齎詔赴杭州，問以執行人之故。宋人懼，遂禮而歸公焉。

明年三月，帝知公至，且病，遣近侍太醫迓公者相次於道。所過郡邑，不遠數百里來觀者如市。父老見公全節不屈，龍鍾皓首而歸，往往有泣下者。夏四月，至京師。入見，帝嗟，慰勞來懇至，賜宴畢，復召入，賜坐論事。適大臣奏呈諭宋詔，草不稱旨，俾公改作，公援筆立就。帝稱善，即行之，至晡乃出。

翌日，車駕幸上都，令公就醫看治。無何，宿疾復作，秋七月十有六日，疾革。其子采麟問以後事，仍以紙筆呈公。公執筆，目半瞑，但書『天風海濤』四字，餘無所言。少頃，終於所居之正寢，春秋五十有三，天下聞而哀之。越二十有八日，采麟奉柩，都省差官護送，權厝於保定府西郭外靜直君之墓側。公雖沒，四海九州之內，牛童馬走皆能道公姓字矣。後朝廷憫公忠節，凡從公歸者，各命官有差，特命其子采麟以奉訓大夫知林州。

初，上之圍鄂也，賈似道懼而請和。上未之許，而聞先帝昇遐，班師北歸。似道遂以爲己有却敵之功，誣奏宋主，卽軍前拜相，甫入朝秉政。而公往奉使議和，以尋前約，似道諱其前言之失，恥爲城下之盟，故定議覊留公等於眞州。舉國皆知其非，唯似道主而不遣也。噫！公入宋之初而似道拜相，公歸數月而似道見殺，公没之明年而宋亡。公之一身，關係兩朝之興喪，惜乎不得一見而終也。

公生於喪亂之後，能巖崿振拔，不爲流俗所移，以蓋世豪邁之氣，堅忍不渝之志，爲成己成物之學，故能深造自得，一體用，兼本末，貫萬物而不遺。至於太極、先天造物之機，道德、性命之情之妙，與夫聖賢心傳踐履之實，古今開濟天下之要，則尤精察洞究，粹然一出乎孔孟之正，諸子以下不屑論也。蓋將唱鳴吾道，揮斥百家邪說之蠹，横聖門而禦侮，高明正大，挺然一世之傑。所以能建奇功，立大節，著書傳道，以大儒名天下後世。其或賦詩飲酒，邀賓接物，而英風逸氣有足以動人者，此特公游泳陶寫之餘事耳。其文則涵養藴蓄之久，理足而氣有餘，蓋有激於中則吐而爲之辭，如長江大河有源有委，下筆數千百言，不求奇而自奇，無意於法而皆法，純乎理性而不雜，故能自成一家之作。其詩則氣韻高遠，止乎禮義，得詩人忠厚之意，故能攄寫至理，吟詠性情，不爲近體尖新切律之語，亦足以自成一家。字畫則天姿高古，取衆人所長以爲己有，故有筆勢俊逸遒勁，似其爲人，無傾側頗媚之態，亦爲當代名筆。

公自幼事父母以孝謹稱，事繼母尤篤，撫育弟妹甚厚，以全八世同居之義。亂後得親族疎遠者，待之亦同骨肉。與人交結始終以誠，而又喜交游，好施與，樂爲善事。受人之恩，必切切思報，雖小而不忘。爲人軀幹瑰偉，氣貌嚴肅，胸次洞達，辭鋒雄辨，望之凜然有不可犯之色。但資賦剛方，疾惡太甚，故屢中小人之禍。拘留宋中，不與世接，反得究竟平生著述。

公自弱冠，每以陳壽所修《三國志》統紀紊亂，尊魏抑漢，後世不公之甚，他日必當改作。及聞晦菴先生有《通鑑綱目》，嘗語人曰：『《綱目》雖奪魏統而與漢，然一代完書終未改正。』公乃創作紀、傳、序、志、論、贊等書，其辭例森嚴正大，雄深雅健，黜奸雄之僭僞，續一世之正統，則昭烈、孔明之心白日正中也。仍改曰《續後漢書》若干卷。以《春秋》聖人用道之書，學者所宜深究，乃作《章句音義》若干卷、《制作本義》若干卷、《比類條目》若干卷，可使讀書者得聖人之本意，泝流而求源，由近而致遠也。又學《春秋》者，必自『三傳』入，而三家互有得失，乃作《三傳折衷》若干卷，凡四書，總名之曰《春秋外傳》，共若干卷，合十餘萬言。又以孔子承三聖之《易》，爲之作傳，已極其至，近世諸家傳注論議不一，乃著《周易外傳》十卷。又爲《太極演》、《原古錄》、《通鑑書法》、《玉衡眞觀》、《删注三子》、《一王雅》、《行人志》等書，各數十卷，又合十餘萬言。觀公之用力聖門，自期於不朽，其志可謂勤矣。今文集若干卷行於世。

公娶淇澳張氏，賢明端淑，貞靜有守。公在宋十餘年，夫人治家有法，寬惠慈愛，篤於恩義，宗族賴之以安，後公十年而卒。子男三人，二早卒，一卽采麟也，今集賢直學士、朝請大夫。孫埜尚幼。女二人，長適中書省知印王良傑，次適從仕郎安陸縣尹蕭玠。弟彝，字仲常，讀書學道不求宦達，以醇德篤行終。男二人，長早卒，次克紹。弟庸，字季常，累官奉訓大夫、潁州知州而卒，有女二人，長適洛陽裴氏子讓，次適潁州學正申必敬。

奉直大夫、江北淮東道肅政廉訪副使、門生苟宗道狀。

——正德本《郝文忠公陵川文集·卷首》

元故翰林侍讀學士國信使郝公神道碑銘

元　盧　摯

公諱經，字伯常。郝氏自潞徙澤之陵川始。公八世祖祚，曾祖昇，祖天挺。父思溫，既歿，其徒相與號『靜直處士』。有三男子，公，其長子也。八世祖而下皆同居，業儒不仕，以淑其里。堨休滀慶，乃發于公。

壬辰之變，靜直君流寓燕、趙間。公年十餘歲，沉塞靜重，狀貌瓌奇，精敏有志趣，盡力子職。及其爲學，晝或忘晡，通夕詰旦，衣服危坐，諷誦不輟，劬勩如此，凡五六年。剞劂捖摩，磊砢而直，廉卓而輝，涵積揉累，日殊月異。擷芳雋腴，充而足之。趨武周孔，比肩淵軻。雷風斯文，陶冶當世，慨然以爲己任。山峙川駛，天遊神遇，屹乎莫移，浩乎莫御，變化不可測矣。

既冠，順天道左副元帥賈公輔，一見待以國士，萬戶張蔡公柔，館公帥府，張賈子弟皆從質學，海內名諸侯聞伯常之風者，莫不飭使介走書幣，庶幾屈爲賓友，公一謝絕。

世祖在潛邸，羅致異俊，挹其聞，遣使者一再起公。既奉清問，上稽唐虞，下迨湯武，所以仁義天下者，緩頰以談，粲若所陳也。帝喜喻所聞，凝聽忘倦。且俾書所欲言者，條數十餘事，皆援據古義，劘切時病。及踐祚，更化用公之言居多。

歲己未，憲宗自將伐宋，建益上流，世祖摠東師跨荊鄂。公建議，大槩以謂：『彼無釁可乘，未見其利。唯修德以應天心，發政以慰人望，簡賢以尊將相，惇族以壯基圖，撫殊俗，制列鎮，以防窺竊。結盟保境，興文治，飭武事，育英材，恤罷氓，以培埴元氣。藏器於身，俟時而動，則宋可圖矣。』帝偉公所論，以爲江淮荊湖南北等路宣撫副使。然勢不中止，遂絕江圍鄂。守將賈似道駴，遽請和，屬憲廟升遐，王師言還。

明年，世祖卽皇帝位，詔公以翰林侍讀學士使宋，號使曰『國信』，錫金虎符。公方踰淮，邊將李璮輒潛師侵宋。兩淮制置李庭芝寓書於公，蟣以欵兵，館留眞州，藉爲口實。公答書：『弭兵息民，通好兩國，實出聖衷。日諭邊將，戢戍守圉以契和議，衆所聞知。今啟釁自璮，一旦律以違詔，將無所逃罪，此何與使人事也？』公復上書宋主，移文其執政，論辨古今南北戰和利害甚悉，皆不報。顧窮極變詐，以撼公之志，知其終不可怵於詭數也。揵鐍館所，塹垣栫棘，驛吏訶閽，夜士鳴柝，防閑挫抑，獄犴之嚴，不啻如此。介佐而下，久於囚覊，戚嗟尤怨，無復生意。公語之曰：『嚮顧望不前，將命之責，一入宋境，死生進退聽其在彼，守節不屈盡其在我者，豈能不忠不義以辱中州士大夫乎？但公等不幸，須忍死以待。揆之天時人事，宋祚殆不遠矣。』衆服其言，亦皆自振勵。

至元十一年，右丞相伯顔奉辭南伐，江漢名城望風鄉附。世祖命禮部尚書詰宋執行人之故，遂以禮歸公。聞嬰疾在塗，醫問絡繹。既至，錫燕路朝，以張異睠，隱其痒于塵事也。詔治疾於家，病遂殆不起，以聞，天子悼焉。官其子采麟奉訓大夫，起家知林州。

初，公之使宋也，內則時相王文統忌公重望，排置異國，陰屬邊將違詔侵宋，沮撓使事，欲以欵兵假手害公；外則宋權臣似道竊卻敵爲功，取宰相，畏公露其丐盟幸免之跡，遂主議稽留，舉國皆知其非，似道不恤也。公拘儀眞館十有六年，去國未幾，而文統伏誅。甫歸國，宋探誤國之罪，似道殛，宋隨以滅。然則懷姦怙寵，傾陷善良，雖暫若得計，機發禍敗，曾不旋踵。抑宋有亡徵，公與阨會，其患難不渝，始終名節，窘一時而亨百世者，初非不幸也。

公歸以十二年四月，卒以是年七月乙酉，春秋五十有三。是月丁酉，權厝保定府西靜直君墓次。公幼至孝，撫諸弟極厚，待宗族疏近如一。篤友樂施，德於己者，雖細惠必報。然偉特方嚴，風岸峭立，衆不可攀。薰良蕕姦，題帖無貸，故用世之志，適際可爲。已墮竒擯，既處幽所，日以立言載道爲務。撰《續後漢書》，絀丕儕權，還統章武，以正壽史之失。著《易》《春秋》外傳、《太極演》、《原古錄》、《通鑒書法》、《玉衡眞觀》、《删注三子》、《一王雅》、《行人志》各數十卷。公於辭以理爲主，雄渾有氣，文集若干卷傳於世。嗚呼！功於斯術者不既多乎？捐累適己又何其勤也！

公娶張氏，淑明祇修，媲德君子，後公卒。子男三人，二早卒，一采麟也，以文學行治，擢置侍從，今爲集賢直學士、朝列大夫。女子二人，皆已嫁。孫二人，皆幼。其孤采麟，謀徙公之厝兆孟州河陽縣某鄉某里，卜恊則次公生平事，來謂涿郡盧摯曰：『先子葬有日，墓隧之碑宜得銘，得銘非信後詒遠者。銘猶無刻也，夫子宜銘。』摰惟侍讀，公以宗儒文雄，有勞烈於國，叙德暴庸，莫詳史氏。其堅毅忠壯，抱負不可揜者，名聲昭徹，雖走卒牧豎、深閨婦人，皆能道公姓字，與沒世無聞者異。信後詒遠，何待墓刻？然固不可無銘也。銘曰：

鍾氣之竒，唯志是持。緒道之微，而才可爲。振轂鄒魯，驂乘濂伊。獵德遊藝，載驅載馳。孰濬其潴？孰植其滋？孰芬其蔌？孰煦孰吹？有實其居，賓吾能戲。聖潛于藩，髦選無遺。裾曳冠巍，憲言祁祁。躍淵天飛，鱗公雲逵。廼睠南顧，廼休王師。廼命鴻碩，柔遠淮夷。夷速其顚，公凜乎危。

削槧操觚，榮觀幽羃。刪述旼分，名義昭垂。薄言還歸，昔壯今耆。胡不康寧？胡不期頤？胡不三事，爲國蓍龜？清廟宗彝，不既厥施。輿論嗟嘻，蒸蒸嗣慶。圖永孝思，刻文墓碑。以顯詩之。

——元蘇天爵《元文類》卷五八《神道碑》

元故翰林侍讀學士國信使郝公墓誌銘

元　閻　復

一天下之道有二：以仁，以得人。奚以仁？孟軻氏所謂『不嗜殺人者，能一之』。奚以得人？漢史所謂『知人善任，使所以成帝業也』。洪惟世祖，聖德神功，文武皇帝之取江南，其審是道歟！我朝肇起朔方，奄宅中夏，惟靖康餘孽，假息一隅，干戈相尋，餘數十年。中統建元之初，首遣信使通好，以偃兵息民爲務。宋人怙險，執我行人久之而不返，始興問罪之師。臨軒命將，引宋將曹彬不殺爲戒，其一天下之仁，灼見於此。爲將帥者，卒能以仁義之師席卷三吳，所過市不易肆，三代名將不啻過焉。奉使節者，被執十六年之久，卒能完節而歸，不辱君命，兩漢名臣無以尚之。嗚呼，世祖皇帝知人之明遠追堯舜，豈區區漢祖所可比隆哉！將帥謂誰？大丞相伯顔是已。奉使謂誰？故翰林侍讀學士郝公其人也。

公諱經，字伯常，系出有殷帝乙支子，封太原郝鄉，子孫因土命氏。八世祖祚，自潞徙澤之陵川，遂爲陵川人。祖諱天挺，考諱思溫，八世同居，以儒術教授鄉里。考歿，門人謚曰『靜直處士』。靜直公三子，公其長也，幼不好弄，沉厚寡言。金季亂離，父母挈之河南，偕衆避兵，潛匿窟室。兵士偵知，燎煙於穴，爞死者百餘人。母許亦預其禍。公甫九歲，暗中索得寒菹一瓻，抉齒飲母，良久乃蘇，其卓異見於童稚若此。

金亡，北渡僑寓保定。亂後生理狼狽，晨給薪水，晝理家務，少隙則執書讀之。父母欲成其志，假館於鐵佛精舍，俾專業於學，坐達旦者凡五年。初被郡帥賈侯之知，待以賓禮。蔡國張公聞其名，延之家塾，教授諸子。蔡國儲書至萬卷，付公管鑰，恣其搜覽。公才識超邁，務爲有用之學，上泝洙泗，下迨伊洛諸書，經史子集，靡不洞究。掇其英華，發爲詞章，論議視前古，慨然以羽翼斯文爲任，自是聲名藉甚。藩帥交辟，皆不屑就。

時世祖在潛，以太弟之貴開府朔庭，招集四方賢士，講明當世之務。歲丙辰，公應召而北，優被顧問，首陳唐虞三代治道以對，又條經國遠圖及民間利病，凡數十事，悉見嘉納。

歲己未，憲宗皇帝大舉伐宋，取道巴蜀。世祖奉命帥東道兵直趣鄂岳，以公從行。公乘間進言：『王者之師，有征無戰。巴蜀地險，宋人邊圉孔固，萬恐鑾輿西邁非萬全之舉也，我師未可輕進。宜修德以應天心，布澤以系民望，敦族以固根本，警備以防未然，蓄鋭以養兵力。相時而動，江左不足圖也。』世祖偉其説。會立江淮宣撫司，授公宣撫副使，以先啟行，布宣威德，招納降附，所活不可勝計。是歲秋，王師渡江圍鄂，憲宗皇帝次合州，綴於一砦，師久無功。未幾，上仙凶聞至軍中，會宋人請和，卽命班師。

明年，世祖御極，欲柔服宋人，以公奉使，告登寶位，且徵前日請和之議。或爲公言：『宋人譎詐叵信，盍以疾辭？』公曰：『自南北遘難，江淮遺黎，弱者被俘略，壯者死原野，兵連禍結，斯亦久矣。

聖上一視同仁，務通兩國之好，雖以微軀蹈不測之淵，苟能弭兵靖亂，活百萬生靈於鋒鏑之下，吾學爲有用矣！』乃授翰林侍讀學士，佩金虎符，充國信使。

初，鄂渚之役，宋將賈似道遣介乞和，王師既還，遂以扞城爲己功，入拜僞丞相，顓制國事，宋主仰成而已。聞公來聘，恐泄匄和之議，故館於儀眞，不聽其入。公被留既久，上書宋主，移文相府，開陳古今和戰利病，喻以禍福存亡之理，累數十萬言，皆不報。又數以詭計撼公，公曰：『吾家業儒，凡七世矣。顧肯虧忠義大節以辱中州士大夫乎？』佐從數十輩，雖被館穀，嚴扃錮鐵，環兵擊柝，如墮狴犴中，人人鬱抑，殆無生意。公厲志堅貞，確然如石，不可轉也。

至元十一年，大丞相伯顏戈船南下，奉辭伐罪，宋主懼而歸公，始知似道姦謀誤國，卽加竄殛。十二年，公至京師，世祖錫宴於路朝，慰勞良久。公自中途遘疾，至是增劇。翌日，車駕幸上都，公留治疾，以七月乙酉終於所居之正寢，春秋五十有三。朝廷憫其忠節，特授公子采麟奉訓大夫，知林州。凡從公使宋者，賜爵有差。

噫！宋之亡也，非若吳皓之昏暴，陳叔寶之昏淫，以姦臣制主，弗體聖朝好生之德，拘執行人，自啟兵端爾。嚮使從公之言，講信修睦，則干羽之舞，不專美於虞庭，宗廟血食，微若敖氏之歎矣。蓋宋運將終，天開皇元混一之期，以至歸版圖於職方，納降王於軒陛，惜公不及見焉。悲夫！

公在儀眞，日以著述爲事，準《通鑒綱目》，作《續後漢書》，以正史壽之失；著《春秋》《周易》外傳、《太極演》、《原古錄》、《通鑒書法》、《玉衡眞觀》、《刪注三子》、《一王雅》、《行人志》等書，凡數百卷。先哲立言垂世，多自幽憂困吝中，是知天之戹公，適所以厚公也。

夫人淇澳張氏，貞靜端淑，教子有法，後公十年卒。三子，二早卒，采麟今官集賢直學士、朝請大夫，文章行業克世其家。二女，適某氏，適某氏。孫曌尚幼。二弟：彝，字仲常，韜晦不仕；庸，字季常，累官奉訓大夫，知潁州事。公之歿也，權厝於保定西郭靜直君墓側。大德三年春，遷窆於河陽虎頭山之原，從吉兆也。先事朝請君持淮東道肅政廉訪副使苟宗道所述家傳，請銘幽隧，復嘗與君同僚，義不可辭。銘曰：

虎山兮蒼蒼，河水兮洋洋。山之麓兮河之陽，有堂其封兮郝公之藏。昔公之往矣，金虎斯煌。偃革息民兮，仁信是將。羌宋人之弗寤兮，乃底滅亡。公陷荊吳十六年之久兮，秉使節之堂堂。英風義槩高古之人兮，耿百世其垂光！虎山兮茫茫，河水兮湯湯。山之永兮河之長，郝氏餘慶兮淵乎未央。

——正德本《郝文忠公陵川文集》卷首

元朝名臣事略·國信使郝文忠公

元　蘇天爵

公名經，字伯常，澤州陵川人，召居潛邸。歲己未，扈從濟江，授江淮宣慰司副使。中統元年，拜翰林侍讀學士，充國信使，奉使于宋。宋人留於眞州，凡十六年始得歸。卒，年五十三。

公幼不好弄，沈厚寡言。金季亂離，父母挈之河南，偕衆避兵，潛匿窟底。兵士偵知，燎煙於穴，爓死者百余人，母許亦預其禍。公甫九歲，暗中索得寒菹一甌，抉齒飲母，良久乃蘇。其卓異見於童稚若此。高唐嚴公撰《墓誌》

金亡，北渡，僑寓保定。亂後生理狼狽，晨給薪水，晝理家務，少隙則執書讀之。父母欲成其志，假館於鐵佛精舍，俾專業於學，坐達旦者凡五年。蔡國張公聞其名，延之家塾，教授諸子。蔡國儲書萬卷，付公管鑰，恣其搜覽。公才識超邁，務爲有用之學，上泝洙泗，下迨伊洛諸書，經史子集，靡不洞究，掇其英華，發爲議論，高視前古，慨然以羽翼斯文爲己任。自是聲名籍甚，藩帥交辟，皆不屑就。《墓誌》。又保定苟公撰《行狀》云：『公嘗自誦曰：「不學無用學，不讀非聖書。達必先天下之憂，窮必全一己之愚，聖則周孔，詎如韋如脂，爲碌碌之徒而已耶。」故慨然以興復斯文濟天下爲己任。讀書則專治六經，潛心伊洛之學，一以窮理盡性、修己治人爲本，其餘皆厭視而不屑也。故世之爲詞章學者，始則群聚訕笑，終亦拱視而服之矣。江淮趙先生曰：「江左爲學讀書如伯常者甚多，然似吾伯常挺然一氣，立於天地之間者，蓋亦鮮矣。」』

世祖在潛邸，羅致異儁，挹其聞，遣使者一再起公。既奉清問，上稽唐虞，下迨湯武，所以仁義天下者，緩頰以談，粲若所陳也。帝喜喩所聞，凝聽忘倦，且俾書所欲言者，條數十餘事，皆援據古義，剴切時病。及踐阼更化，用公之言居多。涿郡盧公撰《墓碑》

歲己未，憲宗自將伐宋，建益上流，世祖總東師，跨荊鄂。公建議大槩以謂：『彼無釁可乘，未見其利。唯修德以應天心，發政以慰人望，簡賢以尊將相，惇族以壯基圖。撫殊俗，制列鎮，以防窺竊，結盟保境。興文治，飭武事，育英材，恤罷氓，以培植元氣。藏器於身，俟時而動，則宋可圖矣。』帝偉公所論，以爲江淮荊湖南北等路宣撫副使。然勢不中止，遂絕江圍鄂。守將賈似道駭，遽請和，屬憲廟升遐，王師言還。《墓碑》。又按公《班師議》云：『今吾國內空虛，塔察國王與李行省肱髀相依，西域諸胡窺覘關隴，隔絕旭烈大王，病民諸姦各持兩端，觀望所立，莫不覬覦神器，染指垂涎。一有狡焉，或啟戎心，先人舉事，腹背受敵，大事去矣。且阿里不哥已行赦令，令脫里察爲斷事官、行尚書省，據燕都，按圖籍，號令諸道，行皇帝事矣。雖大王素有人望，且握重兵，獨不見金世宗、海陵之事乎？若彼果決，稱受遺詔，便正位號，下詔中原，行赦江上，欲歸得乎？　願大王以社稷生靈爲念，奮發乾剛，斷然班師，與宋議和，置輜重，以輕騎歸，渡淮乘驛，直造都，則彼之姦謀，氷釋瓦解。　遣一軍逆大行靈舁，收皇帝璽。　遣使召旭烈、阿里不哥、摩哥諸王，會喪和林。　差官於汴京、京兆、成都、西涼、東平、西京、北京撫慰安輯，召太子鎮守燕都，示以形勢。　則大寶有歸，而社稷安矣。』

世祖御極，欲柔服宋人，以公奉使，告登寶位，且徵前日請和之議。　或爲公言：『宋人譎詐叵信，盍以疾辭。』公曰：『自南北遘難，江淮遺黎，弱者被俘略，壯者死原野，兵連禍結，斯亦久矣。　聖上一視同仁，務通兩國之好。　雖似微軀蹈不測之淵，苟能弭兵靖亂，活百萬生靈於鋒鏑之下，吾學爲有用矣。』乃授翰林侍讀學士，佩金虎符，充國信使。《墓誌》。　又《行狀》云：『陛辭，公請與一二蒙古人偕行，詔不許，曰：「祇卿等往，彼之君臣皆書生也。」』

公方踰淮，邊將李璮輒潛師侵宋，兩淮制置使李庭芝寓書於公，蔑以欵兵，館留眞州，藉爲口實。公答書：『弭兵息民，通好兩國，實出聖衷。　日諭邊將，戢戍守圉，以契和議，衆所聞知。　今啟釁自璮，一旦律以違詔，將無所逃罪，此何與使人事也。』公復上書宋主，移文其執政，論辯古今南北戰和利害甚悉，皆不報。　顧窮極變詐，以撼公之志，知其終不可怵於詭數也，楗鑰館所，塹垣栫棘，驛吏訶閽，夜士鳴柝，防閑挫抑，獄犴之嚴，不啻如此。　介佐而下，久於囚羈，戚嗟尤怨，無復生意。　公語之曰：『嚮顧望不前，將命之責。　一入宋境，死生進退，聽其在彼；　守節不屈，盡其在我者。　豈能不忠不義，以辱中州士大夫乎！　但公等不幸，須忍死以待。　揆之天時人事，宋祚殆不遠矣。』衆服其言，亦自振勵。《墓碑》。　又《行狀》云：『公將入宋境，憂朝廷初政，治具未完，遣使上封事，言闕失，以爲國家振舉綱維，修明禮樂，雖不能便如三代，亦當期致漢唐，不宜苟且參用憸人，以蠹國政。　又極論風俗者，天下之命脉，方今最爲敗亂，當速修理。』又云：『宋人既留公不遣，見公辭氣曾無少沮，明年伴使朱賓臣偽報本朝異聞，公弗聽，復累言之，公厲聲曰：「此事斷無，設若有之，當發遣我輩還國。」宋人知公志節終不可奪，亦不忍害，反畏而敬之。』又按公《與宋論本朝兵亂書》云：『主上之立，固其所也。太母有與賢之意，先帝無立子之詔。主上雖在潛邸，久符人望，以親則尊，以功則大，以理則順。愛養中國，寬仁愛人，樂賢下士，甚得夷夏之心，有漢唐英主之風。加以地廣兵强，神斷威靈，風蜚雷厲，其爲天下主無疑也。故屬籍之尊而賢者，合丹大王，先帝之終，率先推戴；摩哥大王，主上庶弟也，在諸王中英賢亞於主上，先帝臨終，畀以後事，先歸推戴；塔察國王，士馬精强，嘗代主上帥東諸侯，亦先推戴；旭烈大王，主上母弟也，總統西師，鎮壓西域二十餘國，去中國三萬餘里，亦遣使勸進，言「兄亡弟及，祖宗之法也。長兄既沒，次兄當立，兄若不立，吾誰與歸？」主上乃集大統，應天人。即位之初，聘起諸儒，更定制度。不意一二懼罪不逞之徒，糾合奴隸，間離骨肉，劫立阿里不哥，締起兵端，拒命漠北。以次則幼，以事則逆，以衆則寡，以地則偏，兵食不足，素無人望，則彼卒無所成，無疑也。今主上既以正立，一時豪傑，雲從景附，奄有中夏，縱彼小有侵軼，則塔察國王一旅足以平蕩，其餘三十餘王，猶卷甲牧馬，從容營衛。矧中國諸侯，如史、如李、如嚴、如張、如劉、如汪，大者五六萬，小者不下二三萬，虓將勁卒，練習兵革，視蒙古、回鶻尤爲猛鷙，其肯使蠹國害民之尤者復肆虵豕。彼之屈强，祇以自斃，而不足以爲害也明矣。』

至元十一年，丞相伯顔奉辭南伐，江漢名城，望風鄉附。世祖命禮部尚書廉希賢，詰宋執行人之故，遂以禮歸公。聞嬰疾在塗，醫問絡繹。既至，錫燕路朝，以張異睠，隱其瘁於廑事也。詔治疾於家，病遂殆，不起，以聞，天子悼焉。命其子采麟起家知林州。凡從公使宋者，賜爵各有差。《墓碑》

初，公之使宋也，内則時相王文統，忌公重望，排置異國，陰屬邊將違詔侵宋，沮撓使事，欲以款兵，假手害公；外則宋權臣似道，竊却敵爲功，取宰相，畏公露其丐盟倖免之跡，遂主議羈留，舉國皆知其非，似道不恤也。公拘儀眞館，十有六年。去國未幾，而文統伏誅；甫歸國，宋探誤國之罪，似道殛，宋隨以滅。然則懷姦怙寵，傾陷善良，雖暫若得計，機發禍敗，曾不旋踵。抑宋有亡徵，公與阨會，其患難不渝，始終名節，窘一時而亨百世者，初非不幸也。《墓碑》

公幼至孝，撫諸弟極厚，待宗族疏近如一。篤友樂施，德於己者，雖細惠必報。然偉特方嚴，風岸峭立，衆不可攀，薰良蕕姦，題帖無貸，故用世之志，適際可爲。已墮奇擯，既處幽所，日以立言載道爲務，撰《續後漢書》，絀丕儕權，還統章武，以正壽史之失。著《春秋外傳》、《易外傳》、《太極演》、《原古錄》、《通鑒書法》、《玉衡貞觀》、《刪注三子》、《一王雅》、《行人志》，各數十卷。公於辭以理爲主，雄渾有氣。文集若干卷，傳於世。《墓碑》。又臨川吴公文集云：『昔公使宋，留江淮間十有餘年，嘗貽書宋之君相，其言忠厚懇惻，内爲國計，外爲宋計，其心平恕廣遠，眞古之仁人君子哉。宋之柄臣阻遏掩蔽，不使上聞，以自速滅亡，悲夫！公前時從世祖渡江取鄂，作《望黄鶴樓》詞，他人處此，必謂乘方興之勢，殄垂盡之命，一舉而吞噬之也夫何難，而公之詞乃曰：「問南國之士，有何長策，更休把蒼生誤。」則其忠厚懇惻之言，平恕廣遠之心，與後來貽書之意同，眞古之仁人君子哉。』

——元蘇天爵《元朝名臣事略》卷一五

元史·郝經傳

郝經字伯常，其先潞州人，徙澤州之陵川，家世業儒。祖天挺，元裕嘗從之學。金末，父思溫辟地河南之魯山。河南亂，居民匿窖中，亂兵以火熏灼之，民多死，經母許亦死。經以蜜和寒菹汁，決母齒飲之，即蘇。時經九歲，人皆異之。金亡，徙順天。家貧，晝則負薪米爲養，暮則讀書。居五年，爲守帥張柔、賈輔所知，延爲上客。二家藏書皆萬卷，經博覽無不通。往來燕、趙間，元裕每語之曰：『子貌類汝祖，才器非常，勉之。』

憲宗二年，世祖以皇弟開邸金蓮川，召經，諮以經國安民之道，條上數十事，大悦，遂留王府。是時，連兵於宋，憲宗入蜀，命世祖總統東師，經從至濮。會有得宋國奏議以獻，其言謹邊防，守衝要，凡七道，遂下諸將議，經曰：『古之一天下者，以德不以力。彼今未有敗亡之釁，我乃空國而出，諸侯窺伺於內，小民凋弊於外。經見其危，未見其利也。王不如修德布惠，敦族簡賢，綏懷遠人，控制諸道，結盟飭備，以待西師。上應天心，下繫人望，順時而動，宋不足圖也。』世祖以經儒生，愕然曰：『汝與張拔都議邪？』經對曰：『經少館張柔家，嘗聞其論議。此則經臆説耳，柔不知也。』進七道議七千餘言。乃以楊惟中爲江淮荊湖南北等路宣撫使，經爲副，將歸德軍，先至江上，宣布恩信，納降附。惟中欲私還汴，經曰：『我與公同受命南征，不聞受命還汴也。』惟中怒，弗聽。經率麾下揚旌而南，惟中懼謝，乃與經俱行。

經聞憲宗在蜀，師久無功，進《東師議》，其略曰云云。遂會兵渡江，圍鄂州。聞憲宗崩，召諸將屬議，經復進議曰云云。會宋守帥賈似道亦遣間使請和，乃班師。

明年，世祖卽位，以經爲翰林侍讀學士，佩金虎符，充國信使使宋，告卽位，且定和議，仍敕沿邊諸將毋鈔掠。經入辭，賜蒲萄酒，詔曰：『朕初卽位，庶事草創，卿當遠行。凡可輔朕者，亟以聞。』經奏《便宜》十六事，皆立政大要，辭多不載。

時經有重名，平章王文統忌之。既行，文統陰屬李璮潛師侵宋，欲假手害經。經至濟南，璮以書止經，經以璮書聞於朝而行。宋敗璮軍於淮安，經至宿州，遣副使劉仁傑、參議高翿請入國日期，不報。

遺書宰相及淮帥李庭芝，庭芝復書果疑經，而賈似道方以却敵爲功，恐經至謀泄，竟館經眞州。

經乃上表宋主，曰：『願附魯連之義，排難解紛；豈知唐儉之徒，款兵誤國！』又數上書宋主及宰執，極陳戰和利害，且請入見及歸國，皆不報。驛吏棘垣鑰戶，晝夜守邏，欲以動經，經不屈。經待下素嚴，又久羈困，下多怨者。經諭曰：『嚮受命不進，我之罪也。一入宋境，死生進退，聽其在彼，我終不能屈身辱命。汝等不幸，宜忍以待之，我觀宋祚將不久矣。』居七年，從者怒鬭，死者數人，經獨與六人處別館。

又九年，丞相伯顏奉詔南伐，帝遣禮部尚書中都海牙，及經弟行樞密院都事郝庸入宋，問執行人之罪。宋懼，遣總管段佑以禮送經歸。賈似道之謀既泄，尋亦竄死。經歸道病，帝敕樞密院及尚醫近侍迎勞，所過父老瞻望流涕。明年夏，至闕，錫燕大庭，咨以政事，賞賚有差。秋七月卒，年五十三，官爲護喪還葬，謚文忠。明年，宋平。

經爲人尚氣節，爲學務有用。及被留，思託言垂後，撰《續後漢書》、《易》、《春秋》外傳、《太極演》、《原古錄》、《通鑒書法》、《玉衡眞觀》等書及文集，凡數百卷。其文豐蔚豪宕，善議論，詩多奇崛。拘宋十六年，從者皆通於學。書佐苟宗道，後官至國子祭酒。經還之歲，汴中民射鴈金明池，得繫帛書，詩云：『霜落風高恣所如，歸期回首是春初。上林天子援弓繳，窮海纍臣有帛書。』後題曰：『至元五年九月一日放鴈，獲者勿殺。國信大使郝經書於眞州忠勇軍營新館。』其忠誠如此。

二弟彝、庸，皆有名。彝字仲常，隱居以壽終；庸字季常，終潁州守。子采麟，亦賢，起家知林州，仕至山南江北道肅政廉訪使。

——《元史》卷一五七《列傳》第四十四

新元史·郝經傳

柯劭忞

（此前略同《元史》，略）

史臣曰：『郝經屢進言於世祖，以伐宋爲連兵構禍。就成敗論之，其言似迂而不切，然謂如其不服，先以文誥，拒而不從，再行天伐，異曰蒙古滅宋，卒不外此，蓋王者之師，誠不以險謀詭計爲勝筭也。宋人自亡其國，無足論者。以經之學識，而不獲用於至元之世，惜哉！』

——《新元史》卷一六八《列傳》第六五

山西通志·郝經傳

郝經字伯常，澤州陵川人，天挺之孫也。金末避地魯山，居民匿窖中。亂兵縱火，經母許亦死。經時九歲，以蜜和寒葅汁，抉母齒飲之，卽蘇。後徙順天，晝則負薪米養母，夜則讀書。嘗自誦曰：『不學無用學，不讀非聖書。』守帥張柔、賈輔延之，爲上客。

憲宗二年，世祖以太弟開府金蓮川，徵經入，諮以治國安民之道。與語，大悅，遂留王府。時憲宗入蜀，命太弟統東師，經從至濮上。言：『古之一天下者，以德不以力。宋今未有敗亡之釁，我乃空國而出，諸侯窺伺於内，小民凋敝於外，經見其危，未見其利。不如修德布惠，結盟飭備，以待西師。則上應天心，下繫人望，順時而動，宋不足圖也。』會設江淮荊湖南北路宣撫使，命經爲副，先至江上，宣布恩信，招納降附。聞蜀師久無功，進《東師議》。及會兵渡江，圍鄂州，聞合州訃，復進《班師議》。會宋相賈似道密遣使乞和，迺班師。

明年，世祖卽位，以經爲翰林侍讀學士，充國信使使宋，告卽位，且尋盟。經入辭，進《立政議》。時經有重名，平章王文統忌之，陰屬李璮潛師侵宋，欲假手害經。經至濟南，璮遺書止經，經以璮書聞於朝。行至宿州，遣使請入國期，不報。時似道方冒鄂功，恐經至泄其情，遂以李璮爲辭，拘之眞州。經上表於宋，曰：『願附魯連之義，排難解紛；豈如唐儉之徒，欵兵誤國。』又數上書宋帝，似道匿不以聞。驛吏棘垣鑰戶，經不爲動。從者四十騎，居七年，死過半，經獨與六人處眞州揚子院。宋令伴使朱竇臣僞報元席捲北回，經厲聲曰：『此事斷無有，設有之，當遣我輩還國。』又九年，丞相巴延伐宋，遣中都海牙及經弟庸入宋，問執行人之罪。宋懼，遣總管段佑送經歸。道病，勅尚醫近侍迎勞，賞賚有差。明年夏，始詣闕入見。秋卒，謚文忠。

經被留十六年，鐍錮急迫，益肆力於文章。所撰有《易》《春秋》外傳、《續後漢書》、《陵川文集》，共數百卷。

經還之歲，汴民射鴈金明池，得繫帛詩，云：『霜落風高恣所如，歸期回首是春初。上林天子援弓繳，窮海纍臣有帛書。』後題『中統十五年九月一日放鴈，獲者勿殺。國信大使郝經書。』《輟耕錄》曰：『是時，南北隔絕，不知中統之改至元也。帝聞之惻然，曰：「四十騎留江南，曾無一人鴈比者。」其後，帛書存秘監。』

——雍正本《山西通志·人物·澤州府·元·郝經》

澤州府志·郝經傳

郝經字伯常，世爲陵川人，天挺孫。自八世祖以下皆同居，業儒匱德不仕，教授鄉里，爲一郡望族。父思溫，生三子，經長子，次庸，次彝。幼，父母挈避亂河南，眾數百皆匿窟室，敵索知，薰穴而死者殆盡。母許因咽塞而絕，經甫九歲，匍伏得黃齏一瓶，又得蜜一器，用母所佩剪刀抉齒，以蜜和齏汁飲之，頃而蘇。

既長，父欲理家事紓目前急。母曰：『是兒志氣不凡，況郝氏儒家淵源不竭，可自我而涸乎？我等忍窮數年俟之。』經感奮力學。一日雞初鳴，經猶伏几案，書帙紛綸，殘燈無焰。母見之，慨嘆曰：『兒若是，望不虛矣，然毋進銳退速也。』於是朝執薪水之役，書營幹家之計，暇卽讀書不輟。張仲安識之，聚童子俾教學。刻苦肆意者五年，遇疑難期必得。常自誦曰：『不學無用學，不讀非聖書。』父命名『經』，蓋以專經望之，故慨然以興復斯文、道濟天下爲己任。元帥賈辟公授經，有書萬卷；蔡國張萬戶館之，亦有書萬卷，得恣博覽。元遺山見之曰：『吾子狀類先生，才識間出，有所積而然也。』江漢趙先生曰：『江左學如伯常者多，視伯常挺然一氣，立於天地之間，蓋亦鮮矣。』

元世祖在藩邸召之，不起。復召，至見於沙陀。告以二帝三王之道，上《立國規模》二十條，有一國規模，天下規模，萬世規模。會大舉伐宋，經乃具奏，以爲：『古之一天下者，必己之德澤深厚，紀綱完具，彼之荒淫亂虐敗亡有釁，天命人歸，一舉而取之。今地醜德齊，驕肆妄動，輕則見沮而還，重則覆亡之不暇。我國家開創以來，彎弓躍馬，窮征遠討四十餘年，紀糾未立，民不聊生。彼之君臣輯睦，政事修明，無釁可乘。我乃空國而來，僥倖一舉，諸侯窺伺於內，小民凋敝於下，人之攻我者不啻數十百道而不備，乃以人久備之道而攻之，臣見其危矣。』退而著書，義名之曰《七道》，凡七千餘言。頃命副楊惟忠爲江淮宣撫使，楊以私故，欲還汴梁，經爭不可，楊怒，經竟建旆而南。楊懼，卽與俱會大師於江上，後全師綴於一寨，死傷甚重，急奏按兵。

明年，卽位開平，召使宋。或勸稱疾，經曰：『吾學道三十年無益於世，今天下困敝已極，幸而天誘其衷，有意息兵，解兩國之鬥，活億萬生靈，吾學爲有用矣。』遂赴召。以爲翰林學士，佩虎符，充國信大使，告登位，布通好弭兵息民意。請與二三蒙古偕行，不許。曰：『祇汝等往彼，彼君臣皆書生也，且賈似道在鄂時已請和於我矣。』行省李璮實不喜和，先達知宋，乃止經。經以璮言聞於朝而行。既邊師仍侵略宋境，經責以不遵約束。至眞州，館於軍營，謂李松壽一再犯邊，故且留儀徵。又出李庭芝書云：『信使以美意而來，松壽乃懷奸以逞，殆類欵兵誤國。』械李璮敗將爲左驗。時平章王以道忌經，本欲擠之外出，宋亦不遣牒三省。又致書似道，上宋主闕下，辯戰和利害，前後凡數十萬言，抑之不報。經曰：『吾惟有忍死以待，守節不屈耳。』宋亦不加害，反敬之，厚其廩餼，著書吟詠自若。至元十一年，問以執行人之故，始禮而歸，凡十六年。明年疾革，書『天風海濤』四字而卒，年五十有三。

初圍鄂，以國喪而解，似道冒却敵功拜相。後秉政，諱其事，以故久留經，使不得見。經歸而似道誅，又明年宋亡。其在儀徵時，有繫鴈帛書事，歸後始獲鴈於他所，曰金明池，神之也。

所著有《續後漢書》，奪魏而與漢，黜姦雄之僭僞，續一代之正統。又以《春秋》聖人用道之書，作《章句音義》及《制作本義》、《比類條目》共若干卷，使讀者得聖人之旨趣；又作《三傳折衷》，凡四書，總名之《春秋外傳》，合十餘萬言。以《易》諸家傳註議論不一，著《周易外傳》十卷。及爲《太極演》、《原古錄》、《通鑒書法》、《玉衡眞觀》、《删注三子》、《一王雅》、《行人志》各數十卷，合十餘萬言。經拘留宋中，不與世接，反得究竟著述。子一采麟，集賢學士，朝請大夫。

——雍正本朱樟纂修《澤州府志·人物》

陵川縣志·郝經傳

郝經字伯常，世爲陵川人，天挺孫。父思溫，生三子，長卽經。幼，父母挈避亂河南，衆數百皆匿窟室，敵索知，薰穴而死者殆盡。母許因咽塞而絕。經甫九歲，匍伏得黃齏一瓶，又得蜜一器，用母所佩剪抉齒，以蜜和齏汁飲之，頃而蘇。既長，父欲理家事，紓目前急。母以其志氣不凡，且郝氏世業儒，令經力學。於是朝執薪水之役，書營干家計，暇卽讀書不輟。張仲安識之，聚童子，俾教學。刻苦肆意者五年，遇疑難期必得。常自誦曰：『不學無用學，不讀非聖書。』父命名『經』，蓋以專經望之，故慨然以興復斯文、道濟天下爲己任。元帥賈辟公授經，有書萬卷；蔡國張萬戶館之，亦有書萬卷，得恣博覽。元遺山見之，曰：『吾子狀類先生，才識間出，有所積而然也。』江漢趙先生曰：『江左學如伯常者多，視伯常挺然一氣，立於天地之間，蓋亦鮮矣。』

元世祖在藩邸召之，不起；復召，至見於沙陀，告以二帝三王之道，上《立國規模》二十條，有一國規模，天下規模，萬世規模。會大舉伐宋，經乃具奏，以爲：『古之一天下者，必己之德澤深厚，紀綱完具，彼之荒淫亂虐敗亡有釁，天命人歸，一舉而取之。今地醜德齊，驕肆妄動，輕則見沮而還，重則覆亡之不暇。我國家開創以來，彎弓躍馬，窮征遠討四十餘年，紀綱未立，民不聊生；彼之君臣輯睦，政事修明，無釁可乘。我乃空國而來，僥倖一舉，諸侯窺伺於內，小民凋敝於下，人之攻我者不啻數十百道而不備，乃利人久備之道而攻之，臣見其危矣。』退而著書，義名之曰《七道》，凡七千餘言。頃命副楊惟忠爲江淮宣撫使，楊以私故，欲還汴梁。經爭不可，楊怒，經竟建旆而南。楊懼，即俱會大師於江上，後全師綴於一寨，死傷甚衆，急奏按兵。

明年，即位開平，召使宋。或勸稱疾，經曰：『吾學道三十年無益於世，今天下困敝已極，幸而天誘其衷，有意息兵，解兩國之鬥，活億萬生靈，吾學爲有用矣。』遂赴召。以爲翰林學士，佩虎符，充國信大使，告登位，布通好弭兵息民意。請與二三蒙古偕行，不許，曰：『祇汝等往彼。彼君臣皆書生也，且賈似道在鄂時已請和於我矣。』行省李璮實不喜和，先達知宋，乃止經。經以璮言聞而行。既邊師仍侵略宋境，經責以不遵約束。至眞州，館於軍營，謂李松壽一再犯邊，故且留儀徵。又出李庭芝書云：『信使以美意而來，松壽乃懷奸以逞，殆類欵兵誤國。』械李璮敗將爲左驗。時平章王文統忌經，本欲擠之外出，宋亦不遣牒三省。又致書似道，上宋主闕下，辯戰和利害，前後凡數十萬言，抑之不報。經曰：『吾惟有忍死以待，守節不屈耳。』宋亦不加害，反敬之，厚其廩餼。著書吟詠自若。至元十二年，問以執行人之故，始禮而歸，凡十六年。明年疾革，書『天風海濤』四字而卒，年五十有三。

初圍鄂，以國喪而解，似道冒却敵功拜相。後秉政，諱其事，以故久留經，使不得見。經歸而似道誅，又明年宋亡。其在儀徵時，有繫鴈帛書事，歸後始獲鴈於他所，曰金明池，神之也。

所著有《續後漢書》，奪魏而與漢，黜姦雄之僭僞，續一代之正統。又以《春秋》聖人用道之書，作《章句音義》及《制作本義》、《比類條目》共若干卷，使讀者得聖人之旨趣；又作《三傳折衷》，凡四書，總名之《春秋外傳》，合十餘萬言。以《易》諸家傳註議論不一，著《周易外傳》十卷。又爲《太極演》、《原古録》、《通鑒書法》、《玉衡貞觀》、《删注三子》、《一王雅》、《行人志》各數十卷，合十餘萬言。經拘留宋中，不與世接，反得究竟著述。子一采麟，集賢學士，朝請大夫，歿後贈榮禄大夫司徒柱國，追封冀國公，謚文忠，崇祀鄉賢。

——光緒本《陵川縣志·人物》

通鑒續編·賈似道幽郝經於眞州

元　陳　桱

庚申，景定元年，蒙古世祖皇帝中統元年……秋七月，蒙古使郝經來尋盟，賈似道幽之於眞州。賈似道既還朝，使其客廖瑩中輩撰《福華編》，稱頌鄂功，朝廷不知其求和也。世祖皇帝既即位，廉希賢請遣使諭宋，以息兵講好。勅諸軍北歸，俾恩威并著。世祖皇帝善之，欲遣使而未得其人。王文統素忌郝經才德，乃請遣經。遂以經爲翰林侍讀學士，充國信使，來告即位，且徵前日請和之議。或謂經曰：

『宋人譎詐難信，盍以疾辭。』經曰：『自南北遘難，江淮遺黎，弱者被俘略，壯者死原野，兵連禍結，斯亦久矣。聖上一視同仁，務通兩國之好。雖以微軀蹈不測之淵，苟能弭兵靖難，活百萬生靈於鋒鏑之下，吾學爲有用矣。』遂行。王文統陰諷李璮侵宋，以沮撓之，欲假手以害經。經踰淮，賈似道懼姦謀呈露，遂以李璮爲辭。命知揚州李庭芝寓書於經，蔑以欵兵，拘留於眞州之忠勇軍營。經答書，言：『弭兵息民，通好兩國，實出聖衷，日諭邊將，戢戍守圉，以契和議，衆所聞知。今啟釁自璮，一旦律以違詔，將無所逃罪，此何預使人事也。』

復上書於帝，及移文執政，辨論古今南北和議戰攻利害甚悉，皆不報，而令棲鐍館所，塹垣柝棘，驛吏防守，嚴逾獄犴。介佐或不能堪，經語之曰：『將命至此，死生進退，聽其在彼，守節不屈，盡其在我，豈能不忠不義，以辱中州士大夫乎？但公等不幸，須忍死以待，揆之天時人事，宋祚殆不遠矣。』衆感其言，皆自振勵。帝聞有北使，謂宰執曰：『北朝使來，事體當議。』似道奏：『和出彼謀，豈容一切輕徇，倘以交鄰國之道來，當令入見。』

——元陳桱《通鑑續編》卷二三

宋史紀事本末·郝經之留

理宗景定元年夏四月，蒙古以郝經爲國信使，來告卽位，且徵前日講和之議。蒙古王文統素忌郝經有重名，既請遣經，復陰囑李璮潛師侵宋，欲假手害經。或謂經曰：『文統叵測，盍以疾辭。』經曰：

『自南北構難，江淮遺黎，弱者被俘略，壯者死原野，兵連禍結，斯亦久矣。主上一視同仁，務通兩國之好。雖以微軀蹈不測之險，苟能弭兵靖亂，活百萬生靈於鋒鏑之下，吾學爲有用矣。』遂行。

秋七月，賈似道拘蒙古使者郝經於眞州。先是，賈似道還朝，使其客廖瑩中輩撰《福華編》，稱頌鄂功，通國皆不知所謂和也。經至宿州，遣其副使何源、劉人傑，請入國日期，不報。經數遺書於三省樞密院及兩淮制置使李庭芝。賈似道恐經至謀泄，拘經於眞州之忠勇軍營。

經上表有言曰：『願附魯連之義，排難解紛；豈如唐儉之徒，款兵誤國。』又數上書於帝，（《上宋主陳請歸國萬言書》）略曰云云。

帝聞有北使，謂宰執曰：『北朝使來，事體當議。』似道奏：『和出彼謀，豈宜一切輕徇。儻以交鄰國之道來，當令入見。』蒙古遣詳問官崔明道、李全義，詣淮東制置司訪問經等所在，淮東制置李庭芝奏，蒙古使者久留眞州，亦爲似道所格。

——明馮琦原編、陳邦瞻增輯《宋史紀事本末》卷二六

宋史紀事本末·蒙古陷襄陽（節錄）

先是景定二年，蒙古主以朝廷拘囚郝經，屢遣使詳問，不報。乃諭將士舉兵攻宋，且下詔曰：『朕卽位之後，深以戢兵爲念。故前年遣使於宋，以通和好。宋人不務遠圖，伺我小隙，反啟邊釁，東剽西掠，曾無寧日。朕今春還宮，諸大臣皆以舉兵南伐爲請。朕重以兩國生靈之故，猶待信使還歸，庶有悛

心，以成和議。留而不至者，今又半載矣。往來之禮遽絕，侵擾之暴不已。彼嘗以衣冠禮樂之國自居，理當如是乎？曲直之分，灼然可見。今遣王道貞往諭，卿等約會諸將，秋高馬肥，水陸并道而進，以爲問罪之舉。』

時賈似道方論鄂功，專務欺蔽，朝廷不以聞。似道又忌諸將欲污蠛置之罪，乃行打筭法於諸路，以軍興時，支取官物爲贓私。於是趙葵、史巖之、杜庶皆坐侵盜掩匿罷，而向士璧、曹世雄下獄死。劉整時爲潼川安撫使，亦以邊費爲蜀帥俞興所持。整素與興有隙，自遣使訴於朝，不得達，心益疑懼，遂籍瀘州十五郡戶三十萬降於蒙古。

——明馮琦原編、陳邦瞻增輯《宋史紀事本末》卷二七

御批續資治通鑑綱目·郝經還燕卒

遣元行人郝經還，經至燕卒。

元主復使經弟行樞密院都事庸等，來問經所在。詔遣總管段佑，以禮送經歸。經道病，元主勑尚醫近侍迎勞，至燕卒，謚文忠。經爲人尚氣節，爲學務有用。及被留，撰《續後漢書》及《易》《春秋》外傳諸書，從者皆通於學。書佐苟宗道，後亦至國子祭酒。

——乾隆本《御批續資治通鑑綱目》卷二二

宋史·賈似道傳

賈似道，字師憲，台州人，制置使涉之子也。少落魄，爲遊博，不事操行。以父蔭補嘉興司倉。會其姊入宫，有寵於理宗，爲貴妃，遂詔赴廷對。妃於内中，奉湯藥以給之，擢大常丞、軍器監。益恃寵不檢，日縱遊諸妓家，至夜卽燕遊湖上不反。理宗嘗夜憑高，望西湖中燈火異常，時語左右曰：『此必似道也。』明日詢之，果然，使京尹史巖之戒敕之。巖之曰：『似道雖有少年氣習，然其材可大用也。』尋出知澧州。

淳祐元年，改湖廣總領。三年，加戶部侍郎。五年，以寶章閣直學士，爲沿江制置副使，知江州兼江西路安撫使。一歲中，再遷京湖制置使兼知江陵府，調度賞罰，得以便宜施行。九年，加寶文閣學士、京湖安撫制置大使。十年，以端明殿學士，移鎮兩淮，年始三十餘。寶祐二年，加同知樞密院事、臨海郡開國公，威權日盛。臺諫嘗論其二部將，卽毅然求去。孫子秀新除淮東總領，外人忽傳似道已密奏不可矣。丞相董槐懼，留身請之。帝以爲無有，槐終不敢遣子秀，以似道所善陸壑代之。其見憚已如此。四年，加參知政事。五年，加知樞密院事。六年，改兩淮宣撫大使。

自端平初，孟珙帥師會大元兵共滅金，約以陳、蔡爲界。師未還，而用趙範謀，發兵據殽、函，絶河津，取中原地。大元兵擊敗之，範僅以數千人遁歸。追兵至，問曰：『何爲而敗盟也？』遂縱攻淮、漢，自是兵端大啟。

開慶初，憲宗皇帝自將征蜀。世祖皇帝時，以皇弟攻鄂州，元帥兀良哈䚟由雲南入交址，自邕州蹂廣西，破湖南，傳檄數宋背盟之罪。理宗大懼，乃以趙葵軍信州，禦廣兵。以似道軍漢陽，援鄂，卽軍中拜右丞相。十月，鄂東南陬破，宋人再築，再破之，賴高達率諸將力戰。似道時自漢陽入督師，十一月，攻城急，城中死傷者至萬三千人。似道乃密遣宋京詣軍中，請稱臣，輸歲幣，不從。會憲宗皇帝晏駕于釣魚山，合州守王堅使阮思聰，踔急流走報鄂。似道再遣京議歲幣，遂許之。大元兵拔砦而北，留張傑、閻旺以偏師候湖南兵。明年正月，兵至，傑作浮梁新生磯，濟師北歸。似道用劉整計，攻斷浮梁，殺殿兵百七十，遂上表以肅清聞。帝以其有再造功，以少傅、右丞相召入朝，百官郊勞，如文彥博故事。

初，似道在漢陽，時丞相吳潛用監察御史饒應子言，移之黃州，而分曹世雄等兵，以屬江閫。黃雖下流，實兵沖。似道以爲潛欲殺己，銜之。且聞潛事急時，每事先發後奏。帝欲立榮王子孟啓爲太子，潛又不可。帝已積怒潛，似道遂陳建儲之策，令沈炎劾潛措置無方，致全、衡、永、桂皆破，大稱旨。乃議立孟啓，貶潛循州，盡逐其黨人。高達在圍中，恃其武勇，殊易似道。每見其督戰，卽戲之曰：『巍巾者，何能爲哉！』每戰，必須勞始出，否卽使兵士譟於其門。呂文德諂似道，卽使人呵曰：『宣撫在，何敢爾邪！』曹世雄、向士璧在軍中，事皆不關白似道，故似道皆恨之，以覈諸兵費，世雄、士璧皆坐侵盜官錢，貶遠州。每言於帝，欲誅達。帝知其有功，不從。尋論功，以文德爲第一，而達居其次。

明年，大元世祖皇帝登極，遣翰林侍讀學士、國信使郝經等，持書申好息兵，且徵歲幣。似道方使廖瑩中輩撰《福華編》，稱頌鄂功，通國皆不知所謂和也。似道乃密令淮東制置司，拘經等於眞州忠勇軍營。

時理宗在位久，内侍董宋臣、盧允昇爲之聚斂以媚之。引薦奔競之士，交通賄賂，置諸通顯。又用外戚子弟爲監司、郡守，作芙蓉閣、香蘭亭宫中，進倡優傀儡，以奉帝爲游燕，竊弄權柄。臺臣有言之者，帝宣諭去之，謂之『節貼』。

似道入，逐盧、董所薦林光世等，悉罷之，勒外戚不得爲監司、郡守。子弟門客斂跡，不敢干朝政。由是權傾中外，進用群小。取先朝舊法，率意紛更。增吏部七司法，買公田以罷和糴。浙西田畝有值千緡者，似道均以四十緡買之，數稍多，予銀絹。又多，予度牒告身。吏又恣爲操切，浙中大擾。有奉行不至者，提領劉良貴劾之，有司爭相迎合，務以買田多爲功，皆繆以七八斗爲石。其後，田少與磽瘠、虧租與佃人負租而逃者，率取償田主，六郡之民，破家者多。包恢知平江，督買田，至以肉刑從事，復以楮賤作銀關，以一準十八界會之三，自製其印文如『賈』字狀行之，十七界廢不用。銀關行，物價益踴，楮益賤。秋七月，彗出柳，光燭天，長數十丈，自四更見東方，日高始滅。臺諫、布韋皆上書，言此公田不便，民間愁怨所致。似道上書力辯之，且乞罷政。帝勉留之曰：『公田不可行，卿建議之始，朕已沮之矣。今公私兼裕，一歲軍餉，皆仰於此。使因人言而罷之，雖足以快一時之議，如國計何！』有太學生蕭規、葉李等上書，言似道專政。命京尹劉良貴捃摭以罪，悉黥配之。後又行推排法，江南之地，尺寸皆有稅，而民力弊矣。

理宗崩，度宗又其所立，每朝必答拜，稱之曰『師臣』而不名，朝臣皆稱爲『周公』。甫葬理宗，即棄官去，使呂文德報北兵攻下沱急。朝中大駭，帝與太后手爲詔起之。似道至，欲以經筵拜太師，以典故須建節，授鎮東軍節度使。似道怒曰：『節度使粗人之極致爾！』遂命出節，都人聚觀。節已出，復曰：『時日不利。』亟命返之。宋制：節出，有撤關壞屋，無倒節理，以示不屈。至是，人皆駭歎。然下沱之報，實無兵也。三年，又乞歸養。大臣、侍從傳旨留之者日四五至，中使加賜賚者日十數至，夜卽交臥第外以守之。除太師、平章軍國重事，一月三赴經筵，三日一朝，赴中書堂治事。賜第葛嶺，使迎養其中。吏抱文書就第署，大小朝政，一切決於館客廖瑩中、堂吏翁應龍，宰執充位署紙尾而已。

似道雖深居，凡臺諫彈劾、諸司薦辟，及京尹、畿漕一切事，不關白不敢行。李芾、文天祥、陳文龍、陸達、杜淵、張仲微、謝章輩，小忤意輒斥，重則屏棄之，終身不錄。一時正人端士，爲似道破壞殆盡。吏爭納賂求美職，其求爲帥閫、監司、郡守者，貢獻不可勝計。趙溍輩爭獻寶玉，陳奕至以兄事似道之玉工陳振民以求進，一時貪風大肆。五年，復稱疾，求去。帝泣涕留之，不從，令六日一朝，一月兩赴經筵。六年，命入朝不拜，朝退，帝必起避席，目送之出殿廷始坐。繼又令十日一入朝。

時襄陽圍已急，似道日坐葛嶺，起樓閣亭榭，取宮人娼尼有美色者爲妾，日淫樂其中。惟故博徒，日至縱博，人無敢窺其第者。其妾有兄來，立府門，若將入者。似道見之，縛投火中。嘗與群妾踞地鬥蟋蟀，所狎客入，戲之曰：『此軍國重事邪！』酷嗜寶玩，建多寶閣，日一登玩。聞余玠有玉帶，求之，已殉葬矣，發其塚取之。人有物，求不予，輒得罪。自是，或累月不朝，帝如景靈宮，亦不從駕。八年，明堂禮成，祀景靈宮。天大雨，似道期帝雨止升輅。胡貴嬪之父顯祖，爲帶御器械，請如開禧故事，却輅，乘逍遥輦還宮。帝曰平章云云，顯祖紿曰：『平章已允乘逍遥輦矣。』帝遂歸。似道大怒曰：『臣爲大禮使，陛下舉動不得預聞，乞罷政。』卽日出嘉會門，帝留之不得，乃罷顯祖，涕泣出貴嬪爲尼，始還。

似道既專恣日甚，畏人議己，務以權術駕馭，不愛官爵，牢籠一時名士，又加太學養錢，寬科場恩例，以小利啗之。由是言路斷絶，威福肆行。

自圍襄陽以來，每上書請行邊，而陰使臺諫上章留己。吕文焕以急告，似道復申請之，事下公卿雜議。監察御史陳堅等，以爲師臣出，顧襄未必能及淮，顧淮未必能及襄，不若居中以運天下爲得。乃就中書置機速房，以調邊事。時物議多言高達可援襄陽者，監察御史李旺率朝士，入言於似道。似道曰：『吾用達，如吕氏何？』旺等出，歎曰：『吕氏安，則趙氏危矣。』文焕在襄，聞達且入援，亦不樂，以語其客。客曰：『易耳，今朝廷以襄陽急，故遣達援之。吾以捷聞，則達必不成遣矣。』文焕大以爲然。時襄兵出，獲哨騎數人，卽繆以大捷奏，然不知朝中實無援襄事也。襄陽降，似道曰：『臣始屢請行邊，先帝皆不之許。向使早聽臣出，當不至此爾。』

十月，其母胡氏薨，詔以天子鹵簿葬之，起墳擬山陵。百官奉襄事，立大雨中，終日無敢易位，尋起復入朝。

度宗崩，大兵破鄂，太學諸生亦群言非師臣親出不可。似道不得已，始開都督府臨安，然憚劉整，不行。明年正月，整死，似道欣然曰：『吾得天助也。』乃上表出師，抽諸路精兵以行，金帛輜重之舟，舳艫相銜百餘里。至安吉，似道所乘舟膠堰中，劉師勇以千人入水曳之，不能動，乃易他舟而去。至蕪湖，遣還軍中所俘曾安撫，以荔子、黄甘遺丞相伯顏，俾宋京如軍中，請輸歲幣稱臣，如開慶約，不從。夏貴自合肥以師來會，袖中出編書示似道曰：『宋曆三百二十年。』似道俛首而已。時一軍七萬餘人，盡屬孫虎臣，軍丁家洲。似道與夏貴以少軍，軍魯港。二月庚申夜，虎臣以失利報，似道倉皇出，呼曰：『虎臣敗矣。』命召貴與計事。頃之，虎臣至，撫膺而泣曰：『吾兵無一人用命也。』貴微笑曰：『吾嘗血戰當之矣。』似道曰：『計將安出？』貴曰：『諸軍已膽落，吾何以戰？公惟入揚州，招潰兵，迎駕海上，吾特以死守淮西爾。』遂解舟去，似道亦與虎臣以單舸奔揚州。明日，敗兵蔽江而下。似道使人登岸，揚旗招之，皆不至，有爲惡語慢罵之者。乃檄列郡，如海上迎駕，上書請遷都，列郡守於是皆遁，遂入揚州。

陳宜中請誅似道，謝太后曰：『似道勤勞三朝，安忍以一朝之罪，失待大臣之禮？』止罷平章、都督，予祠官。三月，除似道諸不恤民之政，放還諸竄謫人。復吳潛、向士璧等官，誅其幕官翁應龍，廖瑩中、王庭皆自殺，潘文卿、季可、陳堅、徐卿孫皆似道鷹犬，至是交章劾之。四月，高斯得乞誅似道，不從。而似道亦自上表乞保全，乃命削三官，然尚居揚不歸。五月，王爚論似道既不死忠，又不死孝。太皇、太后乃詔似道歸終喪。七月，黄鏞、王應麟請移似道鄰州，不從。王爚入見太后曰：『本朝權臣稔禍，未有如似道之烈者。縉紳草茅不知幾疏，陛下皆抑而不行，非惟付人言於不恤，何以謝天下？』始徙似道婺州。婺人聞似道將至，率衆爲露布逐之。監察御史孫嶸叟等，皆以爲罰輕，言之不已，又徙建寧府。翁合奏言：『建寧，乃名儒朱熹故里，雖三尺童子粗知向方，聞似道來嘔惡，况見其人！』時國子司業方應發，權直舍人院，封還錄黄，乞竄似道廣南，中書舍人王應麟、給事中黄鏞亦言之，皆不從。侍御史陳文龍乞俯從衆言，陳景行、徐直方、孫嶸叟及監察御史俞浙并上疏，於是始謫似道爲高州團練使，循州安置，籍其家。

福王與芮素恨似道，募有能殺似道者，使送之貶所。有縣尉鄭虎臣，欣然請行。似道行時，侍妾尚數十人。虎臣悉屏去，奪其寶玉，撤轎蓋，暴行秋日中，令舁轎夫唱杭州歌謔之，每名斥似道，辱之備至。似道至古寺中，壁有吳潛南行所題字。虎臣呼似道曰：『賈團練，吳丞相何以至此？』似道慚不能對。嶸叟、應麟奏似道家畜乘輿服御物，有反狀，乞斬之。詔遣鞫問，未至。八月，似道至漳州木綿菴，虎臣屢諷之自殺，不聽，曰：『太皇許我不死，有詔卽死。』虎臣曰：『吾爲天下殺似道，雖死何憾！』拉殺之。

——《宋史》卷四百七十四《列傳》第二百三十三《姦臣》四

佞幸盤荒（節録）

明　田汝成

賈似道，師憲，台州人。少落魄，遊博。會其姊有寵於理宗，嘗憑高，見湖中燈火，語左右曰：『此必似道也。』詢之，果然。十數年，超至相位，人有作詩云：『收拾乾坤一擔擔，上肩容易下肩難。勸君高著擎天手，多少旁人冷眼看。』未幾，元兵南侵，至鄂州，拜似道左丞相，御之。會理宗崩，似道請和，元人許之。兵解，遂上表，以肅清聞。帝以其有再造功，寵用日盛。似道乃使門客廖瑩中、翁應龍等，撰《福華編》以紀鄂功。賜第葛嶺，大小朝政，就決館中，宰執充位而已。當時爲之語曰：『朝中無宰相，湖上有平章。』

度宗時，襄陽受圍者三年矣。帝一日問曰：『襄陽久困，奈何？』似道對曰：『北兵已退，陛下安得此言？』帝曰：『適聞女嬪言之。』似道詢得其人，誣以他事賜死，自是無人敢言及邊事者。日坐葛嶺，取舊宮人及娼尼，淫戲無晝夜。惟故博徒得闌入，人無敢窺其第者。嘗與群妾踞地鬥蟋蟀，所狎客撫其背曰：『此平章軍國重事耶？』嘗作半閑亭，以停雲水道人，每治事畢，則入亭中打坐。有佞人上〔糖多令〕詞，大稱其意。其詞曰：

天上謫星班，青牛度谷關。幻出蓬萊新院宇，花外竹，竹邊山。軒冕倘來間，人生閑最難。筭眞閑、不到人間。一半神仙先占取，留一半，與公閑。

似道欲行富國强兵之策，是時，劉良貴爲都曹尹天府，吳勢卿餉淮東，入爲浙漕，遂交贊公田事，欲先行之浙右，候有端緒，則諸路仿行之。於是以官品限田，立回買、派買之目，民間騷然。有爲詩云：

襄陽累載困孤城，豢養湖山不出征。不識咽喉形勢地，公田枉自害蒼生。

其後，又立推排打量之法，白沒民產，有人作詩云：

三分天下二分亡，猶把山川寸寸量。縱使一丘添一畝，也應不似舊封疆。

又有作〔沁園春〕詞云：

道過江南，泥牆粉壁，右具在前。述何縣何鄉里，住何人地，佃何人田？氣象蕭條，生靈憔悴，經界從來未必然。惟何甚，爲官爲己，不把人憐？思量幾許山川，况土地分張又百年。西蜀巉巗，雲迷鳥道。兩淮清野，日警狼煙。宰相弄權，奸人罔上，誰念干戈未息肩。掌大地，何須經理，萬取千焉。

樞密使文及翁作〔百字令〕《詠雪》以譏之云：

沒巴沒鼻，煞時間做出，漫天漫地。不問高低并上下，平白都教一例。鼓弄滕六，招邀巽二，只恁施威勢。識他不破，至今道是祥瑞。　最苦是，鵝鴨池邊，三更半夜，誤了吳元濟。東郭先生都不管，挨上門兒穩睡。一夜東風，三竿紅日，萬事隨流水。東皇笑道：山河原是我的。

御史陳伯大奏立士籍，似道毅然行之。凡應舉及免舉人，州縣給歷一道，親書年貌、世系，及所肄業於歷首，執以赴舉。過省，參對筆跡異同，以防僞濫。時人有詩譏之云：

戎馬掀天動地來，襄陽城下哭聲哀。平章束手全無策，却把科場惱秀才。

又有爲〔沁園春〕詞云：

國步多艱，民心靡定，誠吾隱憂。歎浙民轉徙，怨寒嗟暑，荊襄死守，閱歲經秋。虜未易支，人將相食，識者深爲社稷羞。當今亟，出陳大諫，筯借留侯。　迂闊爲謀，天下士，如何可籍收？況君能堯舜，臣皆稷契；世逢湯武，業比伊周。政不必新，貫宜仍舊，莫與秀才做盡休。勸吾元老，廣四門賢路，一柱中流。

又詞云：

士籍令行，條件分明，逐一排連。問子孫何習，父兄何業，明經詞賦，右具如前。最是中間，娶妻某氏，試問於妻何與焉？鄉保舉，那當著押，開口論錢？　祖宗立法於前，又何必，更張萬萬千？筭行關改會，限田放糴，生民凋瘁，膏血俱朘。只有士心，僅存一脉，今又艱難最可憐。誰作俑，陳堅伯大，附勢專權？

似道令人販鹽百艘，至臨安賣之。太學生有詩云：

昨夜江頭長碧波，滿船都載相公鹺。雖然要作調羹用，未必調羹用許多。

似道居湖上，一日，倚樓閑眺，諸姬皆從。有二人道裝羽扇，乘小舟遊湖登岸。一姬曰：『美哉！二少年。』似道曰：『汝願事之，當留納聘。』姬笑而不言。逾時，令人捧一合，喚諸姬至前，曰：『適方爲某姬受聘。』啟視之，乃姬之首也，諸姬股栗。

……

德祐元年（一二七五）正月，詔似道統軍行邊。先是，似道屢請出師，陰嗾臺臣留己，以爲：『師臣一出，顧襄未必及淮，顧淮未必能及襄，不若居中，以運天下。』於是，帝謂似道曰：『師相豈可一日離左右耶？』呂文煥遂以襄陽降元，似道言於帝曰：『臣始發請行邊，陛下不之許。向使早聽臣出，當不至此。』至是，上表出師，次魯港。元兵蔽江而下，夏貴、孫虎臣皆無鬥志，阿珠遣人掠宋舟，大呼曰：『宋軍敗矣！』虎臣遽過其妾舟，衆見之，讙曰：『步帥遁矣！』宋師大亂，舳艫簸蕩，乍分乍合，溺死者不可勝數。似道倉惶召夏貴計事，頃之，虎臣至，撫膺哭曰：『吾兵無一人用命。』貴微笑曰：『吾嘗血戰當之。』似道曰：『計將安出？』貴曰：『諸軍已膽落，吾何以戰？師相惟有入揚州，招潰兵，迎駕海上。吾當以死守淮西耳。』言畢，貴卽解舟去。夜四鼓，似道擊鑼退師，諸軍皆潰。似道與虎臣單舸奔還揚州，堂吏翁應龍以都督府印奔還臨安。明日，潰兵蔽江而下。似道使人登岸，揚旗招之，莫有應者，或使惡語謾罵之。似道乃檄列郡，如海上迎駕。已而姜才收兵至揚州，元師乘勝東下矣。

似道既敗，事聞，臺臣交章攻之。詔曰：

大臣具四海之瞻，罪莫大於誤國；都督專閫外之寄，律尤重於喪師。告九廟以奉辭，詔群工而聽命。具官似道，小才無取，大道未聞。昔相穆陵，徒以邊將而自詭；逮事先帝，又以國事而自專。謂宜開誠佈公，以扶皇極；并謀合智，以盡輿情。乃恣行胸臆，不恤人言。以吏道沮格人材，以兵術剸裁機務。括田之令行，而農不得耕於野；權利之法變，而旅不願出其途。矧當任閫之馳驅，不度戎事之緩急。戰功曠歲而不舉，兵事愒日而不修。纖悉於文法之搜求，闊略於邊政之急切。遂令飲馬，倏渡長江。迺者，抗表出師，請身戡難。人方期以孔明之志，朕亦望以裴度之功。謂當纓冠而疾趨，何爲奉頭而鼠竄？遂致三軍解體，百將離心。彼披甲之謂何，乃聞聲而奔潰。《孟子》曰：『吾何畏彼？』《左氏》曰：『我不戍夫！』社稷之勢綴旒，是誰之過？縉紳之言切齒，罪安得辭？姑示薄罰，俾爾奉祠。於戲！膺戎狄，懲荊舒，無復周公之望；放驩兜，殛伯鯀，尚寬虞典之誅。可罷平章軍國重事、都督諸路軍馬。

頃之，謫高州團練使。先是，似道嘗夢術者言：『平章不利姓鄭人。』故朝士鄭姓者，多摧抑之。武學生鄭虎臣，素見憎於似道，廷議遂以虎臣爲押送官。似道瀕行，置酒飲虎臣，言前夢，且祈哀庇，虎臣微笑而已。途中備加窘辱。及抵漳郡，似道泣曰：『夜夢不祥，離此恐無生理。』漳守趙分如者，似道門客也，宴虎臣，欲請似道偶坐，虎臣不許。似道亦固讓不敢當，口稱天使唯謹。分如察虎臣有殺似道意，挑之曰：『天使今日押團練至此，想無生理，曷令速殞，無受許多苦惱。』虎臣笑曰：『便是這物事，受得許多苦惱，好死不死。』明日，促之行。離城五里，小憩木綿庵。似道知不可免，乃服腦子，踞虎子欲絕。虎臣曰：『好教祇恁地死。』大棰數下而殂。先是，吳履齋潛安置循州時，似道命知州劉宗申捃摭其短，竟以毒死。至是，分如祭似道，爲之辭曰：

嗚呼！履齋死蜀，死於宗申。先生死閩，死於虎臣。

祇此四句，然哀激之懷，無往不復之微意，悉寓其中矣。

……

似道母兩國夫人胡氏者，錢唐鳳口里人。賈涉至鳳口，見而悦之，戲曰：『汝能從我乎？』婦曰：『有夫安得自由？待其歸，君自爲言。』夫歸，欣然賣與。嘉定癸巳，涉爲萬安丞，似道在孕，不容於嫡。縣宰陳與常者，涉與之通家往來，以情告之，遂相與謀。陳宰令其妻過丞聽，諸妾環侍。談話間，因語丞妻：『以乏使令，欲借一妾。』涉妻云：『惟所擇用。』陳妻遂指似道之母。涉妻幸其去，忻然許之，即隨軒以歸縣衙。及八月八日，似道生於縣治。賈丞校事他郡，歸詣於宰，方始知之，終不以入涉家。後去任，雖攜似道歸鄉，而其母竟流落，嫁爲石匠妻。及似道鎮維揚，訪得其母，偕石匠來見。似道使石匠往江上興販，計沉之江，子母方得聚會。享富貴四十年。咸淳十年，以壽終。似道歸越治葬，太后已下，及朝士貴戚，設祭饌，以相高爲競，有累至數丈者。裝祭之次，至擷死數人。送葬者值水潦，不問貴賤，沒及腰膝，不得遂便。雖度宗山陵，無以加此。蓋自三月至七月，似道持喪起復，辭免，虛文汩汩，殆無虛日。而國事邊事，皆置不問。至十二月十四日，北兵偷渡，時人爲之語曰：『莊子所謂無用之用者，此媪是也。媪死，賈必敗，國必亡矣。』

廖瑩中群玉，賈似道門客也，嘗撰《福華編》以紀鄂功。臨淳化帖，書丹入石，皆逼眞。又刻小字帖十卷，所謂世綵堂小帖也。縮定武禊帖爲小字，刻之靈璧石，號『玉板蘭亭』。又集《全唐詩話》、《諸史要略》、《二禮節》、《左傳節》、《悦生堂隨鈔》，梓刻精妙。未及印行，而國事變矣。似道褫職之夕，與瑩中相對痛飲，悲歌雨泣，五鼓方罷。歸舍，不復寢，命愛姬煎茶，服冰腦一握。藥力未行，而業求速死。

又命姬曰：『更進熱酒一杯。』再服氷腦數握。愛姬始覺之，急前奪救，已無及矣。持其妾而泣曰：『勿哭！勿哭！我從丞相二十年，一日傾敗，得善死，足矣。』言未畢，九竅流血而死。瑩中嘗爲園，湖濱有世綵堂、在勤堂、芳菲徑、紅紫莊，桃花流水之曲，綠陰芳草之間。嘗從似道禱雨天竺，鐫名飛來峰洞，至今猶存。

——明田汝成《西湖遊覽志餘》卷五

附錄六

遺事輯佚

張女夙慧

金　元好問

順天張萬戶德明第八女，小字度娥，資質秀爽，眼尾入鬢。丙午（一二四六）秋入小學。生七年矣，日誦數百言。比戊申（一二四八）二月，女史屬詞，《孝經》、《論語》、《孟子》、《易·乾傳》至《下繫》、《詩·二南》、《曲禮》、《内則》、《少儀》、《中庸》、《大學》、《儒行》、《祭統》、《祭義》、《經解》、《冠》、《婚》諸篇；班氏《女戒》、郝氏《内則》、《内訓》、《通喪記》六卷皆成誦，日兼二詩古律至十篇。學書下筆，卽有成人之風。旦夕家居，見家人或不整肅，以禮責之。又所誦書多能通大義，時爲講說。其對屬，才思敏捷，無小兒女子語。『睡思昏昏如醉思，閨心寂寂似禪心。桃李東風蝴蝶夢，關山明月杜鵑魂。』識者謂此詩不佳，後日果得病，又四日亡。甫九歲，郝伯常爲詩弔之。

——金元好問《續夷堅志》卷三

張女挽詩 并序

元　宋　褧

女諱阿慶，汝南忠武王第八女，今翰林待制郝陵川所聘也。日誦數百言，尤工屬對。十歲而逝。元遺山《續夷堅志》記其事。

三生常侍玉晨君，想像文姬一樣人。露氣清凝仙掌夜，天葩秀吐上林春。木蘭歌怨征行苦，柳絮才高老大身。却是貞魂埋不得，綵鸞同與駕飆輪。

所屬對，今略附於後。如：『睡思昏昏如醉思，閒心寂寂似禪心』，『洗硯黑雲浮水面，折花紅雨落牆頭』，『滿地梨花三月暮，隔牆楊柳兩家春』，『秋水芙蓉妝鏡曉，暖煙楊柳畫屏春』，『關山明月子規魂，花柳東風蝴蝶夢』，『江頭鷗鷺，不關名利也風波；　野外荊榛，有底功勳承雨露』，『驟雨翻空，滌世間之塵垢；　飛虹飲海，收天下之風雲。』

——道光本《郝文忠公陵川文集·附錄》

保郝彩麟狀

元　王　惲

竊見故翰林侍讀學士、國信使郝經，奉使亡宋，幽囚十有六年，以沈鬱致疾。還朝未幾，隨卽物故，據以勞死，事誠當優恤其家。今嗣子彩麟，年長負學，卓有所立。似宜超等擢用，以酬父勞，且爲立功立事者之勸。

——元王惲《秋澗集》卷九一

書郝伯常經題黄鶴樓水龍吟後

元　袁　桷

郝公以使事館儀真日，襆被蓐食，引馬於庭下，請歸，館使謝以未有旨。如是者十有六年。在館中觀書不輟。其未見者，從制置司以假所作《蜀漢書》，皆拘留時藁定。方是時，宋相以滔天之惡，蒙蔽朝論，士夫咸以道學緣飾，殆如風痹，不知痛癢。公蓋目覩其弊，今觀此詞，其意旨可知矣。公之子爲侍讀學士，嘗與桷言：公奉使時，侍讀甫四歲。後回京師，年十九，以戎服見拜且泣。公閉目不顧，進退不敢。其父友命易衣冠以進，始與語焉。前賢典刑峻整若是，視近時父兄之御子弟，泚顙實多。因書舊聞，以補遺事。

泰定元年（一三二四）三月癸卯，四明袁桷書。

——元袁桷《清容居士集》卷四九

拘留北使

元　劉一清

賈似道陰許北朝歲幣，故鄂渚退師，自事定之後，冒爲己功，諱言前事。及北使郝經來尋盟，似道拘留眞州不遣。其失信北朝，以至召兵。

——元劉一清《錢塘遺事》卷四

抗疎諫伐宋

元　陶宗儀

何公巨川者，京師長春宮道士也。會世皇將取宋，迺上疏抗言：『宋未有可伐之罪。』遂命副國信使、翰林學士郝文忠公經使江南，歿於眞州。至正間，詔追贈二品官。有人作詩悼之云：『奇才不泄神仙事，抗疏曾干世祖知。每恨南邦本無罪，比留北使欲何爲？忠魂久掩孤城館，褒詔新鐫二品碑。地下若逢姦似道，爲言故國黍離離。』

——元陶宗儀《輟耕錄》卷六

鴈書

元　陶宗儀

『霜落風高恣所如，歸期回首是春初。上林天子援弓繳，窮海纍臣有帛書。中統十五年九月一日放鴈，獲者勿殺。國信大使郝經書于眞州忠勇軍營新館。』

右五十九字，郝公書也。公字伯常，澤州陵川人，世皇召居潛邸。歲己未，扈從濟江授江淮宣慰司副使。中統元年，拜翰林侍讀學士，充國信使使宋，館于眞州，凡十有六年始得歸。此書當在至元十一年。是時南北隔絕，但知紀元爲中統也。

先是，有以鴈獻，命畜之。鴈見公輒鼓翼引吭，似有所訴者。公感悟，擇日率從者具香案，北向拜，舁鴈至前，手書尺帛，親繫鴈足而縱之。後虞人獲之苑中以聞，上惻然曰：『四十騎留江南，曾無一人鴈比乎？』遂進師南伐。越二年，宋亡。至今秘監帛書尚存。

——元陶宗儀《輟耕錄》卷二十

漢魏正閏

元　陶宗儀

霍治書云：紫陽楊煥然先生讀《通鑑》，至論漢魏正閏，大不平之。遂修《漢書》，駁正其事，因作詩云：『風煙慘澹駐三巴，漢燼將燃蜀婦髽。欲起溫公問書法，武侯入寇寇誰家。』後攻宋軍迴，始見

《通鑒綱目》。其書乃寢，順德劉道濟先生尤不平之，修書名三爲，亦見《綱目》，閟而不行。

中統改元，陵川郝伯常先生使宋，被留儀眞。執不得還，就買書作《續漢史》。既脱藁，會同僚荀正甫諸公，飲至數行，忽長歎曰：『某辛苦十餘年，莫不被高頭巾輩已做了也。』皆對云：『不聞之。』至元丁亥，余分臺江西，購得蕭常《續漢書》全部，因喟然曰：『惜乎！郝君不及見此。』

——元陶宗儀《輟耕録》卷二四

題郝伯常帛書後

明　宋　濂

『霜落風高恣所如，歸期回首是春初。上林天子援弓繳，窮海纍臣有帛書。中統十五年九月一日放鴈，獲者勿殺。國信大使郝經書於眞州忠勇軍營新館。』

右郝文忠公帛書，五十九字，博二寸，高五寸，背有陵川郝氏印方一寸，文透於面，可辨識。蓋中統元年三月辛卯，元世祖登極，欲告卽位，定和議于宋，妙柬廷臣，惟公最宜。四月丁未，授公翰林侍講學士佩金虎符，充國信使以行，宋相賈似道拘留儀眞不遣。至元十一年六月庚申，下詔伐宋，問執行人之罪。時公在儀眞已十五載，以音問久不通，乃於九月甲戌，用蠟丸帛書，親繫鴈足，祝之北飛。十二月丙辰，伯顔南征之師竟渡大江。十二年二月庚午，似道懼，命總管段佑送公歸國。三月，虞人始獲鴈於汴梁金明池，四月公至燕都，而七月辛未遂卒，年僅五十三爾。其書中統十五年，卽至元十一年，南北隔絶，但知建元爲中統也。十三年正月甲申宋亡，帛書爲安豐教授王時中所得。

延祐五年春，集賢學士郭貫出持，淮西使節頗見焉。遂奏於朝，敕中使取之。十一月太保曲出，集賢大學士李邦寧，以其書上仁宗。詔裝潢匠成卷，翰林集賢文臣各題識之，藏諸東觀，而王約、吳澄、袁桷、蔡文淵、李源道、鄧文原、虞集，皆有所作矣。

昔蘇武使匈奴，匈奴詭稱武死。漢昭帝使使者諭云，天子射上林，得鴈足，有帛書，言武牧羝澤中，武因獲還。此特出一時假託之辭，非有事實也。今當一介行使不通之際，鴈乃能遠離矰繳，而將公書至汴，其殆天欲顯公之忠節耶！會公已北歸，故獲者不以聞，不然，則是書之所繫，豈細故也哉？或謂世祖見書，有『四十騎留江南，曾無人如鴈』之歎，遂興師伐宋，皆好事者傅會之談，而不知有信史者也。

濂修《元史》，既錄詩入公傳，今復書歲月先後於卷末，以見鴈誠能傳書云。

——明宋濂《宋學士文集》卷一二

鴈足書

明　張　萱

鴈足傳書，世傳爲蘇武事，但武實未嘗以書縛鴈足。蓋漢使者常惠，自胡中還，知武尚在。故漢家令人入胡求武，托言上林獲鴈得武書也。元中統間，有宣慰副使郝經充信使使宋，宋留之眞州十六年不還。有以鴈獻經者，經畜之。鴈見經，輒鼓翼引吭，似有所訴。經感悟，擇日率從者具香案，北向拜，舁鴈至前，手書一詩於尺帛，繫鴈足而縱之。其詩曰：『露落風高恣所如，歸期回首是春初。上林天子援弓繳，窮海纍臣有帛書。』復書於左：『中統十五年九月一日放鴈，獲者勿殺。國信大使郝經書于眞州忠勇軍營新館。』虞人獲之以獻，元主惻然曰：『四十騎留江南，曾無一人鴈比乎。』遂進師南伐，越二年宋亡。此又效蘇武而爲之也。然武留胡中十九年始還，漢家不能爲武問罪於胡；經留宋十六年始還，而元主卒以此滅宋，爲之一歎。經字伯常，澤州人。

——明張萱《疑耀》卷二

鴈足繫書

明　徐應秋

宋咸淳癸酉（一二七四），元國信使郝經被留眞州，南北隔絕者十五年。時居中勇軍營新館，有以生鴈饋者。經因作詩，以帛書云：『零落風高縱所如，歸期回首是春初。上林天子援弓繳，窮海纍臣有帛書。』并署年月姓名，通五十九字，繫鴈足縱之，尋爲北人所得，以獻其主，遂大舉南伐，越乙亥（一二七五），宋社屋矣。

嗚呼！世傳蘇子卿鴈書云者，不過漢人詭言以紿匈奴，因成故事。顧如郝經之鴈，乃實有之，而元主亦竟得之。是可異也，豈南北興亡，天意固已有，在偶然之際，有不偶然者寓乎。

——明徐應秋《玉芝堂談薈》卷六

繫書鴈

清　姚之駰

《元史》郝經拘宋十六年，汴中民射鴈金明池，得繫帛書，詩云：『露落風高恣所如，歸期回首是春初。上林天子援弓繳，窮海纍臣有帛書。』後題：『至元十五年（一二七四）九月一日放鴈，獲者勿殺。國信大使郝經書於眞州忠勇軍營新館。』《王逢集·郝經帛書》：『虞人獲之以聞上，遂進師南伐。』書今藏秘監劉濬齋家，袁桷《題郝伯常鴈足詩》：『一寸蠟丸憑鴈寄，明年春盡竟生還。』

——清姚之駰《元明事類鈔》卷三七《飛鳥門·鴻鴈》

落鴈池

清　無名氏

元郝經故第側，擬汴金明池也。郝文忠充國信使北還之歲，汴中民射鴈金明池，得帛書云：『霜落風高恣所如，歸期回首是春初。上林天子援弓繳，窮海纍臣有帛書。中統十五年九月一日放鴈，獲者勿殺。國信大使郝經書于眞州忠勇軍營新館。』是時南北隔絕，不知中統之久改至元也。又文忠（郝經）《儀眞館中雜題》：『持節江頭久食魚，館人供鴈意踟躕。呼兒細看雲間足，恐有中原問訊書。』則故第之名落鴈池也，固宜。事詳《元史》及宋濂題後。

王逢《讀國信大使郝公帛書》詩注：『公覊旅日，有以鴈四十餉公。內一鴈體質稍異，命畜之於後，鴈見公輒張翮引吭而鳴。公感悟，擇日率從者二十七人，具香北拜。二人舁鴈，跪其前，手書尺帛，親繫鴈足。且致祝曰：「纍臣某，敢煩鴈卿，通信朝廷，鴈其保重。」欲再拜，鴈奮身入雲而去。未幾，虞人獲之於苑中，以所繫帛書，託近侍以聞，上惻然曰：「四十騎留江南，曾無一人鴈比乎？」遂進師南伐。越二年宋亡。書今藏諸秘監，河南主客劉濬齋云。」

——《山西通志》卷二十三《山川》七《陵川縣》

郝信使經

清 顧嗣立

經，字伯常，澤之陵川人。祖天挺，遺山元好問嘗受學焉。經少遭兵亂，徙家順天。賈元帥輔、張蔡公柔，先後辟爲子師。有書萬卷，恣其搜覽。遺山嘗謂之曰：『子狀類乃祖，才氣非常，勉之。』遂與論作詩作文之法。

世祖以太弟開藩，徵經入見。荊鄂用兵，經上書，言宋未可取，不如修德布澤，相時而動。憲宗設江淮荊湖南北等處宣撫司，命經爲副。憲宗晏駕，會宋賈似道請和，世祖自鄂州引兵還。即位，以經爲翰林侍讀學士，佩金虎符，充國信使，齎書入宋通好。似道方以鄂圍之解爲己功，恐經之至而泄其情也，拘之眞州。至元十一年，巴延南伐，乃禮而歸之。至燕京，病卒，年五十三。累贈昭文館大學士、司徒、冀國公，謚文忠。

伯常之出使也，以爲南北生靈，庶幾有息肩之日，既而被留於宋者十六年。鬰錮急迫，益肆力於文章。著《春秋外傳》、《易外傳》、《太極演原》、《續後漢書》，及《陵川文集》若干卷。延祐五年，詔江西行省刊行。史稱其文豐蔚豪宕，詩多奇崛。今觀其集，信然。而眞州諸作，尤極悽惋。北還之歲，汴中民射鴈金明池，得繫帛書云：『霜落風高恣所如，歸期回首是春初。上林天子援弓繳，窮海孤臣有帛書。中統十五年，九月一日放鴈，獲者勿殺。國信大使郝經書于眞州忠勇軍營新館。』是時南北隔絶，不知中統之爲至元也。元人高其節，以比蘇子卿焉。

——清顧嗣立編《元詩選初集》卷十三

廿二史劄記·郝經

清　趙　翼

奇聞駭見之事，流傳已久，在古未必眞，而後人仿之，竟有實有其事者。蘇武鴈書，事本烏有，特常惠教漢使者，謂天子射上林，得武繫帛書於鴈足，使匈奴不得匿武耳。而元時郝經使宋，被拘於眞州，日久，買一鴈，題帛書繫其足，放去。汴中民射鴈金明池，得之，以進世祖。其詩云：『霜落風高恣所如，歸期回首是春初。上林天子援弓繳，窮海纍臣有帛書。』後題：『中統十五年九月一日放鴈，獲者弗殺。國信大使郝經書於眞州忠勇軍營新館。』後經竟得歸國，卒於途。是蘇武鴈書之事虛，而郝經鴈書之事實也。

——清趙翼《廿二史劄記》卷三十

鴈帛

清　吴景旭

《輟耕録》曰：『「零落風高恣所如，歸期囬首是春初。上林天子援弓繳，窮海纍臣有帛書。中統十五年九月一日放鴈，獲者勿殺。國信大使郝經書於眞州忠勇軍營新館。」右五十九字，郝公書也。公字伯常，澤州陵川人。中統元年，拜翰林侍讀學士，充國信使，宋館於眞州，凡十有六年，始得歸。此書當在至元十一年。是時南北隔絶，但知紀元爲中統也。先是，有以鴈獻，命畜之。鴈見公，輒鼓翼引吭，似有所訴者。公感悟，擇日率從者具香案，北向拜，舁鴈至前，手書尺帛，親繫鴈足而縱之。後虞人獲之苑中以聞。上惻然曰：「四十騎留江南，曾無一人鴈比乎？」遂進師南伐。』

吴旦生曰：『《農田餘話》：郝經奉使於宋，賈似道忌其露乞和之盟，拘於儀眞。作帛書附鴈足，帛博一寸，高五寸，有陵川郝氏印。三月，虞人獲鴈於汴梁金明池，爲安豐教授王時若所得。延祐五年，集賢學士郭貫出持淮西使節，知之，奏於朝，敕中使取之。仁宗裝潢成卷，命翰林集賢文臣題識之，藏諸東觀。或説世祖有「四十騎留江南，曾無一人如鴈」之歎，遂興師伐宋者，妄也。據此，則始末與《輟耕》有異。因思一鴈也，爲子卿則自北而南；爲伯常，則自南而北。是天下之至神絶靈，莫踰於鴈。然漢廷特飾説以紿之，使驚爲神；而陵川一寸帛，則實有是事也。』

——清吴景旭《歷代詩話》卷六五

陳衍

經字伯常，澤州陵川人。憲宗元年，世祖在潛邸召見，留王府。官至翰林學士。謚文忠。有《陵川集》。

《帛書詩》：霜落風高恣所如，歸期回首是春初。上林天子援弓繳，窮海纍臣有帛書。

《宋學士》集：『霜落』云云。中統十五年九月一日放鴈，獲者勿殺。國信大使郝經書於眞州忠勇軍營新館。右郝文忠公帛書五十九字。博二寸，高五寸，背有陵川郝氏印，方一寸，文透於面，可辨識。蓋中統元年三月辛卯，元世祖登極，欲告卽位，定和議於宋。四月丁未，授公翰林侍講學士，佩金虎符，充國信使以行。宋相賈似道拘留儀眞不遣。至元十一年六月庚申，下詔伐宋，問執行人之罪。時公在儀眞已十五載，以音問久不通，乃於九月甲戌，用蠟丸帛書親繫鴈足，祝之北飛。十二月丙辰，伯顏南征之師竟渡大江。十二月庚午，似道懼，送公歸國。三月，虞人始獲鴈於汴梁金明池。四月，公至燕師。而七月辛未遂卒，年僅五十三爾。其書中統十五年，卽至元十一年，南北隔絕，但知建元爲中統也。十三年正月，宋亡，帛書爲安豐教授王時中所得。延祐五年春，集賢學士郭貫出持淮安使節，獲見焉，遂奏於朝，敕中使取之。仁宗詔裝潢成卷，翰林集賢文臣各題識之，藏諸東觀。或謂世祖見書，有『四十騎留江南，曾無一人如鴈』之歎，遂興師伐宋，皆好事者傅會之談。

《梧溪集》：先是，有以鴈四十餉公，內一鴈體質稍異，命畜之。鴈見公輒張翮引吭而鳴，公感悟，手書尺帛，親繫鴈足，入雲而去。未幾，虞人獲之苑中，以所繫帛書，託近侍以聞。上惻然曰：『四十騎留江南，曾無一人鴈比乎！』遂進師南伐。

——陳衍《元詩紀事》卷四

附錄七

雜劇

鴈帛書

任城許雲嶠先生著
儀徵阮芸臺先生　盩厔路潤生先生鑒定

弁言

元人有《蘇武告鴈》曲，以鴈書事系之子卿，人多豔稱之。然《漢書》本傳具在，非實事也。惟元郝伯常經使宋，爲賈似道拘留眞州者一十五年，乃眞有鴈足寄書之事。宋濂《元史》、陶九成《輟耕録》俱載之。嗚呼！伯常文章氣節，冠絶一時，而鴈書一事，尤足千古。故據本傳，參之《宋史》，爲北曲四套，以傳其奇。表伯常之節，卽以斥似道之罪。『誅奸諛於旣死，發潛德之幽光』，亦庶幾昌黎之意歟！

道光二年八月望後一日，山左許鴻磐識。

第一折　拜鴈

（生蒼髯故服上）代馬蹀北風，越禽思南翔。孤臣戀明主，遊子悲故鄉。下官郝經，字伯常，澤州陵川人也，官大元翰林侍讀學士。俺聖上自江夏回兵，旋登大寶，改元中統。念南北爭持，人民塗炭，乃體天地好生之德，乃欲講好息兵。元年秋，特遣下官充國信使，來南朝徵幣尋盟。叵奈賈似道因前歲江夏危急，增帛求成，迨罷兵之後，妄奏大捷，恐下官一到臨安，露其欺罔之罪，將俺截置眞州，實同囚繫，受盡千萬折磨，已經一十五載。聖上也不興師問罪，大料這把硬骨頭，棄置於此矣。

【粉蝶兒】天遠雲孤，問江鄉星霜幾度？十五載囚繫無殊。博得個鬢沾霜，髭點雪，歸期莫卜。正值這客況堪虞，又逢著秋光欲暮。

【醉春風】俺不是歎蕭瑟的庾蘭成，略似那苦淹留的徐孝穆。每日裏依北斗，望京華，恨關河路阻。怎得那雙鯉緘書，青鸞遞信，把俺衷腸一訴！

（末扮家丁上）啟爺：眞州營中，柴糧告匱，廄內亦草料全無。（生）呀！昨日欲添製秋衣，苦無布帛。今日又米盡柴空，教俺如何擺佈也。

【紅繡鞋】正愁著裝棉無布，恰又早塵甑無粟。痛僕馬盡瘏痡，俺饑寒難并顧。典質已無餘，你且掘草根，覓雀鼠。

（末應下，復上）眞州太爺親送米十石、柴百束，還要一見。（生）請。（丑扮州官上，相見生介。丑）公事冗忙，少來請教。（生）豈敢？（丑）奉平章鈞命，饋送米柴。且命致意先生，朝廷深嘉高義，屈駕暫仕南朝，定當優禮相待。如過於拘執，恐於先生不便。十五年況味，想已飽嘗，請熟思之。（生）噤聲。

【迎仙客】俺有那不受暖的冷心腸，還有那能耐煩的寬肚腹，更有那挫不彎的生鐵脊膂。今日呵，猶如鳳在笯，燕雀憑欺侮。你小眞州，是俺鴈過留聲處，省却這閑聒絮。

（丑）先生不可過於執拗，恐惹惱平章，封刀且至。（生）你這話嚇誰？

【石榴花】俺也曾講節義，誦詩書，昂藏天地七尺軀。俺只從皇華銜命出京都，那些儿念著室家，早已是拚了頭顱。何用你險語來相怖，一任您赤鑊當前，白刃切膚。幾曾見，漢家蘇武順匈奴？

（生）我且問你，爾國當年得罪金朝，以致汴京失守。今又拘留信使，欺侮大國。我聖上若赫然一怒，爾國禍不遠矣！

【斗鵪鶉】你可記兵困東都，慘磕磕徽、欽被虜？送掉了半壁江山，甫得個偷安也那南渡。今日里耽樂西湖，全不念覆轍前車。若點動俺北闕尺籍，恐不留您南朝寸土。

（丑）我本好心爲你，你反惡語傷人。且去覆命平章，教你臨時後悔。（捽袖徑下。）（生）你看他掉頭不顧，竟自去了，且自由他。（内作風聲并鴈叫介。）（生）呀。

【快活三】只聽得莽秋風，撼破屋，卷敗葉，滿階除。又聽得鴈聲嘹嚦似驚呼。這正是冷清清，孤客銷魂處。

（場上繫鴈作落介。）（生）甚麽聲響？待我出去看來。呀！

【上小樓】俺這裏聞聲驚覷，原來是鴈撲庭宇。鴈呀，羨你歲歲北歸，關山無阻，故土攸居。不似俺撇家鄉，辭聖主，飽經寒暑。恨不得望闕廷，乘風歸去。

（鴈作鳴介。）（生）呀。

【幺篇】你可是感離群，把伴侣尋？你可是來空階，把粱稻謀？（鴈又振翼鳴介。）（生）可怎生振翼長鳴，如怨如慕，似憫窮途。俺何曾賽公冶，善通禽語？他居然似鵬鳥，將憑臆訴。

是了。當年漢使以鴈書詐單于，竟得蘇武還朝。今日鴻鴈來賓，或者上天垂憫，眞令此鴈寄書，以達上國乎？鴈呀，果然如此，你可前行幾步。（鴈作前行介。）（生）眞奇事也！鴈呵，聽俺告訴：俺郝經奉使來南，被姦臣賈似道拘置於此，十有五年。你既誠意傳書，待俺寫就詩章，繫汝足上。你可直赴燕京，通茲音信。倘得生還，汝恩德不忘也。你先受我一拜！（揖介）

【耍孩兒】俺不是祭鴈塞的今行省，聊做個用鴈贄的古大夫。從來忠信格豚魚，況你是隨陽靈物。慢誇他陸家黃犬能傳信，更强如張氏白鴿可寄書。堪託付！看你這九霄毛羽，怕甚麼萬里程途。

（作寫詩包裹繫鴈足介）鴈呵，聽俺囑咐。

【幺篇】俺這裏揮青鏤，感時將歲暮。你那裏振霜翎，回首待春初。今日個天高風急敞雲衢，度燕山直達皇都。倘得那上林天子援弓繳，才知道窮海纍臣有帛書。休耽誤，還要你留心遵渚，著意銜蘆。

（鴈作飛去介。）（生）奇哉，妙哉！

【煞尾】俺目送鴈北飛，暗把那歸程數。賈似道呵，準備著兵下江南路，俺的那一紙鄉音是羽書。（下）

第二折　得書

（旦淡妝，貼隨上。旦坐歎介）

【一枝花】紅顏恨命薄，問薄命誰如妾？終日裏坐愁城，離緒堆成堞。盼煞征人，珠淚如鉛瀉。數歸期，指尖兒掐得嫩皮裂。已熬過十五度春去春來，將及那二百番月圓月缺。

俺崔氏，汾州平遥人也。幼讀《詩》《書》，深明節義，今年三十六歲。十九歲上，嫁與翰林侍讀學士郝伯常爲繼室。隨宦京華，琴瑟靜好。夫君素性剛直，曾得罪權相王文統。那奸賊屢欲謀害夫君，幸得聖明保護。自南朝賈似道增帛求成，聖上恢如天之度，講好息兵。中統元年秋，欲遣使臣，催納所增歲幣，已遣學士脫脫帖木兒。那姦相特上一本，力保夫主守經達權，必能不辱君命。聖上允准，卽改遣夫主南行。屈指筭來，已經一十五載，至今音信全無，眞乃存亡未審。正是：　好似和鉤吞却線，繫人腸肚掛人心。這憂煎幾時才了也？

【梁州第七】恨煞他施奸謀毒如蛇蠍，暗傷人慘似金鐵。巧托個推賢薦士相扳擠，中了他唇槍舌劍，活送入虎窟狼穴。俺欲待離魂相伴，夢兒里霧障煙遮。俺待要登樓望遠，眼兒底水複山疊。若是客死呵，也應該早返靈車；降敵呵，你從來堅持大節；無恙呵，爲甚麼音信歇絕。難撇怎決，好教人憂煎萬種連明夜。俺斷頭香未曾爇，難道是就把生離作死別？（哎呀苦哇）問天，天，便恁般酷烈！

愁思之間，爲何手足氷冷？（貼）院內雪已深一寸，請添件皮衣，向炕上坐罷。（旦）待俺推窗一望。呀！

【牧羊關】俺只見帶雨梨花落，隨風柳絮斜，但見那寒鴉翻、樹弄明滅。猛可的想起俺舊日歡悅，當此際正壚紅酒熱。今日呵，兩下裏恨長別，想他效漢使嚙雪，俺竟似孀婦持氷節，兀的不倍教人腸斷絕！

（內作鴈叫，旦作望介）呀，原是一隻孤鴈，好慘人也。

【四塊玉】只見他度南樓，片影斜，不住的聲悲咽，恰便似望著思歸話離別。想你半途中失伴悲抛舍，好似俺守空房，瘦影孑。俺的那苦衷腸，沒處說淒切。敢則你念同病，相憐藉？

（鴈作飛落院内介。）（旦）呀，這鴈兒竟墜落中庭，想是傷弓之鳥。丫鬟，快去救起者。（貼應介。）（旦）這消息不祥也。

【憶玉郎】多則是征夫南國把災星惹，遭了磨難，又受了摧折。分明是鏡破大刀折，似征鴻忽跕跌。嗟，嗟，嗟，這兆兒一定是妖孽。

（貼稟介）這鴈兒并未受傷，左足上還繫著一個油紙包兒。任人摩弄，毫不驚愕，也是奇事。（旦）待我看來。果然不錯。丫鬟，快取剪刀鉸下。（貼作鉸下呈旦介，旦拆裹得書介）原來是舊帛，上寫著幾行楷字。（念介）『風急天高任所如，歸期回首是春初。上林天子援弓繳，窮海纍臣有帛書。至元十一年，國信大使郝經書帛。』（旦）呀！原來是夫君的手跡。可知是尚寄南朝，依然無恙，謝天謝地。（望空跪拜，彈淚介）

【玄鶴鳴】嗟，嗟，嗟，痛夫主受夠了磨折，望虛空把神天叩謝。（起立向鴈介）勞你遠路傳書也，受俺一拜！虧煞你些兒不錯來寒舍，虧煞你沖風冒雪路途賒，虧煞你巧避那網羅彈射，虧煞你護包裹，紙帛半星兒無破缺。似這等書傳天上，千古奇絕。

我想此事，天地鬼神，實陰相之。夫主歸期，定不遠矣。

【賺煞】茫茫碧落音書接，凜凜丹誠神鬼挈。從今呵，錦衾不必悲冬夜，喜上眉巔，歡生笑靨。俺呵，待看你疲馬還朝拜北闕。

雖然如此，還得將此書奏明聖上，興兵往援，方能及早歸來。明朝呵。

【烏夜啼】只要捧鴈書，重瞳親閲，料君王也髮指眥裂。登時間雲移雉尾頒節鉞，等不得江漂木柹將陳滅。俺鐵騎飆捷，戰艦星列。你縱將行人禮遣再饒舌，將行人禮遣再饒舌，恐孽由自作終難赦。那其間長江飛渡，你可再攔截！

鴈呵，你既孤而無偶，可就眠食於此，待俺丈夫回來，慢慢報你大德也。

【煞尾】你畏天寒，好把柔茵藉，效供養，時將香稻設，俺夫婦畢生銜感將勞謝。丫鬟，把鴈兒抱入房中。（鴈作飛去介。）（旦）他早轉眼不見也。似風卷殘葉，早望中影滅。似這等來去一瞥，眞堪稱義鳥，號禽俠。

（執書領貼下）

第三折　詰罪

（末戎妝，小生扮使臣，同上。末正坐，小生旁坐，雜扮裨將分立介。）（末）本帥伯顔，上都人也。中統元年，聖上遣郝經充國信使，往南朝徵幣修好，被賈似道拘留不報，群臣卽議發兵。聖上志在安人，仍俟和好之信。迨至元改元，又遣學士王德素使宋，致書宋主，詰問稽留郝經之故，仍爲似道所格。聖上動怒，命俺先取襄樊，以儆宋人。前歲已將襄樊平定，進取鄂黄，未能卽下。

十月間，聖上又睹郝經所寄鴈書，赫然震怒，命別將困守鄂黃，遣本帥統雄兵二十萬，直指臨安，擒拿似道問罪。前已特頒詔旨，（指小生介）特遣這行樞密院都事郝經之弟郝庸，問執行人之罪，今師次江州。賈似道領羸兵十三萬，頓於蕪湖，又遣行人宋京來營，乞請稱臣奉幣。俺命他親來定議，料他不敢不來也。（淨扮中軍上，稟介）賈似道轅門候令。（末向小生介）先生可出諭那姦賊，前十五年，已有使臣來此，想有成說。令他赴眞州，見令兄面議，先生可卽押帶。

【新水令】喜鴈書得奏九重天，霎時間詔頒金殿。嫖姚領鐵騎，橫海帥樓船。檄諭傳宣，要把那權姦剪。

（雜扮家丁上）啟爺：家二爺自京到此，現在門外下馬。（生）快請！（小生上）哥哥請上，待弟庸拜見。（生）罷了。（小生跪拜，生答揖，坐介。）（生）吾弟何能來此？（小生）十月初，嫂嫂接得哥哥所寄鴈書，奏明聖上，卽命元帥伯顔，統鄂黃之師，沿江東下，援哥哥還朝，師次江州。賈似道亡魂墜膽，親赴軍營，稱臣奉幣。元帥命弟押解那姦賊前來，見哥哥面說，現在門外候見。（生）吾弟路途勞頓，且入內暫息，著那姦賊進來。（小生下。副淨扮賈似道上，跪介）陪臣賈似道參見天使。（生）呀，哎呀！老國公、老太師、老平章，請起。（副淨起鞠躬旁立介。）（生）賈平章，你可知罪麼？（副淨）擢似道之髮，不足數似道之罪，揔求天使海涵。（生）你大罪止有數端，聽我講來。朘削民財，以拔邦本，爾之罪一也。

【駐馬聽】剝取民錢，創立四司翻舊典；白奪民產，妄稱五利置公田。惡狠狠，朋姦上下盡鷹鸇；慘悽悽，大江南北絕雞犬。家家苦倒懸，弄的國勢危如線。

（副淨俯首認罪介。）（生）閉絶言路，殘害忠良，爾之罪一也。

【沉醉東風】一味價仇讐俊彥，天生就娼嫉心田。你慣藏笑裏刀，暗放那傷人箭。趁勢兒呼鷹嗾犬，指蹤授意，搏噬忠賢。可憐那疊山遭譴，陳蒙除籍，吴潛斥遠。

自鄂州圍急，你增幣求成；罷兵之後，你妄奏大捷。聖上差俺來尋盟修好，你恐俺一見宋主，露你欺君之罪。果爾，閉關謝使可也，給答遣回可也。我曾有書與你，本附魯連之意，排難解紛；并非唐儉之徒，欵兵誤國。你竟將俺囚繫眞州一十五載，陵辱天使，蔑視皇朝，你之大罪也！

【折桂令】你怕俺发露前愆，將俺安置軍營，土室拘攣。俺也曾三次陳書，九重眯目，你一手遮天。既不敢令俺南行，又不肯放咱北還。俺受陵逼，拚生待死，熬歲月，度日如年。縱令西河館囚煞季氏，單于國困死張騫。於俺大元何損？似鄧林葉飛半片，如泰嶽石落一拳，有什麽利己虧人，只博得禍結兵連。

俺聖上曾兩次遣使，詰問覊留行人之故，爾皆置之不答。因此臨軒策將，問罪興師，攻取襄樊，欲爾國聞驚知悔，爾更置若罔聞，又爾之大罪也。

【鴈兒落】你可知倚襄陽，作外垣；你可知好門戶，已踏穿。你方效夕陽亭，設餞筵；你方在大慶殿，開捷宴。

【得勝令】你笑擁著翠袖與花鈿，何曾把軍務掛心邊。半閑堂盡把閑情遣，多寶閣憑將寶貨填。你今日呵，赫然對將帥，才睜迷眼；　訇然聽鉦鼙，才醒醉眠。

爾南朝所稱姦臣有三：　韓侂胄、史彌遠、秦檜。　韓、史託復仇而啟兵端，秦檜借存國而忘大恥。　不似你既翻和議，又冒戰功，兼三人之罪，成一敗之局。　且爾趙氏，本以睦鄰立國，爾敢與大邦爲仇，以兆危亂，又爾之大罪也。

【喬牌兒】想當日盟定澶淵，才得把邦基奠。　復有那高與孝和金源，又得宴湖山把遺緒延。

到今日呵。

【甜水令】民窮國蹙，兵疲將軟，你棄和兆變。　似烈火已燎，說什麼侂胄輿屍，和那佳兵的彌遠，你比秦檜罪更彌天。

目今大元帥直下臨安，處處土崩瓦解。　你死有餘辜，可憐趙家三百年統緒，斬絕你一人之手，尤爾罪之大者也。

【沽美酒】俺天塹一投鞭，你破山河，怎瓦全？　這也是臨安劫數遭兵燹，看你那紅樓翠院，一霎時殄瘁風煙。

【太平令】把那一半壁土宇全捐，十六帝血食盡剪。　爾也有功呵！　成就俺一統皇元，罷息那十年血戰。（副淨）似道知罪了，君子不念舊惡，尚望天使包容。（生）晚矣，你平日呵欺天弄權，今日又甘言乞憐。　呸，我懶看你那奴顏花面。

左右，扶他出去。（副淨又跪介）當時留羈天使，本出理宗之意，已隔度宗一代。今幼君嗣位，太后垂簾。祈憐他寡婦孤兒，寬似道彌天之罪。現備黄金萬兩，異錦百端，馱馬人役，敬送天使還朝。（生）這也不敢領情。

【煞尾】俺剩下主僕剛三個，行李止一肩。已承你禮待十餘年，今日呵匹馬還朝，也不用厚資遣。

（拂袖領從人下。副淨起立搓手介）這便怎好？（又四顧介）且喜此際無人，走之爲妙。（作跑出介）料想這和議講不成了，幸僕馬在此，不如且回蕪湖軍營，或爲航海之計，或爲輿櫬之謀，再作商量便了。（奔下）

第四折　還朝

（旦靚妝上，坐介）俺崔氏，自從把鴈書轉奏當今，刻卽興兵往援。前月接到家信，説歸期約在春初。今已二月將半，爲何還不歸來？好不盼殺人也。

【醉花陰】曾定歸期在春早，鎮日里登樓遠眺。數佳節今日是花朝，可怎的音信寂寥。（貼扮丫鬟）啟夫人天喜，家丁來報，老爺今早進城，卽著行妝入朝繳旨，想就回來。（旦）喜也。盼得個遠人到，才把俺十五載悶懷抛。你看那滿簷前，花欲笑。

丫鬟吩咐廚中，速備酒筵伺候。（貼應同下。生狐帽錦袍上）下官郝經，自眞州歸來，卽著敝衣入朝見駕。聖上垂問歷載情形，深蒙嘉歎，特授吏部尚書，恩賚金銀綵繡，又賜這狐帽錦袍，命俺穿戴回家，以示光寵。恩德如天，感激無地。前面已是私宅，先行通報。（雜應下。旦上，迎生入內介。）（旦）別離一十六載，虎口歸來，眞是如天之福。妾有一拜，與老爺賀喜。（生）下官奉使無狀，淹滯他鄉，幸將鴈書轉奏，始得生還。也有一拜，答謝夫人。（對拜，起，對坐介。）（旦）請老爺把受過艱辛，說妾知道。（生）前已略載家書，無須縷述。祇是賈似道怕俺露彼欺罔之罪，將俺囚寄者十有五年，受盡了折磨陵逼。這也是天欲亡宋，故教他逗起兵端耳。（旦）這才顯出老爺節義。

【喜遷鶯】這也是天心亡趙，這也是天心亡趙，才把這兵禍潛挑。鴟也麼梟，可憐他空生姦狡，怎知道松柏經寒是後凋。十五載受煎熬，越顯出高風勁操。送你個青史名標，送你個青史名標。

（生）祇恨丁年奉使，皓首而歸，又蒙聖恩錫金賜幣，官拜尚書，特賜這錦袍狐帽，更換敝衣。高厚君恩，恐未力能圖報也。（旦）你年未五旬，正是服官之候，況那姦相王文統，已罷重辟。目今朝內肅清，正好及時報圖也。

【出隊子】喜的是無人嫉媢，暢好是趁年華，答聖朝。覷君家，依然鸞鳳舊風標，又何用，又何用，搔首臨風歎鬢毛。問前程，恰似這二月韶光春未老。

（生）祇是連累夫人，十五年朝思暮盼，受盡淒涼也。（旦）那不過兒女之情，何須掛齒。

【么篇】雖不免憂思縈繞，也不過望天涯，魂暗銷，倒勞你雲鬢玉臂代愁焦。今日裹，今日裹，早恨逐春風一陣消，又何須，再提那兒女情懷閑懊惱。

妾粗具水酒一杯，與老爺洗塵志喜了。丫鬟看酒。（雜扮女侍設席。）（旦送酒對坐介）（旦）喜老爺建此奇節，眞乃卓絶今古，妾敬賀一觴。（生）夫人之言過矣。古今不少賢豪，即如近事，宋洪皓奉使金朝，困於冷山者，一十五載，和議既成，始還本國，至今人人欽仰。（旦）洪浩節義堪風，還難與老爺并論。

【刮地風】哎呀！提起那洪皓當年使北朝，十五載沉滯山坳，堪與咱淹煎土室稱同調。但他冷山館教授兒曹，不似眞州營監守軍牢。他也會走蠟丸，屢屢的把敵情密報，不似你斷音書，盼殺了水遠山遙。他雖則馬糞燒，粗布著，苦禁那氷天雪窟。還幸重氣節，不曾下眼瞧。不似你賽奴隸，淩辱頻遭。

（生）梁太清時，遣散騎常侍徐陵，通好東魏，留滯不歸。迨齊人送貞陽侯淵明，歸作梁主，始遣徐陵伴送回朝。他那上楊相一書，俺嘗稱爲奇文，諷誦不置。（旦）那徐陵雖未屈節，并不曾身歷艱難，更難與老爺并論。

【四門子】他祇爲懸瓠兵阻江南道，因此上寄鄴城，似梗漂，并未曾經年羈縶遭淩虐。伴王孫返故朝，只筭文苑豪，未睹節誼高。僅免了庾子山開府將軍號，怎比你患難遭，歲月鏖，樹大節霜天日皎。

（生）這也罷了，那漢時蘇武，通使北庭，受盡了萬苦千辛，凡十九年，方得歸漢，難道不卓絕今古麼？（旦）子卿之節，雖堪與老爺并峙，虧了前降匈奴之常惠，暗透消息，告知漢使者蘇武所在。遂亦詐言天子上林射鴈，得武繫書，言武現在大澤中。單于驚愕，即放武還朝。怎比你忠貫日月，義動鬼神，眞有個鴻鴈傳書。這段奇聞，眞古今所未有。

【么篇】俺曾把班書列傳從頭考，那裏有上林書，鴈足捎，不過詐單于，漢使裝圈套，賺子卿歸漢朝。那有這歷絳霄，撲綺寮，一封書，眞有個鴈兒落。何況子卿歸漢，匈奴仍未屈服。你鴈帛一來，雄師即起，收偏隅，成大統，又豈子卿所能望乎？眼看著靖江濤，射海潮，也筭你筆尖橫掃。

（生）夫人過獎，下官愧不敢當。祇有遵夫人勸諭，努力報答聖朝而已。但不知那鴈兒現在何方？可曾蓄養？（旦）彼時剛解繫書，即長鳴飛去，至今耿耿於心。這也是你忠義所致，故鴈不圖報耳。

【水仙子】記、記、記，記得十月交，把、把、把，把鴈腳書，親接到。恨、恨、恨，恨一瞥眼，影滅形消，祇、祇、祇，祇留個雪泥鴻爪。是、是、是，是你一點丹心透碧霄，遣、遣、遣，遣動這雲程郵報。他、他、他，他眞是個萬古雲霄一羽毛，你、你、你，你尚書氣節秋天杳。（丫鬟斟酒）俺、俺、俺，俺待歌一曲鴈兒舞，侑香醪。

老爺再進一觴。（生）足矣！（旦）丫鬟，收拾盃盤。（貼應介。生旦出席介。）（旦）老爺眞是喜也。

【煞尾】你也曾秋風鴈塔題名早，佇看你似蘇武繪象麟閣，更留得鴈書兒百十年將忠義表。（同下）

後記

一九九七年五月，我接到邀請有幸赴泉州參加第三屆中國古代散曲研討會，在會上結識了山西大學的田同旭教授。此前曾讀過他研究散曲及雜劇方面的文章，會上一見如故，有相見恨晚之感。也就是從此開始，我們一直保持著密切的學術聯繫，每次參加古代戲曲、散曲、小説方面的學術會議，總要事先電話聯繫，一起與會。

二〇〇六年八月，接到田同旭教授電話，邀我到山西陵川參加他參與組織召開的『全國郝經暨金元文化學術研討會』，而當時對我來説，雖然在學校講授元明清文學，但元代詩文在本科生的課堂上所佔分量很小，對郝經其人其作了解不多，但出於朋友情誼，必得赴會，於是臨時借來《四庫全書》本郝經的集子匆匆瀏覽，雖然驚嘆於郝經著述的博大精深，但到赴會時間也沒能寫出一篇像樣的文字。會上，田同旭教授談到他在二〇〇四年申報的《郝經集校注》課題，得到全國高校古委會立項批準，因爲工程浩大，想邀我參與部分工作。好在我當時手頭事情不多，於是答應下來。也就是在著手此項工作的過程中，我對郝經有了進一步的了解，於是有了二〇一二年由我主持、田同旭教授作爲主要參與者的《郝經集校勘編年》的項目申報，并獲得全國高校古委會項目立項。

編撰工作開始於二〇一二年七月，初稿結束於二〇一四年九月。兩年來，除了本人和田同旭教授夜以繼日的投入之外，課題組的張彩麗、康俊平、楊曉莉、智源、張韶聞等先生也做了部分核查工作，付出了艱辛的勞動。初稿交與人民文學出版社，編輯建議增加箋證内容，更名爲《郝經集編年校箋》，并申報國家古籍整理出版資助項目，獲得批準。編輯對於修訂稿又進行細致的審閲，在文字釐訂、標點、編年、箋證等方面均做了不小的補苴工作。如今，當書稿殺青付梓時，大家終於可以長舒一口氣，忘卻揮灑汗水的苦澀，體味成功收穫的喜悦。

在編撰過程中，河南大學文學院的領導給予了極大的關心與支持，河南大學文學院資料室提供了資料方面的保障，我所在的古代文學教研室的王利鎖、馬予靜、王宏林等先生也給予了無私的關心與幫助，在此一併深表謝忱！

由於水平所限，本書可能存在諸多不足，懇望方家批評指正。

張進德

二〇一七年九月於河南大學仁和寓所